汤显祖大传

龚重谟 著

文化藝術出版社
Culture and Art Publishing House

道光十八年（1838）陈作霖临摹万历三十六年（1608）徐侣云所作的汤显祖画像

汤显祖《续栖贤莲社求友文》手迹（原件藏于浙江省博物馆）

作者发现、寻找到的汤显祖家传《玉茗堂全集》木刻残版

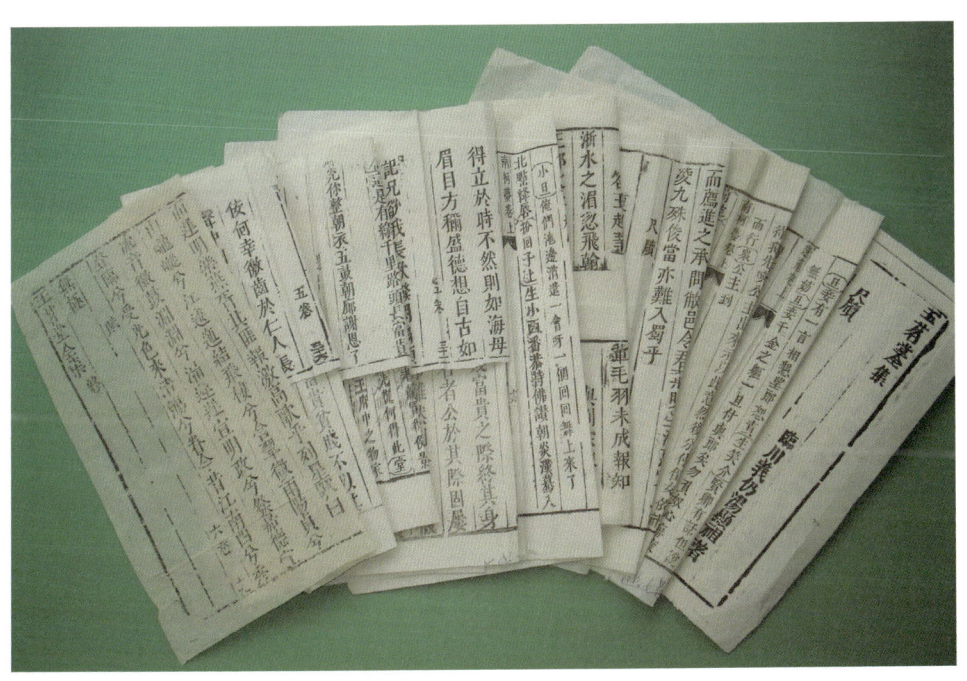

家传《玉茗堂全集》木刻残版拓片

1979年4月22日，作者（左二）在临川县温泉榆坊大队寻找到家传《玉茗堂全集》木刻残版现场

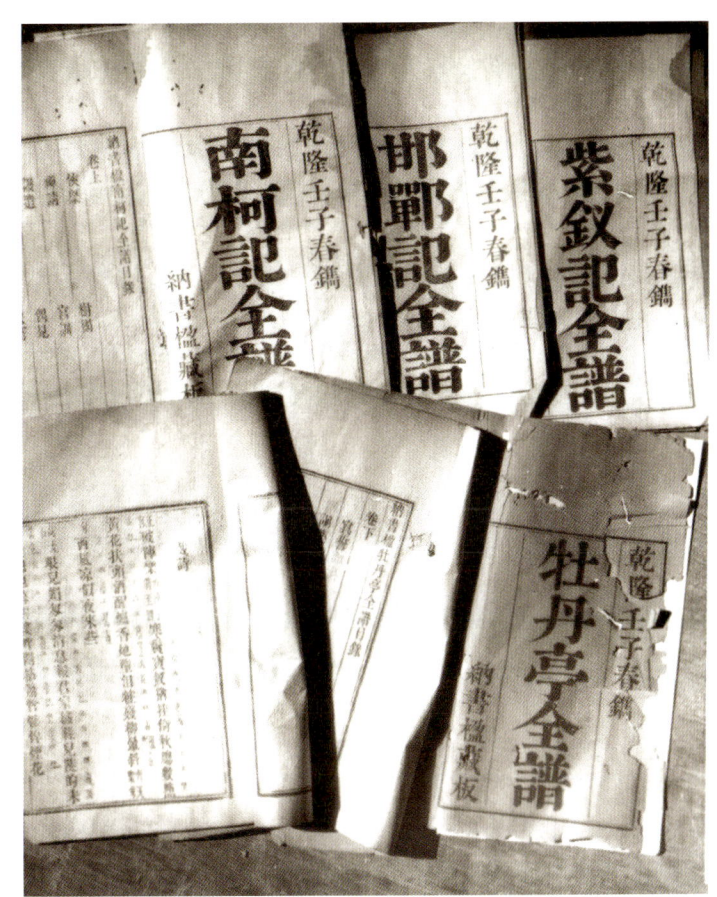

乾隆壬子纳书楹"临川四梦"昆曲全谱（原临川县图书馆藏）

临川云山圳上汤家村汤显祖后裔族修《文昌汤氏宗谱》

 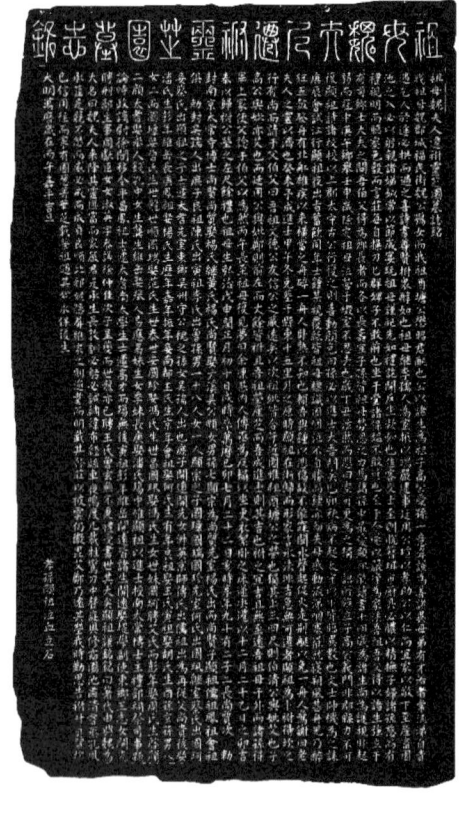

文昌里发掘的汤显祖为发妻吴夫人亲撰的墓志铭（刘昌衍提供）　　文昌里发掘的汤显祖为祖母魏夫人亲撰的墓志铭（刘昌衍提供）

抚州文昌里汤显祖家族墓葬群(刘昌衍提供)

已探明汤氏家族明清墓葬42座,汤显祖在14号墓(刘昌衍提供)

抚州市临川区云山镇清溪村飞雁投湖山的乾隆二十四年（1759）修始祖万四公墓碑

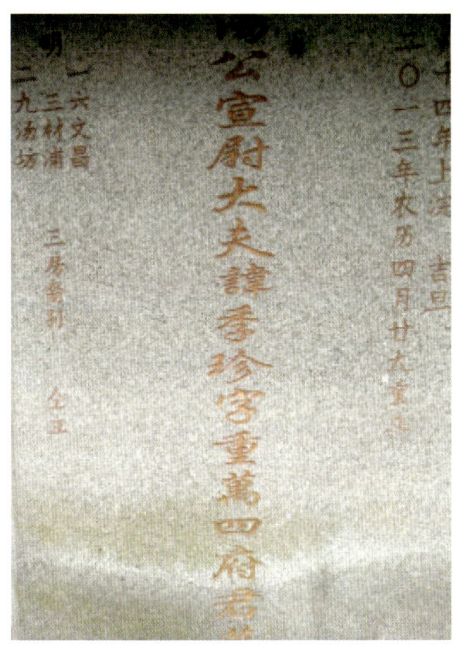

2013年万四公后裔为始祖万四公重修的墓地

汤显祖后裔族居的抚州云山圳上汤家村

临川文昌汤氏世系简表

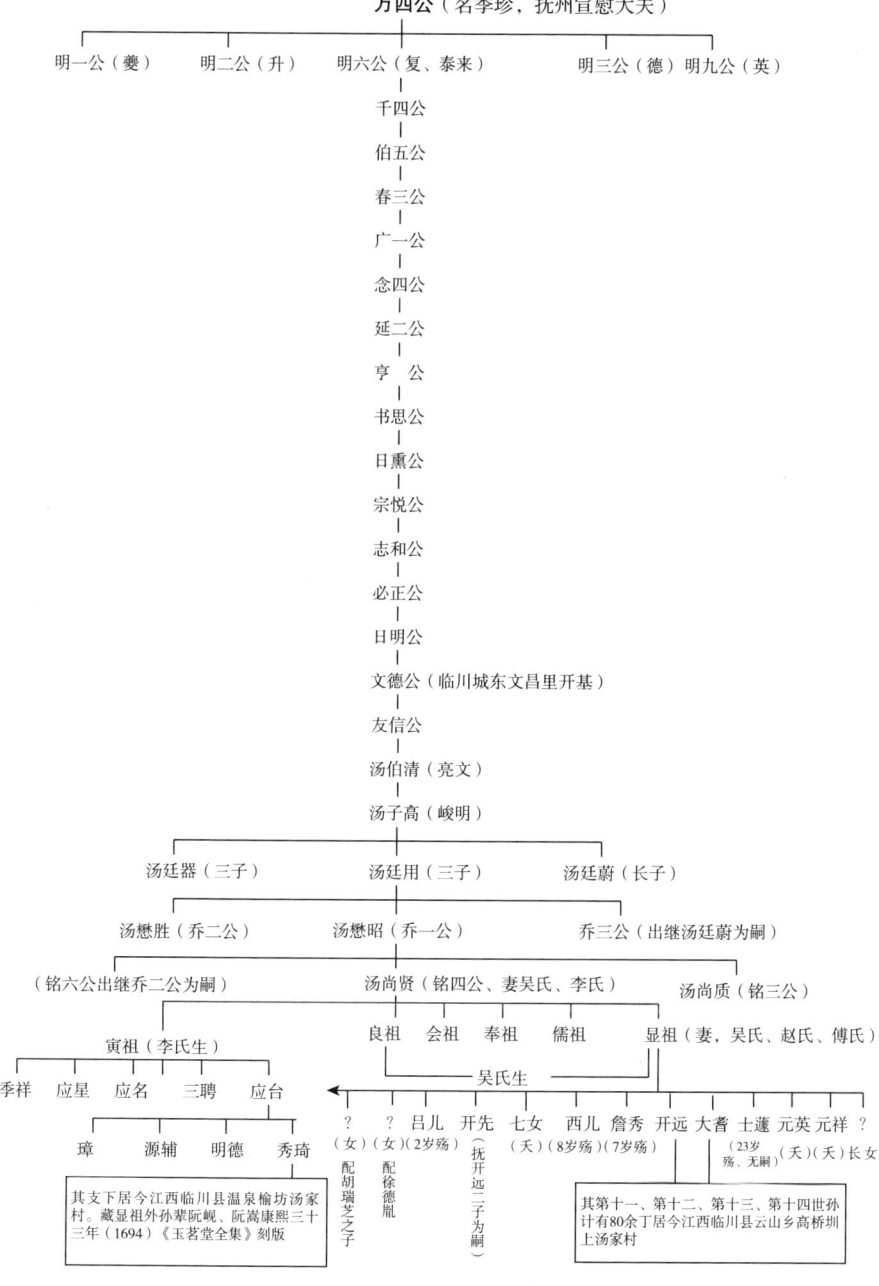

| 目 录 |

序 周育德 ………………………………………………… 1
《汤显祖大传》读后 江巨荣 …………………………………… 5

卷一 少善属文

第一章 故乡与家世………………………………………… 3
 一、故乡临川……………………………………………… 3
 二、家世源流……………………………………………… 5
第二章 "初生手有文"……………………………………… 16
第三章 少年师友…………………………………………… 25
第四章 "上路风云出"……………………………………… 32
 一、院试才惊学政………………………………………… 32
 二、中举名蔽天壤………………………………………… 36

卷二 京试挫折

第五章 两试落第…………………………………………… 43
第六章 触忤时相再落第…………………………………… 51

第七章 愤懑充斥《问棘邮草》……………………………… 56

第八章 是非蜂起《紫箫》残……………………………… 63

第九章 中三甲进士………………………………………… 69

第十章 观政礼部…………………………………………… 74

卷三 宦海沉浮

第十一章 迫郁留都………………………………………… 83
 一、赴任太常博士………………………………………… 83
 二、批判拟古"后七子"………………………………… 88
 三、"痴情"格"权"《紫钗记》……………………… 94
 四、"壮心若流水"……………………………………… 98
 五、改任詹事府主簿…………………………………… 101
 六、初遇达观…………………………………………… 105
 七、灾年升礼部主事…………………………………… 107
 八、上疏遭贬…………………………………………… 110

第十二章 贬谪徐闻……………………………………… 120
 一、胜游山水到徐闻…………………………………… 120
 二、澳门行与端州逢传教士…………………………… 131
 三、泛海游琼州………………………………………… 136
 四、讲学倡贵生………………………………………… 144

第十三章 "情"治遂昌………………………………… 153
 一、以"情"施政……………………………………… 153
 二、兴教劝农…………………………………………… 156
 三、灭虎、除"害马"………………………………… 160
 四、以"情"待囚施感化……………………………… 165
 五、交游与"著书"…………………………………… 170
 六、挂冠归里…………………………………………… 179

七、遗爱遂昌……186

卷四　寄情词曲

第十四章　建玉茗堂……193

第十五章　以"情"抗"理"《牡丹亭》……200

第十六章　与达观的"情""理"之辩……210

第十七章　"蚁也关情"《南柯记》……217

第十八章　一生误情《邯郸梦》……223

第十九章　躬耕排场教小伶……231

第二十章　隔空论战沈璟……236

第二十一章　弘扬戏道写《庙记》……246

卷五　蹭蹬穷老

第二十二章　双重的打击……257
　一、"头白向蘧蘧又死"……257
　二、弃官也遭夺职……260

第二十三章　"雄""杰"皆殉难……263

第二十四章　"微官抛去路难行"……273

第二十五章　难忘天下……278
　一、修史以明志……278
　二、犹在"为情作使"……282

第二十六章　临终前的安排……289

卷六　玉茗流芳

第二十七章　戏写汤显祖……299

第二十八章 "汤学"薪火传 ·················· 305

汤显祖年谱新编（1550—1616） ·················· 312
附　录 ·················· 331
　一、邹迪光《临川汤先生传》 ·················· 331
　二、《明史·汤显祖传》 ·················· 333
　三、过庭训《汤显祖传》 ·················· 334
　四、钱谦益《汤遂昌显祖传》 ·················· 335
　五、查继佐《汤显祖传》 ·················· 336
　六、蒋士铨《玉茗先生传》 ·················· 337
　七、《抚州府志·汤显祖传》 ·················· 338
　八、《徐闻县志·汤显祖传》 ·················· 338
　九、《遂昌县志·知县汤显祖传》 ·················· 338
主要参考文献 ·················· 340
后　记 ·················· 344
二次修订出版后记 ·················· 347

序

周育德

龚重谟先生《汤显祖大传》完稿，嘱我为之写序。我很惭愧，自知在汤显祖研究方面视野不广，见解不精，不具备为此书作序的资格。不过，龚重谟先生是我的老朋友了，他的新作将问世，我有先读的机会，说几句闲话还是可以的。

汤显祖是晚明文坛和政坛上的重要人物，是世界级的文化名人。汤显祖在世的时候，他的活动已经受到许多人的关注，已经有人研究他、评论他，甚至给他作传，因为他有过上《论辅臣科臣疏》的壮举，写成了轰动全国的《玉茗堂四梦》。汤显祖逝世后，他的戏曲作品在舞台上传唱不绝，他的文学成就、思想成就也被更多的人知晓，成为中外文学史和戏剧史界重要的研究对象。发展到现在，对汤显祖的研究逐渐地成为一种专门的学问。随着对汤显祖研究的深入，大量的论著以不同的形式问世，有人也提倡给汤显祖作传。文化史家郑振铎先生老早就说过："关于汤显祖，至少要有一部《汤显祖传》，一部《汤显祖及其"四梦"》，一部《汤显祖的思想》，一部《汤显祖之著作及其影响》，等等。"（《中国文学研究·研究中国文学的新途径》）就是提倡对汤显祖做全面的研究。

20世纪50年代以后，汤显祖研究的成果逐渐丰富。作为综合性的学术成果，黄芝冈先生的《汤显祖年谱》和徐朔方先生的《汤显祖年谱》先后发表。传记形式的研究成果也接连问世。我读过的就有龚重谟、罗传奇、周悦文著《汤显祖传》，黄文锡、吴凤雏著《汤显祖传》，纪勤著《汤显祖传》等。这些汤显祖传记都具备一定的规模，但都还不能称作"大传"。黄芝冈先生著有《汤显祖编年评传》，徐朔方先生著有《汤显祖评传》，都是传记体的重要论著，可是也都没用"大传"之名。我体会所谓"大传"者，一是其规模大，一是其学问大。我孤陋寡闻，读过的历史人物"大传"，仅有朱东润先生的《张居正大传》一种。其规模确实够大，其学问也确实够大。

现在龚重谟先生所著《汤显祖大传》就要出版了，当然是令人瞩目的事。本书是龚重谟先生多年来有关汤显祖研究成果的一种综合性的表述。

不同的读者对这一本书的希望和要求是不同的。作为对汤显祖有一些了解的人，我希望在这本传记中能看到一些新鲜的东西，至少能看到比以往出版的几种汤显祖传记更多的东西。书稿读过之后，我得到相当的满足。

《汤显祖大传》确实提供了我不曾见识过的许多内容。

作为传记，不能不对传主生活过的地方做尽可能准确而全面的描述。此书对汤显祖生活过的几处重要地方都有比前人更加生动而翔实的论说。我感兴趣的南京国子监、徐闻贵生书院、遂昌相圃书院、遂昌启明楼、遂昌遗爱祠、临川玉茗堂、临川文昌桥、临川灵芝山汤家墓地等，龚重谟先生都有认真的考察，有比前人所著详细得多的叙述。

作为文化名人的传记，不能不对传主的文化成果作出应有的介绍与评价。学术界对汤显祖作品的研究，关注最多的是《玉茗堂四梦》，而"四梦"之中说得最多的是《牡丹亭》。对其余几部剧作的研究就显得很不够。《汤显祖大传》中，用了足够的篇幅介绍《南柯记》和《邯郸记》，对此"二梦"，尤其是《邯郸记》，所作的论述比我看到的所有的论文都要深入透彻。在现有的研究成果中，关于汤显祖诗文的研究也比较薄弱，读罢本书我觉得龚先生对汤氏诗文著作的研究也比较用功。

作为在晚明文坛和政坛上有着重大影响的人物，汤显祖活动的社会背景很深，他的交游非常复杂，传记中要做全面叙说是不容易的。本书关于汤显祖的交游涉及了政治界、文化界、宗教界、戏曲界的众多人物。对这些人物的品格、行事做了尽可能客观和详细的评说。对谭纶、张居正、李贽、真可等几位的研究与评说尤其准确而可信。作为传主的社会背景，本书对已有的年谱虽有所采纳，但叙述的方式则大有区别。

汤显祖研究中有好多问题是在争鸣中的，论者见仁见智认识不同。《汤显祖大传》中就涉及了这种争鸣的问题，并表述了自己的见解。比如，戏曲史上的"汤沈之争"就是一个有争议的话题。本书以"隔空论战沈璟"为题，专开一章，"隔空"一词很有意思，因为沈璟和汤显祖之间确实没有过直接的接触。本书最后一卷，对明清以来各种剧作中出现的汤显祖形象的评说，以及对"汤学"的梳理，都是很有见地的。

凡此种种，都可以说明本书取得了可喜的成就，有超越前人的进步。

龚重谟先生有魄力写一部《汤显祖大传》，不仅因为有多种研究成果可以借鉴，还因为他自己有着在汤显祖研究方面的多年积累可供发酵。

我和龚重谟先生相识，也是受汤显祖研究的牵引。1981年春天，为了完成汤显祖研究的论文，我到临川考察。当时，徐朔方先生还嘱我到临川看看1979年龚重谟先生在临川县温泉公社榆坊大队汤家村发现的汤显祖著作板片。为此，我到抚州剧目工作室拜访了龚重谟先生。龚先生慷慨地拿出由他负责收藏的汤作板片三十余片，并允许我拓印了八片。后来徐朔方先生就此写了一篇《关于汤氏家藏〈玉茗堂集〉板片》。龚重谟先生还送我一本当地的刊物《抚河》杂志，里面刊载有他写的《玉茗堂考》。这是一篇很严肃的论文，很可以做抚州建造汤显祖纪念馆的参照。1986年，龚重谟先生到中国艺术研究院研修戏曲理论，我们在恭王府里朝夕相处就熟悉起来。后来他调到海南工作，因相距遥远，好多年没见面了。2000年，在大连举行的汤显祖研讨会上，我们又一次相会。汤显祖研究会成立后，在遂昌和临川多次举行汤显祖研讨会，我和龚先生见面的机会就多了，每次见面都能聆听到他的高见。

龚重谟先生在汤显祖研究方面不断地有新的发现、新的发明，发表在不同的刊物上，而且有专著出版。龚重谟先生给我的印象很深刻，我觉得他是一位刻苦的、认真的、执着的、个性鲜明的学者。他的一些观点，未必能获得大家的共识，但是他能以充分的理由坚持自己的见解。他在本书中提出的一些观点，也可能会引起不同的议论，但是要想说服龚重谟先生也是不太容易的。龚重谟就是龚重谟。

数日前，在抚州举行的汤显祖艺术节上，我又一次见到龚重谟先生。蒙先生不弃，将大作赐我，让我先睹为快，并要我作序。惭愧之余，写下以上的文字。

2012年10月12日于北京

（作者系中国戏曲学院原院长、中国戏曲学会汤显祖研究分会会长）

《汤显祖大传》读后

江巨荣

2014年9月,龚重谟兄《汤显祖大传》在北京燕山出版社出版,当月底,重谟就惠寄一册送我,让我先睹为快,不由喜出望外。一翻书,就被书中清新的标题、丰富的引证、富含文学描写与个性语言的文字所吸引。几天读下来,强烈感到这本《大传》有分量、有见解,文字清新凝练,可读性强,是汤显祖纪传中的一部力作。因此不揣浅陋,拉杂地写下一点感想,算是个人的读后感吧。

为汤显祖作传,明代人有,清代人有,现代研究者不仅有多种,而且材料更丰富,内容更翔实。但还没有一人许以几十万字的规模,以"大传"为目标而作的"汤传"。重谟写汤传,以"大传"为目标,以"大传"为己任,这本身就反映了他魄力宏大、目标高远。然而,他的成功并不是为自己设定了宏大的目标,而是为理解传主、表现传主,历时数十年,做了非常充分的准备,花了大量的工夫。这包括研究历史背景,研究明代政治思想,相关的政治宗教人物、诗文戏曲作家的著作与行实,更要熟悉汤显祖的诗文、戏剧作品,包括古代文献和今人所写的各种年谱、传略、资料汇编,还需要有传主生活过程的实地调查,等等。有了这些准备和积累,所作《大传》,才从他的故乡家世、少年师友,到京试挫折,到宦海浮沉,到寄情词曲,到蹭蹬穷老,到玉茗流芳……全书以六卷二十八章的规模,把汤显祖的一生真实、完整、鲜明地表现出来。这在已见的汤显祖传记著作中，已跨越了很大的一步。

这二十八章，不少自然是其他汤传已有的，但《大传》比已见的文字更加翔实丰富，视角也多不同。有不少章节，则不见于已有汤传，而是出于重谟研究和实地考察所得，尤其显得新鲜与珍贵。如首卷中"故乡与家世"，这在所有汤传中都是必有的文字，但《大传》于家世源流的考证，无疑比所有的传记都要详细，对汤家文化氛围的描述比其他传记都要丰富而富于个性特色。这是汤传研究深入一步的一个例证。

让我们更感兴趣的理应是作者根据文献研究和实地考察结果而在《大传》里展现的新内容。周育德先生在"序"里提到《大传》对南京国子监、徐闻贵生书院、临川玉茗堂、临川文昌桥、临川灵芝山汤家墓地、遂昌相圃书院、遂昌启明楼、遂昌遗爱祠的描述都比前人所写详细而生动。我也有同感。这种详细和生动，与相关的章节相联系，其实都表现了新的含义。我们可以举出第七章所记述和分析的《问棘邮草》，第十章"观政礼部"，第十一章赴任太常博士所涉人与事，所记初遇达观，第十二章所记南下徐闻的经历和环境，琼州海南的风土人情，第十三章所述挂冠归里的心理状态，第二十三章记达观与李贽的殉难，第二十五章修史明志与史书校订，这些章节与内容，有的是以往汤传没有写的，有的是虽有触及但取舍不同，表现内涵不同，也就有不同的意义。譬如徐朔方先生《汤显祖评传》所写的《问棘邮草》，主要反映汤显祖熟读《文选》后受到的文学影响及他的探索和突破，重点在"评"。《大传》则以其中的诗反映汤显祖科举不利时的失落伤感，嘲笑考官是好龙的叶公，自己在感叹命运如花落时如何保持自己耿介的个性和不失贞心，科举得失、人生出处进退之间的心理矛盾，即便如其中的《广意赋》，《大传》也发掘出传主自宽胸怀、自比贾谊的意涵，重点在"述"。两种写法视角不同，各有内涵，无高下粗细之别。这里无非说明，重谟的《大传》更注重把未曾触及的内容发掘出来，把汤显祖的生活和思想充实起来，以构成汤显祖重要的生活情景，与传记文体更贴近。这就使他的《大传》不只形体大，而且内容更新鲜、更厚实。

《大传》虽然内容丰富，章节繁多，但各章各节连接自然，气脉贯通。这除了依据传主生平履历做了科学的划分，以醒目的标题提示内容，显得纲举目张外，我觉得《大传》在叙述传主行实特别注意做前后的思想铺垫、过渡，和做一些重要的阶段性总结。如汤显祖在徐闻创建贵生书院，并在书院讲解"天地之性人为贵"，按重谟所说，就是以人为本，就是要尊重人的价值，尊重个人存在的权利和意志表达，"饮食男女""七情六欲"，人的本性、天性，就是作为人存在的基本权利和意志诉求。因此，他的《贵生书院说》是汤显祖打着贵生旗号的一份最初"情"的宣言书。《大传》强调阐述"贵生说"的"情"和人性内涵，就为书写汤显祖"情治遂昌"和"四梦"之"情"做了理论铺垫，使汤显祖的政治活动和戏曲实践有了思想灵魂，章节之间显得气脉连贯。

《大传》写汤显祖科举坎坷、仕宦浮沉，万历二十五年（1597）准备上京参加政绩考核时，虽然朋友对他的前程非常乐观，但他自己非常清楚，并做好弃官归里的打算，写到此，《大传》以汤氏《感宦籍赋》为中心，用串解的通俗文字专门讲述汤显祖对官场的体认和感受。他感受到，官场是公侯卿相、皇亲国戚和有钱人的天下。官场宠辱不定，贤奸颠倒，无公理正义可言。升迁极不公平，奖罚无是非标准，没有背景又不行贿的中下级官员若有闪失，便一辈子翻不了身。所以，他对仕途不抱幻想，作诗说："况是折腰过半百，乡心早已到柴桑。"《大传》说，这篇赋"不仅仅是抒情言志的辞赋之作，更应看成是汤显祖已起草好的'辞官报告书'"。《大传》依据这一赋一诗都作于这次上计前后，足以反映汤显祖官场进退的心态，它也是传主入世和出世思想的转折标志。于是，把这样的诗赋扩充为专门章节，既写活了人物，也发掘出文献的意涵。

再如，汤显祖与达观的交往、与李贽的神交，在各种传记中都已写到，也都比较重视。《大传》创新之处，既写到与达观的南京初遇（第十一章）、临川与达观的情理之辩（第十六章），还在第二十三章概述了这一"雄"一"杰"对汤显祖思想、精神的影响，彼此人格精神、文学思想的沟通与呼应。当两位"雄杰"都被迫害致死时，《大传》集中了汤显祖为他们所写的多首诗篇，突出地引录了汤显祖的《偶作》："天道到来那可说，无名人杀有名人"，愤怒、哀悼之情达于高潮，这使汤显祖与达观、李卓吾的神交之情得到升华。汤显祖说过："见以可上人之雄，听以李百泉之杰，寻其吐属，如获美剑"，到这里也就有生动具体的体现。全章可以看作是这两位"雄杰"对汤显祖思想影响的总结。

这些内容，在其他的传记文本中多少都曾写到，但重谟一面把它们写得更翔实更丰满，一面沟通了前后章节、前后生活思想的内在关系，因此读来有起伏、有波澜，而又前后呼应、融会贯通、脉络清晰。

历史人物传记的核心是历史，其内核是真实。汤显祖的生平事迹，其政治、文学、戏剧、交游活动，学界有广泛的研究。徐朔方先生的《汤显祖年谱》《汤显祖诗文集笺注》《汤显祖评传》都是经过深入、缜密的学术考证撰成的，它们无疑是所有为汤显祖作传者的基本材料和基本依据。《大传》的史实框架，就是建立在包括徐先生在内的所有历史成果的基础上的。除此之外，为把汤显祖写得更真实更可信，重谟自己也为传主的生活思想厘清史实，做过很多的文献查证和实地考察，出版了《汤显祖研究与辑佚》。如书中，他考述过汤显祖在肇庆遇见的传教士不是利玛窦，汤显祖和李贽未曾在临川相会。还写过《汤显祖与邓渼的交谊》《玉茗堂考》等研究文章，发现了十一篇汤显祖所制时文和序、铭文章。重谟是江西人，与传主是同乡，很早就开始注意收集与汤显祖相关的历史文献。他还长期在海南工作，对徐闻、琼州半岛的山川地理、历史人文十分熟悉。作为汤显祖传的作者，他有许多得天独厚的条件，因此，所作《大传》在史料的收集、史实的考证和人文地理环境的描述上就有更多、更新鲜的补充。

例如，在汤显祖家世、临川故里的考证上，《大传》补充了家谱、方志的许多资料，让读者了解了汤家祖先的来龙去脉、汤氏故居的兴替变迁，了解了玉茗堂、清远楼这些与汤显祖生活、戏曲写作密切相关的遗址的原有图景。关于汤显祖的科考，重谟利用自己发现的万历十一年（1583）进士考试中汤显祖的试卷，于传中全文引录分析，使我们在400多年后，仍然可以看到汤显祖如何应试，如何阐述经义、表达见解。汤显祖在徐闻，其思想、行事，我们了解得都比较少，研究也很薄弱，重谟特地做了实地调查，与汤显祖的诗文互相印证，写过《汤显祖在岭南》，对汤显祖是否游过海南做过考辨。《大传》沿用了这些成果，仍旧用传主的诗文证实，贬谪徐闻前写的诗只是五指山的神游，贬谪徐闻后实从西海岸线南下环岛而行，在临高、儋州、崖州、万州等地上岸做了考察。传中重谟发挥了熟知海南的优势，文中写来，可以感到作者对一些地名、环境、风土人情几乎了如指掌，文字也格外新鲜活泼，这恐怕是别的汤传作者难以做到的。这些史迹的发掘和考证，增加了《大传》的历史价值。

值得注意的，还有《大传》所记汤显祖从徐闻过肇庆是否与意大利神父利玛窦相遇，并作《端州逢西域两生破佛立义，偶成二首》。徐朔方先生考证，汤诗所说的"西域两生"是利玛窦和彼得利斯，汤显祖与利玛窦曾在端州（今肇庆）见过面。重谟曾作文说：汤显祖在肇庆遇见的传教士不是利玛窦。《大传》延续自己的观点，认为诗中写的外国人"碧眼愁胡"，而利玛窦此时固然碧眼，但已剃须，不留长胡。汤过肇庆，利玛窦尚在南雄传教，无法相遇。利玛窦在中国已超十年，精通汉语，不需要翻译相助。如此等等，证明汤显祖诗中所见，不是利玛窦，《大传》据以否定汤显祖会晤利玛窦之说。不能不说重谟的考证非常缜密，如汤显祖之离徐闻返临川，重谟就有万历二十年（见论文）与二十一年（见《大传》）两说，有待商榷。此一问题，中外资料目前都不够完善，一时恐怕难以定论。但重谟提出的异议，有文献依据，可以促进我们的思考和研究，日后定可以求得更可信的结论。

现代传记文学的奠基人朱东润先生说过：传记文学是历史，也是文学。是历史，就要真实。所谓"传人必如其人，传事必如其事"。是文学，则必须写出对象的人性，写出人性真相的流露。为了写出真实有个性的人，就需要以清新、鲜活、生动、雅俗共赏的语言，适度的文学描写，把传主的思想、行为、个性表现出来（见《八代传叙文学述论》）。重谟在《大传》中表现了这样的努力。

例如，在述及家庭对汤显祖思想人格的影响时，重谟不仅叙述了汤家传统，祖先的人生态度，乐善好施、不求闻达的家风，还特地描写了抚州太守招宴汤父尚贤的一桩传说：

苏太守举行乡饮宴会，宾客早已坐满，菜也上了几道，汤尚贤却迟迟未来。苏太守叫人催请，尚贤却婉言谢绝。最后苏太守亲自出马相请，汤尚贤才不得已赴宴。苏太守见了他感叹地说："你真是个可闻不可见的人啊！"并给他的居所题了"可闻不可见"五个字。

在这样的家庭背景和父亲熏陶下，《大传》写道："从汤显祖这个家庭，我们可以看出其对汤显祖的思想及生活道路所给予的深刻影响。祖辈高隐自赏的情操，是汤显祖秉性耿介、品操自贞的渊源；那乐善好施的家风，是滋润汤显祖同情人民的雨露。"

传记中父亲的一段故事，及对汤显祖秉性的一段分析，就把传主的人性真相呈现出来了，给人以十分深刻的印象。

《大传》写万历八年（1580）汤显祖落第到南京国子监重做老博士，先写了落第后，汤的临川少年好友三人合计，到南京做番旅游，一面观赏留都美景，一面安慰汤显祖。南京有被视作兄长的帅机在，吃住有接待，尽可玩个痛快。五人见面，饮酒唱和，海阔天空。"汪洋探丘索，沉郁挟风霜"，是年轻人的率真品性。接着写到国子监：君子亭外有枝竹，庭内栏杆一侧也长出一枝竹。学生们怕它会穿破亭屋檐而长，便要砍去。戴洵不同意，后该竹伸出亭外弯曲而长，并没有穿破屋檐。戴洵以此为题，命汤显祖写一篇赋。汤显祖欣然命笔，写下《庭中有异竹赋》，赋词以竹喻人，要像竹一样正直，不要趋炎附势，又要像栏杆一侧这枝竹一样，能屈能伸，蓬勃向上。传文这样写小事，写细节，写帅机，汤显祖留下的不太被注意的诗赋，恰恰形象地突出了汤显祖与朋友的情谊，展现出汤显祖的内心思想，读来有景、有人，更有情趣。

再举传主生平最后岁月的一段描写。"大限来临之年，他还常走出玉茗堂，拄着拐杖，支撑着瘦弱的病躯，站在四通八达的交叉路口，北风吹开了他的衣襟，他感觉到气候反常。他迎风遥望北方，仿佛看到刀光剑影，似听到炮火的轰鸣。那东北女真族部落羽翼已丰，爱新觉罗·努尔哈赤已选在龙年之始，在赫图阿拉即大汗位，国号大金（史称后金）。汤显祖望着南来北往的行人,他感叹着:'终日为生计而奔波的人们啊,这个世态要变了,你们是何心情?'他在诗中说:'偶向交衢立,长风吹我襟。不知来往客,终日是何心。'"

文字简洁洗练,朴实无华。其中固然有一些联想和想象,有一些文学的描写,但大致不离真实。其中的文学描写,也在文学传记可控的范围内。这里《大传》着墨不多,却形象地写出了汤显祖"天下忘吾属易,吾属忘天下难也"的真情,把一位蹭蹬穷老,而始终关心世事的老人写得有血有肉,令人难忘。

不过有的情景描写似乎文学多于历史,想象超过真实。如第十二章写汤显祖从临川经大庾岭抵广州,描写一路水光山色和传主行踪思绪,如闻如见,生动优美。有的固然有汤诗为证,有的含有作者的合理想象,有的还包括当前学术讨论中的一些尚待证实的见解。如到南安驿站,《大传》写汤显祖来到后花园,台池掩映,花木扶疏,牡丹亭,芍药栏,等等美景,与《牡丹亭》所写相似。在后花园,听到前任杜太守之女为情而死的故事,因此"陷入深深的思考,以此为题材写一部传奇剧的构想在他脑海萌发"。这已经使人产生疑惑了:引起汤显祖写作《牡丹亭》的诱因是南安府衙后花园的见闻?

但重谟终究是严肃的学者,他接着说:传说毕竟是传说,随着《杜丽娘慕色还魂》话本的发现,《牡丹亭》依据话本进行改编已成不争的事实。问题是作者接着又引录大余学者谢传梅的观点,证明早在南宋年间,南安就流传几个版本的官宦小姐鬼魂与现实青年男子相爱交欢的故事,故事发生的时间、地点与中心人物、主要情节和《牡丹亭》有着惊人的相似,实为《牡丹亭》故事的最初雏形。这个故事雏形被扩展为话本《杜丽娘慕色还魂》,汤显祖加工为《牡丹亭》又使故事臻于完美。由此可见,南安后花园故事是《牡丹亭》故事之源。

这个问题在这里无法展开讨论。但谢传梅的《牡丹亭之谜》所据《夷坚志》故事,其实是一个多见的女鬼魅人的故事,各地多有。《谜》书所列南安府衙后花园的结构形制也在清代中后期,所以我赞同徐扶明的看法:南安有牡丹亭、杜丽娘梳妆楼、杜丽娘坟墓和梅花观，都是《牡丹亭》影响的产物。重谟不能割舍现有的南安传说，或许出自一种文学爱好。所以他用了一个巧妙的说法："南安的见闻是《牡丹亭》无字之蓝本。"蓝本而无字，还是蓝本吗？这只能看作重谟的幽默吧。

《大传》虽有若干史实与观点值得做深入的研究，但《大传》无论在史实考证还是文学表达上都取得了成功。它的出版，反映了重谟兄汤显祖研究的新高度，反映了我国戏曲研究、汤显祖研究的新成果，引人关注，值得庆贺。

原载《抚州日报》2015年4月1日
（作者系复旦大学教授、上海戏曲学会原副会长）

卷一 少善属文

第一章　故乡与家世

一、故乡临川

　　发源于武夷山西麓的抚河是江西的第二条大河，在赣抚平原卷着诗情的浪花，弥漫着氤氲的才气，浩浩荡荡注入鄱阳湖，汇进长江，流向东海。在抚河的上游，有座"山川融结，舟车云集，控带闽越，襟领江湖"（《临川县志·形势志》）的重镇，那就是世界文化巨人、晚明戏曲大师汤显祖的故乡——江西省临川县（今属抚州市）。这一地理形势正如汤氏诗中所描绘："远色入江湖，烟波古临川。"（《二京归觉临川城小》）

　　临川确是座古城。它自东汉建县，三国时设临川郡。隋代改临川郡为抚州，从此一直为郡治所在地。临川城负山临津，二水绕郭，五峰镇城，钟灵毓秀。汇成抚河的汝水和临水在此交汇。城内青云、逍遥、桐林、香楠和天庆五座峰峦与城西羊角山构成"五虎擒羊"地形，故临川又有"羊城"之称[①]。临川城早在宋代东有承春，南有通教，北有望云三市与市内逶迤起伏的五峰，参差错落万家烟火。宋代著名文学家曾巩诗中有名句："翠幕管弦三市晚，画堂烟雨五峰秋"（《临川县志·艺文志》），咏赞了临川古城的特有地貌形态与繁荣昌盛的景象。汤显祖也自豪地说："临川古为名郡，五峰三市在焉。"他写了不少描绘故乡风物的诗作，其中《津西晚望》一首说：

西津西望绿冥蒙，流水花林秋映空。

三峰忽自飞灵雨，凌乱金光日气中。

——《汤显祖全集》卷二十一

"津西"即西津。入秋的傍晚，汤显祖站在临川的西津河傍向西远眺，迷蒙的山雨从青云、逍遥、桐林三峰飞来，河水为之活跃，凌乱的雨丝被斜阳映照成闪闪金光，令人眼花缭乱。诗描绘了临川城郊在斜阳细雨中壮丽斑斓的景观，也表达了汤显祖对故土的炽爱情怀。

临川自古以来就是江西人杰地灵的风水宝地。它不仅景色清幽，物产富庶，而且文风昌盛。这里"民秀而能文，刚而不屈""乐读诗书而好文辞"（《临川县志·风俗志》），素有"才子之地""文化之邦"的美称。这座古老的小城镇，在历史上不仅培育了像汤显祖这样享誉世界的文化巨人、戏曲大师，而且仅在宋代就涌现了王安石、晏殊、晏几道、曾巩等杰出历史文化名人。

大凡堪称文化之邦，都是人文荟萃之地。翻开《临川县志》，自东汉历两晋、南北朝、隋、唐，有大书法家王羲之、颜真卿，诗人谢灵运、戴叔伦，词人冯延巳，文学家刘义庆，文学评论家钟嵘，史学家杜佑等都曾在临川任官，他们的道德、文章为临川文化增添了辉煌。城东州学岭墨池就是当年王羲之临池学书的遗址；城郊铜山麻源第三谷乃是南朝山水诗人谢灵运的旧游之地；香楠峰下的"兴鲁书院"，是唐宋八大家之一曾巩的讲所，时为学子们慕求的江西名书院之一。初唐四杰之一的王勃，在《滕王阁序》中神思妙笔写下"光照临川之笔"，盛赞临川自古文风昌盛，才俊辈出。颜真卿在临川刺史任内，留下了他书法登峰之作《麻姑山仙坛记》，临川之笔可谓又增添了光彩。还有黄庭坚、梅尧臣、范成大等宋代大诗人，都来过临川驻足交游，写下不少咏赞临川风物的诗作。特别是南宋爱国诗人陆游，曾任提举江南西路常平茶盐公事，任所在抚州，公余他常曳杖登临城东南的拟岘台，眺望中原失地，不禁老泪纵横，发出"中原未复泪横臆，故里欲归身属官"的慨叹，抒发了壮心被抑，报国无门的思想情怀。

喝抚河水长大，受临川文化哺育的"中国十一世纪改革家"王安石，他在变革科举制度的同时，创立了科举取士的标准化文体——制义（即八股文）。从这一层面来说临川又可以说是八股文化的发祥地。自宋至清，临川八股文高手如林，金榜题名者全国居冠。据统计，自宋太宗太平兴国四年（979）至宋度宗咸淳八年（1272），临川一县先后有446人中进士，525人中举人，334人选拔为监生与贡士。尤为罕见的是，嘉定十六年（1223）临川一科中进士12人，宝庆二年（1226）一科中进士18人，咸淳元年（1265）一科中进士22人，分别占全国进士录取总数的4%、6%和7.33%，"儒林传为美谈，公卿耸观，朝野震动，盛称临川为'才人之乡'"[②]。民间流传明代临川有八名士："前有丘、汤、帅、祝，后有陈、罗、章、艾"，说的就是明代临川八股文的写作，前期以丘兆麟、汤显祖、帅机、祝徽而扬名，后期为陈际泰、罗万藻、章世纯、艾南英有盛誉。他们在中国文学史上都占有一席之地。后四家都出自汤显祖的门下。在明清之际汤显祖名列"举业八大家"。在明朝，临川共有166人中进士，302人中举人，577人选拔为监生和贡士。全县出任知县以上中央和地方官职者多达383人。临川"才子之地"自古名不虚传。

汤显祖对临川山水充满了热爱，对故乡历史上的文化名人十分敬仰。他倾慕东晋在临川任内史的山水诗人谢灵运的诗才，青少年时代常步谢灵运的游踪，流连于红泉、碧涧胜迹之间。他还以谢灵运《入华子冈是麻源第三谷》中名句"铜陵映碧涧，石磴泻红泉"命自己的书斋为"红泉秘馆"，命早年的诗集为《红泉逸草》。汤显祖盛赞王安石医国的伟大功业："王安石信于其君，所用药物亦种种当宋人病。"（《赵子暝眩录序》）在青年时期他立志要像王安石那样，"若吾豫章之剑，能干斗柄，成蛟龙……"（《李超无问剑集序》）为改革政治大刀阔斧干一番事业。

汤显祖出生于临川，成长于临川，最后又终老于临川。临川和汤显祖的名字紧紧连在一起，无论是生前还是死后，他都被人称为"汤临川"。

二、家世源流

临川虽然是汤显祖世居的故乡，但追溯他家族远祖，一说在安徽贵池，一说在苏州温坊。如曾巩（1019—1083）宋熙宁九年（1076）为临川汤氏宗谱作序就持此说：

> 抚临之汤，出于唐殷公文圭之子悦，以避国讳改而从汤，岂不以殷之与汤同出于天乙，与商之苗裔孔之宗缔相联贯乎。

幼年的汤显祖也曾听到老祖父讲述过，在《吉永丰家族文录序》中他做了这样的记述：

> 盖予祖茂昭公言，予江南之汤，皆唐殷公文圭之后也。公之子悦，仕南唐，以文章高世。国亡，从其君入宋。艺祖恚曰，尚不知我先人讳耶。乃改殷为汤，官其父子于宋，御医平叔，其后也。余子多留江南者。而予先祖适以南唐使之钱王所。国亡，遂留钱塘不归。靖康之乱，以族从康王孟后，如洪，如临，之盱（旴）吉。以故大江之西多吾氏而大，则文圭公之裔也。

——《汤显祖全集》卷二十九

这里说，江南的汤姓是唐代殷文圭的后裔。殷文圭的一个儿子名叫殷悦，在南唐做官，是个有名的才子。宋开宝七年（974）宋太祖举兵攻打南唐，次年攻陷了都城金陵（今南京），南唐后主李煜做了俘虏。从此，"四十年来家国，三千里地山河"归了宋朝。殷悦也随李煜一起投降了宋朝。中国封建统治者为了巩固他的专制统治，竟发明了用语义钳制人的行为，凡君王先祖中名字中用过的字，就要"臣避君讳"。那太祖赵匡胤之父宣祖名叫弘殷，臣民们对这"殷"字就必须"避"，否则就有坐罪甚至杀身之祸。一天，殷悦上朝参拜太祖，太祖看见殷悦很不高兴地对他说："你难道不知道我父亲名用了'殷'字吗？"殷悦为避宣祖名讳，便将殷姓改为汤。还有一说，宋建隆三年（962）四月，宋定难节度使李彝殷遣使贡马300匹于银台，大臣奏其名犯太祖赵匡胤之父赵弘殷名讳，诏令其改名为李彝兴。殷悦闻知，为避宋宣祖名讳而改为汤氏。两种说法虽不完全一样，但为避宋宣祖名讳，将殷姓改为汤是一致的。

安徽、江苏南部和江西、福建一带都属南唐的领土。汤悦随南唐后主降宋,迁居河南开封,官拜光禄卿、上柱国,封陈县男;而其弟汤净(殷崇礼)被派到吴越都城钱塘(今杭州)做使者。南唐灭亡之后,留在钱塘未归。靖康元年(1126)金兵南犯,攻陷了汴京(今开封),留在钱塘那位使者的宗族便跟随康王孟后避金难,流移到南昌、临川、南城和吉安一带。临川文昌汤氏便是当年为"避金难"流移到临川,在文昌里定居下来繁衍生息的一支。

1979年2月,作者(右一)采访汤显祖十一世孙汤星魁,听他讲家世源流

然而比曾巩在世更早的宋代临川籍宰相晏殊(991—1055),对抚(州)临(川)汤氏始祖则说是:

> 汤季珍,字君重,号宝亭,唐季以词赋掇科名,任抚州路宣慰,奋身追贼,为国尽难,作为一方保障,上嘉其"忠勇",敕封为"公",葬于抚郡(治所在临川)北飞雁投湖山。③

与曾巩同时,名声显赫的又一位临川籍宋代丞相王安石(1021—1086),他在拜谒汤季珍庙时,诗赞汤季珍"忠贞贯日,义勇参天。英气不灭,启佑后贤"④。

南宋参知政事(副丞相)、侍读学士真德秀(1178—1235)对临川汤氏源流做过考证后也附和了晏殊的说法,对万四公五子迁居临川的时间、地点都有具体的考述:

> 临邑汤氏肇自唐宣慰大夫万四公汤季珍,原出自于苏州温坊,乃唐

时名臣也,钦承简命视事福州,捐身尽难葬于临川。而翩翩公子五人遂迁家于抚郡:长子明一公定居抚州南门;次子明二公定居四十三都;三子明三公汤德,钦赐进士,官居雍州(今湖北襄阳)文林郎;四子明六公定居汝水城东文昌里;五子明九公守祖坟,定居临川温坊(今云山清溪汤坊)。其宗支茂盛,子孙繁寓,家学渊源,吾知其必相之后人承籍。⑤

明末天启元年(1621)中举,官至柳州知府、中宪大夫的章世纯,也对恩师汤显祖的家族世系源流做过考证:"汤显祖为万四公汤季珍第四子明六公后裔,为汤季珍第二十三世裔孙。"

殷文圭是唐末诗人,池州青阳(今贵池市)人。生卒年不详。据现存安徽贵池梅街镇牌坊村殷文圭墓碑载,殷文圭为唐乾宁五年(898)进士,南吴武义元年(919)拜翰林学士。又《池州府志》等地方文献载,文圭为吴国创业勋臣,长子殷悦,生于安徽贵池,随父任吴国中书舍人,南唐保大十三年(955)中进士,北宋咸平元年(998)病逝,官至司空,知左右内史事;孙,汤允恭,宣和六年(1124)进士,官至兵部侍郎。而万四公汤季珍是江苏吴县(今苏州)温坊人,少一公第四子,于唐懿宗咸通年间以鸿词博学科,历官豫章(今南昌),娶豫章邵氏为妻,生汤夔、汤升、汤德、汤复、汤英五子。唐僖宗即位,改元"乾符",汤季珍为饶州(今鄱阳)知府。乾符四年(877)王仙芝遣义军大将柳时璋攻江西抚州,僖宗诏令汤季珍为抚州路宣慰使赴抚州督钟传部击败柳时璋,抚州之围得解。乾符五年(878)三月,黄巢率义军进攻福州,汤季珍奉旨入闽坚守抵抗,死战殉国。僖宗赐汤季珍为"公",谥曰:"忠勇",敕葬抚北汤坊(今临川区云山镇清溪村)飞雁投湖山,其墓尚存。

比照两人的在世年代,汤万四比汤文圭在世的时间要早。当殷文圭在南吴武义元年(919)官拜翰林学士时,万四公汤季珍已为国捐躯尽难四十一年。汤文圭之长子汤悦,次子汤净,汤悦之子汤允恭,其后裔没有汤万四季珍。由此可见,抚(州)临(川)汤氏非殷文圭后裔,而是汤万四后裔;先祖出于苏州温坊,而非安徽贵池。为清嘉庆十二年(1807)续修《文昌汤氏宗谱》作序的汤子高（峻明）十世孙汤治在序文中谈道："汤氏名号临川，声播海内。自先代以来，合修宗谱者五，所载万四公生于苏州，为唐时名臣，官于抚而家于抚，汤氏宗为始祖，由来远矣……伯清公以上不敢混祖也。"这里说，临川汤氏在此之前已合修了宗谱五次，都认万四公为始祖。汤显祖在《吉永丰家族文录序》中说："宋元亡而予宗之文物有在者焉。"所谓"予宗之文物"，我认为就是安葬在清溪飞雁投湖山的万四公墓。

文昌之汤的始祖何以有两种不同认定？原来汤姓系承于商汤，发祥于今河南省境。秦汉之际，有北迁到中山（今河北定州）和范阳（今河北涿州）的两支形成望族，称中山汤和范阳汤。据临川籍史学家汤锦程先生从抚州民间集得《中山汤氏宗谱》载宋绍熙四年（1193）《原序》云："访之长老，以宣慰公为始祖，盖自苏州温坊市来也"，另《范阳汤氏世系卷一》则云："一世殷文圭公；二世汤悦公，原姓殷，讳崇义，避宋宣祖庙讳赐今姓，更名悦。公父曾居涿（河北涿州），故别中山郡为范阳望。"抚州临川汤氏始祖汤季珍（万四公）属中山汤氏，而安徽贵池文圭公属范阳汤氏。唐宋时期中山汤氏和范阳汤氏相混南迁，后辈对家族所属世系并不很清楚。而范阳汤氏的汤悦官居宰相，后世作谱序者和中山汤氏后裔在谈论家世中有意攀附，拉上殷文圭为始祖以显耀门庭当属情理之中。文昌汤氏本系抚临汤氏一支派，都

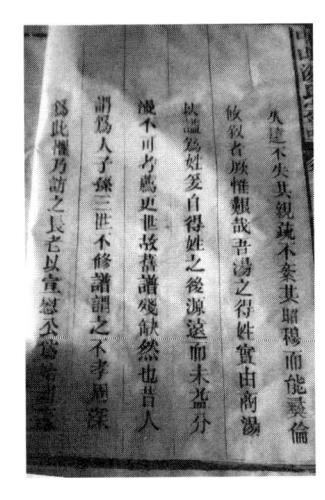

中山汤氏宗谱
（汤锦程收集）

抚临汤氏宗谱
（清溪汤坊汤财有藏）

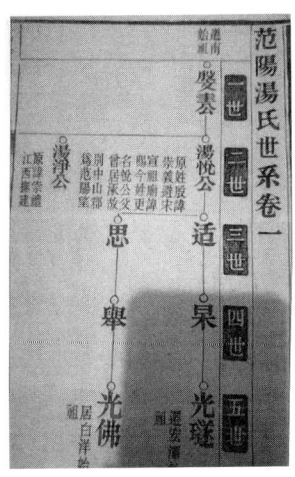

范阳汤氏宗谱
（汤锦程收集）

是万四公后裔,乾隆二十四年(1759)还共同参与了万四公墓碑的重立,只是嘉庆丁卯年(1807)冬重修宗谱时,汤显祖六弟汤寅祖的第六世孙汤楩(1769—1810),提出独修"文昌汤氏宗谱",认为"文昌汤氏人文蔚起,代不乏人",有"以文章高世者,若士公为最;以经学著名者,弓庵公为最"的优越感,并以汤显祖《吉永丰家族文录序》为据,作《原谱考》"不宗万四公",改而认安徽贵池殷文圭为始祖,从此不再到近在本乡的万四公墓拜祖扫祭,从此造成文昌之汤两个始祖的混乱。

1979年2月,笔者查阅汤显祖后裔汤甲云、汤亮云珍藏的清光绪三十二年(1906)续修《文昌汤氏宗谱》,谱文所载一世:三十七公;二世:三公;三世:念八公;四世:适十五公;五世:靖大四公;六世:恕小四公;七世:细二公;八世:伯一公;九世:少一公;十世:万四公(即宣慰公汤季珍)。万四公有五子:明一、明二、明三、明六、明九。唐亡后,五子都迁来抚州。汤显祖为明六公支下万四公第二十三世裔孙。明六公(千四)生伯五;伯五生春三;春三生广一;广一生念四;念四生廷二;廷二生亨公;亨公生书思;书思生日熏;日熏生宗悦;宗悦生志和;志和生必正;必正生日明;日明生文德;文德生友信;友信生亮文(即伯清);亮文生峻明(即子高);峻明生廷用;廷用生懋昭;懋昭生尚贤;尚贤生显祖、儒祖、奉祖、会祖、良祖和寅祖兄弟六个,显祖为长男。至今聚族而居在临川云山圳上汤家村是汤显祖次儿大耆、三儿开远的后裔。临川《文昌汤氏宗谱》所载,以万四公为宗,源流清晰,世系分明,与晏殊、真德秀和章世纯所论一致,可互为印证。

临川文昌汤氏源头寻到了,那谁是文昌汤氏开基人呢?万历十九年(1591),汤显祖受贬赴徐闻,在阳江境内遇到有过交往的汤瑞寀。汤瑞寀向汤显祖提到联宗事,汤显祖"未有以应,第曰:'元季谱牒散亡,予祖文德友信父子耳。'"对此,章世纯还有较为详细的考述。他说,明六公汤复之了汤文景,五代时迁居临川云岭汤家寨。汤文景十三代裔孙汤文德,为儒学,明代从云岭汤家寨迁居临川城东文昌里。现存家谱载有汤文德之孙汤伯清(亮文)传称"世居河东大街"(即文昌里),可见汤文德、汤友信父子是临川文昌里汤氏开基第一人。也许由于汤伯清是第一个死后葬于文昌里灵芝山

汤显祖祖父隐居的酉塘庄（刘昌衍提供）

的先祖，自嘉庆十二年（1807）续修《文昌汤氏宗谱》起，都尊汤伯清为文昌汤氏一世。

汤伯清有文才，少小就是县学的生员，每次考试都名列前茅，在学界有名望。他乐善好施，能做些修桥建庵、买田供佛斋僧一类的善事。遇到灾荒之年，还能捐资赈饥。乡里将他所做的好事呈报上司，朝廷多次要他出仕任官，但他坚决谢辞不去。汤伯清信佛，县城南青云乡有捕猎翠鸟少年不正常死亡，传说是遭到报应。他受此影响深信善恶终有报的天理，遂以耕田种地、读书修养心性而处世传家。⑥又因明初朱元璋杀绝功臣以提高专制权威，文人小吏无端遭受文字之祸。当时睿智儒生多避而不赴科举。汤伯清为避举而自瞎其目。他以耕读"义方垂训"，形成家风。汤显祖高祖子高公，名峻明，曾祖汤廷用都为儒学，继承耕读不求功名的家风。他自己也乐善好施，成化二年（1466）临川遇旱灾大歉收，汤伯清将藏于良岗庄的万石粮食，捐献赈饥。曾祖廷用勤学好文，也不入科举。祖父汤懋昭，字日新，聪慧好学，博览群书，幼年时就补了弟子员，精黄老学说，善诗文，有"词坛名将"之美誉。明嘉靖年间（1522—1566），汤懋昭以《书经》考取贡生，江西按察副使许逵爱其才学，礼聘其为幕友。汤懋昭从许逵游历豫章、濠州，经许逵举荐出任安徽清远县丞。汤懋昭曾四次为幕宾，晚年设帐讲学、桃李

酉塘庄残留的古宅门额刻有"玉茗流芳"（万安飞提供）

四方。40岁以后，他就离开热闹的城东故居，回到文德公开辟的西塘庄过着田园耕读的隐居生活。如今西塘庄上还残存有门额上方镌有"玉茗流芳"的古宅。当年汤懋昭的隐居居所挂着这样一副对联：

金马玉堂，富贵输他千百倍；
藤床竹几，清凉让我两三分。⑦

从这里可看出他家族传统的人生态度。汤显祖的父亲尚贤，为明嘉靖年间著名老庄学者、养生学家、藏书家；极重视家族教育，原在文昌门外就建有文会书堂，后在香楠峰下的唐公庙左又建了"汤氏家塾"，曾延请理学大师罗汝芳到唐公庙讲过学。汤尚贤为了表示要继承父风，特以承塘为号。他"为文高古，举行端方"，讲信义而不计较私利。他从不愿在大庭广众之下抛头露面，被乡里称为"可闻不可见的人"。曾有这么一个传说：当时有一位名叫苏宇庶的来临川任太守，久闻汤尚贤品格高尚，一次举行乡饮宴会，特邀请他做嘉宾。乡饮宴会上，宾客早已坐满了，菜也上了几道，可汤尚贤却迟迟未来。苏太守叫人催请，汤尚贤却婉言谢绝。最后苏太守亲自出马相请，汤尚贤才不得已赴宴。苏太守见了他感叹地说："你真是个可闻不可见的人啊！"并给他的居所题了"可闻不可见"五个字。

汤懋昭、汤尚贤父子都是满腹经纶的儒学者。临川文昌里汤家在江西也属名门望族。明嘉靖朝兵部尚书谭纶赞曰："抚郡汤姓，卓然为当代名宗也。"清康熙朝监察御史杜果觉也有赞："先朝江右名门望族，谁能如临川汤氏者乎！"

从汤显祖这个家庭，我们可以看出其对汤显祖的思想及生活道路所给予的深刻影响。祖辈高隐自赏的情操，是汤显祖秉性耿介、品操自贞的渊源；那乐善好施的家风，是滋润汤显祖同情人民的雨露。

汤显祖家庭是有名的藏书之家。到他高祖汤峻明时，家有藏书达四万余卷，传到他祖父这一代，家中藏书就更多了。他家藏书中不仅有经史子集，古文词赋，而且还有举世难寻的元人院本上千种。这些藏书为汤显祖提供了丰富的知识营养。汤显祖自小在这个书香的环境里，博览群书，对宋元院本做过精心的研读。姚士粦在《见只编》卷中说：

> 汤海若先生妙于音律，酷嗜元人院本。自言箧中收藏，多世不常有，已至千种。有《太和正韵》所不载者。比问其各本佳处，一一能口诵之。及评近来作家，第称梁辰鱼《浣纱记》佳，而记中《普天乐》尤为可歌可咏。此说至今不得其解。公复玄解星命，谓余乙运扰扰。以今验之，果然。

汤显祖的家庭既是临川诗礼之家，又是爱好戏曲人家。他的祖父和父辈大都有弹琴拍曲的爱好，特别是他的伯父汤尚质，是个敦厚的读书人。他好道又信佛，见多识广，性情开朗。青年时到过许多地方，可能还从事过一段戏曲相关工作。后来归家，常爱在月朗星稀的夜晚拍板唱曲，爱钓鱼下棋，晚年生活潇洒舒适。汤显祖有诗记述说：

> 伯也垂双鬓，公然一老儒。
> 钓竿严子濑，棋局帝王都。
> 龙虎烧丹有，潇湘鼓瑟无。
> 武夷春岁月，庐岳暮江湖。
> 汗漫期常共，清真德未孤。
> 卧游仙袅袅，行乐醉乌乌。
> 旧试朋簪合，新瞻佛座敷。
> 时时开画轴，日日隐香炉。
> 年少谁留梦，情多数被呼。
> 月高轻点拍，春睡美投壶。
> 长袖光阴远，深衣礼数殊。
> 步趋真长者，诗赋可贤乎。
> ……

——《汤显祖全集》卷十一《伯父秋园晚宴有述四十韵》

汤显祖在这样的家庭环境里接受戏曲艺术的熏陶，成为对他戏曲创作的启蒙教育。他家中尊道拜佛的烟火，也同时熏染了他幼小的心灵，并在他漫长的人生中，深刻地影响着他的思想。

[注释]

① 明崇祯版《抚州府志·地理志·山川纪》又一说："羊角山，府治位焉，左有石笋出土中如羊角。……东北低处为莲花废寺，有石横出如羊脚曰羊脚石，谚或以为羊城。"

② 黄震《东发日抄》（又作《黄氏日抄》），载《黄震全集》第一册，浙江大学出版社2013年版。

③ 汤锦程：《临川汤学渊源考》，《东方龙》1995年总第9期。

④ 汤锦程：《临川汤学渊源考》，《东方龙》1995年总第9期。

⑤ 汤锦程:《临川汤学渊源考》,《东方龙》1995年总第9期。

⑥ 汤显祖《袾宏先生戒杀文序》中说:"征于余郡南青云乡,有猎翠少年,乃为一美人死。后美人死时,有大翠鸟如燕出户飞。余先祖伯清闻之,叹曰:'心精则化,宁循其端。翠精于怨,犹能报人,况灵于翠者乎。'遂素食草履,常步耦耕,断内人珠翠饰。恐犯为人所化牛马蛤翠也。"(《汤显祖全集》第1101页)又《文昌汤氏宗谱》卷首载《祖基复还记》(汤显祖侄孙汤秀琦康熙二十九年夏至日作),说:"予八世祖伯清公,感猎翠之报,以服道耦耕传家。值明初苛戮官吏,自瞆其目,以避科举,葬宅后灵芝园。"

⑦ 陈炌:《西塘公传》,载《文昌汤氏宗谱》,清光绪三十二年(1906)修,临川云山圳上汤家村汤显祖后裔藏。

第二章 "初生手有文"

　　临川城东，有座逾八百年的古桥，势若长虹。汝水自桥下经拟岘台抱城往西北与临水汇成抚河。过桥便到了灵芝山。在明代，这里是交通要道，城区热闹地段："闽浙孔道，冠盖车马无虚日，极声光势之区。"（《临川县志·地舆志》）

　　从占星学看，临川郡的分野，正应文昌星之名。故这桥名为文昌桥，桥

作者故居前的文昌桥，对岸是汤公文昌里故居

东居民区称文昌里,桥西标志性的门楼叫文昌门。在文昌里灵芝山麓偏南的江边,住着一户依山傍水的书香人家,门联写着:"北垣回武曲,东井映文昌。"(《抚郡汤氏廨宇规模记》)这就是汤显祖的故居。汤显祖就出生在这里。"武曲"指的是隔江相望的关帝庙,"东井"就是文昌桥头井。对这一居所,汤显祖曾满怀深情地在《吾庐》中描述道:

> 文昌通旧观,东井饮余晖。
> 出入桥梁望,郁葱佳气微。
> 层台对金玉,隈阡隐灵芝。
> 吾庐亦可爱,复此倦游时。
>
> ——《汤显祖全集》卷六

又在《旧宅》诗中说:

> 北斗桥阑旧井床,清池舍后匝枫樟。
> 严君别道桑麻长,大母惟夸桔柚芳。
>
> ——《汤显祖全集》卷四

从诗所描绘,我们知道这里环境开阔,绿树葱郁,风景优美。出入可见文昌桥,过桥就到关帝庙。东井的水,清澈透明,供文昌里人饮用。远眺汝水天际交接处,金石台、玉石台圣迹依稀可辨;近俯灵芝青山将庐舍弯曲护卫。房前屋后,莲藕鱼池,橘柚飘香,高大枫樟树,绿荫如盖。汤显祖对故居十分热爱与眷恋。从汤家故居条件上看,是个临川殷实的耕读世家。但从汤显祖父亲汤尚贤开始,已不安于这耕读世家现状,"显祖"的起名则更是明白表达希冀汤显祖这一代能金榜题名,出人头地,光宗耀祖。

嘉靖二十九年八月十四日(1550年9月24日)清晨,临川文昌汤家大门一开,一串喜炮震响汝水两岸。汤家二媳妇卯时生下头男长子的喜讯一下子在文昌里就传开了。这时父亲汤尚贤20岁;母亲吴氏是本县广下乡道学家吴允俯的女儿,20岁;老祖母魏夫人63岁。由于汤懋昭是临川闻名的乐

汤显祖文昌里故居坐落位置

善好施的诗礼人家，虽然上几辈都未曾有人做过官，但在当地还是相当有社会地位的。当喜讯一传开，亲朋好友和社会名流都前来道贺。来客看到眉清目秀的汤显祖，都不禁啧啧称赞："真是好一个宁馨儿！"有的人看了看汤显祖的手纹惊奇地道："你看，这孩子有文在手，是个文曲星下凡啊！"汤显祖以后真的文才扬名海内，似乎验证了"生而有文在手"不虚。汤显祖对自己的早慧也引以为豪，成年后，他竟在诗《三十七》中写上"初生手有文"的句子来了。别人一句恭维话说过去倒也不大要紧，可是汤显祖自己这么一说便引起后人许多误会。明清间的文人钱谦益和蒋士铨竟把汤显祖这一诗句作为根据，在为他写传略时，都说汤显祖是"生而有文在手"。

生头男长子被看作是有福气的人家。年过古稀的汤懋昭对家中添了这么个好长孙，真是笑在眉头喜在心。但是最为高兴的还是63岁的老祖母魏夫人。魏夫人是个好道信佛的长者。有道士说她是南岳夫人降世，90高龄还能看蝇头小字，辨识二里外的船只。汤显祖好友帅机在《魏夫人诔》中就说得更加玄乎："年逾九十，竟爽弗衰，齿落更生，发宣而鬖，严电炯炯，柔荑不龟。倏焉无疾，超忽平原。形体软弱，色泽鲜妍。共传尸解，俱称上仙。昔梦南岳，玉女降世。暂游人间，从犊远逝。"帅机把汤家老祖母说成是道教神仙暂游人间，其死不过是遗世升天"尸解"而已。自这个爱孙出生以后，母子俩常闹病，抚养这爱孙的担子几乎全落在这位老祖母身上。汤显祖曾有诗说到幼小时受到老祖母精心抚养：

初生手有文，清羸故多疾。
自脱尊慈腹，展转大母膝。

——《汤显祖全集》卷八《三十七》

这样，幼小的汤显祖就养成了个怪脾气，他一生起病来，不喜欢睡在床上，而要躺在老祖母怀中。以后他们祖孙感情也远远超过了母子感情。直到汤显祖中了秀才，老祖母依然帮他整理书籍，置办行装。汤显祖对祖母的感情超过了对母亲的感情，就是做客在外地，晚上做梦也总是梦着老祖母而不梦母亲。汤显祖对老祖母怀有深深的感恩之心，为了能够对老祖母尽孝道，他"私心不欲宦达"(《龄春赋序》)，即情愿放弃功名的求取。

然而汤显祖这个"宁馨儿"没有生在好的时代。自朱元璋在元末群雄逐鹿中夺取政权，建立了朱明王朝，到宣宗当朝已60多年时间，由于中央和地方的行政体制不断进行了改革，政治经济稳步发展。但自宣宗死后，9岁的英宗哪能处理国家大事？宦官王振渐渐窃取政权干预朝政，致使皇权削弱，政治腐败，贫富分化，阶级矛盾日益尖锐。到汤显祖出生时，经营了182年的大明帝国犹如百孔千疮的破船，已没有多少前进的力量，但浪头却一个接一个地打来，使得它摇来晃去，随时都有沉没的危险。这时，北部蒙古部落壮大起来了，常来扰乱边境安全，王振却不予重视。正统十四年（1449），英宗不听于谦等人的竭力劝阻，在王振的怂恿下，草率带兵亲征，不仅未能挫敌，自己还成了蒙古人的俘虏。这就是历史上的"土木之变"。到武宗当政，他更是对朝政毫不关心，只知纵欲淫乐，掏尽国库，无度挥霍。特别是他重用宦官刘瑾，大小政务由他处理，京城内外都说有两个皇帝：一个朱皇帝，一个刘皇帝。武宗和刘瑾的倒行逆施激起了人民的强烈不满，正德五年（1510）十月，在顺天府霸州文安县爆发了刘六、刘七领导的农民起义。

汤显祖出生时，明代皇帝已换了十一位，当朝的就是这个未被造反宫女勒死的朱厚熜，年号为嘉靖，庙号世宗。他属小藩继位。因武宗朱厚照荒淫，死时既无儿子又无兄弟，无人继承大统，只有一个堂弟朱厚熜。内阁首辅杨廷和遵"兄终弟及"的《皇明祖训》，提出由朱厚熜来承位。朱厚熜作为其大伯弘治帝朱佑樘的继承人而做起了皇帝。

即位之初，在大臣的协助下，朱厚熜励精图治，废除了武宗时的弊政，诛杀了佞臣，使朝政为之一新。然而他登位后念念不忘已去世的父亲只是个藩王，老想着：称父亲为"皇考"（皇帝对其逝去的父皇的尊称）还是称大伯为"皇考"？虽然"皇考"只是个称谓，但在朱厚熜心里却成了认不认父亲的问题。为了这个尊号，他不惜与满朝文武官员对抗了七年，把朝政搞得一团糟。结果在皇权的高压下以朝臣们妥协，朱厚熜获胜而告终。

此后，世宗求治雄心消磨殆尽，沉迷于方术和斋醮。为求长生不老药，朱厚熜从民间征召大批少女进宫，命方士取她们的处女月信来制丹药。为保持宫女的洁净，不准宫女们进食，只能吃桑饮露。被征召的宫女不堪苦痛，以杨金英为首的十六名宫女起来造反，试图用麻绳勒死熟睡中的世宗。但慌乱中的宫女们将麻绳打成死结，结果未能将世宗毙命。参加这次宫变行动的宫女全被处死。此事发生在嘉靖二十一年壬寅（1542），史称"壬寅宫变"。

世宗朱厚熜虽侥幸未被勒死，但也吓得失魂落魄，从此躲在西苑，养生修道，二十余年不敢回大内，置朝政于不顾。他重用奸相严嵩，杀戮忠正，贪贿成风，朝政日益腐败。北部边境与东南海防环境出现恶化，蒙古贵族和东南沿海的倭寇不时侵扰掳掠。

就在汤显祖出生的这一年六月，原在河套的北蒙古贵族俺答部举兵进犯大同（今山西大同市）。总兵张达和副总兵林椿都战死。凭行贿严嵩之子严世蕃当上宣府、大同总兵的仇鸾，以重金贿赂俺答，令移寇他塞，勿犯大同。八月，俺答移兵东去打下蓟州（今天津蓟州区），取道通州（今北京市通州区）进攻北京，一路烧杀抢掠。眼看兵临城下，兵部尚书丁汝夔清点了一下兵营，原来十万七千兵额却只实有四五万人了。朱厚熜命仇鸾为平虏大将军率集合各地勤王兵五万去增援，但仇鸾"恇怯不敢战"，世宗催促各路兵马迎敌。丁汝夔拿不定主意问严嵩，严嵩只想坐守不战，还恬不知耻地说："塞上败或可掩也，失利辇下，帝无不知，谁执其咎？寇饱自飏去耳。"说在京师打了败仗不比在边塞，不好隐瞒。俺答不过是掠食贼，饱了自然便去。这样，竟放纵俺答在北京近郊足足烧杀抢掠了八天。当俺答刚收兵出塞时，仇鸾出兵追赶，本想抢个奇功，但俺答马上调转兵马，把仇鸾杀个大败。在皇帝眼前打了这么个败仗，怎么好交差呢？仇鸾却无耻至极，谎报败仗为胜仗。昏聩的朱厚熜居然信以为真，还加仇鸾太保头衔，并赏赐金帛。仇鸾自己谎报军功怕被人揭穿老底，不惜诬陷丁汝夔、杨守谦，说他俩贻误军机。可怜丁汝夔、杨守谦于八月二十六日含冤受斩。这件事，明史上称之为"庚戌之变"。由于事发在汤显祖出生的同年同月，当汤显祖40岁任南京礼部主事时，将这一段历史写进他的诗中：

> 肃帝金天精，庚戌秋八月。
> 七日子生辰，再七我如达。
> 是月太白高，大臣有诛杀。
> 云何旬朔中，受生多颖发？
> ——《汤显祖全集》卷九《送汪仲蔚备兵入闽》

"幼志在诗书，吟呻不去口"的汤显祖，3岁时便聪明伶俐，人见人爱。这年乡试，临川有一位15岁的少年，名叫帅机，字惟审，中了举人。帅机的中举与小他十多岁的汤显祖本不能发生多少联系，但只因他俩的聪明过人同时被乡里所称颂，所以帅机一中举人，乡里人便有"帅博汤聪两神童"（李绂《阳秋馆文集·序》）之说了。

汤显祖既被称为神童，可想而知他的智力自当超过一般朋辈。在汤显祖5岁的时候，父亲汤尚贤就将他在家塾中进行启蒙教学，自己亲自教授。汤显祖没有辜负乡里对他的"神童"称誉，入学以后，聪慧过人，读书过目不忘，当年就能对对子，且连对几次也不畏惧。传说少年时代有一次汤显祖在一家私塾门前避雨，先生见其聪明乖巧的样子，便把他叫到室内。当时学堂里有七个学生，先生就以此吟一联云：

牡丹花开，七子满堂皆春色。

汤显祖一听，知道先生是要自己对下联，脑子一转，下联即出：

梧桐叶落，一根光棍打秋风。

"梧桐"对"牡丹"，"叶落"对"花开"，"秋风"对"春色"，"一根光棍"对"七子满堂"，呀！如此捷才，对得既工整又平仄协调，塾师对少年汤显祖甚是欣赏，于是又出了一联：

无意相逢，老朽喜识千里马，真乃三生幸事。

汤显祖稍思立即回敬：

有缘邂逅，小子胜读十年书，可谓百载良机。

塾师听后，连称："奇才！奇才！"

汤尚贤是个务实的读书人，他要改变这个耕读世家现状，"恒督"汤显祖以"儒检"，就是经常督导他们积极用世，以儒家的修身治国平天下，在现实生活中实现自己的价值。他要汤显祖读书求功名，走上仕途，光耀门庭。

在明代，选官正途是通过科举与学校，以科举为中心。而科举考试必须用八股文体做文章。八股文又叫"时文""制艺"，文章题目出自"四书五经"，并强调以朱熹的注作为准绳，从内容到形式都有严格规定，使读书人只能依照题意揣摩古人语气，不允许联系社会现实，发挥自己思想。汤显祖一入学，父亲汤尚贤就要教给他八股文和"四书五经"注疏。这东西一读多了，对一个蒙童来说不免感到枯燥无味。当他10来岁的时候，就对他父亲的教育方式与内容越来越不满意，闲时对唐宋八大家的文章却看得津津有味。在共读的同学中，他与谢廷谅志趣相投，两人都不满这一教法。

谢廷谅号九紫，是金溪名士谢相的儿子。谢相迁居临川以后，本和汤家有交情的谢相便把儿子谢廷谅放到汤氏家塾里读书。由于汤显祖和谢廷谅年纪相仿，又有共同的读书兴趣，因此，他俩关系显得格外密切。

尽管汤显祖对父亲的教学内容和教学方法都有意见，但是科举是以八股文取士，迫于父亲的压力，八股文还不得不做，《四书》不得不读，只是有时因肺疾发作，才不得不停学卧床休息。汤显祖一生起病来，老祖母总是不离左右地精心照料。而年过花甲的老祖母，又是多么希望多生几个像汤显祖这样的好孙子啊！汤显祖一生起病来，她这种意愿就更迫切了。不久她老人家这个心愿就得以实现了，嘉靖三十八年（1559）二月六日，汤显祖母亲吴氏又生下第二个儿子，取名儒祖，后取字醇甫，号少海。儒祖也像他兄长汤显祖一样，生得聪明异常，"读书十行俱下"，一时与汤显祖齐名，号称"二龙"，可惜他后来只活了35岁，便英年早逝了。

从汤显祖出世到儒祖的出生，这中间整整过去了十年。十年来由于明统治者政治上日趋腐朽黑暗，经济上对人民进一步进行搜刮。特别是农村土地兼并越来越严重，造成农民破产。那些失去土地的流民为了生存下去，不得不铤而走险，揭竿起义。以致农民起义此起彼伏。仅在江西，从正德六年（1511）三月开始，先后有抚州王钰五、徐仰三的"东乡军"，南昌汪澄二、王浩八的"桃源军"，赣州何积钦的"大帽山"军。但这些农民起义军风云席卷之时，汤显祖都还没有出生，他不能留下什么记忆，只是到了儒祖出生的第二年汤显祖11岁的时候，从两广征集来抗击倭寇的民兵在冯天爵、袁三等带领下，不去抗倭寇，却在闽清县夺取国库中的军粮发给百姓，博取民心。他们西进沙县、将乐，攻入泰宁，攻破闽赣边界的重要军事关隘——"杉关"，打进江西，连破广昌、新城（今黎川）、建昌（今南城）、南丰、乐安、永丰等县，杀死守备王礼，"临川十万户，八九逃散"。后这支反水民兵发展成一支"虏奸妇女、扣押官员、伪造关防"的危害社会的流寇。汤显祖跟随家中父老逃难在外一年多，亲历了这场战乱，到第二年十月才回到家中。

这年除夕，经过动乱的汤显祖一家终于得到团聚。父亲汤尚贤很是高兴，命汤显祖作诗助兴。汤显祖稍作思索，口占七律一首。传说这首即兴吟唱之作合平仄，有典故，音韵和谐，对仗工整，博得全家一片掌声。可惜此诗未能流传下来，但当年他还作了一首五言诗《乱后》，抒写所见所闻的乱后的情景，现为汤显祖留存的最早的一首诗作。诗云：

> 地雁与天狗，今年岁辛酉。
> 大火蚩尤旗，往往南天有。
> 海曲自关阻，越骆生戎首。
> 下邑无城郭，掩至安从守？
> 转略数千里，一朝万余口。
> 太守塞空城，城中人出走。
> 宁言妻失夫，坐叹儿捐母。
> 忆我去家时，余梁尚栖亩。
> 居然饱盗贼，今归乱离后。
> 亲邻稍相问，白日愁虚牖。
> 太尊犹可禁，阿翁遂成叟。
> 死别真可惜，生全复杯酒。
> 曰余才稚齿，圣御婴戎丑。
> 况复流离人，世故遭阳九。
>
> ——《汤显祖全集》卷一

此诗描绘了流寇作乱给百姓所带来的灾难：有的妻子失去了丈夫，有的儿子失去了母亲。汤家回来后，打扫旧室，四顾萧条冷落，粮食和器物都被盗贼洗劫一空。我们不必究问一个 12 岁少年对这场暴乱所持的世态立场，仅叹服 12 岁的汤显祖能写出这样的诗作，已显示了其早慧的文学才华，真是好一个"汤氏宁馨儿！"

第三章　少年师友

一个人的少年时代是最为宝贵的。少年时代的师友总是深刻地影响一个人的成长。

遭受一场离乱的汤显祖家庭，经过休养生息，又过上了耕读人家的小康生活。汤显祖也回到家塾继续读书。随着汤显祖的成长，父亲汤尚贤感觉到，以自己的学识再教授汤显祖已是不恰当的了，需要找一位好的老师来为他继续授业。

汤尚贤自己即是个"为文高古，举行端方"的读书人，因此他择师的标准应是既学识高古，又品节高尚。在汤尚贤看来，临川城内学馆中，唯有徐良傅先生是他最理想的人选。

徐良傅，字子弼，号少初，东乡高坊人，理学名臣徐纪之子。论才学，他"少颖，口涉诸传记词赋"，精通《尚书》，12岁就中秀才，32岁中了进士，授武进（今江苏常州武进区）知县，后召进京任吏科给事中；论品德，他原是个直言谏官，在任吏科给事中期间，由于明世宗昏庸、纵欲，整天沉醉于修仙好道，服丹求仙，并大兴土木，修建道教宫殿。当迎仙宫建成时，朝廷议论如何庆贺，可是徐良傅却说："异端充塞，不能匡救，忍从谀乎？"一席话，得罪了权臣，险遭不测，结果被罢官。然而徐良傅得罪的"权臣"不是别人，正是江西籍相国夏言。夏言是贵溪人，夫人临川籍。徐良傅为举人时，夏言还不是相国，徐和夏的夫人家有过交往。当徐良傅赴京科考时，夏言出于乡谊而叮嘱考官关照，但徐氏并不知内情，故未有任何感谢之举。

徐良傅任了三年武进知县后，夏言又特意将其留在京城任给事中，自以为给了徐氏莫大恩惠，可仍不见徐氏有什么感谢的表示，甚至有意暗示徐也不醒悟。于是夏言便转恩为仇，借故入其罪而置之诏狱，并最终将其削职为民。

徐良傅罢官归来，为了生计在临川城东拟岘台下，开馆授蒙，传授古文词和经义。官场虽失意，鸿儒仍有名。徐良傅一开馆，临川地区慕名来求学者络绎不绝，收下的门徒就有百十人。汤尚贤早年曾向他请教过学问，对他的学识和品德都非常的钦佩。嘉靖四十一年（1562）春节一过，汤尚贤便携带13岁的汤显祖来投这位老名师。徐良傅初看到汤显祖，上下打量一番后感到他气宇非凡，欣然接受为门生。接着金溪的谢相也把他的两个公子谢廷谅、谢廷赞带来拜徐良傅为师，与汤显祖同窗共读。

汤显祖投拜徐良傅门下后，日常功课除了做八股文以外，还习写散文和诗歌；除读《五经》以外，还读了诸子百家、《汲冢》（即《汲冢书》，最古老的编年体史著）和《连山》（夏朝的易经）等极为古奥经典的史籍。第三年，徐良傅便开始向他讲授诗词歌赋；第四年，良师因患毒疮不幸去世。自投其门下，徐老先生对汤显祖器重有加，把他视作像战国时鲁仲连一样胸怀大志的人。汤显祖对恩师契念殊深，在悼念徐良傅的诗序中，称"哲人下寿，哀何时已？"

经徐良傅的三年亲授，汤显祖学识眼界大开。他不仅对《尚书》进行了精心研读，还对诗词歌赋情有独钟。他除学习八股文之外，对《左传》《史记》《文选》和唐宋八大家的古文也进行了研读，还开始涉猎了天文、地理、医药、卜筮（占卜）、河渠（古代水利史）、墨兵（墨家和兵家著作）、神经（神秘奥妙的典籍）、怪牒（记载怪异）等诸多方面的书。

三年的授业，徐良傅为汤显祖打下扎实的文学基础，并深刻地影响着他的人生：徐良傅以《尚书》起家中的进士，汤显祖治《书经》获乡试第八名。徐良傅为人耿介不阿，不攀龙附凤，因得罪权臣夏言而遭革职；汤显祖在科举中不受权臣张居正笼络而落第。徐良傅为官亲民廉洁，从不大设酒宴，奏乐助兴，还常将薪俸用于县役，却不纳民一寸金；汤显祖在徐闻将他的劳饷捐献建贵生书院，在遂昌"非有学舍、城垣公费，未尝取一赎金"。汤显祖在谢世前，写有《负负吟》诗一首，在诗序中列举了生平的良师益友,表达"志愧"之感,"徐公良傅"就是名单中的第一人。

就在汤显祖向徐良傅学习先秦散文诗歌之时,理学大师罗汝芳从刑部山东司主事任上,告假回籍省亲。罗汝芳(1515—1588),字惟德,号近溪,抚河上游的南城县泗石溪(今井源乡罗坊村)人。青年时代,他受到了程朱学派理学家薛垣的影响,认为"万起万灭"的私心杂念长久以来就困扰着自己,必须把它除去。于是,他把自己闭关在寺庙中静坐,几上置水一杯,镜子一面,求自己的心像水一样静,镜一样平。久之,遂成重病。其父授之以王阳明《传习录》,使他领会了"致良知"的学说,其病方愈。嘉靖十九年(1540),25岁的罗汝芳赴南昌乡试,拜泰州学派再传弟子颜钧为师。颜钧对他讲述:人的天赋道德观念是永远不会泯灭的,每一个人的内心世界都时刻保有着它,人只要发扬这种道德观念就可以了,人们的道德修养根本不必从"制欲"入手。罗汝芳听后,如醍醐灌顶,完全接受了这种"制欲非体仁"论,并逐步形成了自己的理学思想。

嘉靖二十二年(1543),28岁的罗汝芳中了举。嘉靖三十二年(1553)又进士及第,授太湖(今安徽太湖)知县。两年后,朝廷提升他为刑部山东司主事。嘉靖四十一年(1562),在刑部郎中任上,告假回籍省亲。罗汝芳一回到南城,各地学者云集,争相拜他传授理学。汤尚贤抓住这个机会,让汤显祖向罗汝芳学习理学。他盛情邀请罗汝芳到唐公庙旁的文会书堂家塾讲学。罗汝芳讲学,阐扬泰州学派思想,用他的"赤子之心""制欲非体仁"向程朱的"存天理,灭人欲"正宗教条进行挑战。

嘉靖四十五年(1566),罗汝芳因父丧回乡守制,又回到了南城。在城郊东南盱江边上的从姑山建了"从姑山房"。这里的地理形势汤显祖做过对联描绘:"姑山派衍高平地,盱水潆洄大小宗。"罗建的从姑山房有"南阳""宝光""此春""倚云"四阁;还有"见云堂""前锋书屋""潜光轩"等书斋,有天然的"玉冷泉""洗心池"供饮用,接待四方宾客和生徒。17岁的汤显祖和同乡好友姜鸿绪背上书囊,去到从姑山从罗汝芳继续深造理学。"君寄冷中玉,飘飘意欲仙。吟成三百句,吸尽玉冷泉。"这是当年罗汝芳给汤显祖的一首赠诗。隆庆二年(1568),罗汝芳的老师颜钧被朝廷借故捉到南京,并想把他问成死罪。罗汝芳闻讯,立即借了二百纹银,和他的儿子、

江西省抚州市南城县从姑山　　　　罗汝芳的前锋书屋建在从姑山中

门人一同赶到南京援救颜钧出狱。这年，汤显祖19岁，罗汝芳的理学思想和坚持真理、急人之难的行为深深影响着这位青年学子。

当汤显祖在从姑山洞天福地"飘飘意欲仙"地听罗汝芳讲述王阳明心学的时候，朝中掀起了一场惊心动魄的政治风波。刚调到户部任云南司主事的海瑞，出于对国家社稷的担心，冒着"触忤当死"的危险，向昏聩的世宗上了一道震动朝野的《治安疏》。海瑞，海南琼山人。他在疏中指斥世宗听信小人逸言，竭民脂膏，滥兴土木；长期修仙西苑，秘练阴阳，二十余年不见朝臣。又"以猜疑诽谤，戮辱臣下"，致使"天下吏贪将弱，民不聊生，水旱靡时，盗贼滋炽"，"室如悬磬，十余年来极矣"。这奏疏是对世宗一生的否定，也是对整个嘉靖朝的政治的全盘否定。疏中竟说"天下人早就认为陛下做皇帝不称职"。还引用民谣说："嘉靖者，言家家皆净而无财用也。"世宗初读奏疏，大怒，扔在地上；再读奏疏，深为感动，觉得说的也是事实，是个比干样的忠臣，刑部要问海瑞死罪，他压下不批。为了维护皇权尊严，世宗还是将海瑞逮捕下狱，直到穆宗继位后才放出。但世宗至死都未能悔悟，还是一心只想成仙，终因服用丹药中毒死去。对于这样的昏君，应该说是死得好，该早死，但此年已是17岁书生的汤显祖，涉世未深，为科举修习儒家经典，对国家政事还没有多少是非分辨力，只知"忠君"。当得知世宗死去，汤显祖作诗《丙寅哭大行皇帝》，称世宗"龙颜初跃汉，鹓翼自冲天"，"直是威神异，犹疑帝上仙"。

万历元年（1573），罗汝芳守制期满，复为朝廷起用，补东昌（府治今山东聊城）知府。不久，改官云南道巡田副使，分守永昌。万历五年（1577），官拜左参政。不久，因事进京，应邀至城外广慧寺讲学，朝中人士纷纷前往听讲，引起了内阁首辅、大学士张居正的不满，指控他"事毕不行潜住京师，摇撼朝廷，夹乱名实"，罢官归里。如果说徐良傅对汤显祖的影响主要是在文学和耿介品性方面，那么罗汝芳对汤显祖的影响则主要在思想叛逆和"情"的观念的形成。正是罗汝芳的"赤子之心""制欲非体仁"和"生生不已"的亲亲之道的理学体系，由汤显祖发扬为"世总为情""情有理无"的"主情"观。罗汝芳对汤显祖而言，用汤氏自己话说是："时在吾心眼中矣！"（《答管东溟》）

少年时代的汤显祖，不仅遇到徐良傅和罗汝芳这样的良师，而且还在乡里结交了一伙志同道合的贤友。

帅机是比汤显祖年长13岁的莫逆交，"两人同心，止各一头"（《赴帅生梦作》）。帅机隆庆元年（1567）中进士，历任南礼部精膳司郎中、贵州思南知府、南刑部郎等职。帅机与汤显祖、姜鸿绪结书社，一起研习古今文字声歌之学。

姜鸿绪，字耀先，与汤显祖同赴从姑山向罗汝芳学理学，以诗见长，颇有风骨，巡抚夏良推荐他礼部任职，他谢辞不受，功名以生员告终，著有《大学古义》《中庸抉微》《莫钓兰言》等理学论著。

谢廷谅、谢廷赞兄弟俩是汤显祖的老同学，同在汤家的家塾启蒙，同时投徐良傅学古文词。谢廷谅，字友可，号九紫，仅比显祖小半岁，金溪人，10岁时两人就想做隐士，且都厌学八股文，同时应岁试，同补诸生，后来还参与《紫箫记》的创作，万历二十三年（1595）中进士，授南京刑部主事，为汤显祖的诗文集《问棘堂邮草》作序。谢廷赞，字曰可，万历二十六年（1598）进士，官授刑部主事。

曾如海，字粤祥，也曾参与《紫箫记》的创作。万历二十年（1592）中进士，官为福建同安知县。

吴拾芝，号玉云生，《紫箫记》的合作者，爱好戏曲，嗓音好，"音若丝"，有演唱天赋，功名以生员终身。

从17岁到20岁这三年时间里，汤显祖交往最为密切的是进贤的饶仑

（字伯宗）和临川的周宗镐（字无怀）。汤显祖称他俩为"奇士"。饶仑长得约九尺高，又瘦又黑，走起路来，左顾右盼，与众不同；周宗镐却仅仅高三尺，是个侏儒矮子，满脸胡子但很有口才。每当汤显祖有趣谈，饶仑笑得露出牙龈，而周宗镐则高声大笑。他们三个，高矮不齐，汤显祖居中，摇摇摆摆走在路上，旁若无人。

> 予年未弱冠，有友二人。钟陵饶伯宗仑，临川周无怀宗镐，皆奇士也。仑长不尽九尺，瘠而青，瞻视行步有异。镐长不尽三尺，髯而甚口。当予谭说有致，仑笑龂然，镐笑轩然。三人嵯峨蹒跚而行乎道中，旁无人也。
>
> ——《汤显祖全集》卷二十六《哀伟朋赋序》

饶仑和周宗镐的表亲都是官宦人家，自幼在他们家里成长，平常好谈帝王之术，爱讨论大臣将相策划计谋和观天象预测吉凶祸福之类事情。他们"同研习于文昌"，常晓夜交换书籍阅读，争论学问在风雨深夜，一同习武射箭，一同在文昌里周边游玩到太阳下山。他们同卧一床，性情相投，亲如手足相处了三年，而后分别离开：

> 仑父废戎公于丰城李大司马遂，镐于钟陵张大司马臬，南昌刘都督显，皆中表。少长其家，故习谭帝王大略，所喜皆大臣将相等策占候之事。而仑复晓夜诵书，常与予映雪月，交书而尽，乃已。同卧处三岁余，前后别去。
>
> ——同上

到了万历十一年（1583），饶仑与汤显祖同赴京城参加会试，两人同睡一床，卧具不分彼此，鞋袜谁先起床谁就先穿走，不分你我。两人一同中了进士。饶仑中式后即授顺德府推官，因他为官廉洁、清正、忠实，到万历十七年（1589）便被任为御史。但仅半年就生病告归，不幸在临清（今山东临清市）舟中病逝。汤显祖惊悉噩耗，昏倒在床上。然而身任公职，不能前去现场祭吊，当运灵柩的航船经过姑孰（今安徽当涂县）时，汤显祖出城赶往最近的长江岸边，望江遥祭，并痛哭地说："悲伤啊伯宗！亲友们对你的期望，都还没有实现，你就这样仓促地走了啊！"汤显祖在《哀伟朋赋》中做了这样的描述：

> 至同赴南宫，试都下，卧未尝有异衾枕，履袜先起者即是，不知其谁也。仑同举进士。出理顺德，有洁清公忠之名。三察并关将吏，凡却万金。征试御史。病，告卒于临清。汰舟于姑孰。予在南祠，望江溃而哭之，曰："伤哉伯宗，君亲友之望未塞，而遽尔乎！"
>
> ——同上

饶仑死后，汤显祖竟不怕同僚耻笑，替他带素半年，可见他对这位少年时代朋友情感之深。

对汤显祖的交友，父亲汤尚贤可谓既尊重又积极支持，并为他们提供活动场地和生活需求，亲自出面"悉延至家与若士唱和。进食称觞，朝夕无废"（《承塘公墓志铭》）。这些少年朋友后来大都卓然成才，不是进士也是一方有才气的名士。唯有周宗镐一生失意，落魄潦倒。

第四章 "上路风云出"

一、院试才惊学政

科举制度到明代已有一套完备体制。学子要想取得功名，必须进入官办学校学习。官办学校有国学和郡、县学两类。国学是中央级的学府，如国子监；郡、县学是府、州、县地方设立的学校。院试在州府所在地举行，每三年举行两次。由各省学政主持。在这之前，童生每年二月要通过知县主考的县试和每年四月由管辖本县的知府主考的府试，两试合格后的考生方有资格参加。经院试录取即取得入学资格，确定为"生员"，也叫"秀才"。在院试中，汤显祖的文才一下就惊动了学政，得到学政的热烈赞扬与推崇。

嘉靖四十二年（1563），汤显祖14岁，原任进贤县令的何镗，字振卿，号宾岩，浙江丽水人，升迁江西学政，主管全省教育科举。他在任三年，要依次到各府、州，主持院试。抚州府所辖各县的童生经县试、府试后都聚集来到府治所在地——临川。县试与府试对汤显祖可谓成竹在胸，游刃有余，他成绩优异，顺利通过。院试正场考试要做一篇八股文，考生作文时要"代圣人立言"，字数不得超过500字，需在两个时辰内完成。在这以前，考生可自愿先考"经古"即经解、史论和诗赋等方面的知识。何镗进入考场，看到那汤显祖："童子诸生中，俊气万人一"，便突然对他临场加试，举书案作为破题叫他回答。汤显祖听懂题目以后，马上想起了朱熹在《文集》中的两段话：''凡有形有象者即器也；所以唯是器之理则道也。"(《与陆子静书》)"形而上者，无形无影是此理。形而下者，有形有状是此器。"(《语类》)汤显祖马上明白了，这面前的书案不正是有形有状之器，为形而下吗？我们使用书案授业解惑学到了"道"（知识），那不正是无形无影之理为形而上吗？这是《易经·系辞》中的一句，徐良傅先生早已讲过了，于是他从容回答道："形而上者谓之道，形而下者谓之器。"何镗听了，禁不住拍案赞叹："文章名世者，必子也！"后来汤显祖真的"文章名世"，何镗可谓慧眼识得千里马的伯乐。从此何镗成了汤显祖终生难忘的恩师。

正场试题是《女有余布》，汤显祖作了418字，全文如次：

有无售之女功者，弊在不通功也。夫女而余布，无复用之矣，不通功弊至此乎！且天地物力，不可独不足，不可独有余，如子说，特农有余粟乎！女之有布，岂徒使之自有余，固将持杼柚之劳，以佐时之急，因而收尺寸之篮，以补已之阙耳。乃今功不通矣，女功其何售焉，事不易矣，内事将安鬻之？所谓女之用，不过一丝一缕可以卒岁，而卒岁之外，竟不得而贸易之也，遂将为长物乎？所谓布之用，不过一裘一葛以备裳服，而裳服之外，不可裂而别用之也，得毋有虚积乎？蚕而缫之，苎而积之，女非少怠也，而用不加广，沉积而莫贷，徒以其物填笥筐耳。寸而累之，尺而成之，布且日多也，而货不益贵，壅滞而难售，卒亦朽纰而不可用耳。夫耕问农而织问女，各有司也。一人织而数人衣，互济也。布余于市，于女得矣，如不织布而衣者何，必有因而受其寒者，是无布者病也。布自有余，于布足矣，奈出于布之外者何，且有因而急若事者，是有布者亦病也。况天下之功，不止一女，而无用之积，尽如此布，然后知通功易事之不可已也夫！[①]

文题出自《孟子·滕文公下》"子不通功易事，以羡补不足，则农有余粟，女有余布"一句。年仅14岁的汤显祖，按八股文的格式，通过织女有余布，若不流通交换，其他行业的人就会"受其寒"，造成社会问题，从而阐发了孟子的经济思想中关于行业、职业和产业要互通有无，均衡发展。只有"通功易事,以羡补不足",经济和谐发展,才能满足社会各群体的生活需求,社会才能和谐。考官阅卷惊叹汤显祖的才华,给的评语是:"一尺布作九州被,真奇才也。"

入县学后,汤显祖曾写了一首诗给同宿舍的同学,抒发了他的远大志向。有"何言束修业,遂与世营牵?""唐虞将父老,孔墨是前贤""高明(朋)曾有旧,垂发更齐年。为汝班荆道,无忘《伐木》篇"(《入学示同舍生》)等诗句,表达在学业上要在读孔孟之余还要兼学百家,追踪唐尧与虞舜、孔子与墨子等先贤,为国泰民安、大家友好相处而建功立业。

中秀才是读书人走上仕途的起点,进入了绅士阶层,能享受到一些特权,如见了县官可以不下跪,家中可免些徭役,被控有罪官府也不能随便对他们动用刑罚,但还不是准官员。生员若想获得做官资格,还须通过乡试中举人。

嘉靖四十五年(1566)朱厚熜驾崩,其子朱载垕即位。这是个谨慎、仁义、懒惰、好色的短命皇帝,在位仅六年。朱载垕本人庸碌无能,对朝政毫无所知,每次上朝都要由大学士代答。他懒惰,六年只召见过两次阁臣,但他能把政事委于内阁,倚靠高拱、张居正等大臣的鼎力相助,实行革弊施新的政策,使朝政为之一振。整个隆庆朝社会稳定、经济也还繁荣。

隆庆元年(1567)是丁卯年。每逢子、卯、午、酉为三年一次的乡试之年。考试时间在秋季八月,所以又称"秋闱"。汤显祖本打算去省城南昌参加乡试,正式向科举第一级台阶攀登,但因病未能如愿。

隆庆三年(1569)腊月初四,文昌里汤家大院张灯结彩,宾客盈门。汤尚贤要为20岁的汤显祖隆重举行婚冠礼。所谓婚冠礼,就是在汤显祖所处的那个时代,不论男女都蓄留长发,男子到了20岁都要把头发盘成发髻谓之"结发",然后再戴上帽子,叫行加冠礼;女子15岁行笄礼(束发戴上簪子)。加冠即表示成人了,就可成婚。把婚礼、冠礼合起来举行称为婚冠礼。

加冠礼在汤家祠堂举行,由父亲汤尚贤主持,特请周孔教替汤显祖行加冠三次,即依次戴上三顶做好的不同质料的帽子。加冠了,就有参政治人、为国效力、参加祭祀的权利。周孔教是临川人,比汤大两岁,少小友善,两人同年中秀才,同年中举,都是品学兼优的人,故汤家选他来担任这个角色。加冠后婚礼在文昌里故居厅堂举行。汤显祖的婚冠礼来客很多，特请饶仑负责迎宾接待。

新娘名叫吴玉瑛，16岁，楚楚动人，东乡沓桥吴槐第三子吴长城的长女。吴槐曾任晋安（今属福州市）知州（从五品地方官），吴长城是礼部掌管学务的官员。吴玉瑛生长在这样的人家，从小聪明伶俐，知书识礼，祖母与母亲视她如掌上明珠。

汤显祖与吴玉瑛的结合可谓至性天然。那是嘉靖四十二年（1563）的一天，吴长城携10岁的女儿吴玉瑛从东乡老家来到临川，拜会罢官后在临川拟岘台下开馆授徒的徐良傅。已是秀才的汤显祖这时正从徐良傅学古文词，已有许多"贵豪家"女方上门来提亲，汤显祖一概不答应。吴长城看到汤显祖年少英俊，更惊奇他的才华，于是托徐良傅为媒，愿将小女玉瑛与汤显祖结成秦晋之好。徐良傅本很器重汤显祖，又看到玉瑛靓丽可人，感到他俩才貌相当，门当户对，便一心玉成他们结百年之好。

传说在新婚之夜还有过玉瑛出对难新郎的浪漫趣事。在行过拜堂之礼，婚宴散去后，夫妻二人先在院中欣赏良宵美景后谈笑嫣然再步入洞房。玉瑛对汤显祖笑道："夫君是才子，奴家今想学苏小妹，出一联你对，如果对不出，就罚你去书房住一夜，您意如何？"汤显祖夷然不屑回答道："为夫今夜愿当秦少游，且不用苏学士相助。娘子，你出题！"玉瑛眼看快要燃尽的红喜烛，光耀闪烁，开口吟道："红烛蟠龙，水里龙由火里化。"汤显祖听了，来回踱步，嘴里念念有词，可久未吟出合适的下联。时辰已近子夜，惶惶两颊发烧，忽然间看到夫人脚上穿的一双绣花鞋，有了灵感，吟出下联："花鞋绣凤，天边凤从地边飞。"这下联对仗工整、平仄和谐、寓意巧妙，堪称绝对。玉瑛听到喜不自胜，立即从床上坐起道："夫君不愧临川才子，时间不早了，我们早些安歇吧！"说罢面颊顿时绯红。

第二天，抚州同知张起潜差人前来道贺。张重学惜才，此举是出于是对汤显祖才学的推崇。汤显祖受宠若惊，对此事汤显祖在以后的诗文中还有提起，可谓终生未忘。

二、中举名蔽天壤

隆庆四年（1570）是庚午年，又值乡试之年。八月，21岁的汤显祖去到省城南昌参加乡试。考试日期在九月初九、十二、十五三天，每天各考一场。第一场考《四书》义三道、《五经》义四道，即作八股文，以《四书》《五经》中的文句作题目，叫考生作文阐述其中义理。第二场，考论一道，判语（评判司法案件，多用四六骈文写出判语）五条，诏、诰、章表、内科（草拟皇帝命令、政府布告、对上呈文、官府内部文告）各一道。第三场，考经、史、时务策（从《四书》《五经》、史书中，从当前的政治经济问题中，提出一些问题，让应试者作文对答）五道。后两场是为了考查考生在古今政事方面的知识以及撰写各种公文的能力。取中标准，第二三场关系不大，主要看第一场。也就是说，主要是看考生阐述经义的文章——八股文。

第一场考试是《书经》义，试题为《次九曰向用五福》。试卷的字数规定不得超过七百字或少于三百字。汤显祖的文章写了五百多字，卷文写的是：

圣人第畴之九，而先之以劝天下者焉。盖福以章善也。劝人以福，则人有不乐于为善者哉？宜大禹以之第次九之畴也。且夫《书》之数有所谓九者，位列于离，而天地之秘以显；数成于金，而阴阳之用已全。禹乃以序于次八之后而第之，曰向用五福焉。盖人之为善，必有所慕，而后其趋莫御；君之作善，必有所劝，而后其机自神。惟天眷德，固有福以厚之也。而以德先天下者，则缘是以妙化导之术。惟德动天，福固自己求之也。而以道化斯民者，则藉是以昭劝相之荩。方其未向于善也，则示之五福以兴起之，使天下之相率于善而不敢悖者，用此道也。及其既向于善也，则锡之五福以固结之，使天下之益力于善而不敢息者，用此道也。天子立臣之极，固以福自向矣，亦以之而向其臣，即应感之不诬者，以诱其进，而百官之羞行者，翕如也。其诸王者激劝臣工之典乎。天子立民之极，固以福自劝矣，亦以之而劝其民，即天人之不爽者，以决其趋，而黎民之敏德者，勃如也。其诸王者鼓舞万民之术乎。要之,《书》终于九数而神道以成畴,劝以五福而治道斯备。大禹取而配之,其旨深矣。夫是则皇极行而何彝伦之不叙哉!虽然,向用之说,圣人为凡民言之也。君子无所为而为善,岂待福而后劝耶?是故上下无交,孔子之修德如故也;居于陋巷,颜子之好学不改也。何者?其中之所自向者定也。明于自向,而可以免幸福之咎矣。

——毛效同编《汤显祖研究资料汇编》(上)

文题出自《尚书·洪范》,即《洪范九畴》,传为夏禹为治理国家而提出的九条必须遵循的大法。"洪"的意思是大,"范"的意思是法,"洪范"即为"统治大法",是上古代时期的一篇政治、思想和文化的重要文献;"向用五福"的"向"为劝免、劝导,即用长寿、富贵、安康、尊行美德和高寿善终五种幸福进行劝勉。汤显祖认为,"五福"的核心意图在"章善",即表彰美善,真正的大福是与善德密不可分的。劝人以福,就是劝人乐于为善;而乐于为善,其心"必有所慕","必有所劝"。"慕"与"劝",正在于人都希望获得的长寿、富贵和安康。而真正能使人长寿、富贵与安康的恰在人的善德。只有人的善德才能使人的有限生命与无限的天地大化流行不灭,使人的精神家园最终得到安顿。只有善德才使天道、人道真正贯通。人要真正获得大福,必须以善德始,以善德终。

汤显祖进而提出:君王天子并非先天就具有善德,也不是先天就具有劝勉臣民以善德为大福的权力。君王天子若要劝勉臣民为善德,首先要自己身先垂范,劝勉自己善德。只有自己在臣民面前表现出真正获得了与天地合其德、与日月合其明的大福,才能推己及人,才会真正让臣民应感其劝勉善德之真实不假,在实际行动中不相违背。

《书经》可以说是汤显祖的精研专经,深得徐良傅先生的传授。汤显祖在这里并非仅仅是"代圣人立言",依照题意揣摩古人语气,而是有自己的思想发挥,提出了君王天子自身的善德劝勉,初露其以八股文言时事谈国事,以委婉的方式批评时政之思想的端倪。

这份出色试卷,得到分房阅卷的两位陈姓的同考试官高度评价。一位批:"认理精确,敷词纯雅,深于经学者也。允宜高荐。"而另一评价更高:

"发明劝善之畴，真切详尽，而平正中自有人不及处。宜冠本房。"

第三场试题是《策第三问》，阐发孔子编订的《易传》在解《易》、注《易》的同时阐述的观点是论"道"，也就是"太极"，是一切生命之源，可经汉宋之儒张载、程颢、程颐、朱熹"牵合""拟附"后，就"逊心圣道"远矣，据此汤显祖进行反复辩难。两位同考试官对这份试卷的批语分别是："世儒类以图书说经，此作推原圣人本意，反复辩论足解千古之疑"；"据理析数，考究精详"。这两份试卷至今仍保存在《隆庆庚午江西乡试录》中。

汤显祖的时文在当时被人称为"如霞宫丹篆，自是人间异书"，"制义以来能创为奇者，汤义仍一人而已"，是明八股文最有成就的代表作家之一，与王鏊、唐顺之、归有光、瞿景淳、薛应旂、胡友信、杨起元并称为"举业八大家"。从中式试卷，可看出汤显祖的时文名气并非虚传。

桂花绽香，九月放榜。汤显祖以第八名中举。嘉靖"后五子"之首余曰德（南昌人）即作诗祝贺："地入牛斗宽着汝，人追扬马遝重名。"（《赠义仍汤孝廉》）本科与汤显祖同中乡试的有泰和的龙宗武，安福的刘台，新建的万国钦等一班江西文章气节皆好的名士。房师（推荐汤显祖试卷的同考官）马映台，名千乘，字国良，对汤显祖格外赏识，并从此与他结下了深厚的师生情谊。汤显祖在后来给马映台先生信中提道："庚午之秋，所录者弟子某一人而已。"（《上马映台先生》）

发榜后照例要举行宴会，宴请内外帘诸考官以及新科举人。本科的主考官是张岳。张岳，字汝宗，余姚人，家住赣江西侧的西山，离南昌约30公里。这里四时葱茏，修竹茂林，鸟鸣山幽，风景秀丽。道教佛教竞相在此立道观建寺庙，失意政客择此筑庐隐居。汤显祖宴会后去到西山拜谢张岳，回来路上顺道到著名古刹云峰寺登游。他走近寺门外的莲藕水池，借着夕阳余晖，对着池水照影搔头，不慎将束发的簪子掉落池中。这似乎是一种"兆头"，预示这位新科举人今后的仕途多舛。因为束发为的是戴官帽，投簪散发不是罢官也是归隐。汤显祖涉猎过卜筮之类的书，且从小在家庭拜佛信道的环境中长大，他当然会有感此中玄妙，因而触景生情，脱口吟上两首小诗，涂写在池旁的寺壁上：

搔首向东林，遗簪跃复沉。
虽为头上物，终是水云心。

桥影下西夕，遗簪秋水中。
或是投簪处，因缘莲叶东。
——《汤显祖全集》卷十四
《莲池坠簪题壁二首》

"虽为头上物，终是水云心"一句就明白表达了汤显祖将功名看得很淡，迟早将是归隐山林的情怀。其实，汤显祖未出仕就有归隐山林的想法，这种想法早在19岁时就萌生了。隆庆二年（1568）六月，他将元代道士出身的诗人马臻（钱塘人）一首七绝："红尘堆里懒低颜，石路迢迢入乱山。拟向云边种黄独，几时容我屋三间？"用行草书成条幅，表达了不愿低眉折腰对尘世，只愿隐居深山住茅屋种药材的出世思想。眼下发生的这一件小事，写了这样一首小诗，竟引牵20年后达观禅师与汤显祖结交的奇缘。

中举后，汤显祖回到临川，全家人为他高兴，乡里亲友为他祝贺。许多人当着汤尚贤的面"啧啧"称赞汤显祖犹如日行千里的汗血宝马，前程无量："此儿汗血，

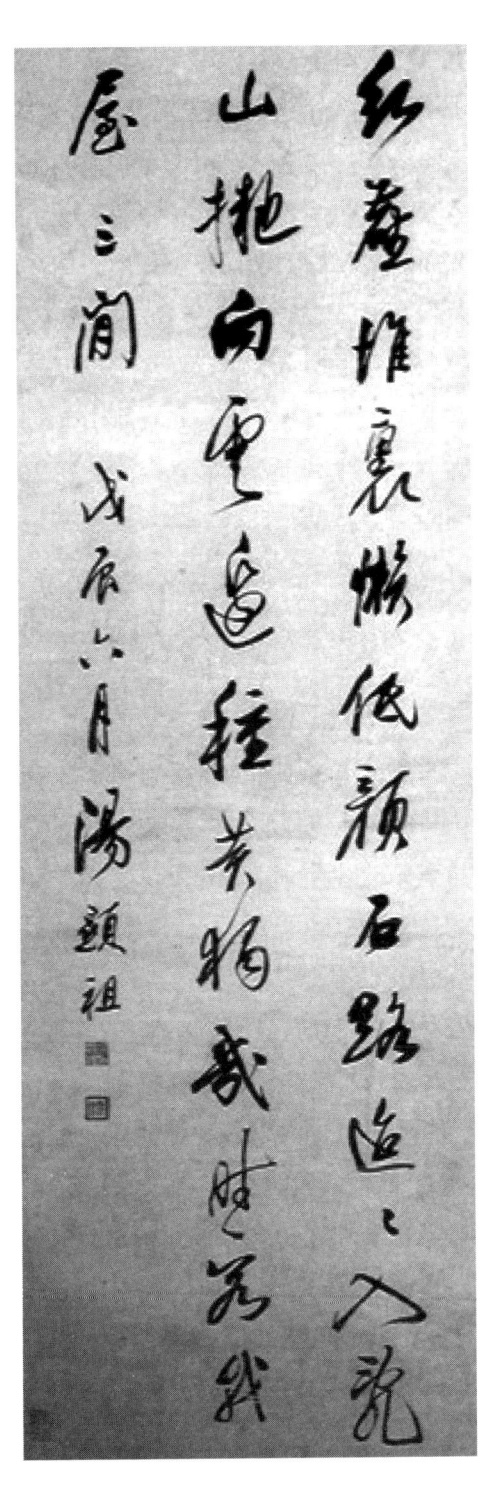

汤显祖19岁时的书法

可致千里，非仅仅蹀躞康庄也者。"② 这时汤显祖已很博学了，除懂古代诗歌散文以外，还精通乐府歌行、五、七言诗；除读了诸史百家外，对天文、地理、历史、医药、水道、卜卦和神秘怪异的典籍也读了很多。他虽然只是一个举人，可是才名很大，到处传扬，海内人都以能结识汤显祖而感荣幸。此时的他颇雄心勃勃，37岁时有诗回忆此时的壮心说：

> 童子诸生中，俊气万人一。
> 弱冠精华开，上路风云出。
> 留名佳丽城，希心游侠窟。
> 历落在世事，慷慨趋王术。
> 神州虽大局，数着亦可毕。
> 了此高足谢，别有烟霞质。

——《汤显祖全集》卷八《三十七》

此诗道出了此时的汤显祖踌躇满志，似乎仕途的路在他面前畅通无阻，国家的事，以他的区区之略，即可变化天下。他打算要在政界大显身手干一番事业，然后再隐归山林。

[注释]

① 该文为龚笃清《明代八股文史探》收录，抚州邓俊副教授在研读时发现为佚文。
② 邹迪光：《临川汤先生传》，载《汤显祖全集·附录》，北京古籍出版社1999年版，第2581页。

卷二 京试挫折

第五章　两试落第

中了举人的汤显祖，即认为国家的事他能拿出招数，可很快把它治理好，有志像王安石那样在政界大显身手干一番事业。为此，他积极仕进，跻身官场。现在虽是举人，但明代官员选拔，科举中的进士、举人、贡生的社会地位和仕宦前程差别极大。进士是"正途"中的"甲科"，最受器重。为了实现政治上的理想，他"蹭蹬出没于校试之场"，在会试中耗尽了精力，为的就是金榜题名，进士及第。

考进士叫会试。会试是最高一级的考试，在京城的贡院举行，由礼部主办，每逢农历丑、辰、未、戌年进行。考期在春季二月初九日、十二日和十五日三日，故又称"春试"或"春闱"。会试中式举子还要经过皇帝亲自主持的考试即"廷试"（又叫"殿试"）才能最后录取成进士及其等第。

当年冬，誓要金榜题名雄心勃勃的汤显祖，告别家乡父老乡亲，从抚河入长江，取道京杭大运河北上进京。到了山东滕县（今滕州）境内，他驻足凭吊了战国时期齐国孟尝君的墓。这位当年为扩大自己势力而"好客自喜"闻名于世的宰相，在王安石看来只不过是"鸡鸣狗盗"之辈的头目，而汤显祖则赞其"亮节良有闻"，"千秋万岁后，人识孟尝君"（《庚午过孟尝君墓》）。

汤抵京后与姜奇方同住在褡裢胡同。姜奇方，字孟颖，号守冲，与汤显祖同年中举，湖北监利人。他俩"对窗而卧，先晨起者，必拊背而笑"，从此两人结下友情。然而汤显祖的会试不是他自己想象的那么顺利。发榜后，姜奇方中了进士，授宣城知县，汤显祖却名落孙山。

首次的京试失利，对中举后文名鹊起，把中进士看如囊中取物的汤显祖无疑是浇了一瓢冷水。然而"胜败乃兵家常事"，首次的失利，青年汤显祖本人及家中父老还是能以正常的心态对待。汤显祖在诗文中没有表达失意或灰心，更没有涉及有人事恩怨的作梗。然而清人顾公燮却编造史实，无端将这次显祖的落第说成是由于陈眉公的中伤。蒋士铨在《玉茗先生传》中也信以立言："年二十一，学于乡，忤陈继儒，遂以媒蘖下第。"遂把陈作为反面人物写进《临川梦》一剧中。

汤显祖回到临川后，为了下科的应试，每日照例"闭户阅经史几遍"。老祖父不忘以"仙游"思想相浸润，去宜黄云盖山怀仙，游黄华姑废坛，登城西魏夫人坛故址和忌日上坟，都要将这位爱孙携带左右。所到之处，祖孙俩必吟诗唱和。然而父亲的"儒检"期许与祖父的"仙游"愿望在汤显祖的内心难以协调，感叹"第少仙童色，空承大父言"(《和大父游城西魏夫人故址诗》)。

在汤显祖所处的朱明王朝，封建专制主义极度发展。朱元璋总结元朝灭亡的原因，废除了中书省及丞相制，改由六部直接对皇帝负责。设置的内阁实为皇帝的秘书厅，内阁首辅只是皇帝的事务秘书，一切奏章皆由皇帝亲自过目，任何人不得过问。但自明中叶后，皇帝不临朝成了惯例。特别是到了嘉靖朝，世宗朱厚熜三十年不上朝理政。隆庆皇帝在位六年，极少审批公文，连朝仪都没有，怎样进退应答，都没有人说得清楚。皇帝长期不理国务，政治重心自然就落到了内阁。谁成为内阁首辅，谁就实际上主政，握有最高大权。这样，内阁阁臣们为了首辅之职，争斗得你死我活。嘉靖、隆庆时，短短的六年，严嵩攻倒了夏言，徐阶推倒了严嵩，高拱又斗赢了徐阶。

耽于女色的穆宗朱载垕，到了隆庆六年（1572）三月就病得不省人事。五月二十五日，他把内阁大学士高拱、张居正、高仪外加宦官冯保召入宫中，临危托孤，同授顾命。第二天，朱载垕就死于乾清宫，匆匆结束了六年的帝王生涯，时年36岁，把大明江山留给了年仅10岁的朱翊钧。六月初十，朱翊钧正式即位，为明代第十四位皇帝，年号万历。

按照穆宗的安排，高拱是外廷顾命大臣中排名最前的，而冯保与高拱的关系非常恶劣。为了争得首辅之位，张居正联手冯保与高拱斗法。通过冯保在皇太后面前散布高拱要谋废太子，迎立周王的谣言，将皇太后触怒。结果诏书宣布，张居正"接旨"，高拱"揽权擅政，夺威福自专"，"令回籍闲住，不许停留"。可怜的高拱听后，面如死灰，汗下如雨，浑身瘫软，伏地不能起。第二天，坐着一辆自雇的骡车离开京城。高拱一走，高仪惊得呕血三日而亡。三位内阁顾命大臣中，一驱一死，只剩下张居正一人，担当辅弼小皇帝的重任。首辅的职位也就理所当然属于张居正了。

张居正，字叔大，号太岳，湖北江陵人，嘉靖二十六年（1547）中进士。他被选为庶吉士时，进士们大都陶醉在吟诗作赋，唯他潜心国家典章政务研究。嘉靖二十八年（1549），任翰林院编修时，就上过《论时政疏》初露其改革朝政思想。隆庆二年（1568）李春芳任首辅时，张居正与其共事，向穆宗上了《陈六事疏》，全面阐述了治国主张和改革思想。从隆庆六年（1572）出任内阁首辅开始，便掀起了一场以整顿吏治、推行"一条鞭法"、巩固边防等为主要内容的改革浪潮，从而使本已衰颓的明王朝统治一度出现了中兴的景象。然而后人对他褒贬不一，有人赞扬他是"起衰振隳"的"救时宰相"，也有人骂他是"明亡的罪魁祸首"。

张居正上任伊始，就对六部班子进行调整。高拱虽被驱逐了，可他还有亲信，"芝兰挡路，不得不除"。张居正首先从吏部下手，调现任兵部尚书杨博任吏部尚书，将蓟辽总督谭纶任命为兵部尚书。

谭纶，字子理，一字二华，是汤显祖所在的抚州府宜黄县谭坊人。嘉靖二十三年（1544）进士，授南礼部主事。嘉靖二十八年（1549），除南京兵部主事，升员外郎。嘉靖三十四年（1555）升浙江台州知府，后升浙江按察司副使。嘉靖三十九年（1560）升浙江布政司右参政，在浙练兵防倭。嘉靖四十二年（1563）巡抚福建。嘉靖四十四年（1565）任两广总督兼广西巡抚，后升兵部左侍郎兼都察院右佥都御史，总督蓟、辽、保定军务。隆庆四年（1570）以后协理京营戎政。隆庆五年（1571）冬，在任上告假回到了宜黄。穷乡僻壤的宜黄出了个谭纶，不啻其家族亲友倍感荣耀，就是整个抚州府也感蓬荜生辉。当皇上诏书传到抚州府，家乡父老奔走相告，抚州府地方官员、社会名流都争相宴请谭纶以图结交。汤显祖对谭纶也颇为敬仰，称谭是"今才子少侔,古名将无比"。在"诸公"争相宴请谭纶之际,汤显祖因"卧病红泉",未奉殷勤,深表"恨惋",于是送去了古刀一对,凤尾琴一张,金印三方,扇一把等厚礼和诗一首。谭纶接受了一刀,还了一刀,并回了一信,客套地说:"足下兼资文武,惜仆犹未追踪绛灌耳。"汤显祖接信后诚惶诚恐又送去诗一首,题为《重酬谭尚书》。

汤显祖确要重酬谭纶。然而要重酬的不是谭纶接受了他赠雌雄宝刀,而是谭纶引进了"海盐腔"。谭纶"殚心经济,兼好声歌。凡梨园度曲皆亲为教演,务穷其妙"(郑仲夔《冷赏》)。正是谭纶当年"治兵于浙","海盐戏文子弟"盛行一时,他自己迷上了这种柔美婉转的新腔,并在军中养了一个专唱"海盐腔"的随军戏班。嘉靖四十年(1561),谭纶父死,他回乡守孝,将军中"海盐"戏班带回老家宜黄,使本来演唱弋阳腔的宜黄戏子弟改唱"海盐腔",并渐渐扩大到临川。到汤显祖弃官归家的万历二十六年(1598),宜黄和临川地区演唱"海盐腔"的艺人近千人,戏班多达三四十个。正因为有这样一个良好的戏剧环境,汤显祖的戏剧才华得以展示,他的戏剧活动才有了载体,他的戏曲成就才能产生震撼社会的效果。

"天有不测风云",这年除夕之夜,由邻居燃起的大火,殃及汤家文昌里故居,造成"龙文故剑"与"鸟篆藏书"的全毁。一个殷实人家,从此过着"家徒四壁""直将天作屋"的艰难日子,对汤尚贤刻意后辈要在"文昌""武曲"中有所作为的愿望提出了严重挑战。然而经济的中落,令老祖母与汤尚贤更迫切希望汤显祖能早日蓝衫换紫袍,将家道振兴。

万历二年(1574),汤显祖"两入京华",即第二次参加会试。可这次又落榜了。一个"名播天壤"的才子,"如霞宫丹篆,自是人间异书"的八股文的能手,为何接连二科落第?个中原因,汤显祖的诗文未见蛛丝马迹,明清的稗官野史中也没有记载。其实,封建社会的科场从来都不是真正以文取士,帘内的操作帘外人是难以想象出来的。科场难有真伯乐。归有光是嘉靖朝的大才子,翰林院的那些大学士也素仰其名,但就是屡试不中。到他中进士时已是60岁的老人,考了九次,往返京城都走过九万里了。这时的汤显祖并不气馁,他要学归有光,在科举道路上艰难曲折地继续坚持下去。现又落第,身在他乡,感到自己"独立无伍",在离京前,他去登门拜谭纶府邸,"愿一相见,道其所有,佐时运之光华"。可此时兵部尚书谭纶,心目中怎能还有一个故乡青年小举子呢?四次登门,最后才勉强叫"老兵引入坐",而谭纶在房内与人高声谈笑,迟迟不出来接见,让汤显祖坐在冷凳上,急得"一面何时?"最后只有留下诗一首,怅然而别。

谭纶无论是沿海抗倭还是北调戍边,都是骁勇善战、威震沙场、屡建奇功,在家乡父老心目中是个不居功自傲,为人十分随和,平易近人的形象。他每次回家后,都要"与诸里老叙布素及忠义愤发赍育英夺,居恒口不言功","与里老叙布素欢,若温温长者,顾其中恢恢乎大也"。每逢节日喜庆,还会请来当地戏班,为故园父老乡亲助兴。这时的汤显祖,在老官僚谭纶面前是多么单纯,多么的书生气!

在明代,落第举人和副榜(乡试备取生)可直接入国子监读书,让他们一面学习,一面准备参加下科考试。国子监是当时的最高教育行政机关和最高学府,全国仅有两所。最早建在南京,由应天学府改建而成,在鸡鸣山南麓,规模宏大,覆盖今天的成贤街东西两侧和东南大学。永乐元年(1403),北京增设国子监。永乐十九年(1421),成祖迁都北京,遂以北京国子监为京师国子监,原来的京师国子监为南京国子监。国子监是朱明王朝用来网罗天下优秀学生,培养服务人才的一项"文教以治天下"的基本国策。入监读书的学生待遇很优厚,衣、食、住、行全由国家供给,每逢节令,必有赏给,已婚的还给其妻子生活费用,每年固定假期约两个月,但校规很苛严,举人大多寻找借口回籍。首次落第的汤显祖也没有入国子监读书而是回归了临川。后来朝廷有了奏准:"凡举人下第,及中副榜不愿就教者,尽数分送两京国子监肄业。不许假借名色……违者参究。"第二次会试失利后,汤显祖不得不去到国子监游学。抚州和南京同处江南,顺风五日可到达。从离家的距离与生活习惯考虑,选南京国子监就读是他的必然选择。

国子监的管理体制是以师为官,祭酒相当于现在的国立大学的校长。时任南京国子监祭酒是余有丁。余有丁,字丙仲,号同麓,宁波人,嘉靖四十一年(1562)进士,从翰林院编修调任此职。国子监教学"以孝悌、礼义、忠信、廉耻为本,以六经、诸史为业",所学课程主要有"四书""五经"《御制大典》《大明律》《说苑》《大学衍义》《历代名臣奏议》等。监生日

南京国子监遗址

常功课有背书、作文、写字三项。制度上采取分堂肄业，实行积分法。一年之内积至八分为及格，给予"出身"，不足八分仍坐堂肄业。

汤显祖在国子监取得规定积分回到临川后，便把他从12岁到25岁所写的诗作选出七十五首结成第一部诗集《红泉逸草》。"红泉"出自南朝在临川任过内史的山水诗人谢灵运诗句"石磴泻红泉"。汤显祖曾用作书斋名，现又用作诗集名。时任临川知县的李大晋出于对汤的文才的欣赏，又显示他的治下藏龙卧虎，人才济济，慷慨赞助显祖出版了这个诗集，并由太仆寺少卿金溪高应芳担任校核。这些少年诗作，记述了汤显祖这一时期的思想与生活，显示了他早期的诗才与诗风。

万历四年（1576）春节过后，处在抑郁彷徨中的汤显祖，接到姜奇方的邀请，要他去到安徽宣城任所做客。姜奇方自隆庆五年（1571）在京与汤显祖同赴春试而结交。他十分关心落第后的汤显祖，为他接连两科落第倍感惋惜，有意邀汤显祖来到宣城散散心，换换环境，调整心态，以利东山再起。宣城是富庶之地，姜奇方在此任知县，与他同年中举的江西老乡龙宗武在太平府江防任同知。太平府治所在当涂，与宣城相隔不远。汤显祖来到宣城后，在姜奇方和龙宗武这两个朋友处轮流做客，过着"一旬三醉龙君席"的豪饮生活。汤显祖去到开元寺课文时，结识了宣城的沈懋学和梅鼎祚。沈懋

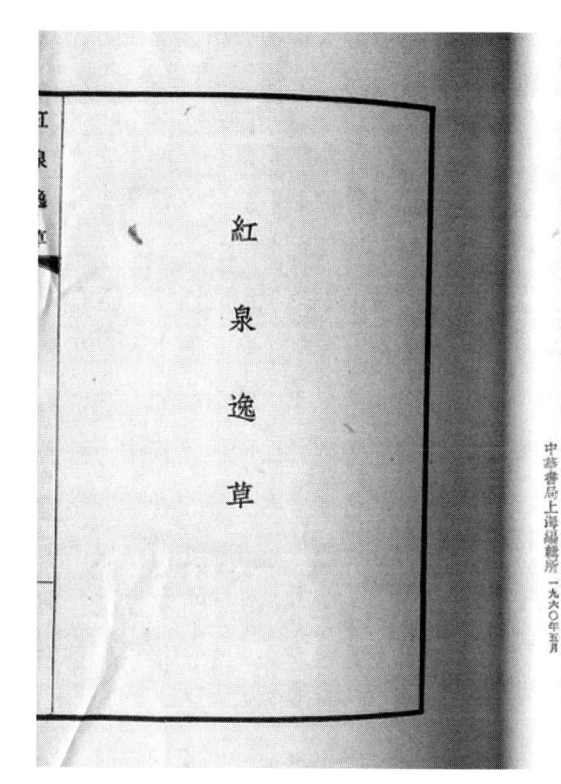

汤显祖的第一部诗集《红泉逸草》

学，字君典，号少林，一号白云山樵，虽然身材矮小，但却有英雄气概，好谈兵法和结交异人名士。梅鼎祚，字禹金，号胜乐道人，宣城人。16岁廪诸生，诗文名扬江南。他俩都是宣城官宦人家的子弟。他们见面后谈论起来，还是间接的同学关系。嘉靖四十一年（1562）罗汝芳任宁国府知府的时候，建志学书院，对地方士绅讲学，沈懋学和梅禹金都从罗汝芳学习理学。他们都豪爽有气节，一谈到这些，便一见如故，分外亲热。不仅常在一根烛下共同课文，而且常在一块饮酒赋诗，谈兵论剑，技击歌舞，过着公子哥儿的浪漫生活。

正当汤显祖和他的朋友们为浪漫生活所陶醉的时候，一位身着"角巾葛衣"的学者从荆州也来到姜奇方处。他可不是一般人，而是当朝首辅张居正的同父异母兄弟张居谦。姜奇方和张居正是湖北同乡，张居谦还当过姜奇方儿子的古文老师。张居谦到宣城后，便向姜奇方打听应天府一带可有高才举子?姜奇方说,临川的汤显祖和这宣城的沈懋学为当今首屈一指的才子,现他们都在开元寺。张居谦提出要去见他们,姜奇方就和张居谦一起来到开元寺。

这时汤显祖和沈懋学还有梅禹金正在饮酒论诗,听来人是当今首辅的亲兄弟,哪敢得罪,热情留他一起喝酒。席间的言谈中,张居谦谦恭有加,对汤显祖和沈懋学大有相见恨晚之感。临走时张居谦很诚恳地对他俩说:"明年春试,两位孝廉到京城去,相国很想见见你们。"一席话,姜奇方欣喜地向汤、沈道贺,祝贺他们两个即将时来运转,要他们好好把握机遇,顺风而上。沈懋学虽缄默,可笑在心头,喜在眉梢。唯有汤显祖满脸疑云:相国真的想见我俩?堂堂相国为何要见我俩小举人?是千载难逢的机遇,还是命运要遭到新的挑战?汤显祖陷入深深的思索中……

宣城开元寺遗址

第六章　触忤时相再落第

所谓"时相"不说也知道，就是隆庆六年（1572）勾结太监冯保，从高拱手里夺取了首辅大位的张居正。

万历五年（1577）会试，张居正一心要让二儿子嗣修高中前三名。然而张居正的儿子，智商并不高。大儿敬修万历元年（1573）中举，第二年会试名落孙山，气得张居正想停考五年，无奈阻力太大，未敢孤行，但他取消了本科对庶吉士的选拔。为了二儿嗣修的高中，张居正可谓煞费苦心，早在一年前就利用职务之便，在一些场合向六部大臣造舆论，说他的嗣修文思敏捷，可与开国之初的刘基、宋濂并驾齐驱，私下又派遣同父异母弟张居谦到人才辈出的应天府（今南京）物色当今才名响亮的举子作嗣修的陪考。这样，嗣修高中了前三名，使大家觉得本科会试确是货真价实的海内第一流才子。这就既避了"暗通关节"之嫌，还可拉拢有才华的士子作羽翼，壮大自己的政治势力，更好地把持朝政。

张居谦回到京城后，张居正便问道："此行你发现了当今像汉晁错、贾谊那样雄才大略的人吗？"居谦回答："临川的汤显祖和宣城的沈懋学，是当今众望所归的名士，没有比他们更好的了。"张居正即示意张居谦要进一步向汤显祖和沈懋学示好，还令儿子嗣修和他俩结交。

会试临近，汤显祖和沈懋学来到了北京并一同住在裱褙胡同。张居谦便亲自登门拜访他俩，并对他俩说："首辅知道你们来了，你们最好去拜见一下。"

汤显祖和沈懋学一时犹豫不决，不知怎么回答才好。

"这样吧！你们来看我好了。首辅会到屏风台后面看你们俩。"张居谦见他俩一时拿不定主意，又表示一番诚意。而汤显祖的想法是：若以文章取士，中个进士应没问题，用不着去攀龙附凤，染黑自己的名声。因此汤显祖没有去，而沈懋学却独自一个人去了。

张居谦见汤显祖未到，又跑来他们住处对沈懋学说："首辅说你的文章不错。"同时再次约汤显祖去见张居正。可汤显祖始终不肯巴结而坚持未去，这样就把张居正给得罪了。

张居正在政治上虽是个敢作敢为的政治干才，但同时又是擅于"既当巫神又做鬼""当面说好话，背后下毒手"的阴险政客。明明是他勾结冯保，借助皇太后、皇贵太妃之手，把高拱赶走。目的达到了，他又来做好人，与高仪联名，请皇太后、皇贵太妃和皇帝收回成命，挽留高拱。奏疏写得情真意切，丝毫没有落井下石的意味，还挺身为高拱分担责任，百般为高拱评功摆好。高拱被赶走了，张居正和冯保还怕他东山再起，又联手策划了"王大臣案"，试图诬陷高拱，以斩草除根。

张居正重权在握，便一意专权，阻塞言路，"觊恩谋利之心"显露。御史（监察官）与他稍有不合，便受他的责骂。万历三年（1575）二月，南京户科给事中余懋学，对考成法提出了非议，语犯张居正，被革职为民；当年十二月，御史傅应祯弹劾张居正误国，被拷打成重伤，充军定海；万历四年（1576），与汤显祖同年中举的辽东巡按御史刘台，弹劾张居正专擅威福，驱逐大学士高拱，私自推荐任用张四维，斥谴言官余懋学、傅应祯等事，便把刘台抓进监狱，受廷杖后遭戍到边境；刘台等被杖得皮开肉绽之后，正在刑部观政的新科进士邹元标又上疏弹劾张居正，且奏疏的措辞比以前各疏都激烈，结果被刑杖一百，被贬为贵州都匀卫；万历五年（1577）九月，父亲张文明死，按官制要弃官家居守孝三年，张居正又与冯保谋划"夺情"，即通过神宗允许，不弃官回家守制，素服办公，以"在官守制"，紧握大权不放，遭到朝野的强烈反对。翰林院编修吴中行、检讨赵用贤、刑部员外郎艾穆和主事沈思孝等齐上疏弹劾，遭到张居正残酷的廷杖镇压。

在张居正把持下的朝政，钳制言官，排除异己。凡得罪了他的人，都没有得到好下场。现在参加会试的小举人汤显祖却偏偏得罪了张居正，又怎能不付出代价？殿试揭榜，沈懋学中了头名状元，张嗣修中了榜眼，而夺魁呼声最高的汤显祖，再次名落孙山。

汤显祖因拒绝张居正笼络而落第的消息很快从京城传到了临川。抚州知府古之贤在汤显祖的返乡日子亲自到瑶湖渡口迎接。汤显祖下船一上岸，看到古之贤便说："惭愧！我又落第了，辜负了大人的厚望！"

古之贤紧握着汤显祖的手说："你在北京会试遇到的事，这里乡亲们早就听说了。你这次虽未中式，可比中状元还荣耀光彩。"

当年秋季，帅机从南京任上回到临川，看望落榜在家的汤显祖。少年时，他们常散步在城东正觉寺，给寺院和尚交点钱就有饭食供应，还安排住宿。当帅机要返回南京时，汤显祖与一位陈姓朋友为欢送帅机在正觉寺籛龙轩饮酒至深夜，并在那里大睡一通，重温昔日少年欢愉时光。

三年后是庚辰年（即万历八年，1580）汤显祖第四次进京会试，走的还是水路，从抚河汇赣江，入鄱阳湖下长江进入京杭大运河。在路上发生过一幕惊险的事故。[1] 与汤显祖同行的是与他同年中举的姓钟的同学。晚上，船在江中行，汤显祖拿出带来的好酒好菜与钟同学同饮，看到老祖母对菜还用纸蒙上做了记号，汤显祖"咽泣不自胜"。酒后夜宿船上，船老大睡着了。拂晓从北开来的一条船又快又猛，把他们横泊在江中的船撞漏了。船上的人都熟睡没人发觉，只有汤显祖因思念祖母悲伤而夜不能寐，听到水声，急忙叫醒大家逃到别的船上，免于一场灾难。事后，同船的人都惊恐感谢说："是你老祖母显灵救了大家呀！"老祖母去年去世，死后的幽灵都在护佑着爱孙的安全，然而却护佑不了汤显祖进士及第！

本科会试，张居正还是朝中呼风唤雨的首辅。平心而论，此人是个识才的时相。他极力要笼络汤显祖，除了为他儿子做陪考外，也确想拉拢像汤显祖这样有才学的青年来做自己的助手。本科会试，他知道汤显祖一定会来。在张居正认为，汤显祖是个聪明人，当会吸取前科的教训，懂得识时务者为俊杰的道理，会改他那清高狂妄的脾气。于是，当汤显祖一进京，张居正就又派了在都察院任左副都御史的亲信王篆和自己的三儿子懋修去到汤显祖下榻的旅店看望汤显祖。王篆和懋修见到汤显祖一心只想旧话重提，谈中这科会试鼎甲的条件。但汤显祖感到，若接受笼络就扭曲了他的人格，犹如处女失身，因此断然说："吾不敢从处女子失身也。"并毅然不参加这科考试，离开北京再次到南京国子监读书。

到了南京以后，许多人对汤显祖放弃这科考试感到十分惋惜。然而汤显祖自己却认为这是明智的举动。他对大家说："我入闱应试就不明智了，因为应试十有八九是落第，知我者对我同情，不知我者，还说我才学不如人哩！"一席话说得大家点头钦羡，令大家更佩服他的见地，同情他的不幸遭遇，从而更加憎恨那把持科场的张居正。

经殿试后，张懋修中了状元，大儿子敬修也中了二甲进士。同中式的还有张四维等一些达官贵人家的子弟。本来会试第一名是萧良有，第二名是王廷撰，第三名是张懋修。神宗阅卷时，也来拍张居正的马屁，将第三名的张懋修提为第一名，改第一名萧良有为第二名，又改第二名王廷撰为第三名。

黄榜放出后，朝野闹得沸沸扬扬，受张居正排挤在琼山闲住的海瑞得知本科会试黑幕，忍不住给主考官吕调阳写了一封信，批评他"私徇太岳"（张居正），更指责张居正"以私干公"。

丁丑年张嗣修高中榜眼，今庚辰年张懋修又高中状元，这对张居正真可谓如愿以偿。然而人心未泯，公论难逃。正当张居正为儿子高中喜笑颜开之时，民间却纷纷议论开了，说张懋修试卷的《策问》是出于他老子捉刀代笔。张居正面对这些议论是又怯又恨又无可奈何。他试图进行巧妙的辩解，在给殷石汀信中说："小儿嗣修懋修曾从汪南明公学古文词，昨懋修场中五策，似欲步趋其一二者。今附二册，烦为转达呈览，以谢其指导厚意。"张居正在此声明，懋修的策问不是他写的，你看吧，懋修策论的写作风格都像他的先生一样哩。张居正几行文字当然扭转不了公论，反起了"此地无银三百两"的作用。后来，他又在答宪长徐中台信中抬出皇帝来为儿子辩解："小儿冒窃高第，实出御笔亲题。"这话倒是事实，但张居正还能有勇气说出来，这是因为在他看来，此不属通关节的耻辱，而是皇上赐的恩典。然而张居正抬出皇帝也堵不住公论，民间老百姓对科场黑暗早就看在眼里，恨在心头。当黄榜放出后，午朝门外就贴了一首这样的匿名诗：

状元榜眼俱姓张,未必文章照楚邦。
若是相公坚不去,六郎还作探花郎。

　　说的是张居正有六个儿子,长子敬修中进士,次子嗣修中榜眼,三子懋修中状元,四子简修袭荫,五子允修武职,一个个都飞黄腾达,只剩下老六年龄小,还在家读书,日后只要张居正还在相位上,一定会为他谋取探花郎。这样的打油诗,虽发泄了士子们对科场的愤懑,但也表达了他们对科场弊端的无可奈何的悲哀。两年后,张居正死,之后不久就被神宗夺去官阶。张居正利用职权让两个儿子相继高中榜眼、状元成为他的罪状。张家遭到满门籍没,敬修自缢而死,嗣修被充军到雷州半岛,其他几个都受到削职处罚,当年"榜眼""状元"已不存在了,民间又流传着"丁丑无眼,庚辰无头"的民谣,嘲讽了张居正以权谋私的可悲下场。

[**注释**]

① 汤显祖《祖母魏夫人迁祔灵芝园墓志铭》:"庚辰会试,江行。显祖夜出旨蓄,饮同年士钟某,视覆纸皆祖母标识,因咽泣不自胜。而钟亦幼失母,感动流涕咽塞。罢就寝,朔风甚,舟儿乃醉。往五鼓发舟,有北船雄疾以来,横当之。舟碎,一舟人卧熟不知也。赖吾与钟以悲伤故,不能寐,闻水声,起促火走别艇以免。一舟人惊谢曰:'老夫人灵以济也。'"

第七章　愤懑充斥《问棘邮草》

汤显祖四次落第以万历五年（1577）这科打击为最大。当黄榜放出，他和沈懋学霎时成了天壤之别：一个是头名状元，春风得意；一个是榜上无名，将落拓而归。对汤显祖的落第个中原因，沈懋学是最为清楚的，当然能理解此时汤显祖愤愤不平的心情。沈懋学去看望汤显祖，并作诗《京中访汤义仍就宿》一首进行了安慰：

　　自尔龙溪别，南州榻已悬。
　　倾心重此日，镜发是吾年。
　　怪事成诗圣，闲情托酒禅。
　　独怜千里骏，拳曲在幽燕。

——《郊居遗稿》卷一

是啊，才名响亮的"千里骏"，就因为拒绝了张居正的结纳，不仅与状元无缘，就连进士边都沾不上。这是多么难以忍受的屈辱啊！汤显祖在离京前写了一首诗给沈懋学，诗中回忆了他们在宣城的交往和在京的同宿促膝长谈的情景：

　　去年三月敬亭山，文昌阁下俯松关。
　　今年俊秀驰金毂，表背胡同邀我宿。

妙理霏霏谈转酷，金徒箭尽挝更促。

人生会意苦难常，想象开元寺中烛。

开元之烛向谁秉？君扬龙生姜孟颖。

——《汤显祖全集》卷三《别沈君典》

倾吐了此刻的悲苦心情：

昨日辞朝心苦悲，壮年不得与明时。

处处抚情待知己，可似南箕北斗为。

——同上

此时与汤显祖同命相怜的还有张居谦。去年奉老兄之命到宣城充当说客。今年春，张居谦兴致勃勃从荆州赶来京城参加会试，可张居正为了儿子的功名，竟强迫张居谦托病不入闱应试，自私得连老弟的前程都不顾了。去年宣城之行，汤显祖在张居谦心目中，是位"文章气骨可雄飞"的贤才，现在这两个科场失意者同命相怜，惺惺相惜。汤显祖回归临川前写了一首诗，将满腹牢骚向张居谦倾吐。在诗中，他嘲笑那些考试官都是些好龙的叶公，不识马的假伯乐：

谁道叶公能好龙？真龙下时惊叶公。

谁道孙阳能相马？遗风灭没无知者。

——《汤显祖全集》卷三《别荆州张孝廉》

抨击这次会试是用金钱和权势取得科名：

掷蛙本自黄金贱，抵鹊谁当白璧珍？

——同上

受到这样的屈辱汤显祖找不到合理的解释，只归结于自己的命运不好：

人生有命如花落，不问朱茵与篱落。

——同上

在这种处境里，汤显祖打算回归临川去，学竹林七贤那样不求功名，埋头著书立说：

君不察时可奈何！归餐云实荫松萝。
濠南钓渚飞竿远，江左行山着屐多。
吏事有人吾潦倒，竹林著书亦不早。

——同上

回到临川后，汤显祖的心情十分苦闷，晚上睡不着，白天没精打采：

一向无异，止有清夜秉烛而游，白日见人欲睡。
——《汤显祖全集》卷三《答龙君扬·并序》

他身体又常生病，时常喝些酒，作些诗赋借以浇愁。去年因文昌桥发生大火，把住宅和藏书都烧掉了，但是池塘林木却保存完好。春天里，老祖母常陪他到池边林下观游春景。汤显祖非常明白，老祖母"日望余之修名"的心情是多么迫切。去年大儿士蘧出生了，现在已大半岁，能"扶床巧笑"。祖母的关怀，儿子的天真活泼，倒也使他添了几分天伦之乐。在闲愁中，张居正多次派人笼络他，这些甜言蜜语成了他挥之不去的阴影：

门有车马客，言从天上来。
幢旌蔽朱里，鼓吹生红埃。
高冠岌云起，素带长飚回。
迎门动光采，入坐语徘徊。
何缘公子驾，为过洛阳才？
既枉金华舄，须申玉酒杯。

> 殷勤作欢接,问答偶蒙开。
> 初言宦有善,再叹士无媒。
> ……
> 愿折金廉采,相依玉树槐。
> ——《汤显祖全集》卷四《门有车马客》

在别人看来的千载难逢机遇,奈何为他耿介"主性"所断然拒绝:

> 客言具知美,主性实难裁。
> ——同上

失去了功名他无所谓,但守住了自己的贞心:

> 妙善逢司契,贞心敢自闲。
> ……
> 德辉终一览,丛桂不须攀。
> ——《汤显祖全集》卷三《出关却寄京邑诸贵》

汤显祖不免悲叹人生无常,表示既取不了功名,只有及时行乐:

> 人生何常?语曰:"乐与饵,过客止。"日中则还,大不可不遴也。恶从人而悲伤,遂自广焉。
> ——《汤显祖全集》卷五《广意赋·并序》

他为天下怀才不遇者而叹息,当然也是为自己叹息,禁不住责问苍天:老天啊,你赋我以过人之才而不用,那又何必赋我如此之才:

> 余行半天下,所知游往往而是。然尽负才气自喜,故多不达。盖有未宦徒立数言而沮殁者。其志量计数,忧人之忧,岂复下中人哉?或

曰:"天短之,然又与其所长,何也?"

——《汤显祖全集》卷五《感士不遇赋·并序》

彷徨失意中往往要寻求精神寄托,汤显祖曾去过黄华坛和南城麻姑山访仙问道。然而他并没有在这抑郁处境里消沉下去,对求取功名也没有完全失去信心。老祖母的无微不至关怀,使他"受恩念至深","未酬恩于万一",父亲"欲我在云台之上耳",唯有再度进京应试,别无选择。汤显祖自己鼓励自己,同年学友也希望他东山再起。万历七年(1579)秋,龙宗武从任所芜湖给汤显祖捎来一些礼物,其中有江南的团扇,意思也很明显,就是要他继续圆进士梦。汤显祖打算明年再度进京去碰运气:

美人赠我团圆扇,可惜秋来君不见。
采色明年傥未渝,会自因风托方便。

——《汤显祖全集》卷三《答龙君扬·并序》

汤显祖还写了一篇《广意赋》,自宽胸怀,自比贾谊,抒发怀才不遇的感叹。他读了苏轼《仇池笔记》中"广利王召"的故事,记述苏轼被海神广利王召到水晶宫,苏轼献上诗稿本得到百官称赞,唯有鳖相公有意挑拨,从而激怒广利王把苏轼推出水晶宫。苏轼感叹:"到处被相公厮坏。"汤显祖联想到科场被张居正"厮坏"。海神在《庄子·秋水》中称为"海若",为牢记此番科场的屈辱,汤显祖从此以"海若"为号。

此外,他还写了赞颂临川地区的忠臣节妇的传赞七篇。通过对这些忠臣节妇的讴歌,意在言外,表达自己不屑阿附权臣,如忠臣一样坚强,像节妇一样清白。

汤显祖从万历五年(1577)落第至万历八年(1580)在家闲住期间,写下酬答、投赠诗作一百四十三首,赋三篇、赞六篇,结成诗文集,取名《问棘邮草》,由同乡好友谢廷谅编定。这是继《红泉逸草》、《雍藻》(今佚)之后的第三部诗集。"问棘"是汤显祖姓氏的代称;"邮草"是因为这些作品都是他邮寄给谢廷谅看的。谢廷谅看过《问棘邮草》诗文后为汤显祖写了如下一篇序言，冠之卷首：

> 君气亮盖世，而常共于匹夫。长安长者多所知名，而州大夫或无半面。乡人有不能得其片字，而四方有识传宝其书。语帝王大略，激昂万乘，而不能说丘巷。足不识城府逵路，而好谈天下厄塞。料人物数千里之外，而常为眉目小儿所绐。发策周历，谱冥律气，而手不能差量币物。娶妇十年矣，而袖无半钱。恶恶道至甚，而闻盗贼之死亦悲。幻提贵达，而石友无聊之士。窘而务分，人克后房，而居常不内反。拒绝人地，而好观名山川，寻师服食。此予有所解，有所未解也。①

在谢廷谅眼中，此时的汤显祖有点怪：他对乡绅地主、地方官吏不肯随和，不爱和有名位的人们交往，却爱和不得志的读书人交朋友；他习惯于过老百姓的朴素生活，对遭受压迫而不得已做了"盗贼"者寄予同情；自己本常没钱用，却又时常分钱给别人；他爱读有关谈帝王大略、论兵家形势之类的书，高论中蕴藏积极用世思想；他看不惯达官贵人、地主乡绅，但又想在仕途上大显身手。汤显祖思想、生活和性情上的这些矛盾现象，连谢廷谅都难以解开。

这些诗，辞藻华丽，有六朝绮靡之风，又受八股文风的影响。这是因为当时文坛弥漫着"诗必盛唐"的复古之风，汤显祖不满这种风气，于是独自而行另辟蹊径，试图从探索六朝遗风中闯出自己诗文新路。

帅机，这位汤显祖少年时代的知交，现已是官至南京礼部精膳司

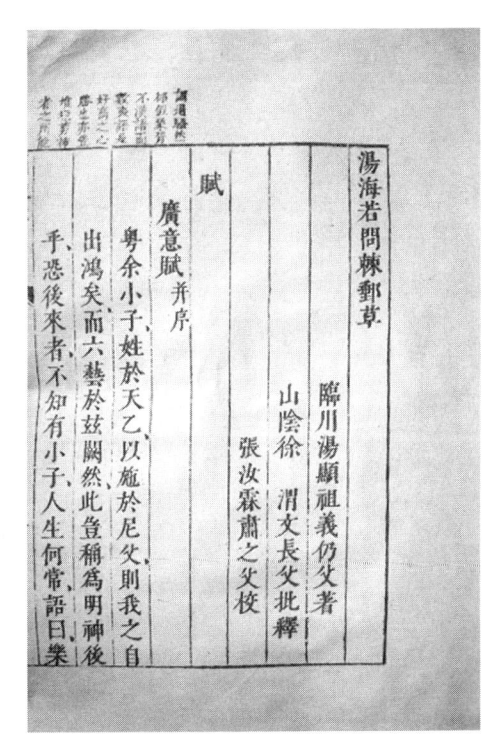

《问棘邮草》

郎中。他对汤显祖这部诗文集也赞扬有加："可谓六朝之学术,四杰之俦亚,卓然一代之不朽者矣。"② 风流才人屠隆称赞汤显祖的《问棘邮草》"极才情之滔荡,而禀于鸿裁;收古今之精英,而镕以独至"③。然而汤显祖并没有在这"奇才""不朽"的赞扬声中飘飘然,二十八年后 59 岁的汤显祖,他回忆当年文赋出名的感受:"辨稍窥文赋,名已出户牖。坐此实空虚,学殖未能久。"④

汤显祖本年 28 岁,和吴氏成婚八年,连生三女,且元祥、元英两个早夭。"不孝有三,无后为大",没男孩就等于断了香火,家人盼着能早生个小子,决意"买妾望男祥",这样就纳妾赵氏为第二夫人。此时做了父亲的汤显祖,作为人子,可谓懂得"孝行";作为人父,对子女感情深厚,疼爱有加。对元祥、元英二女的早夭,他曾作诗表达了关爱不够的愧疚之情。诗情真切,读之令人动容:

> 徒言父母至恩亲,叹我曾无儿女仁。
> 隔院啼声挥即住,连廊戏逐避还嗔。
> 周星并是从人乳,四岁何曾傍我身。
> 不道竟成无限恨,金环再觅在谁人?
> ——《汤显祖全集》卷四《哭女元祥元英》

[注释]

① 谢廷谅:《问棘邮草·序》,浙江图书馆藏明刊本。
② 帅机:《玉茗堂文集序》,载汤显祖《汤显祖诗文集·附录》,上海古籍出版社 1982 年版,第 1520 页。
③ 屠隆:《玉茗堂文集序》,载汤显祖《汤显祖诗文集·附录》,上海古籍出版社 1982 年版,第 1520 页。
④《答陆君启孝廉山阴》,载汤显祖《汤显祖全集》卷十六,北京古籍出版社 1999 年版,第 688 页。

第八章　是非蜂起《紫箫》残

在科场，视受执政笼络如处女失身的汤显祖，万历八年（1580）的春试再次拒绝了张居正的结纳，毅然放弃这科考试，又到南京国子监继续读书。这一消息很快从京城传到了临川，谢九紫（廷谅）、吴拾芝（玉云生）、曾粤祥（如海）等一班少年时代结社的朋友合计后，决定去南京做一番旅游，既观游留都繁华美景，又可对汤显祖进行慰藉。帅机这时正在南京礼部任精膳司郎中，官居五品，年龄比他们都大，是大家心目中的兄长，与汤显祖情谊尤为深厚，少年时被人称为"同心，止各一头"的一对。现在南京与汤显祖的住所离得很近，成了"昔是新相知，今为旧比邻"（《赴帅生梦作》）。三人到了南京，有汤显祖与帅机在，吃住有接待，可玩个痛快。他们的到来，成了汤显祖的故乡朋友在南京的大聚会。在为他们举行接风洗尘的宴饮诗酒中，汤显祖文思敏捷，首先脱口吟唱《临川四俊诗》，第一首是赞帅机，次为谢廷谅、曾粤祥、吴拾芝。帅机和来友接着唱和。可惜这些唱和诗大都散佚，唯有帅机《四俊咏和汤生作》尚存。第一首是赞汤显祖。诗云：

汤生挺奇质，孕毓应文昌。
恣睢辨说囿，峥嵘翰墨场。
汪洋探丘索，沉郁挟风霜。

厄言自合道，谁知非猖狂。

——帅机《秋阳馆集》卷九

　　帅机心目中的汤显祖，资质不凡，才名崭露，出言真率，易被人误会为狂傲。他科场挫折，乃为人正直有气节，反遭受打击，故而低沉郁闷。

　　从万历二年（1574）汤显祖第一次进南京国子监，到这次已是第三次入南京国子监的老监生了。此时，管理南京国子监的行政长官已换成了戴洵。戴洵字汝成，号愚斋，浙江奉化人，庶吉士出身。他从裕王的讲官（右谕德）位置被提拔，官阶升了半级。此公"容情俊远，谈韵高奇"，常"琴歌之醉"，"礼乐之欢无斁"。汤显祖与戴师生相见有"相见即相亲"之感。在汤显祖的心目中，戴洵是"江海空明之气，风霞秀上之神"的风度，"既有情而有望，亦信美而且仁"（《青雪楼赋》）的性情，"于诸生中最受风赏"。汤显祖在国子监时，君子亭外有枝竹，庭内栏杆一侧也长出一枝竹，学生们怕它会穿破亭檐而长，便要砍去，戴洵不同意，后该竹伸出亭外弯曲而长，并没有穿破亭檐。戴洵以此为题命汤显祖写一篇赋。汤显祖欣然命笔写下《庭中有异竹赋》。赋词以竹喻人，要像竹一样正直，不要趋炎附势，又要像栏杆一侧这枝竹一样能屈能伸，蓬勃向上。戴洵对汤显祖的才学赏识有加，关系亲近。"着冠须访戴，脱冠须访帅"，说的就是国子监时与座师戴洵常来往，关系很密切，课余又常到帅机处，喝着他酿的米酒，弹琴唱曲，谈古论今，畅叙友情。国子监读书生活，汤显祖过得愉快且充实。当年秋，他完成学业回临川时，戴恋恋不舍地说："子去，此中无千秋之客！"

　　文友们的相聚，玩得痛快比吃好还重要。那时人们的娱乐方式主要还是戏曲。大量有地位的文人开始参与传奇戏曲的创作，一时间辞调骈俪的作品风靡整个戏曲舞台。商贾云集的苏州，已是"宴会无时，戏馆数十处，每日演剧，养活小民，不下数万人"（《履园丛话》）。留都南京早已是戏曲表演中心地区之一。昆山、弋阳、海盐等声腔剧种并存争胜，戏曲班社出入宫廷、民间和私人之间，寺庙、船舫、酒楼、秦淮河区、私家的园林、厅堂皆有作场的舞台，人们可随时随地自由地观赏。

　　自谭纶把海盐腔带来宜黄，临川地区青年才俊弹琴拍曲已成时尚。谢廷谅、吴拾芝和曾粤祥都是戏曲爱好者。特别是吴拾芝，有副"音若丝，辽彻青云"的好嗓音，且擅登场表演。到了南京后，他们的娱乐活动除了逛秦淮河、看戏、喝酒、弹琴唱曲之外，还萌发了自己写戏自己演，过过戏瘾的念头。经过一番议论，汤显祖提议说："那《太平广记》中《霍小玉传》吾读每为之动容，何不将其敷衍成戏曲？"汤显祖的提议得到大家一致的赞同。捉笔者不用说，当然是汤显祖自己。他们还为演出事务做了分工：谢廷谅负责对外联络唱海盐腔的戏班和演出场地，曾粤祥负责后勤伙食，吴拾芝身材苗条，发挥他能唱擅演的特长，客串主角霍小玉，过足戏瘾。

蒋防的小说《霍小玉传》写的是进士李益在长安与名妓霍小玉相恋，发誓："粉骨碎身，誓不相舍"，后却将小玉遗弃。小玉相思成病，极为凄苦。有黄衫豪士强挟李益至小玉家，小玉见后大骂李负心，悲愤至极而死。小玉死后化为厉鬼复仇，闹得李家鸡犬不宁。汤显祖在写作中不是简单地将唐传奇小说《霍小玉传》作戏曲形式的转换，而是进行再创作，寄托自己的思想。除两个男、女主人公采自小说外，其他花卿、郭小侯、尚子毗等均为新增，将小说中"得官负心"的李益改成"志诚郎君"，把因门阀制度而造成的悲剧结局改成乞巧团圆。第一出《开宗》【凤凰台上忆吹箫】对《紫箫记》的剧情做了这样的预告：

李益才人，王孙爱女，诗媒十字相招。喜华清玉琯，暗脱元宵。殿试十郎荣耀，参军去七夕银桥。归来后，和亲出塞，战苦天骄。

娇娆，汉春徐女，与十郎作小，同受飘摇。起无端贝锦，卖了琼箫。急相逢天涯好友，幸生还一品当朝。因缘好，从前痴妒，一笔勾消。

——钱南扬校点《汤显祖戏曲集·紫箫记》

可看出，他们当初写这个戏是试图演绎一段风流故事，用以消遣。当写了全剧的一半，汤显祖就请帅机看剧稿提意见。帅机直率指出："此案头之书，非台上之曲也。"可吴拾芝戏瘾大，不管那么多，当汤显祖"一曲才就"，他就拿去排演。他那"音若丝，辽彻青云"的好嗓子加上出神入化的表演，一登台演出，"莫不言好，观者万人"。当演到第三十一出《皈依》时，社会上一时"是非蜂起，讹言四方"，说这出戏是讽刺当朝首辅张居正的。这是怎么回事呢？一个写才子佳人风流韵事的爱情戏怎么会被人说成了讥讽首辅张居正呢？无风不起浪，问题出在这样一个情节：

(老和尚)……有个旧人唤做杜黄裳，作秀才时，曾在俺寺里读书，与老僧谈禅说偈。如今他出将入相，封为国公，在朔方镇守。……此人贵极人臣，功参萧管，甚有高世之怀。倘他到时，老僧将他一两句话头点醒，着他早寻证果，永断浮花。……

(黄裳)下官想人生少不得轮回诸苦，今日便解取玉带一条，乞取名香一瓣，向佛王忏悔。明日上表辞官，还山礼佛。……(法香)相国莫哄了诸天圣众。

——钱南扬校点《汤显祖戏曲集·紫箫记》

原来张居正幼年时曾从李中溪学禅，自号太和居士。离开李中溪时，曾发下誓愿，二十年后定来出家。可是二十年以后张居正不是出家，而是当了首辅。万历二年（1574），当张居正过50岁生日时，李中溪写信提醒他往日所立的宏愿。可是张居正在回信中说，二三年后，定来了结前愿。可是，二三年早已过去，张居正并没有实现他的诺言，不是出家，而是贪恋首辅高位，连父亲死了也不奔丧。很明显，汤显祖写杜黄裳就是写张居正，四空和尚就是李中溪。留都南京是文化精英荟萃之地，对张居正幼年学禅及在科考中与汤显祖发生纠葛一事知情者大有人在。因此，当剧演到这一情节时，便有人将张居正"对号入座"，于是"是非蜂起，讹言四方"便发生了。此时的张居正大权独揽，如日中天，留都的南京不能没有他的亲信，若这些人打小报告说汤显祖写戏讥刺他，那还了得。人言可畏呀！几个合作朋友为汤显祖担心，劝他不要再写下去。这样，戏写到第三十四出《巧合》即"参军去七夕银桥"，汤显祖只好搁下笔来。半本《紫箫记》就这样形成了。由于经受了这场风波，"诸君子有危心"，为了表明这部戏"无所与于时"，汤显祖将已脱稿的三十四出稍作整理，署上"临川红泉馆编"，交付"金陵富春堂"

刊刻。这半本《紫箫记》就这样留传下来了。它的故事梗概是：

> 唐代才子李益上京应科举，与霍王庶出之女小玉相恋结为夫妻。元宵节李、霍往观春灯，在游华清宫时失散，小玉拾到紫玉箫，内监以为偷窃宫中之物，将她捉往宫中。郭妃审问，知是霍王之女，遂以玉箫赐之，皇帝遣送她回家。李益得中状元，被派往朔方边境军中任职，小玉在家思念不已。数年后的一个七夕之晚，李益回家，夫妻团圆。

从第一出《开宗》【凤凰台上忆吹箫】所预告的剧情和该出的下场诗："李十郎名标玉简，霍郡主巧拾琼箫。尚子毗开围救友，唐公主出塞还朝"，可知后半部至少还有"和亲出塞，战苦天骄"；被吐蕃包围，幸得尚子毗救援；李益娶"汉春徐女""作小"，引起小玉的"痴妒"，并"卖掉琼箫"，上京寻夫，经"好友"的调解，将"从前痴妒，一笔勾消"等情节都没有写出来。

《紫箫记》作于汤显祖四次落第之后，带着真龙不为君所察的困惑与牢骚，转而与朋友们冶游放荡，在男女情色与游侠中消磨时光，这些生活也写进了剧中。剧本的情节和小说相距甚远，文风浮夸而绮丽，致使全剧辞藻华丽，骈四俪六，结构松散，枝蔓旁出。作为戏最要命的是缺少矛盾冲突，平铺直叙，没有张力。帅机批评"此案头之书，非台上之曲也"可谓一针见血。汤显祖自己也认识到剧本存在"沉丽之思""秾长之累"。然而"不成熟"不等于没有价值。"一曲才就，辄为玉云生夜舞朝歌而去"竟"观者万人"，说明它能吸引观众，并激发了观众的想象力和创造力，收到了"是非蜂起，讹言四方"的社会效果。

一个作家的早期作品往往是后来作品的基础，所表现的思想和艺术倾向有一脉相承性。《紫箫记》取材于唐人传奇《霍小玉传》；"临川四梦"都取材于小说话本，但都不是仅对原作做戏曲形式的转换，而是进行艺术再创造，注入新的思想内涵。《紫箫记》中的李十郎说出了"既生人世，谁能无情"，肯定了"情"的存在，又在《巧探》《下定》《捧合》《就婚》等出中通过两情相悦的描写发出对人性的呼唤，初露汤显祖以情写戏、以戏抒情之端倪。《紫箫记》用杜黄裳影射张居正，借古讽今，居然"是非蜂起，讹言四方"。"临川四梦"触及晚明社会内政、外交和道德风尚的方方面面，是一组"有讥托"的"社会问题剧"。而"讥托"的运用正是由《紫箫记》开先河。汤显祖受汉魏六朝华艳艰涩诗风影响，《紫箫记》以诗化的宾白和绮丽的曲词以表达浓郁的情感。《牡丹亭》丽词俊音诗化的语言，是《紫箫记》语言基调的发展。《紫箫记》写了吐蕃尚子毗，在唐宪宗时来唐游太学，与李益、石雄、花卿"才交一臂，便结同心"，回吐蕃后仍时念唐朝友人，说"俺虽胡人，心驰汉道"，并规劝吐蕃赞普与唐和亲。这种"心驰汉道"，"北斗向中华"的民族大家庭思想在以后"四梦"中得到体现。这种思想，汤显祖在万历十一年（1583）作的时文《天下之政出于一》中，进一步得到发挥，提出了国家要安定，应以汉民族政权为中心，不能政出多门。

"临川四梦"的基调和特色能从《紫箫记》中看到雏形。

第九章　中三甲进士

万历十年（1582）六月，擅权十年的首辅张居正在京城病死。张居正不把持科场，汤显祖金榜题名就有希望了。

当年冬天，汤显祖冒着风雪严寒经杭州走京杭大运河水路赴京参加明年春试。原在宣城任知县的姜奇方，已升迁到了杭州任同知（知府的副职）。汤显祖抵达杭州时已是腊月，杭州城内外雪花飞舞，西湖上下全是白茫茫一片。姜奇方对这位饱受科场挫折的朋友的到来做了周到的安排。为了方便汤显祖观赏雪中西湖美景，还特意在西湖边上找了一间幽静的住所。本科会试没有权臣对汤显祖暗里使绊，现在关键就看他自己的八股文写作了。汤显祖对会试仍很坦然。凭他的才华，姜奇方对他金榜题名充满了信心，还期望他能独占鳌头。然而姜奇方了解到，汤显祖自中举后，便醉心于韵语辞赋，对决定自己进身之道的八股文却没有多少兴趣，十多年来所作的八股文还不到十篇。姜奇方为了让汤显祖在考前能安下心来多进行八股文的写作练习，特留他从腊月住到初春。他劝汤显祖要多钻研一下钱福、王鏊等八股文老前辈的写作技法，还常常强迫汤氏作八股文。汤显祖新作每一脱稿，姜奇方读后十分欢喜，夸奖一定能流传后世。现存的明版《汤海若先生制艺》，共收八股文55篇，有40多篇都是这个时候写成。汤显祖在杭州一个多月，几乎每天出一至二篇新作。壬午（万历十年，1582）季冬，汤显祖的八股文写作获得空前大丰收。

过了春节，汤显祖离开杭州经南京进京。朝中的形势，随着张居正的死已发生了变化。内阁首辅换成了张四维，次辅是申时行。张四维是张居正改革的坚决支持者。这位擅长文辞，明习时事，而且风流洒脱才智过人的干才，上任后知道张居正在朝积怨甚多，便调整自己的施政方向，还劝神宗放宽政策，把一些因反张居正而罢了官的重要人物复职，言路也开始放开。

癸未年（万历十一年，1583）二月，汤显祖到达了京城，住在安福胡同，这是他第五次投入会试。本科会试的主考官礼部选调了余有丁和许国。余有丁是汤显祖在万历二年（1574）进南京国子监读书时的老师。许国是安徽歙县人，嘉靖年间中进士，申时行乡试时的同窗好友，曾为太子朱翊钧的讲官，现从内阁成员调来充此任。考官沈自邠，是沈德符的父亲，年龄比汤显祖还小，在翰林院任检讨。

二月初九日开始第一场考试，文题为《孔子有见（三句）》。汤显祖在试卷上是这样写的：

> 大贤立圣人不一其仕，婉于为道而已矣。甚矣圣人行道之心急也。际可则仕，公养则仕，又岂一于见行可也乎？孟子与万章论交际及此曰，一而未始不易者，仕合之时也，高而未始不中者，圣人之行也。是故仕鲁之道明矣。吾因得例观圣人之仕焉。君子莫重乎始，进而机有所当乘，大人不欲速其功，而时有所难俟，故孔子有见行可之仕焉。圣人蕴道久矣。见可以仕而又迟之以不仕，则是终不仕也。委曲以投其端，从容以竟其业，盖蚤见而薄施也；有所以行，非仕求可而已也。夫见行可之于君也，自有晋接之礼，不在一交际矣。然天下卒未有能礼士者。而或有能礼际之君，观于其际，亦能敬圣人也。与周旋焉，而得其后可也。是故际可之仕，孔子有之。夫见行可之于君也，自有鼎养之禄，不在一馈养矣。然天下亦稀能养士者。或有一馈养之君，观于其养，亦能周圣人也。姑饮食之，而观其后可也。是故公养之仕，孔子有之。遇有不同，而救世之机恒伏，固不当泥于根深以待时。仕有不一，而为道之意恒随，亦不得病其希世而度务。妙哉！孔子之为道也。又何疑于鲁俗之从，多际之受乎。[①]

题出《孟子·万章下》："孔子有见行可之仕，有际可之仕，有公养之仕。"说的是孟子对万章谈孔子做官的三种情况：有因为推行政治主张的；有因为国君以礼相待的；也有因为国君喜好贤能的。考生要"设身处地"站在孟子立场上，对这句话加以阐发，分析体会符合孟子意旨，代他"立言"。汤显祖试卷所论的主要内容是：大凡道德才智杰出者，为推行他的治国主张，有受到礼遇尊重而做官；也有仅仅国君给予供养而做官；还有不限于要国君推行治国主张才做官。孟子与万章谈当年孔子遇到鲁国季桓子那样的掌政者，对他加以重用，就积极推行自己的治国之道；遇到像卫国卫灵公这样的君王，虽给了孔子礼遇尊重，却不加以重用，孔子与君王"周旋"，希望能支持他的治国主张；遇到像卫孝公，仅愿供养，即管孔子吃住，但为了让国君能了解自己的治国主张，也去做官。试卷所论孔子一生做官的情况虽不一样，但他是通过入仕的手段来推行仁政，富强国家，来实现自己的理想。

考官对汤显祖试卷的评判，已无法找到当年《会试录》，只有《明文百家萃》编著者王介锡收录该文时作了这样的评语："此题一落平实，便犯季桓子三段。义仍先生只于三有字着神，步虚而行，空灵莫比，故癸未孟墨，必推此文为第一。"[②] 王介锡是清初山东临清的进士，官至台州推官。他推崇汤显祖试卷在本科名列第一。然而官方与民间对八股文的评判标准是不同的，何况又是隔了时代的人。礼部会试结果，汤显祖排名为第六十五名。三月初一由神宗亲自主持殿试，三月十五日公布黄榜，汤显祖的名次更低，仅为三甲第二百一十一名，赐同进士出身。状元朱国祚，榜眼李廷机，探花是刘应秋。张四维儿子张甲征和申时行儿子申用懋、申用嘉也都中了进士。他的临川一班少年好友饶仑和谢廷谅也来京参加了会试。饶仑也中了进士，唯有谢廷谅落榜了。与汤显祖同榜进士还有万国钦、李伯东、吕胤昌（姜山）、孙如法（俟居）、梅国桢和梅国楼兄弟俩、李献可、于中立、曹学程、顾宪成之弟顾允成等。这些人后来在政治见解或文学主张上与汤多一致，他们都建立了不浅的交情，而吉水刘应秋则是汤显祖的终生莫逆之交。

汤显祖这么低的名次录取，联想到他会试四次落榜，后两次是因得罪了首辅张居正遭到的报复，前两次失利，究其原因只能推测是八股文作得不合考官口味。那么不合考官啥口味呢？这八股文本是一种程序化的写作，要

"代圣贤立言",考生只能亦步亦趋,揣摩古人语气,不容许表现自由思想,发表独立见解,委实是泯灭人的情思,扼杀了考生的才华。而汤显祖则是主张"文章之妙,不在步趋形似之间,自然灵气,恍惚而来,不思而至"(《合奇序》)。因此,汤显祖作八股文往往驰骋情思,注入灵性,写出真情,而不觉偏离八股文的规范。从现存的《汤海若先生制艺》中的一些八股文来看,他常在文的结尾处或借题发挥,直抒胸臆,或委婉隐晦,抨击时弊。从本篇试卷看,"步虚而行,空灵莫比",就是灵性的发挥,追求创新,又岂能合考官口味。尽管汤显祖的八股文不为当时考官青睐,会试名次也很低,但他"以六朝之佳丽,写五子之邃奥"[③]开一代风气之先,为后来同行之楷模,奠定了他为明代最有成就的"举业八大家"之一的地位。

汤显祖中了进士后及时赋诗一首告知了吴拾芝。帅机是在思南知府任上到京接受吏部和都察院的考核后回任所,在途中邯郸得知汤显祖中式喜讯,立即写了《喜汤义得第》为汤五次京试的辛劳终取得成功深表祝贺,并表达他俩管鲍之交的情谊。诗云:

> 溟鲲一日纵扶摇,五战收功心独劳。
> 堤直图书钟凤彩,笔摇琼玉取仙桃。
> 布衣作赋人争羡,才子成名价转高。
> 平生交义称管鲍,天边可不念缔袍。

在科场上,权臣以权谋私可谓"前腐后继"。本科会试虽没有张居正把持科场,并不表示真的是"以才取士,按格授官"。当年张居正利用职权把甲第私给自己的儿子,现在张四维、申时行新上台,他们的儿子又都中了进士,能说是凭自己的真才实学?然而权臣要以权谋私总是瞒不过人们耳目,正直的言官总是要站出来说话。当张甲征、申用懋、申用嘉将应殿试时,御史魏允贞向神宗呈上一道奏章,说张四维、申时行重蹈张居正的覆辙,私把甲第给自己儿子。建议今后辅臣子弟会试中式了,必须要等到他们的父兄退休后方可参加殿试。魏允贞的奏疏对张四维、申时行一伙是个很大的打击,然而遭到他们的疯狂反扑。张四维恼羞成怒首先站出来,上疏为儿子辩冤。

申时行也接着上疏进行辩解。但正义的行为总是有人支持，户部员外郎李三才便上疏赞同魏允贞的意见。这样辅臣和言官之间的冲突成了难解的僵局。由于张四维、申时行大权在握，结果言官们倒霉了。李三才被贬为东昌（今山东聊城）推官，魏允贞被贬为许昌判官。在这场斗争中，李三才、魏允贞当然是正义的。当李、魏被贬官的时候，汤显祖在同年的宴会上曾托张甲征对他父亲张四维进言说："作为御史，发现科场上有问题，就站出来说话，不管他们意见如何，这是他们的工作职责，作为相国应善待他们啊！"[4] 汤显祖刚中了进士还未授官，就开始介入朝中的政治是非。

[注释]

[1]《明文百家萃》（清·王介锡编）收录汤显祖散佚八股文共11篇，1982年由龚重谟发现于北京图书馆，1983年公之于江西省文学艺术研究所《文艺资料》第6期。

[2] 据《明文百家萃》编者王介锡评语："癸未孟墨，必推此文为第一。"癸未即万历十一年（1583），汤显祖第五次京试；"孟墨"即以《孟子》文句为题作的八股文试卷。《明文百家萃》入编的时文除汤外还有同科李廷机等四人。李是本科状元。故可断此文应是汤氏癸未会试试卷。

[3]《可仪堂一百二十名家制艺·序》（清俞长城），转引自田启霖编著《八股文观止》，海南出版社1994年版，第590页。

[4]《与申敬中》："有闻辄发，不必可行，是言官故事。在相国宜益礼厚魏君。"《汤显祖全集》卷四十四，北京古籍出版社1999年版，第1286页。

第十章　观政礼部

在明代，进士中式后不再立即全部实授官职，除一甲三人直接授予翰林院修撰和编修，二、三甲大部分实授到地方任知县、推官，余下留京进士分拨到六部、都察院、大理寺和通政司等中央最高一级的文政行政机构进行岗前实习，名之曰"观政"。这是朱元璋鉴于前代进士多名不副实，办事能力差的弊端而进行的一项科举改革。新科进士通过观政，缩短由读书、考试到做官行政的差距，增加法律素养，提高做官行政的实际能力。

为了培养高级官员并在年龄结构上趋向年轻化，对这些留京观政进士分拨到各衙门办事后，还要从中选拔少数年轻而才华出众者入翰林院任庶吉士，称为"馆选"（相当于现今中国社会科学院的博士后）。馆选形式有两种：一是由皇帝指定；二是考选。参加考选的进士应将"各录其平日所作文字，如论、策、诗、赋、序、记之类，限十五篇以上，于一月之内赴礼部呈献。礼部阅试讫，编号封送翰林院，考订其中辞藻文理，有可取者按号行取"。三年学成后举行考试，成绩优良者分别授以编修、检讨等职；其余则为给事中、御史。翰林院为明代政府储材机构，地位显赫。特别是自英宗后成惯例："非进士不入翰林，非翰林不入内阁。"明代相辅一百七十余人，由翰林院出身的占十分之九。"庶吉士始进之时，已群目是储相"，馆选庶吉士就有望平步青云，成为内阁高官。

汤显祖中式后留京观政。他是中式进士中才智过人的佼佼者，且也年轻，正是"馆选"对象。新上台的张四维、申时行也想把他招致门下，还叫他们的儿子张甲征、申用懋、申用嘉去和汤显祖结交，并以"馆选"作利诱。可以想象他那孤贞介洁的秉性，当年张居正许他头名状元都不买账，现在怎么可能为得到一名庶吉士而去做张、申的附庸？婉言谢绝是汤显祖的必然选择。

选拔庶吉士的馆试在五月举行，在这之前各房考官可推荐人选。翰林院编修冯梦祯问沈自邠："门下可有优于汤显祖的人选？"沈自邠答道："汤生虽才智出众，但骨相无福，不如徐闻邓生（宗龄）[①]，年纪弱冠，却有官拜首辅之相。"汤显祖听此言，对沈自邠不仅没有心生怨隙，还赞扬沈自邠有知人之明，说自己做个县官以自隐，进而能做到郎令便满足了，不敢重累师门。后来汤显祖与沈自邠共宴，沈自邠为汤显祖而惋惜："以你的才能，为何到现在才中个三甲进士？为何不把握良机，力求上进？你这样似进似退，是何缘故？"汤显祖为感谢沈自邠的训勉之情，并表达自己的心意，特作《酬心赋》答之。"酬心"者，"酬"沈师对其人格的评鉴而倾诉心声也。

作为考官的沈自邠，他为汤显祖有条件、有机遇而不去把握感到惋惜，这是很自然的。他解不开汤显祖的心思，只有用"骨相凉薄"做解释。是啊，早在青年时代，汤显祖思想、生活和性情上的一些矛盾现象连少年挚友谢廷谅都感到"有所解，有所未解"。再从他对余有丁和余懋学二师所表达的仕进态度，"若进若退"的矛盾展露得更加无遗。

余有丁是汤显祖万历二年（1574）和万历四年（1576）二度游学南京国子监时的祭酒（校长）。万历六年（1578）三月，余始任詹事府少詹事兼翰林院侍读学士，这是个为皇帝及太子讲读经史的官，人称"储相"，受人膜拜为"亚圣人"，加官晋爵，指日可待。此时的汤显祖，因上科拒首辅张居正结纳而落第，只得二次游学南京国子监。可他不仅不去利用师生关系摆脱科场困境，还在给余有丁诗中说，国子监虽是迈入仕途产生贤士之地，可我宁愿做当代一闲人："白是贤关弟子，宁为圣代闲人"，并在诗中表示："宁栖珠树枝，宁食玉山薇"，"雪白自本性，云清无俗娱"（《寄奉学士余公》）。

但他对余懋学则充满了师生情谊和信赖。余懋学（1539—1599）字行之，号中宇，江西婺源县人。他没有当过汤显祖的老师，只是他隆庆二年（1568）中进士后次年授江西抚州府推官（相当于地方中级法院院长）。隆庆四年（1570）汤中了江西第八名举人，一时才名鹊起，余正在抚州推官任内。余懋学很看重汤显祖的才华，视他有"异识"。万历元年（1573）余懋学升南京户部科给事中。两年后，因上书陈五议，忤权相张居正，被罢斥为民。家居八载后，到万历十年（1582）张居正死，才官复原职，次年擢南京尚宝司乡奉直督理黄册，后官至南京刑部尚书。而汤显祖也因张居正死去，次年就中了进士。新任首辅申时行，通过他儿子与汤显祖是同年进士的关系，试图拉汤为幕僚，并答应选拔他为庶吉士，汤一概拒绝，后被分送到京城礼部观政。余懋学复官后，即给汤显祖去了一信，关心问到汤显祖的仕途志向。汤显祖敞开心扉向余谈了自己的政治抱负：

> 观察言色，发药良中。某颇有区区之略，可以变化天下。恨不见吾师言之，言之又似迂者然，今之世卒卒不可得行。惟吾师此时宜益以直道绳引上下，万无以前名自喜。弟子不胜为国翘祝。
> ——《汤显祖全集》卷四十四《答余中宇先生》

这封信，徐朔方先生笺注为："余中宇名有丁。万历四年，汤显祖游学南京太学，有丁官祭酒。"北京语言大学吴书荫教授在《汤显祖交游和诗文创作年代考略》一文中做了纠正："余有丁号同麓，从来都未用中宇为号，'中宇'乃汤显祖老师余懋学之号，见《南垣论世考》卷九。"在信中，汤显祖以医国良医自诩，说自己有治世药方，略施招数就可以改变天下，可"今之世卒卒不可得行"，希望师长余懋学提携他："宜益以直道绳引上下，万无以前名自喜。弟子不胜为国翘祝。"

在《负负吟》诗中，虽然汤将余有丁和余懋学同列为一生知遇未报的"先觉"，但对二人的态度为何截然不同？"道不同不相与谋"，因为汤在政治上本不属余有丁圈子中。嘉靖四十一年（1562），余有丁和申时行、王锡爵是同科一甲同榜，申时行状元、王锡爵榜眼、余有丁探花，且同居内阁，相无嫌猜，明朝二百多年以来，唯此一科而已。他们在政治上是"铁三角"。余有丁入阁也是首辅张居正逝世前的推荐。汤显祖后来在南京礼部主事任上疏劾申时行，并涉及王锡爵，"铁三角"只留情于余有丁。难怪汤在《寄奉学士余公》中高唱："宁栖珠树枝，宁食玉山薇"，"雪白自本性，云清无俗娱"，你是我的校长我也不投靠你，保持"余方木强，无柔曼之骨"。余懋学和汤显祖都是有风骨的人，都因忤逆张居正而受到迫害。汤显祖一生的"无柔曼之骨"与"可以变化天下"壮心之矛盾的痛苦于斯概见！

饶仑中进士后就授顺德府的推官。汤显祖依依惜别送他离京上任。观政进士在朝廷各衙门的"观政"时间，始于他们中式向皇上谢恩后的第五天。时间长短不一，最短是三个月，多数逾年以上。汤显祖三月二十日到礼部报到。从这天开始，他就享受着八品官的米禄，穿戴着"青袍角带"出入礼部办事。观政进士是观政而不是行政，不能签署公文，没有实职实权，没有决策权，但已取得了做官的资格，有议论朝政的权利，可以奏议政事，对朝廷政事可以发表自己的意见。然而观政制度到了万历年间已徒有虚名，嬉笑畅谈、无事可干、借病探亲扫墓返乡闲游，或凭家族势力借公务出差游玩的现象已不为鲜。

这时的礼部仪制司主事是刚从青浦知县擢升的屠隆。去年十二月十五日他来京参加吏部的外察（明代对地方官的考核），结果以治行高等得以迁升此职。屠隆和沈懋学为万历五年（1577）同年进士，后结为儿女姻亲，对当年汤显祖因拒绝张居正的笼络而名落孙山的个中原因十分清楚。他倾慕汤显祖的文才与气节，且神交已久，现他来到礼部观政，屠当然是非常高兴，有诗《赠汤义仍进士》一首，表达了他与汤显祖一见如故，志趣相投的情怀：

> 夫君操大雅，负气亦磷磷。
> 风期窃相似，终惭玉与珉。
> 同为兰省客，当前讵无因。
> 胸怀久不吐，宛转如车轮。
> 丈夫一言合，何为复逡巡。
> 愿奉盘匜往，投醪饮酦醇。
> 青云倘提挈，勉旃千秋人。

——《白榆集》卷三

屠隆盛赞汤显祖为人刚正，傲骨嶙峋，才华似美玉，自己只是似玉的美石，现在同僚共事，可尽诉肺腑之言，有酒逢知己千杯少之感。

"仕路乃毒蛇聚会之地"，京官更难做。屠隆到了礼部，对朝政变幻、人事更迭有了清醒的认识：

> 长安人事，如置弈然，风云变幻，自起自灭，是非人我山高矣。
> ——《白榆集》卷九《与元美先生》

他甚至视官署为僧舍，身穿朝衣，心在烟壑：

> 沉水一炉，丹经一卷，日生尘外之想。
> ——《白榆集》卷九《答李惟寅》

作为一位试职京官的汤显祖，"贤人长者"们对他多有督醒，如不宜对人直肠谈吐，不要议人长短是非，就是论文谈诗也应小心……在这短短的三个月里，他感到那些号称"贤人"的长者并没有什么了不起的，远不能与罗汝芳、达观等人相比。他不愿和他们多打交道，只想关门保持自己的风骨：

> 成进士，观政长安，见时俗所号贤人长者，其屈伸进退，大略可知。而嘿数以前交游，俊趣之士，亦复游衍判涣，无有根底。不如掩门自贞。
> ——《汤显祖全集》卷四十四《答管东溟》

既然对政界人物表示鄙夷，见识了一下政界也就是那么回事，此时的汤显祖情不知所起，爱上了一个花样年华的少女傅氏。傅氏是良家少女，父亲叫傅淳，是个道德高尚的人。母亲姓萧，北京人。汤显祖沉浸在"归家少妇迎门问，妆阁帘闲燕可飞"的爱情生活中。

到六月二十日，观政三个月期满就可正式授官，但由于等待选授官职的进士很多，往往要拖上一年或更长时间继续观政。汤显祖既"大略可知"了官场的"屈伸进退",他不愿期满后还在这"观政"行列排队候任,在《和答帅思南》诗中说:"具道故人能风举,那知郎吏欲鸡栖",即认识到仕途的前景不如帅机想象的那么好,表示将变被动为主动,自请一个闲职。因而他在观政期间就向吏部要求到南京任太常寺博士。他这一要求在甲申年(万历十二年,1584)季秋前得到吏部批准。

朝中的政治形势由于张居正的死去而发生急剧的变化。因他生前实行独裁统治,遭受排挤打击的不同政见者,在他死后还不到两年陆续回到了京城。刘台是遭受张居正迫害并死得很惨的一个。御史江东之一回到京城首先就站出来为刘台申冤。那些在不同程度上受过张居正打击、迫害的言官们都一起弹劾张居正,同时还剪除他的党羽和爪牙。在言官们联合攻击之下,张居正在万历十一年(1583)三月被夺去了官阶。这时汤显祖正在北京参加春试,一得知这样一个消息,想起当初此人不可一世的风光,现大势已去,即兴写下《即事》诗一首,感叹:"却叹江陵浪花蕊,一时开放等闲消!"第二年四月,神宗又下旨没收了张居正的全部家产。八月又把张居正的罪状张榜公布天下,并抄了他的家。长子张敬修被迫自杀,弟张居易、次子张懋修都充军烟瘴之地。显赫一时的首辅,最后终于落得个家破人亡的下场。

[注释]

① 邓生,即徐闻西洋村人邓宗龄。生于明嘉靖三十七年(1558),万历四年(1576)举人,万历十一年(1583)朱国祚榜进士登第,并通过殿试优选为翰林院庶吉士,补检讨。

卷三

宦海沉浮

第十一章　迫郁留都

一、赴任太常博士

南京，古称金陵，乃六朝之古都。它背靠钟山，面临长江，龙盘虎踞，自古为我国东南的形胜之地。朱元璋渡江进驻后改称应天府，称帝后定为京师，即临时的首都而不是正式国都。这是因为朱元璋认为，历史上凡将南京建为国都的朝代都气数不久，加上地偏江南，不是一统王朝的理想建都之地。定南京为京师后，虽实现了政治与经济中心的合一，但军事上"终不能控制西北"。到明成祖朱棣夺取皇位后，"承运兴王之地，宜遵太祖高皇帝中都之制"，立北平为京都，南京为陪都。陪都保持着一套完整的中央机构，但同样机构的人数和职权南京比北京小得多。出仕南京的官员多是不受重用、受排挤或得罪了朝中权臣而受到的冷处理。汤显祖"自请南博士"并非甘沉下僚，是想以退为进作出的考量。

万历十二年（1584）的孟秋时节，汤显祖携带新婚燕尔的傅氏夫人离京前往南京。

从北京到南京最方便的是走大运河水路。河北省东光县驿站是出入京城官员的必经之地，当年刘台革职出京也经过这里。汤显祖去南京也要在这里歇息，但见驿站墙壁上题满了为刘台鸣冤的诗作。汤显祖读着满壁诗作不觉好笑，心想：当年刘台革职时为何没有人写下这些诉冤诗？现在张居正人死官夺,刘台得以冤案昭雪,恢复了职务,就有这么多人出来写诗为刘台鸣冤,无非想博取一个正义美名。于是汤显祖也题上一首,进行讥讽:

> 江陵罢事刘郎出,冠盖悲伤并一时。
> 为问辽阳严谴日,几人曾作送行诗?
> ——《汤显祖全集》卷七《甲申见递北驿寺诗,多为故刘侍御台发愤者,附题其后》

汤显祖的诗撕破了这些诗作者的虚伪嘴脸。此后,再没有人在驿壁上作鸣冤诗了。

本年季秋初十日,汤显祖正式到南京就任太常寺博士一职。上任后第三天就去到国子监拜孔子。这是他万历四年(1576)至万历八年(1580)中第三度游学的学府。眼下国子监依旧,而人事却变迁了。当年的老师高升的已到京城做了阁老,如余有丁、张位;倒运的如戴洵因与张居正关系不好,被人借游宴太多进行弹劾而辞职回了奉化老家。现在旧地重游,想起戴洵,感叹"如此风流自可人,礼法之人闲见嗔"。当年在礼部任精膳司郎中的帅机,也改官去了贵州思南任知府。他乡无故知,不能在一块喝酒赋诗和谈笑,好不令他惆怅,有诗述怀:

> 佳人迟暮思何其,直是郎潜世不知。
> 世路未嫌千日酒,才情偏爱六朝诗。
> 入门便坐从炊黍,上榻横眠听解颐。
> 独怪过江愁欲死,眼前秋蟹要人持。
> ——《汤显祖全集》卷七《初入秣陵不见帅生,有怀太学时作》

太常寺掌管宗庙礼仪祭祀,十分闲散,办公地蛛网密布、灰尘满地,上下午只要到衙门点个卯:"印床高阁网尘纱,日听喧蜂两度衙。"汤显祖在初来的半年时间里,常与天妃宫的玉女、神乐观的道士谈佛论经,打发时光。一有时间就骑着一头跛蹇驽弱的驴子,不是去燕子矶俯瞰江水,就是到秦淮河畔观灯醉酒；不是去莫愁湖高歌长啸，就是到雨花台、木末亭、乌榜村、长干里放飞心情。他游遍了南京的山山水水，所游之处，诗兴很浓，必有题咏，写了不少观游诗作。由于他的才名很大，诗写出来以后，南京人争相传抄，使得一时纸贵。初来南京过得闲散寂寞，他还利用闲暇时间，常关门读书到深夜。家院对他这么用功读书都有点不理解，曾笑着问汤显祖说："老博士，你的学问这么渊博，为何还这么用功读书呀？"汤显祖回答说："我读我的书，不问博士不博士啊！"汤显祖把南京神乐观的道书都快读完了，那里的书大都经他亲手点校。

汤显祖上任后的第二年，将在老家临川的结发妻子吴夫人迎来。但吴夫人身体很不好，在南京和汤显祖生活了几个月，病情加重，内热不退，到十二月，便思归。汤显祖送她到清河。吴氏自知活不长久，此去将成永别，这时回想嫁到汤家后，开心日子少，不开心日子多。在分别之际，她伤感地说："我是活不久的人了！这一生令我开怀而喜的事有四五次。一是结婚，二是生了士蘧、大耆两个男孩，再就是报你中举与中进士两捷音，其余过的多是不开心的日子。"①说后两人掩袂而别。吴夫人的不幸，正如她自己所料，回到临川约一年即万历十三年（1585）十二月初十日，病魔便夺去了她年仅32岁的生命。

就在汤显祖到南京后不到三个月，屠隆被刑部主事俞显卿告发而削去了职务。屠隆为人豪放，纵情诗酒，不仅精通音律，爱好戏曲，而且能登台表演。到北京礼部后与西宁侯宋世恩一家私交密切。宋也是个音乐与戏曲的爱好者，两家人举行家庭宴会有时不分男女而坐。宋夫人也是个懂音律的人，一次看屠隆演戏，宋夫人使女佣把泡好的茗茶送去慰劳。这件事在外界就传开了，说屠隆与宋夫人有暧昧关系。原来这俞显卿是青浦县人，当他还是举人时，屠隆任该县知县。一次俞显卿因私事去拜访屠隆，希望给予关照。屠隆态度冷淡，没有买账，令俞感到羞耻。俞中进士后授北京刑部主事，刚上任不久风闻此事便"挟仇诬陷"，指控屠隆与西宁侯宋世恩"淫纵"。朝廷对此事的处理采取各打五十板，削了屠隆与俞显卿的职务，罚宋世恩停薪半年，还牵连礼部尚书陈经邦也受到处分。朋友们对此事大多都持否定态度而同情屠隆。朝野上下都认为俞显卿此人奸险卑鄙，相比之下，受害的屠隆倒添了几分光彩。屠隆离京时,观察使顾益卿追送至报国寺,"相与剧谈,沉酣达旦,平明别去"。汤显祖知道此事对屠隆深表同情,不仅写信进行安慰,还作诗赞赏他坦荡洒脱的胸怀:

> 赤水之珠屠长卿,风波宕跌还乡里。
> 岂有妖姬解写姿,岂有狡童解咏诗?
> 机边折齿宁妨秽,画里挑心是绝痴。
> 古来才子多娇纵,直取歌篇足弹诵。
> 情知宋玉有微词,不道相如为侍从。
> ——《汤显祖全集》卷七《怀戴四明先生并问屠长卿》

政界的风浪总是一波未平一波又起,就在汤显祖除授南京太常寺博士的这年,京城里的一些言官为科场弊端和新任首辅申时行又闹起来了。御史丁此吕揭发兵部员外郎嵇应科、山西提学副使陆樆、河南参政戴光启为乡试考官时,参与了对张居正的儿子嗣修、懋修、敬修考乡试的舞弊;揭发了礼部侍郎何雒文曾替嗣修、懋修代写过殿试策(对答策题的试卷);还提到万历七年(1579)礼部侍郎高启愚主考南京乡试时,竟出了个《舜亦以命禹》的试题,意为皇位应属于有德者,应当像舜对禹那样,实行禅让,也就是劝进张居正当皇帝。时不到五年,高启愚便由詹事府所属的六品官中允,破格高升到正三品礼部侍郎。

丁此吕这下不仅要了高启愚的老命,还伤及了申时行。原来申时行长子申用懋,万历十一年(1583)中第二甲进士在相当程度上是靠父亲的权势。御史魏允贞曾有上疏揭露。神宗看在申时行是老师的份上,没有追究。因此,当丁此吕起来揭发科场弊案,申时行便做贼心虚,怕涉及自己的儿子,便说丁此吕的奏疏是"以这种问题陷人于死罪,臣恐谗言接踵而至,不是清明王朝所应有的",并授意吏部尚书杨巍针对丁此吕进行反驳。杨巍在疏中极力为高启愚辩护说:"像舜传位给禹,那是帝王相传之道,说这是禅让继位不知出自哪家注疏?"建议将丁此吕贬出京师,神宗采纳。这下可惹怒了众言官,给事中王士性、御史李植等纷纷上疏弹劾杨巍呵护申时行,蔽塞言路。神宗又觉得言官们讲得有道理，诏令罢免高启愚，丁此吕留任。申时行见状，遂与杨巍一同上疏辞官，内阁大臣官官相护跟着上疏辞官向神宗施加压力。神宗需要留申时行，只有维持原判，贬丁此吕出京。申时行还奏请按情节轻重惩治众言官。这样，言官们与阁臣更加对立，以申时行为首的阁臣与言官的争斗严重败坏了万历朝的政治。从此申时行的名声也越来越坏。

这场斗争，丁此吕是正义的。汤显祖为丁此吕受贬出京深表同情，感叹当前的政治局势不容澄清是非曲直。"飘飘欲羡茂陵人，郁郁自怜金马客。"（《答王恒叔给事忆丁邹二君》）感叹自己身居太常博士的闲职，不能为朋友及时进谏辩冤而难受。

闲散的太常博士生活过了一年。第二年，在北京吏部任文选郎的司汝霖来信，劝汤显祖只要改改他那执拗的脾气，与当朝执政高官多疏通，加上他一旁相帮，便有望提拔到吏部为官。司汝霖原叫张汝济，湖北江陵人，隆庆二年（1568）中进士后任临川县知县。汤显祖中举人恰在他的任内，那时这种关系也称作师生关系。司汝霖是个乐意提携人才的人，他出于对汤显祖才学的赏识，认为他在官场应有更大作为。吏部之官是掌握官吏进退的肥缺，多少人求之不得。对这件事，汤显祖虽感激师长美意，然而他深知："凤乘于风，龙乘于云，仕宦乘于时"（《与司吏部》），他于礼部观政时对朝中形势和京官的面目已见识过了，深感现在不是出仕京官的时机。他仿照嵇康《与山巨源绝交书》的语气，给司汝霖写了封回信，像拉家常一样列出了五条不能北上的原因：一是路远挂念父母，从南京回家，顺风五天就可到达，每月可接到来回家书，若到北京三个月才能收到家中来信；二是夫人吴氏刚过世，留下孩子一个八岁，一个六岁，全要自己操心，在京公务忙，哪有时间照料；三是就算授个六品郎官，一年薪俸不过四万文，但在北京房租、伙食、雇佣人，还要养马作交通工具，费用加起来不下七万，哪够生活；四是自己体弱多病，京官公务多，有时忙得连饭都顾不上吃，自己身体吃不消；五是北方天气冷，风沙大，气候不适应。汤显祖说他不能离开南京，像鱼儿离不开水。

这五条表面看确是客观原因，但实际情况并不完全如此。要汤显祖改掉那耿介秉性去打通政府关节，他怎么能干？如果他能够干这样的事，当初怎会先后拒绝张居正和申时行的笼络？再说现任的吏部尚书杨巍，过去曾一味为张居正辩护，向申时行献媚，是造成丁此吕、李植、江东之等正直言官遭贬的始作俑者之一，像这样的人汤显祖又岂愿与他共事？汤显祖在信的最后这样说：

> 况夫迩中轴者，不必尽人之才；游闲外者，未足定人之短。长安道上，大有其人，无假于仆。此直可为知者道也。
> ——《汤显祖全集》卷四十四《与司吏部》

他认为，京城人才济济，未必能人尽其才；而在地方府衙之间，人才或缺，也许更有用武之地。与其入京受制于人，不若在留都有一方属于自己的天地。最后明确表示：人各有志，我以淡泊心态处世，不刻意追求，顺其自然，希望司吏部原谅他的狂妄无知，理解与成全他的特立独行的人格风范：

> 人各有章，偃仰澹淡历落隐映者，此亦鄙人之章也。惟明公哀怜，成其狂斐。
> ——同上

从这里也可看出汤显祖之所以自请南京太常博士闲职的内心考量。

二、批判拟古"后七子"

留都文人荟萃，官场虽很清闲，但文坛上"复古"与"反复古"两种思潮弥漫着战火硝烟。汤显祖到了南京不久，就和复古派"后七子"王世贞等对着干起来了。

自弘治末年（约 1499—1505），李梦阳、何景明为首的"前七子"，提出了"文必秦汉，诗必盛唐"的口号后，到嘉靖、万历年间，由于社会矛盾进一步尖锐复杂，以李攀龙、王世贞为首的"后七子"再次打起了"复古"的旗帜，把复古运动推向新的高潮。前后七子都极力推崇先秦西汉散文，汉魏古诗和盛唐的近体诗。他们认为这些东西完美无缺，以后诗文则一代不如一代。在创作上，他们把这些诗文作为模板，要求作文写诗就像写字"临摹帖"那样，临摹得越像越好。在这种文学主张的影响下，作品一味模仿、剽窃，内容空洞，言辞古奥，成为散发霉气的"假古董"。一时间，有前五子、后五子、广五子、续五子、末五子之类为复古思潮推波助澜。其中王世贞不仅有文学才能，而且身势显赫。万历十一年（1583），他以应天府尹的身份赴南京，后任刑部侍郎、尚书。他把持的文坛，士大夫趋之若鹜。许多骚人、隐士还有和尚和道士们奔走在他的门下，都想得到这位文坛盟主几句褒赏的话来抬高自己的身价。当王世贞、李攀龙横扫文坛，"所不能包者两人：顾伟之徐文长，小锐之汤若士也"（虞淳熙《徐文长集·序》），他二人我行我素，对文坛复古主义进行了批判。

徐渭，字文长，大汤显祖29岁，是一位有"异端"思想的"奇人"。他九赴科场，九次落第，三次从军，二度出家，击毙继妻，牢狱六年，一生潦倒，终身布衣。他有"奇才"，诗、书、画、戏曲、文论无不精通，尤以画的成就最高。他主张诗歌创作"本乎情"，出于自得，避免肖似他人；若没有自得，"徒事模拟"，即使模拟得"极工逼肖"，也不过是"鸟之为人言"。

汤显祖在文学上早就有他的主见和独特认识，不随波逐流。万历五年（1577）落第回到临川，他写的抒发自己思想情怀的诗，便不为复古派文学主张所局限，从六朝文学和汉魏《文选》等古代优秀文学遗产中，吸收有价值的东西，独辟蹊径闯一条自己的创作新路。诗集《问棘邮草》的诗就是这种革新创作的成果。

汤显祖的文学思想和旨趣与王世贞辈大相径庭，可他们又是南都的同僚。那时王世贞家里游宴不断，汤显祖也接到过王世贞的游宴请柬，但他却从不应邀。在汤显祖出仕南京的第三个年头，王世贞的弟弟王世懋从福建布政司左参政升为南京太常寺少卿，成了汤显祖的顶头上司。当太常寺举行公宴时，他兄弟俩作诗唱和，汤显祖从不酬答他们的诗篇，有意与王氏兄弟保持距离。汤显祖写信给朋友说："无与北地诸君接逐之意，北地诸君亦何足接逐也。"更有趣的是，汤显祖为揭露文学复古派的真面貌，还约了几个友人把李梦阳、李攀龙、王世贞的诗文当成砧板上的肉，拿来解剖，画出他们诗文中模拟、剽窃汉史唐诗的字句之处。王世贞知道后，也无可奈何，只得愤愤地说："汤生标涂吾文，异时亦有涂汤文者。"

屠隆知道这一情况，曾于万历十六年（1588）给汤显祖去了一千多字的长信，劝他不要与王氏兄弟关系搞得太僵。信中有一段说：

> 两贤同栖政，不妨朝夕把臂。四海名不易得，若元美者，词林宿将，皮骨即差老弱，犹堪开五石弓，先登陷阵，愿足下无易廉将军。
> ——《栖真馆集》卷十六《与汤义仍奉常》

屠隆虽是汤显祖声气相投的好友，但在文学主张上倾向拟古派，是"末五子"之一。他的劝言触及汤显祖的人生价值取向，不仅没有奏效，反而惹得汤氏心中不快。收信后，汤显祖只给了寥寥八个字的回信："长相思，加餐饭，足矣。"委婉批评了屠隆多管闲事。

汤显祖虽与李贽、徐渭始终没有见过面，但同属王学左派思想根基，在反对复古主义中灵犀相通，彼此呼应。特别是徐渭，汤显祖与他有书信与诗文的交往。徐渭是当时文坛的老将。万历八年（1580）汤显祖在南京国子监读书时，曾把在临川刻印好的《问棘邮草》寄给徐渭以求评点。到万历十八年（1590），徐渭客居北京，才辗转收到显祖的这部诗集。徐渭对《问棘邮草》边读边评点，不时点头称"妙"，盛赞"真奇才，平生不多见"，"是六朝而无六朝之套，自出新奇，多异少同"，"五言诗大约三谢二陆作也"，即认为诗虽带有浮艳的六朝文风，但不拟古，独树一帜。徐渭最欣赏的有《别沈君典》《老将行》《郁金谣》等几首，称："无句不妙，无字不妙。""妙绝古今，摩诘敢望后尘耶！""妙不可言，此贺郎锦囊中之绝佳者。"徐渭读后感而赋诗云：

> 兰苕翡翠逐时鸣，谁解钧天响洞庭？
> 鼓瑟定应遭客骂，执鞭今始慰生平。
> 即收《吕览》千金市，直换咸阳许座城。

无限龙门蚕室泪，难偕书札报任卿。

——《徐文长集》卷七《读问棘堂集拟寄汤君》

并托去临川的客人，捎去自己的作品两种、湘管四支及书信一通云："某于客所读《问棘堂集》，自谓平生所未尝见，便作诗一首以道此怀，藏此久矣。顷值客有道出尊乡者，遂托以尘，兼呈鄙刻二种，用替倾盖之谈。……"（《与汤义仍》）

"执鞭今始慰生平"一句，表达了徐对文坛有了汤显祖这样志在创新的新秀而高兴。徐渭视汤显祖为反拟古派后七子的盟友而遥相呼应。徐渭的《渔乐图》题下原注："都不记创于谁。近见汤君显祖，慕而学之。"学什么呢？原来汤显祖的《问棘邮草》中有首《芳草》诗，用字创新，一个"芳"字重复出现23次，徐渭"慕而学之"作《渔乐图》诗，一个"新"字重复出现29次。汤显祖和徐渭，他们互相赞赏。汤显祖赞扬徐渭"《四声猿》乃词场飞将，辄为之唱演数通。安得生致文长，自拔其舌！"后来显祖在南京为官，还给徐渭寄去一诗云：

百渔咏罢首重回，小景西征次第开。
更乞天池半坳水，将公无死或能来？

——《汤显祖全集》卷十《秣陵寄徐天池渭》

诗表达了期望能够见到徐渭的倾慕之情。直到徐文长去世后，汤显祖还拜托山阴县令余懋孳（字瑶圃，汤显祖老师余懋学之弟）关照他的后人。然这两个超逸不羁、才华卓绝的曲坛双璧，终未如愿会面，仅是神交。

汤显祖不只在创作实践中不拟古，另走自己的创作道路，还从理论上公开与拟古派唱反调。拟古派笼罩的文坛下，只准他人附和，如果谁不附和，就被讥讽为"宋学"。可汤显祖则公开站出来，声称明代文学应以宋濂为宗，李梦阳以下至王世贞都是一纸假文：

我朝文字，宋学士而止。方逊志已弱，李梦阳而下，至琅邪，气力强弱巨细不同，等赝文尔。

——《汤显祖全集》卷四十七《答张梦泽》

李攀龙"谓文自西京，诗自天宝而下，俱无足观"（《明史·李攀龙传》），汤显祖则认为，诗文创作模拟别人是没有出息的。他讥讽李梦阳、李攀龙、王世贞这些人的诗文模拟《史记》《汉书》和唐诗，可是又超过不了他们，真是"画虎不成反类犬"：

弟少年无识，尝与友人论文，以为汉宋文章，各极其趣者，非可易而学也。学宋文不成，不失类鹜；学汉文不成，不止不成虎也。

——《汤显祖全集》卷四十四《答王澹生》

汤显祖还讥讽那些拟古派成员都是些知古不知今，知彼不知己的"拘儒先生"。他们只知步法秦汉，仿效盛唐，步趋形似，没有一点灵气。像苏子瞻画枯竹，绝异古今，米南宫父子山水人物不多用意，绝不是拟古派先生们能有的胆量。他们只有泥守，没有创新，在绳墨之间混来混去：

世间惟拘儒老生不可与言文。耳多未闻，目多未见。而出其鄙委牵拘之识，相天下文章。宁复有文章乎。予谓文章之妙不在步趋形似之间。自然灵气，恍惚而来，不思而至。怪怪奇奇，莫可名状。非物寻常得以合之。苏子瞻画枯株竹石，绝异古今画格。乃愈奇妙。若以画格程之，几不入格。米家山水人物，不多用意。略施数笔，形像宛然。正使有意为之，亦复不佳。故夫笔墨小技，可以入神而证圣。自非通人，谁与解此。

——《汤显祖全集》卷三十二《合奇序》

汤显祖提倡文章要有"生气"，文人要有"奇士"：

天下文章所以有生气者，全在奇士。士奇则心灵，心灵则能飞动，能飞动则下上天地，来去古今，可以屈伸长短生灭如意，如意则可以无所不如。

——《汤显祖全集》卷三十二《序丘毛伯稿》

提倡文章要有"灵气""生气""心灵"，概括起来就是"性灵说"：

嗟，谁谓文无体耶。观物之动者，自龙至极微，莫不有体。文之大小类是。独有灵性者自为龙耳。

——《汤显祖全集》卷三十二《张元长嘘云轩文字序》

这种文学主张，汤显祖不仅身体力行用来诗文创作，还融会贯通在戏曲创作中。贺贻孙在《激书》卷二"涤习"条中有则故事说：相传吉水黄君辅作时文久未见成就，求教汤显祖。汤显祖看了他的时文，便抛在地下，说："汝不足教也。汝笔无锋刃，墨无烟云，砚无波涛，纸无香泽，四友不灵，虽勤无益也。"后来汤显祖把《牡丹亭》给黄君辅，"君辅闭户展玩，久之，见其藻思绮合，丽情葩发，即啼即笑，即幻即真"。他懂得"先生教我文章变化在于是矣"，终于顿开茅塞。从此他文思泉涌，再写时文呈给汤显祖，汤显祖高兴地说："汝文成矣，锋刃具矣，烟云生矣，波涛动矣，香泽渥矣，畴昔臭恶化芳鲜矣"，回家以后，便考中了举人，成为吉州名士。

这则故事是说汤显祖对前来请教作时文者，要求像写戏曲那样要有"性灵"。所谓的"笔有锋刃，墨有烟云，砚有波涛，纸有香泽"便是他所倡导的"性灵说"的要求。汤显祖的"性灵说"对公安派有直接的影响。当汤显祖对拟古派进行批判时，袁宏道还只是个不满20岁的无名少年。万历二十三年（1595），汤显祖上计在京，会见了袁宏道三兄弟。第二年，袁宏道提出了"独抒性灵，不拘格套"的口号。钱谦益论到晚明文学批评有言：

万历中年，王（世贞）、李（攀龙）之举盛行……文长、义仍，崭然有异，沉痼滋蔓，未克芟剃。中郎以通明之资，学禅于李龙湖（贽），读书论诗，横说竖说，心眼明而胆力放，于是乃昌言击排，大放厥辞。

——《列朝诗集小传·袁稽勋宏道》

可见，晚明文坛批判拟古派"后七子"的斗争，汤显祖、徐渭和李贽都称得上是"公安派"的先驱。

三、"痴情"格"权"《紫钗记》

在文学上，汤显祖按自己的主张独立而行，不把复古派王世贞、王世懋兄弟放在眼里，屠隆的劝解也无济于事，招来王氏兄弟的忌恨。王氏兄弟虽在文学上拿汤显祖没有办法，但他们身世显赫，兄是刑部右侍郎（副部长），三品官；弟是太常少卿（太常寺副长官），"吏长部"人物，官四品，汤显祖的顶头上司。王世懋出于报复，用"吏长部"权力发号施令禁止了《紫箫记》的刊行。这样做，汤显祖当然不服，促使他趁在太常寺"多有闲暇"，把《紫箫记》"更为删润"。他这一意图得到少年时代的朋友姜耀先的支持，姜劝勉他干脆把原稿废弃，全部重新改写。

万历十四年（1586）八月，宣城的文友梅禹金带着他的传奇新作《玉合记》来找汤显祖作序。该剧也是根据唐传奇小说改编，写诗人韩翃妻柳氏为番将沙吒利所夺，经虞候许俊将柳接回和韩翃重圆的故事。汤显祖阅后，感到在曲词、宾白方面和他的《紫箫记》一样，过于艳丽，但在结构上较为紧凑，不像《紫箫记》一样芜蔓庞杂，也没有像《紫箫记》一样含什么"讥托"。汤显祖认为，戏曲像《玉合记》这样"传事而止"，不赋"讥托"可能更能流传下去。在改作中，汤显祖把这些问题考虑了进去。

留都南京，由于政治、经济和文化的巨大资源优势，在戏曲活动中成了全国的中心，不少本地与寓居南京有才华的文人都加入剧本创作中。在这样的文化氛围中，汤显祖于万历十五年（1587）取出"红泉旧本"《紫箫记》，进行"标题玉茗新词"的改作。此剧在南京已脱稿，更名为《紫钗记》。改作后的剧情梗概是：

唐代才子李益流寓长安，元宵夜去长安街赏灯，拾得霍小玉挂落在梅树上的紫玉钗，遂以此钗托媒求婚。婚后，李益赴洛阳应试，中得状元。因未参拜"霸掌朝纲"的卢太尉被荐去塞外任参军。边关立功后，又被卢胁迫欲招为婿，被软禁在卢府，不得归家。小玉对李益一片痴情，相思成疾，并耗尽家财，寻找他的下落。因生活拮据，小玉不得已典卖紫玉钗，却被卢府购得。卢太尉借此为凭，向李益谎称小玉已改嫁，以间离玉、益夫妻之情。有"暗通官掖"的豪侠之士黄衣客，闻知此事，拔刀相助，命胡奴以骏马将李挟持到"恹恹成病"的小玉处。小玉抱病出见，始知事情真相，且卢太尉恶行得到揭发。小玉与李益终夫妻剑合钗圆。

汤显祖在《紫钗记·题词》中交代了当初改作意图及对剧本几个主要人物所下的笔墨："名《紫钗》，中有紫玉钗也。霍小玉能作有情痴，黄衣客能作无名豪。余人微各有致。第如李生者，何足道。"这就是说，改剧名为《紫钗记》，紫玉钗成为关合全剧的契机，从插钗—坠钗—谋钗—卖钗—收钗—剑合钗圆，处处不离紫玉钗这一中心道具，删掉了《紫箫记》中的花卿、郭小侯、尚子毗等多余人物，让情节线围绕霍小玉、李益的爱情主轴而展开。另外还剔除了"旧本"中以自己与文友们寻花问柳、轻歌曼舞的淫靡生活为素材的游戏笔墨，集中笔力描叙两位男女主角为爱情不畏强权的坚贞美好情操。这是汤显祖考虑了帅机的"非台上之曲"的批评意见，从人物、情节、结构和中心道

晓窗圆梦（钱南扬校点本《紫钗记·晓窗圆梦》一出插图）

具上将剧情集中，为增强剧作的戏剧性所下的笔墨。

"霍小玉能作有情痴"，即是把《紫箫记》中小玉为霍王掌上明珠的身份改为"出身微庶"的歌姬所生女子，与"前朝相国"之后李生门第悬殊。对这桩门第不等的婚姻，小玉无时无刻不在为自己担忧。婚后李益去科考，小玉想到"今以色爱，托其仁贤。但一旦色衰，恩移情替，使萝女无托"；李益被卢太尉荐去玉门关外任参军，小玉想到的是"以君才貌名声，人家景慕，愿结婚媾，固也众矣"。但小玉不失自尊，甘作自我牺牲，在灞桥与李益折柳赠别，主动道下"夙昔之愿"，只求李益给她八年夫妻欢爱，便永遁空门；讹传李益娶了卢家小姐，她对李益仍是有爱无恨，希望丈夫能给她一个名分，和卢小姐"做姐妹"也"欢恰"；在卢太尉使强权，不让他们夫妻相见的日子里，小玉思夫成疾，又生活拮据，不惜耗尽了家财，托亲友四处寻访李益下落，最后连定情的紫玉钗也拿去典卖。当买下玉钗的卢府为卢家小姐与李益成亲而插戴玉钗时，小玉爱的精神支柱几近断折，但小玉也不恨李益而只控诉钱神："你没眼的钱神听俺言：正道钱无眼，我为他迭叠同心把泪滴，觑不上青苔面"，愤而将金钱抛撒在地。她心目中，"几个'开元'，济不得俺闲贫贱，缀不得俺永团圆""生买断俺夫妻分缘"，一个善良、纯情、委曲、视钱财为粪土、唯爱情是生命的"情痴"形象活脱脱地立在舞台上。

"无名豪"黄衫客是在传奇小说中就有的人物。他面目神秘，"本山东，姻连外戚"，力量却"能暗通宫掖"。改作增加了《坠钗灯影》这重要场面，让黄衫客在李益和小玉初会时就上场，使黄衫客后来出面拔刀相助更加自然合理。剧本的结局变小说悲剧的厉鬼复仇为在黄衫客帮助下终得团圆。这种团圆本是那种社会条件下所做不到的，是裹着喜剧外衣的悲剧团圆。汤显祖之所以要这样改，是从"情"的观点出发，对"我辈钟情似此"的"情痴"女子，应该让她得到爱情的归宿。黄衫客的出现，并不表示汤显祖寄希望于政治力量或圣明天子，而是向社会呼唤良知，希望有黄衫侠客这样的侠风义举来成全"普天下有情人都成眷属"。

剧中沿袭小说写了个"黄衣客强合鞋儿梦"。这是个短梦，未能将梦境在戏剧情节中进一步展开，但它的意义非同小可。正是这个短梦，开拓了汤显祖写"梦戏"的天地,以至后来三部剧作都能以梦做剧情的中心,形成了他独具特色的"临川四梦"风格。汤显祖"因情成梦,因梦成戏"的创作思想,也在此初步得以体现。

"余人微各有致",致者,情趣也。就是除霍小玉和李益两个外,其他如郑六娘、鲍四娘、刘将军、崔允明、韦夏卿、堂候官夫妇等人物也都各具个性,在相应穿插、相映相衬中体现他们的喜忧与意愿,构成一组鲜灵活泼、多姿多彩、性格鲜明的群像。

"第如李生者,何足道。"在爱情风浪中,李益不是薄幸人而是有情者。虽然李益对小玉感情也专一,但他性格软弱,行动犹疑。在遭卢太尉软禁后,便不敢回家见小玉,与"痴情"的小玉相比,显得不足为道。然而与小说中的负心汉大不一样,剧中的李益才貌俱佳,风流倜傥,温文尔雅,胸怀大志,凭实力考中状元。面对权臣卢太尉的笼络,他"独不"去参拜。卢太尉逼婚胁迫,李益既有"已有盟言,不忍相负"的拒绝,也有因"三畏"而"从权机变,暂时应诺"的软弱。然而李益虽然"负约",但并不"负心"。不管卢太尉如何拉拢和引诱,他始终不改对小玉的眷恋,一片真情不动摇。小玉的"痴情"与李益的真情感动了黄衫客的"侠情",令他拔刀相助,使他们夫妻团圆,卢太尉受惩。从而表达了汤显祖的"情"可格"权","情"能胜"权"的思想。

还有个人物《紫钗记·题词》中没有提到,可又是"新词"最重要的改创之处,那就是卢太尉。小说与《紫箫记》中均无这个人物,是汤显祖在改编中加进去的。这卢太尉是"霸掌朝纲"的权臣,是封建强权势力的代表。新科状元不参拜,就能贬他去玉门关外,令一对新婚燕尔恩爱夫妻一别三年。他为了"单生一女,未逢佳婿",一心想招这个才貌双全的状元郎为女婿,不惜"好歹气死他前妻"。卢太尉的出现,把原小说中小玉与李益之间的爱情纠葛变为李、霍二人同卢太尉的冲突,把原小说对封建门阀制度的批判,提高到与封建强权的斗争,赋予戏剧冲突更深刻的社会意义,体现了汤显祖对现实政治的思考。在卢太尉身上,有彼时官场影像并附上作者对官场的体验。如新科状元李益因没有去见卢太尉,便被卢太尉派到边境参军这一情节,就是作者因得罪首相张居正而屡试不中,因疏劾大臣而被贬徐闻的生活元素。汤显祖戏曲创作思想的第一次"飞跃",就在作者从《紫箫记》借史隐喻的"讥托"到《紫钗记》借卢太尉这个"权奸"艺术形象直接对政治进行批判。

《紫钗记》定稿后,想起当年在南京一同参加创作演唱《紫箫记》的几个好友已不能再相聚在一起:帅机去年引病告归临川,谢廷谅和曾粤祥两个为官的有公务,吴拾芝还是一个不得志的秀才,他们再也不能来演唱他的戏了。汤显祖感叹:"人生荣困生死何常,为欢苦不足,当奈何!"

万历二十三年(1595),汤显祖在遂昌做县令,公余闲暇,将《紫钗记》进行了修改,并写了《紫钗记·题词》。也就在该年,远在西半球英格兰的莎士比亚,他的第十部剧作《罗密欧与朱丽叶》在伦敦问世。《紫钗记》与《罗密欧与朱丽叶》是两部题材相同的戏剧,都是根据小说改编,都是赞美忠贞不渝的爱情的高昂颂歌。东西方两位戏剧大师在同年诞生如此相似的杰作,真是一种巧合。所不同的是:《罗密欧与朱丽叶》是悲剧,《紫钗记》是悲剧团圆的正剧;如果说莎翁所表现的是主人公真正的和谐之情与他们所处的不和谐的世界之间的对立的话,那么汤公所表现的则是封建强权势力要扼杀纯真之情,却被"情"战胜、改造。

四、"壮心若流水"

万历十四年(1586),汤显祖来到南京"从官迫郁有三年"(《吹笙歌送梅禹金》),为官在"迫郁"中度过,体会到了理想与现实的矛盾。这年他37岁,思前想后,感触很多,写了一首用自己年龄为题的诗《三十七》。在诗中,他回忆了中举后的得意与雄心:

> 弱冠精华开,上路风云出。
> 留名佳丽城,希心游侠窟。
> 历落在世事,慷慨趋王术。
> 神州虽大局,数着亦可毕。

了此足高谢，别有烟霞质。

——《汤显祖全集》卷八

认为"治国平天下"他有招数，可很快把国家治理好，打算在政治上大显身手干一番事业后再隐退。然太常寺博士不过如汉代官秩"六百石"，已在这个闲职上耗去三年时光了。汤显祖愤懑质问：这"六百石"的官秩还要我干到何时？我已是37岁的中年人了：

陪畿非要津，奉常稍中秩。
几时六百石？吾生三十七。

——同上

当朝万历帝朱翊钧，自张居正一死好像解脱了枷锁的束缚，沉湎于尽情的享乐，在太子册立问题上，朝臣们不给他面子，坚持立长，气得他借口杀掉一批大臣。但臣子们并不让步。从本年十一月开始万历帝就不临朝听政，且持续了二十八年之久。在他怠政的日子里，官府衙门严重缺员，候补的官员又得不到提升，有的甚至处于终生候补状态。朝政如此，汤显祖"壮心若流水"，看不到自己在政治上的发展前途，常沉浸在"幽意似秋日"的悲观情绪中。

他的壮志雄心与刚正品性，令他对政局多有不满之处，几度想执笔上疏陈言，又怕不被采纳，只好中途把笔搁下来；想效法历史上那些名贤进谏，现在又以普通人一样混日子：

兴至期上书，媒劳中阁笔。
常恐古人先，乃与今人匹。

——同上

太常寺博士是个管宗庙祭祀礼仪的闲职，整天无所事事，汤显祖曾将《紫箫记》拿来改作，打发日子，寄托他的情怀。更多时间是游遍金陵的名胜古迹，也和秦淮河青楼女子为伍，过着风流浪漫的生活。

汤显祖出仕在留都后，曾因上疏反对张居正"夺情"被贬的邹元标，疏劾申时行"不当以甲第私其子，蹈故相张居正覆辙"的御史魏允贞，有文武之功，进剿四川播州土司杨应龙而"威震遐荒"的李化龙，替魏允贞作辩护的李三才，都先后来到南京，成为留都的同僚。邹元标是兵部主事，李三才和李化龙，一个礼部郎中，一个吏部郎中，这些人都是年轻有为、思想敏锐且性格刚直的才俊。汤显祖和他们声气相投，往来密切，常和他们在一起"昭言风雅"，为"永夕之好"，尤其喜欢和他们议论时政，并是其中积极敢言者。有了这样一批人，南京成了议论风发的地方。有一次，汤显祖和几个朋友在一起议论时政，不料有人把他的话妄加推衍传播出去，差点给他带来一场口舌之祸。

汤显祖在留都和这班青年同僚讥议时政的事，为京师刑部尚书舒化所耳闻。舒化是汤显祖的临川老乡，他出于对同乡晚辈的爱护，特给汤显祖去了一封信，规劝他应接近"老成人"，远离朝中"恶少"，并以古训"戒之在斗"相勉励。可汤显祖听不进去，在回信中说："人各有心，明公以诸言事者多恶少，正恐诸言事者闻之，又未肯以诸大臣为善老耳。"（《答舒司寇》）表达了自己的处世人格，毫不避讳对少壮派言事之风的支持。

也就在万历十四年（1586）夏天，当年在从姑山游学时的恩师罗汝芳一别二十年后来到南京。汤显祖、朱廷益、焦竑、李登、陈履祥等昔日从姑弟子聚集在城西永庆寺再听罗汝芳讲学。罗汝芳已知道汤显祖早在南京国子监读书时，就因脱离了家严的督视，生活轻狂。老父亲曾寄去赋一篇，责备了他："营载不密，驰骸乐女。迷惑两竖，丑不可语。"汤显祖对父亲的责备"耸汗若雨"，但出仕从政后并未见其收敛，仍任性纵情声色，且谈起时政，跟一班年轻人口无遮拦。这次见面，罗汝芳以师长身份给汤显祖以当头棒喝："你天天和一些朋友消磨在悲歌中，心里是怎么想的？这对你性命的呵护安顿有什么好处？何时可有个结果？"汤显祖"夜思此言，不能安枕"，对"性命之修"有了顿悟。当汤显祖40岁升到礼部主事时，还念念不忘罗汝芳对他的教诲，深情地写下这样一段文字：

十三岁时从明德罗先生游。血气未尽，读非圣之书。所游四方，辄交其气义之士，蹈厉靡衍，几失其性。中途复见明德先生，叹而问曰："子与天下士日泮涣悲歌，意何为者，究竟于性命何如，何时可了？"夜思此言，不能安枕。久之有省。知生之为性是也，非食色性也之生；豪杰之士是也，非迂视圣贤之豪。

——《汤显祖全集》卷三十七《秀才说》

汤显祖认识到自己往日对"生之谓性"只是局限在告子的"食色为生命本体"上，以"豪杰之士"自许，但那是迂阔不合时宜的"豪"，不等同"圣贤之豪"的生生之仁的境界。若把"食色之性"和道德品性混为一谈，就会"迷性"。由此汤感悟到："情"不是仅仅是"食色之性"这一生命最初的要求，应提升到自我价值的实现的高度。

汤显祖在改作《紫钗记》中加进了卢太尉这个人物，把原小说中小玉与李益之间爱情纠葛变为李、霍二人同卢太尉的冲突，把原小说对封建门阀制度的批判，提高到与封建强权的斗争，就是汤显祖这次受罗师棒喝之后，夜不能枕，认识到应让"情"在与现实政治的关系中实现自我价值。

五、改任詹事府主簿

万历十五年（1587）是丁亥年。朱元璋为了强化专制的皇权并使其运作的制度化，于洪武二十六年（1393）定下每六年对官吏举行一次考核，时间定在巳、亥这两年。考核包括考满和考察。考满是对所有任职官员达到规定年限的单个事迹进行总检查，以确定对官员的升、留、降；考察则重在查处官吏的过失，以备惩处。考满有京官、外官之分。京官的考满是从任命下达之日起（包括闰月在内），任职满36或37个月为一考，不得缺考，逾期不参加考核或未到期提前参加考核皆不准许。四品以上由本人自陈，由皇帝裁定；五品以下听吏部与都察院共同考察。

汤显祖是留都衙门的京官，万历十二年（1584）八月初十日（中秋前五日）到南京太常寺报到，任命的下达约在当年的二月。

太常博士是太常寺属官，应由本衙门正官"察其行能，验其勤惰，从公考核明白"，拟出称职、平常或不称职词语，连同记录行过事迹文册赍送都察院考核。都察院考毕再转送吏部复考，以定其升降去留。考察也有京察、外察之分。京察的时间与程序与考满同，四品以上由本人自陈，由皇帝裁定；五品以下听吏部与都察院共同考察。所不同的是各衙门对所属五品以下的官吏要一一写出考语于考察前报送吏部，吏部会同都察院根据所报考语材料，拟定考察结论。考察目的主要在于了解官员有无"贪腐、严酷、浮躁浅露、才力不及、年老、有病、罢软、素行不谨"等问题。对挂有此八项察例的官员的处分分四种：贪、酷，为民；不谨、罢软，冠带闲住；老、疾，致仕（退休）；才力不及、浮躁浅露，降调。所谓冠带闲住，就是"但有冠带无品级，一应服色仪仗皆不得用"。

汤显祖是太常寺属官，太常寺少卿是王世懋，虽是副长官，但南京的编制没有北京多，他行使的就是太常寺正职职责，汤显祖的考满评语和考察的考语都是由他来写。晚明因朝政腐败，弊端丛生，吏治败坏，对官员的考核往往被主管的当权者当成用来打击异己的工具。汤显祖与王世懋的文学主张不同，关系不好，王世懋不惜用手中的权力下令禁止《紫箫记》的发行，可以想象他给汤显祖做的考察考语怎能公平、公正？

在这次京察中，因汤显祖平素好与朋友们议论时政，这时被人拿来上纲上线对他进行中伤。这些人中有年轻的，气势汹汹，如同吠犬；也有资历深厚的长者，含沙射影，蓄意诽谤。京察后虽然没有受到处罚，但迁官就没有份了：

  邑子久崖柴，长者亦摇簸。
  含沙吹几度，鬼弹落一个。
  大有拊心叹，不浅知音和。
  参差反舌流，倏忽箕星过。
  幸免青蝇吊，厌听迁莺贺。

——《汤显祖全集》卷八《京察后小述》

第十一章 迫郁留都

京察中的难言之隐,令回到南京后的汤显祖情绪非常不好。余暇写作《紫钗记》打发日子,倾诉心情。对人不拘礼节,有时与人谈话突然流泪。睡梦中有时忽然发笑。赴宴不讲官场礼貌,有时还到花街柳巷去消磨时光。诗中说:

> 贱子亦如人,壮心委豪惰。
> 文章好惊俗,曲度自教作。
> 贪看绣夹舞,惯踏花枝卧。
> 对人时欠伸,说事偶涕唾。
> 眠睡忽起笑,宴集常背坐。
> 敢有轻薄情?只缘迂僻过。

——同上

对照被考官员升降"八法"标准,汤显祖估量,"浮躁"是够不上,或许会被列入"素行不谨":

> "浮躁"今已免,"不谨"前当坐。
> 有口视三缄,无心嗔八座。

——同上

考核的结果与汤显祖自己预料的出入不大,升迁没有份了。太常博士任期届满必须改官,于是汤显祖被调往詹事府任主簿,官位由正七品改为从七品。明代自永乐十八年(1420)定都北京,詹事府随之移往北京,但原在南京的詹事府官署仍存,称南京詹事府,只设主簿一人,实为光杆司令。詹事府职能是辅导皇太子,可皇太子在北京,南京詹事府实无所执掌,完全是一种摆设,虽然填报资历仍作正七品算,实际上是未受降职的降职,给了汤显祖难堪。

明王朝为了鼓励官员忠于职守,勤于王事,除给予考满无过官员以升职增俸的实际利益外,还规定了适合全体官员的封赠和诰敕制度。封赠是指王朝政府以推恩的方式，参照臣属的官阶和功绩，将官爵或封号授予其父母、祖父母或曾祖父母。生曰封，死曰赠。诰敕是诰命和敕命的合称，指皇帝对官员本人及其先人的妻室封赠的命令。一至五品官员用诰命，六品以下为敕命。对京官，逾年实授，给本身告敕，三年考满称职，始得封赠。推封官员的先人，四品至七品赠父母妻室。封赠的职级，正一品至从七品，曾祖父、祖父、父各照该官员现任职级，赠以相应的散阶（官位等级的称号）；正、从七品母、妻各封赠孺人。察典后，汤显祖先回南京，到十一月又赴京接受皇上对父母的敕封。父亲敕封南京太常寺博士荣誉称号；母亲敕封为孺人。到十二月再从京直接回到临川寿亲，为父母举行接受敕封的仪式。

汤显祖回临川和帅机见面了。帅机于万历十二年（1584）思南秩满后，便回临川居住。说来也奇怪极了，在汤显祖抵家的前一日，帅机便梦见显祖来到临川，俩人还交换头巾，戴着不差分毫。有《赴帅生梦作》诗序，记叙了帅机的梦境和汤显祖见面情景：

丁亥十二月，予以太常上计过家。先一日，帅惟审梦予来，相喜慰曰："帅生微瘦乎？"则止。予以冠带就饮，帅生别取山巾着予，甚适予首。叹曰："人言我两人同心，止各一头。然也。"嗟乎！梦生于情，情生于适。郡中人适予者，帅生无如矣。乃即留酌，果取巾相易，不差分寸，旁客骇叹。

——《汤显祖全集》卷八《赴帅生梦作序》

在此，汤显祖提出了"梦生于情，情生于适"，这"适"是人心灵感应的一种能量，它能引起人们"日有所思，夜有所梦"，而帅机梦境实为现实的企盼。

汤显祖正式到詹事府上任是在万历十六年（1588）。这年，夫人赵氏为他生了一个女儿，因生于詹事府内，便起名叫詹秀；同年傅氏夫人生了三子开远。汤显祖虽官场不如意，但家里一年内平添一男一女，倒是为他添了天伦的乐趣。

六、初遇达观

达观（1543—1603），俗姓沈，名真可，号紫柏。江苏吴江人。年少时性刚烈勇猛，貌伟岸不群，慷慨具侠义气。17岁辞别父母，投虎丘云岩寺出家。在武塘景德寺闭关三年后，行脚云游，以究明生死大事。虽为出家人，却十分关心政治国事。面对朝政的弊端，他以弘扬佛学来救世，和东林党人通过讲学"济世""救民"相一致，在士大夫中颇受崇敬，是明代四大高僧之一。他与东林党邹元标、于玉立、缪仲淳等交往极为密切。万历十八年（1590）十二月，达观来到南京，到了邹元标家中。汤显祖与邹元标既是同乡、同僚，又是关系密切的好友。当汤显祖得知达观已来南京，要来邹元标家中拜访，便不顾身患痢疾，"迁延七天"，也抱病去到邹元标家中一睹达观丰采。当邹元标向达观介绍这就是汤显祖时，达观像遇到久别重逢的故友，高兴地说："我盼望见到你已是很久了！"接着就高声地朗诵起诗来：

搔首向东林，遗簪跃复沉。
虽是头上物，终是水云心。
桥影下西夕，遗簪秋水中。
或是投簪处，因缘莲叶东。
——《汤显祖全集》卷十四《莲池坠簪题壁二首》

汤显祖被达观这一举动震惊了。这诗是他二十年前中举时游南昌西山云峰寺的一首题壁诗。眼前闻名已久但又素昧平生的达观大师是啥时看到并记得如此牢呢？经过一番攀谈才知道，就在当年汤显祖题诗过后不久，达观从庐山下来游方到了西山云峰寺，看到题在莲池壁寺上这首题诗，一下子便被吸引住了。看到"虽是头上物，终是水云心"一句，达观认定这位有才华的诗人，看淡人间的功名利禄，是个可以度脱出世的对象，于是他便把这首诗牢牢地记在脑子里，并时时盼望见到这位诗人。达观与汤显祖相见目的明确，就是想度他出家，他把自己作好的《馆壁君记》一文带在身边，此时取出来给了汤显祖。该文写的是王安石当初登上相位时，贺客盈门，但王安石并不以为然，忽泼墨题诗"霜筠雪竹钟山寺，投老归欤寄此生"于壁上，表达他大功毕成之后归隐山林之心。士大夫认为退隐的最好去处莫过于参禅，已是一种时尚。达观大师用心良苦，用汤显祖故里先贤做实例，来劝说汤显祖及早出家。

达观是个有辩才的和尚，他能够用机锋笼罩当时开明的士大夫。汤显祖自小在拜佛信道的家庭环境中长大，对佛学下过不少功夫，30岁时他在南京国子监游学，曾登台清凉寺讲经。病后的汤显祖心情寂寞，萌发从佛老中寻求旷达超脱的想法。达观的佛理，使汤显祖折服，达观的机锋一下子将汤显祖笼罩。汤显祖回到衙署后，耳边回荡着达观的声音，脑际时时浮现达观的身影。佛法有缘，汤显祖要拜达观为师，做佛门在家弟子。达观住在栖霞岭，离南京城区有四十多里地，汤显祖不惜拖着病后衰弱的身躯，冒着残冬的雨雪去到栖霞寺会见达观，但达观已外出游方，未能见到。达观认定汤显祖"赋性精奇，必自宿植"，在高座寺为他做"受记"，收他做方外弟子，给他起了个"寸虚"的法号，并许愿说："十年后，定当打破寸虚馆也。"即十年后，他定要度汤显祖出家。

在南京，达观自己说和汤显祖交往只有两次，一次"晤于南皋（邹元标）斋中"，另一次就是汤显祖"枉顾栖霞"，其实远不止这两次的接触，直到万历十九年（1591）春，他们还多次相见。如汤显祖生了一场大病，几经诊治，未见好转，汤显祖"苦疟问达公""何处药为王"，达观来了，"未进红罂粟，徒然青木香""留散在心上"，即用佛家"空观"法门对治。汤显祖照此，"七日复苏"。这件事，令汤显祖对佛教的正信有了切身体会，写下值得玩味的诗句："朱门略到须回首，省得长呼达道人。"（《达公过奉常，时予病滞下几绝，七日复苏，成韵二首》）另外，汤显祖还与达观、陆五台（光祖）同礼报恩寺佛牙塔，陪达观游雨花台高座寺。

从此，汤显祖与达观建立了亦师亦友的关系。达观的机锋深刻地影响着汤显祖以后的思想和人生。

七、灾年升礼部主事

自张居正一死,神宗朱翊钧独自执掌朝政,便我行我素,带头废弃新法,将大明王朝从发展势头,转向了亡国之路。万历十四年(1586)江南水灾、第二年又水旱,神宗怠政,衙门缺员多,国家机器不能正常运转,赈灾举措不能到位的情况严重,到万历十六年(1588)已发展成为全国性的大灾荒。该年三月,"山西、陕西、河南及南畿、浙江并大饥疫";五月,"山东、陕西、山西、浙江俱大旱疫",成千上万的穷苦百姓在饥疫中死去。西北地区已有因饥饿而人吃人现象,千里荒无人烟:

西北久食人,千里绝烟影。

——《汤显祖全集》卷九《饥》

黄河以西因饥饿爆发流行性的疫病,死尸像鱼一样漂流;泰山所在的山东中部到处都有饿死的饥民;江苏、安徽淮河以南的长江中下游地区饿死了不知多少因缺粮而逃荒的流民:

西河尸若鱼,东岳鬼全瘦。
江淮西米绝,流饿死无覆。

——《汤显祖全集》卷八《疫》

留都南京,开春流行性瘟疫一户挨着一户传播开了,满江白骨,无人收葬:

钟陵今若何,帝都非可问。
白骨蔽江下,赤疫骈门进。

——《汤显祖全集》卷八《寄问三吴长吏》

然而此时南京的豪门人家还宴饮不断,但见几个城门不分日夜地抬着死尸。有的尸首没有棺木，炎热的夏天到处散发着尸身的臭气：

> 炎朔递烟煜，生死一气候。
> 金陵佳丽门，輀席无夜昼。
> 脑发置渠薄，天地日熏臭。
> 山陵余王气，户口人鬼宿。
> 犹闻吴越间，叠骨与城厚。
> ——《汤显祖全集》卷八《疫》

在这种大饥疫中，有钱有势的"豪富"人家，可以逃生，但生活在江边上的穷苦百姓只有死路一条：

> 豪家终脱死，泛户春零烬。
> 人多地欲痒，物极天为震。
> ——《汤显祖全集》卷八《寄问三吴长吏》

汤显祖清醒地认识到，造成这一残酷而悲惨的现实，既是天灾，更是人祸。财富都被有权有势的贪官污吏搜刮去了，广大的贫困百姓只有忍受疫病的折磨，坐北的"君王"，也不到各地察看：

> 精华豪家取，害气疲民受。
> 君王坐终北，遍土分神溜。
> ——《汤显祖全集》卷八《疫》

> 未赐江南租，久读山东诏。
> 秋毫自帝力，害气吾人召。
> ——《汤显祖全集》卷八《内弟吴继文诉家口绝谷有叹》

南京和浙江又发生秋旱，太湖水也涸了，旱灾也威胁着汤显祖的生计：

> 水价日百钱，淮清江水阔。
> 他生常苦饥，今生直愁渴。
> ——《汤显祖全集》卷九《己丑立秋作》

饥荒之年，米价飙升。在老家当教书先生的内弟本还有几亩薄田，现也来信诉说"家口绝粮"。汤显祖无能为力，只有安慰说：

> 今年普天饿，非汝独愁叫。
> ——《汤显祖全集》卷八《内弟吴继文诉家口绝谷有叹》

这些诗忠实地反映了全国大灾荒的悲惨，体现了汤显祖敢于正视现实，关心民生疾苦的爱民之情。诗沉郁质朴，一洗过去浮艳华丽诗风。"精华豪家取，害气疲民受"，"豪家终脱死，泛户春零烬"，深刻揭露当时社会矛盾。这样的诗句，为同时代诗人笔下所罕见。

在如此生灵涂炭的灾祸中，命运却捉弄了汤显祖，他于万历十七年（1589）从詹事府主簿升为礼部主事，从七品官升为正六品。这次升迁不是和他自请除授太常寺博士的用心相同，而是"推升"。明朝官员升迁必待考满，丘濬在《大学衍义补》中说："内外官皆三年为一考，六年再考，九年通考，始行黜陟。"汤显祖任职还不到"六年再考"的时间，未经考满而补缺只能由吏部"推升"。这次"推升"看来与万历十五年（1587）的考核不无关系。那年考察，汤显祖虽因平日说话不注意，遭人攻击，但够不上任何处分，三年太常博士已满，只有把他调到詹事府主簿厅当个从七品的光杆司令，由闲官转冷官。但吏部还是有为汤显祖说话的人，至少前几年写信关照过他的司汝霖还任吏部主事。当南京礼部有了主事一缺，汤显祖无论从才能和任职时间都足够胜任了，调詹事府一年多口碑不坏，吏部提议让他补这个缺似乎成了顺理成章的事了。

在这一年，汤显祖的同年好友和诸多声气相投者也多有迁升。丁此吕从湖广按察司佥事升为四川布政司左参议，刘应秋从翰林院编修升为南京国子监司业，万国钦被任命为山西道御史，李三才从河南右参议升为本省按察司副使管理河工，唯有饶仑擢侍御史半年，因病告归，不幸在临清（今山东临清市）舟中病死。噩耗传来，汤显祖悲痛难忍，当饶仑的灵柩运过安徽当涂时，汤显祖在南京望江遥祭，并伤心地说："伤哉伯宗，君亲友之望未塞，而遽尔乎！"（《哀伟朋赋》）

作为封建王朝官吏的汤显祖，尽管他对现实政治有诸多不满，但在君臣名分上他不能不受限制。他虽清醒地看到灾荒的人为因素，那是"旁漏"即各级官府衙门贪官污吏，造成"君王"的"恩泽岂不洗"，即赈灾措施没有得到落实。当朝廷升他一个六品官，他似乎感到时来运转，"慷慨趋王术"的机会好像又到了，对朱明王朝感恩戴德。任命一下，一大早他就启程去东郊紫金山独龙阜玩珠峰下朝拜大明开国皇帝朱元璋陵墓，并作诗一首，表白了对朱明王朝的忠心：

寝署三年外，祠郎初报闻。
臣心似江水，长绕孝陵云。

——《汤显祖全集》卷九《迁祠部拜孝陵》

这时的汤显祖对当朝皇上又充满幻想，寄予希望，看不到大明王朝已是"国势如溃瓜，手一动而流液满地矣"。

八、上疏遭贬

汤显祖上疏陈言不是偶然的。前面已说过，早在他37岁写的一首诗中就表示几度想上疏陈言，又怕不加采纳，只好搁笔；想效法历史上那些名贤进谏，不甘像普通人一样混日子。他崇赞管仲、子产和王安石的功业，认为王安石的变法是医治北宋政治上的症结的好药方。中进士前，他就在时文《左右皆曰贤，未可》中，借孟子规劝齐王宠信左右近臣的毛病，表达了对君王身边小人深恶痛绝："人才首关于大政，君心每惑于小言"，"固有相率而称人之贤者矣，浸而不察，亦有故因而可之者矣。不知好进之士，常以左右为根抵之容；而近习之人，亦每以朝端为外市之地"，即是说，人才首关国家大事，而国君的意志往往被身边人的花言巧语所迷惑，长期处在谎话包围之中而毫不觉察，任用了他们推荐的一些人。那些想做官的人把国君的左右近臣做靠山，国君的亲信则把朝廷高位作为他们的交易资本。因此，汤显祖想在政治上露一手，并且一直在等待着时机。

全国性灾荒中暴露国势衰败，世风日下，汤显祖心急如焚。可科场上舞弊案还是频频发生。万历十六年（1588）的顺天府（今北京）乡试中所录取的权要人家子弟，很多人的试卷连文句都不通。礼部主客司郎中高桂指责榜首王锡爵儿子王衡可疑，结果被"罚俸二月"。高桂所指本是事实，却还受罚，刑部云南司主事饶伸愤愤不平，又上疏论劾主考官黄洪宪大开后门，只要对方官位高，没有儿子也要录取他的女婿；只要肯行贿赂，不是录他的儿子就是录他的孙子。兵科给事中胡汝宁向王锡爵、申时行溜须拍马，乘机劾奏高桂、饶伸，诬蔑"高桂造为私揭，暗投各官，以致饶伸误言，妄生多端"，"（饶伸）不过权门鹰犬，以其私人，猥见任用"，以致高桂降二级调到边境，饶伸革职为民，而胡汝宁升为礼科都给事中。神宗黑白颠倒，是非不分的处理，令汤显祖失望又气愤。

政治一腐败，边务就废弛，导致敌人乘虚而入。西北边境本二十年太平无事，到万历十八年（1590）六月突然遭到虏酋（扯力克）和火落赤部的举兵进犯。陕西洮州炮火响了，把镇守陕西洮州副总兵李联芳打死了，朝野大为震惊。七月，神宗召集辅臣们开会，商讨对付办法。申时行还说虏酋只是来抢掠，没有侵犯的意图。会上，神宗偏向战，兵科给事中张希臬、侯先春、薛三才、顺天府丞李贞等都主战，唯有申时行一味主和。会议没有统一意见，神宗最后还是勉强同意申时行的议和主张，派出兵部尚书郑洛兼都察院右都御史经略陕西四镇及宣大、山西等处边务。汤显祖对洮州失事十分关切，《胡姬抄骑过通渭》《河州》《吊西宁帅》《王莎衣欲过叶军府肃州》等一些诗，都为洮州失事而作。其中《吊西宁帅》一首说：

峡石千兵死战场，将军不敢治金疮。

筹边自有和戎使，阁道无劳问破羌。

——《汤显祖全集》卷九

"西宁帅"即李联芳，"峡石"是李联芳败殁的地方，"和戎使"是指派郑洛经略西北边务。该诗表达了对申时行和敌政策的不满。

一味求和的主张不得人心。八月，兵部给事中张贞观请求"罢市赏，加意战守"。九月山西道御史万国钦上疏弹劾申时行，说皇上问起虏酋侵犯事，申时行说成只是抢掠而已；皇上要选有实战经验的智勇将才加强边防，申时行只说这样的将才难得。一谈到议和，申时行就说可保全百万生灵。皇上和百姓都主战，唯有申时行要议和。申时行还收受了辽将王国勋的贿赂好几千万，和他狼狈为奸，为他说话，充当他的保护伞。申时行还收受兵部侍郎许从谦三千金贿赂。兵部尚书王一鹗、总督梅友松、抚臣李廷仪都是申时行的党羽，他们相互勾结，欺君误国。万国钦上疏这样写：

时行于前月召对时，上问虏酋侵犯，则委之为抢番，无意内犯；上切责督抚，则委为武臣宽之信地，文臣无与；上意选谋勇将材，曾经战阵者，则委之为少有；上称款贡乃皇考圣断，则乘机逢迎。欲入和说，则对："通贡二十年，保全生灵何止百万。"及为皇上所屡折，其奸因以难掩。是皇上之意在战，公论亦在战，而时行之意独不在于战；皇上意在绝和，而公论亦绝和，时行之意独不在于绝和。又言时行受辽将王国勋等数千万金，无事则为之援引，有事则为之庇护。而兵部侍郎许从谦以三千金行贿时行，又为吴时来转托，乃有是转。兵部尚书王一鹗、总督梅友松、抚臣李廷仪俱时行私人，互相党援，欺君误国。

——《明实录》册三九三

万国钦是汤显祖的江西同乡，并和显祖同年中举。在朝的同乡官员往往自成一派。当万国钦的奏疏传到南京时，汤显祖立即写信给万国钦，称赞他是个好样的，对得住家乡，对得住朋友，对得住自己。朝廷对这样的人不用，这是为什么：

> 读兄大疏，甚善。一不负江西，二不负友，三不负髯。……已作殿中侍御史，不为朝廷用，更何如！
>
> ——《汤显祖全集》卷四十四《寄万二愚》

万国钦的奏疏虽写得据实有力，但奏疏呈上以后，并未损申时行半根毫毛，万国钦却遭降一级，调剑州（今四川剑阁）判官。

斗争没有因此而停止，正直言官不肯屈服。南京国子监司业刘应秋等又上疏弹劾申时行。刘应秋的奏章中还牵涉到王锡爵。但是疏上以后，神宗不做批复，把奏疏放在案头，自己睡大觉。

当年冬，万国钦前去剑州上任，路过南京时会见了汤显祖。汤显祖作了《万侍御赴判剑州，过金陵有赠》一首，对这位同乡好友的直谏遭贬深表同情和愤慨。诗中说：

> 倍有金缯去，毫无善马来。
> 市和虚内帑，买爵富中台。
> ……
> 借筹沉汉幄，折槛起云台。
> 字挟披肝苦，章飞战血哀。
> 叫阍心展转，卧阁语徘徊。
> 鬼谒能炀日，神奸不畏雷。
> 绣衣翻远影，封事委浮埃。
>
> ——《汤显祖全集》卷九

"神奸"借指申时行。赠诗把万国钦奏疏中"筹边失策""市赏资敌"和申时行卖官等内容都概括进去了，表达出汤显祖对万国钦不平遭遇的同情与政治立场上的一致。这时的汤显祖，心中的愤懑犹如一门装满火药的实炮，要对着神宗的左右近臣点"捻"开炮。

万历十九年（1591）三月初四夜初更时分，代州（今山西忻州）发生陨星坠落。据记，声如雨，光如烛，天鸣如鼓雷。三月初九，又有大星自东南带火流于西北方向。这种在当时被视作"星变"的灾异现象,按照传统的习惯,皇帝需要深自反省,甚至下"罪己诏"求老天爷宽恕。但神宗不仅不检讨自己,还将一切责任都推向了言官们。说灾星的出现,是言官"贿嘱趋附,长奸酿乱"而起。是言官对皇上"无一喙之忠","好生欺蔽",却又"搜扬君恶""讪上要直",专和他过不去。并下一道圣谕,"严责言官欺蔽,并停俸一年":

　　六科十三道,迩来风尚贿嘱,事向趋附。内之劾,外之参,甚无公直,好生欺蔽。且前者天垂星示,群奸不道,汝等职司言责,何无一喙之忠,以免辱旷之罪?汝等于常时每每归过于上,市恩取誉。辄屡借风闻之语,讪上要直,鬻货欺君,嗜利不轨。汝等何独无言,好生可恶。且汝等岂不闻"官府中事皆一体"之语乎?何每每以搜扬君恶,沽名速迁为?汝等之职,受何人之爵?食何人之禄?至于长奸酿乱,而旁观避祸,无斥奸去逆之忠,职任何在?本都该拿问重治,姑且从轻各罚俸一年。吏部知道,钦此。

——《明实录》卷二三四

这圣谕登在闰三月十四日的邸报上。二十五日,汤显祖在南京礼部衙署看到。他越看越生气,认为圣谕责备言官是岂有此理。近几年来,言官之所以不敢进忠言,明明是由于申时行对那些敢于忠谏的言官横加打击迫害造成的。圣谕明明是申时行借神宗的口说着他要说的话,要言官效忠进言是假,申时行想压制言官言论是真。申时行心中有鬼,害怕言官们会借"星变",起来揭开他见不得人的黑幕。汤显祖想:既然神宗冠冕堂皇责备言官"无一喙之忠",那我就来尽"一喙之忠",把对申时行一伙人"欺君误国"所作所为都揭开来。他起草了《论辅臣科臣疏》,他要为病入膏肓的大明王朝,试施他的"区区之略",让神宗服一剂"猛醒剂"。

奏疏的开宗就指责当今辅臣一贯欺骗蒙蔽,科臣下索上贿,媚献成风,要求皇上罢他们的官,撤他们的职,行新时政,承奉天道:

> 奏为星变陈言，辅臣欺蔽如故，科臣贿媚方新，伏乞圣明，特加戒谕罢斥，以新时政，以承天戒事。
>
> ——《汤显祖全集》卷四十三《论辅臣科臣疏》

疏中列举申时行与六科给事中十三道御史都犯了欺君之罪。总责在申时行一个人身上。因为申时行实际上已经把皇上的威严与权力窃取为己有，因而言官对皇上就不敢效忠：

> 臣之大小相引而欺其君，皆为不忠。然岂今之科道诸臣都不知此义哉。皇上威福之柄，潜为辅臣申时行所移，故言官向背之情，为时行所得耳。
>
> ——同上

奏疏还列举了丁此吕因揭发科场欺蔽、万国钦因揭发边镇欺蔽，都遭到申时行一伙打击迫害。言官们之所以噤若寒蝉，都是以丁此吕、万国钦为戒，恐怕失去了富贵：

> 首发科场欺蔽者，非御史丁此吕乎。此知上恩效一喙之忠者也。时行知将论其子也，教吏部尚书杨巍覆而去之，惟恐其再入都矣。终言边镇欺蔽者，非御史万国钦乎。此亦知上恩一喙之忠者也。时行不能辨其赃也，讽大学士许国拟而窜之，犹恨其不极边矣。二臣谪外，其他言官虽未敢显诮时行，而或涉其旁事，及其私人，则有年例及不时补外二法，以牵耸众言官，使其回心敛气，而时行得以滔然无台谏之虞矣。……而言官噤无言之者，正以丁此吕万国钦为戒，恐失富贵也。夫知感主恩为皇上斥奸正法者，反得贬窜，虽皇上恩力不能庇之。故今科道中无义之臣，遂谓皇上不能恩人，并不知所受是皇上爵禄矣。
>
> ——同上

可是一些言官行贿护私，大做不忠的事，往往加倍重用，取得富贵。这些人不知皇上恩典，只一味感激辅臣，好像他们的爵位都是辅臣给的，也不管将来成败如何，现在先富贵再说：

> 至于言官中贿嘱附势，盛作不忠之事，蹑窃富贵者，往往而是。年升闰升以为例，固然矣。故此辈不知上恩，专感辅臣。其所得爵禄，若辅臣与之者。虽他日有败，今日固已富贵矣。
>
> ——同上

奏疏还用无情的事实剥开了科臣杨文举的"好官"的画皮，还了他贪腐的本来面目。户科给事中杨文举是申时行门生，万历十七年（1589）奉命江南督理荒政。朝廷拨给五十万银两的救济款。江南灾民视杨文举的到来为救星，可杨文举不是尽职救灾，而是趁此大举敛财，所过府州县无钱不贪，无物不取，洗劫一空。地方官员为向杨文举行贿，不惜对百姓敲骨吸髓，令极端困苦的百姓雪上加霜。杨文举到了杭州，从早到晚，在西湖饮酒作乐，把灾情丢到脑后。他还广卖荐举，徇私舞弊，又索取纹银几千两。江南人无不对杨文举痛恨之极，痛骂"若要世道昌，去了八狗与三羊"。内阁中的三位辅臣申时行、王锡爵和许国都是江南人，对杨文举的事不可能一无所知。这样一个贪酷之官，吏部记录却说成好官，还把他由户科给事中晋升为吏科都给事中：

> 夫吏科都给事中杨文举者，非奉诏经理荒政者乎。文举所过辄受大小官吏公私之金无算。夫所过督抚司道郡县，取之足矣，所未经过郡县，亦风厉而取之。郡县官取之足矣，所住驿递及所用给散钱粮庶官，亦戏笑而取之。闻有吴吏检其归装中金花彩币盏盘等物，约可八千余金，折乾等礼，约可六千余金，古玩器直可二千余金。而又骑从千人，赏犒无节。所过鸡犬一空。迫至杭州，酣湎无度，朝夕西湖上，其乐忘归，初不记忆经理荒政是何职名也。夫前所贿赂宴费数万余金者，岂诸臣取诸其家蓄而与之哉？正是刻掠饥民之膏余，攒那赈帑之派数，以相支持过送，买其无唇舌耳已。而广卖荐举，多寡相称，每荐可五十金。

不知约得几千金？至于暮夜为人鬻狱，如减凌玄应军之类，又不知几千金。夫三辅臣皆家苏徽二郡，文举之贪，苏徽二郡人士皆能言之。辅臣独不知耶？未已复命，而吏部纪录，居然首谏垣矣。

——同上

在科臣中和杨文举一样声名狼藉的还有胡汝宁。此人被列为"八狗"之一，虽属江西同乡，和饶伸还同为进贤人。但当年饶伸指斥右庶子黄洪宪利用科场大通关节，录取了不少文章做不通的人，胡汝宁不仅不支持正义，还相陷同乡，参劾饶伸，因此爬上了礼科都给事中之位。胡汝宁在任给事中时，天旱求雨，均有禁屠宰大牲畜之成规，胡未能处理贪渎官员，便上疏请禁止捕捉青蛙，以感召上苍。这样一个奸邪庸陋之辈，仅有这么一点本事，一个"虾蟆给事"而已：

至于礼科都给事胡汝宁，除参主事饶伸外，一虾蟆给事而已。不知汝宁何以还故乡也。

——同上

这样，言官心目中只有辅臣，迎合辅臣的意旨以自保，谁还敢对皇上尽"一喙之忠"呢？由此看来，"好生欺蔽"的是辅臣，而不是言官。而辅臣的权柄是皇上给的，才造成"皇上威福之柄，潜为辅臣申时行所移"。皇上才是"贿嘱趋附、长奸酿乱"的总根子。汤显祖如此大胆地把矛头直指神宗。

接着汤显祖对神宗二十年的政治做了全盘否定。他说皇帝二十年来，前后任用了两个首辅，前十年，张居正强硬且私欲多，听信小人谗言，坏了政事；后十年，申时行软弱而私欲多，也是听信小人，任人唯亲，又把朝政搞坏了：

陛下经营天下二十年于兹矣。前十年之政，张居正刚而有欲，以群私人嚣然坏之。后十年之政，时行柔而有欲，又以群私人靡然坏之。

——同上

奏疏最后请求神宗特谕辅臣申时行痛加悔改，将功补过；立即罢斥杨文举和胡汝宁，选补素知名节的人做给事，做一个样子给大家看看：

伏惟皇上特谕时行，急因星警，痛加省悔，以功相补，无致他日有负恩眷。辅臣国等坚正相规，无取观望，以骧时政。其杨文举、胡汝宁亟行罢斥，选补素知名节者为都给事，以风其余。

——同上

汤显祖的奏疏呈上去以后，如"烈焰震天"的炮弹，震动了整个朝廷。不仅申时行、杨文举、胡汝宁如热锅上的蚂蚁，坐卧不宁，其他心中有鬼的内阁成员和科道臣子也感到忐忑不安。唯有那些正直言官，感到汤显祖说出了他们想说而不敢说的话而拍手称快，但心里又为汤显祖的结局担心。申时行一班人采取以退为进的手法进行反击，以请辞去官作要挟。户科给事中王遵训公然诽谤汤显祖上疏是由于身居闲局，未补重用："闲散杂员，人情所轻；有阘然自修如汤显祖诸臣，未见破调获用，不宜闭以无前之路。"

四月二十五日，汤显祖被召见，受到严词责备。五月初三日，神宗下旨安慰内阁成员，并引用王遵训等人中伤汤显祖的话来安慰申时行等人：

汤显祖以南部为散局，不遂己志，敢假借国事攻击元辅，本当重究，姑从轻处了。卿等说与元辅，不必以浮言介意。卿等俱安心供职。

——《明实录》册三九五

五月初六日，大学士许国请发六科公本。为吏、礼二科给事中杨文举、胡汝宁被主事汤显祖讦奏，乞并批发，以安诸臣之心。初九日，杨文举、胡汝宁各辩汤显祖疏。但是由于汤显祖揭发的内容，桩桩件件都是不容否定的事实，神宗也怕事情扩大，故而采取大事化小的办法，低调处理。十六日，谕旨"降南京礼部主事汤显祖为徐闻县典史添注"。

徐闻在雷州半岛，与海南岛隔海相望，在当时是荒蛮之地。"典史"相当于现在的公安局局长，维护社会治安；"添注"即等候委用之意，是个没有编制，不入品阶的官。叫一个舞文弄墨的文人干这差事，虽说是"从轻处了"，实为对汤显祖的折腾。

汤显祖的奏疏虽没有能使万历皇帝幡然悔悟，将腐朽的政治有所革新，但奏疏却很有威力，敲响了辅臣申时行、科臣杨文举和胡汝宁的政治生命丧钟。杨文举在朝中待不下去了，在本年六月便以病告归了。万历二十一年（1593）对官员的考核，杨文举和胡汝宁都因受言官的论劾，被罢职为民。申时行也在该年因接连受到言官的论劾，不得不自己乞休回家。在朝的贪官污吏们，也对自己的行为不得不有所收敛。汤显祖自己呢？他深切感悟到：官场确是"毒蛇聚会之地"，"神州虽大局，数着即可毕"的想法太幼稚了，"以区区之略，可以变化天下"在现实社会行不通。

[注释]

① "归时，余送之清河而诀，曰：'妾其已矣！一生开怀而喜者，四五度耳。一于归，已而举两男子，报君之两捷音。余皆妾之恨年也。'"（新出土汤显祖撰《明敕赠吴孺人墓志铭》）

第十二章 贬谪徐闻

一、胜游山水到徐闻

万历十九年（1591）五月十六日，当神宗"以南都为散局，不遂己志，敢假借国事攻击元辅"的罪名将汤显祖贬为徐闻典史的谕旨下达后，汤显祖自己并不怎么感到意外，因为上疏后的后果他是有思想准备的。他在给朋友的信中说："乘兴偶发一疏，不知当事何以处我？"他不为此举而后悔，也没有为发配荒蛮之地而悲观。"塞翁失马，焉知非福。"正如他给帅机的信中所表示："去岭海，如在金陵，清虚可以杀人，瘴疠可以活人，此中杀活之机，与界局何与耶！"（《寄帅惟审膳部》）故当朋友们替他的处境而担心时，他却"夷然不屑"，因为湖南浮邱、岭南罗浮、雷州擎雷、合浦大蓬（涠洲岛）的风光，葛洪炼丹井、马伏波铜柱等胜迹，都是他生平做梦都想去游的地方，现借此机会，正好了却多年夙愿。他把贬谪徐闻看作如汉代陆贾为汉高祖安定天下出使南越哩。[①]

徐闻地处雷州半岛最南端，自然与社会环境都较恶劣，但毕竟还不是天涯海角，比苏轼贬去儋州好得多。汤显祖能发配至此，许多好心人为之庆幸，说是"九庙神灵默护"，其实主要是刘应秋的周旋，新任吏部尚书陆光祖"力持清议，推毂豪俊，不遗疏贱"，从而对汤显祖做出这样的安排。刘应秋是汤显祖的同年进士，江西吉水人，和汤显祖既是挚友又是未过门的儿女亲家，此时他在南京国子监任司业（相当于副校长）。刘应秋对遭贬的汤显祖极为关心。当汤显祖离开南京到了临川，他把每期朝廷动态的邸报都寄去临川给汤显祖。七月初七日，赴任贬所的"凭限"（写明有效期限的文书）到达南京吏部，刘应秋及时托人带给汤显祖，并附了一信，告诉汤显祖：暂不必带家眷，到后看那里的情况再定，不成便请假回归；若做长期打算，那就带家眷去也可；到徐闻报到的"凭限尚宽，九月后起身未迟"；行李和书都不必多带，只有内典（佛经）数种可做日常功课。刘应秋对汤显祖可谓情重如山。

五月的南京，天气已有暑热之感。十六日谕旨下达了对显祖的处分，不久他就冒暑启程回老家临川。

从南京回临川，溯长江走水路是方便且经济的路线。汤显祖离开南京时，好友邹元标和时任南京刑部主事的沈瓒都赶来码头送行。尽管繁华的留都他并不留恋，但是启程后的心情总还是不好受的，毕竟八年留都官府生涯就这样结束了。

行船到达安徽境内的采石矶，他登岸到宣城和芜湖等地做了一番旧地重游。忆起十四年前来此交游的一幕，开元寺和敬亭山依旧，可沈懋学已不在人世，梅禹金去到北京国子监学习，姜奇芳调到杭州任通判，龙钟武早在万历十一年（1583）在考察中被人构陷而革职。物是人非，留下的是"共梦常千里，相思偶一方"（《谪尉过钱塘，得姜守冲宴方太守诗，凄然成韵》）。

由于沿途受了暑热，加上心情郁闷，汤显祖一到临川就患上疟疾，常发高烧做噩梦。有一次梦见自己在黯淡的月光下，只有尺把长，连房门都摸不着，正急得要命，忽然听得父亲叫了一声，霍然惊醒，满身是汗。在患病期间，爱好戏曲的伯父常来看望，病愈后老伯父又设酒宴为他慰劳。

一场疟疾将汤显祖折磨了四个月，眼看到了九月，"凭限"规定的时间临近，身为受贬"罪臣"，不敢再拖延时间，忙收拾好行囊，拖着刚刚康复的身躯，踏上了赴徐闻的旅程。

九月初的一天，抚河瑶湖的岸边站着前来送行的人群。秋风和人们的心情都充满着凉意。前来送行的人不仅有汤显祖家中的老幼和亲戚，还有帅机、姜耀先和周宗镐等一些少年时代结社的朋友。和帅机握别时，"相看憔悴"，情绪低落；而周宗镐的心情最是难过。他年长汤显祖 18 岁，这时已是 60 岁的老人。少年时的周宗镐以文章意气自豪，性轻财，乐助人。因文字不合规格，多次乡试落榜，一辈子只是个诸生。他曾学骑射兵法，想从军界找条出路，40 岁到京城去见任御史的临川人陈炌，遭到陈的拒绝。又去见大司马宜黄人谭纶，向他献兵法，可谭纶只用其兵法却不用他这个人。周宗镐又气又闷回到临川，把眼睛都气瞎了，据说后来还是用小妾的乳汁才把眼疾治好。为了生计，他曾去学冶炼黄金，可黄金无法烧成，因家里没饭吃，又学辟谷，但他难忍饥饿，常到汤家吃饭。汤还收养了他最聪明的一个儿子，但这个儿子不久也死了。从此周宗镐只想别祖离乡外出流浪，把所藏的兵书都交饶仑。但饶仑病死，兵书也丢了。现在的周宗镐已什么也没有了，只剩下孤苦伶仃一个人：

> 镐久为诸生，以文字不伦，落去。益学骑射兵法，年四十，走长安，以策干陈御史大夫炌，不受。说谭大司马纶，纶阴用其策而阳弃其身。镐发愤恚懑，归而病目，几瞑，饮后妇乳，复视。贫甚，发尝所受异人书，作黄金，不就。苦饥，则学辟谷，然不可久，时来就予食。予为收教其子仲儿，壮慧而死，益自伤。慨然有长游不返之志，或讽止之，则曰："重华祖龙皆客死，何必我！"既而谓予曰："我数梦之帝所，终当仙去，公不甚信我。我所有异书兵诀，长以与仑。"后仑死，而镐书散乱尽。所与卧起信宿，掀髯长叹者，又独予一人而已。
> ——《汤显祖全集》卷二十六《哀伟朋赋序》

眼下汤显祖又要到边远的地方去，他预料自己也活不长久了，怀着极其悲伤的心情来到船上送别，紧紧握着汤显祖的手，噙着泪花哽咽地说："我和你这次可算是长别了！"听了他的话，汤显祖心里十分难过，此去蛮烟瘴雨之地也是凶多吉少的，何时再会确是渺茫无期，此时除了嘱咐周宗镐多保重身体外，便再也找不到恰当的话语来安慰他了。

出发的船只扯起了风帆溯汝水而上，约莫行进了二十多里，就靠岸了。这里是广溪，汤显祖的外祖家就在这里。外祖虽然去世了，但还有舅舅和内弟们，顺道经过，他下船在这里住上一宿向他们告别。第二天船经浒湾，过石门峡，溯盱江而上，九月初九重阳日到达南城从姑山。

南城是建昌府治所在地。朱元璋有两支后代曾先后封藩建了益王府。汤显祖拜别了益藩内史，然后去到从姑山凭吊恩师罗汝芳。

从姑山在距县城东南方向约五里，临盱江巍然耸立，与麻姑山遥遥相对。从姑山分南北两峰。北峰巍然当空，如擎天一柱，称天柱峰；南峰如神鳌欲翔，名飞鳌峰。两峰相抵，仅距数尺，形成一条窄长峻峭的石罅。由罅底窥天，天空细如一线，此景称"一线天"。两峰绝壁上架一石拱小桥，长2米，名"步天桥"，连接两峰。明嘉靖二十三年（1544），罗汝芳曾在此建"从姑山房"，接待四方来和他共同讲学的人。汤显祖17岁曾负笈求学于此。汤显祖会同昔日从姑游学旧友，从石罅重窥"一线天"，再登"步天桥"，俯瞰盱水依旧，前锋书屋尚存，罗汝芳亲书在东西绝壁上的"飞鳌峰"三字，笔力遒劲、雄俊飞逸。但先师三年前已去世，当年同窗学友各奔东西，自己仕途多舛，此番又要发配到那蛮烟瘴雨之地，此情此景，汤显祖不禁发出了"世上浮沉何足问，座中生死一长嗟"（《入粤过从姑诸友》）的感叹！

汤显祖的行船从南城经南丰到广昌靠岸，然后陆行到宁都。刘应秋嘱托他"必过舍下之门"。但刘的老家在吉水，汤显祖取章江水路到大庾，不是从南昌溯赣江而上，不必经过吉水，有可能未去刘家与"老父相待一别"。汤显祖南下诗文没有记述。汤显祖从宁都乘船经于都到赣州，在赣州登上了城西南的郁孤台，这时他想起南京与要去的贬所粤东："风物想南都，波涛向东粤"，然后从南康到达章水的源头——大庾上岸。

大庾，又称南安，以庾岭而得名，地处庾岭北麓，赣粤边陲。它"南控百粤，北扼三江"，是沟通中原与岭南的要冲。在明代，南安设为府，统辖大庾、南康、上犹和崇义四县。自唐代张九龄主持庾岭凿山开道，庾岭便成为中原通往南方的官道。唐代的宋之问和宋代的苏轼等许多名贤文臣贬谪岭南都经大庾岭，留下或伤感哀婉，或难言之隐的诗篇。

仲秋的黄昏，汤显祖登上梅岭，枫叶已带秋色，鸣蝉默不作声。远眺树影如云，暮霭徐徐升起；近看江花带露，在夕阳中渐趋迷蒙。两岸的青山，随小舟的行进不断地变换着色彩；粼粼的波光，在夕阳下洒满了游子的衣襟。汤显祖在萧瑟的冷月下徘徊，忆起宋之问的"阳月南飞雁，传闻至此回"诗句，然而自己并没有到达目的地，明天就要如"孤鹊"继续南飞了。前路叵测，怎不叫人落寞惆怅！他写下此景此情：

> 枫叶沾秋影，凉蝉隐夕晖。
> 梧云初晻霭，花露欲霏微。
> 岭色随行棹，江光满客衣。
> 徘徊今夜月，孤鹊正南飞。
> ——《汤显祖全集》卷十一《秋发庾岭》

汤显祖到达南安在城内驿使门住下，相传曾向驿丞打听附近有何好景致可作观赏。驿丞告诉他，南安府衙后花园甚好，不妨可前去探胜寻幽。

汤显祖来到府衙后花园，但见不大的林园，小桥流水，台池掩映；花木扶疏，曲径通幽；牡丹亭、舒啸阁、芍药栏、绿荫亭、梅花观错落其间。正值汤显祖为园林景色流连忘返之际，只见东墙角的一棵大梅树在一片"叮叮当当"的砍伐声中轰然倒下。汤显祖好不纳闷：园中这梅树多么难得，为何要砍？遂上前询问。众人你一言我一语，道出了一段离奇故事：前任杜太守之女如花似玉，情窦初开，曾在这花园私会情人，遭父怒责，忧郁成疾，生前将自己美容描下，藏在紫檀匣内，死后太守将爱女葬在这棵梅树下。从此每当月黑风高夜，这梅树便会索索发响，有时还会发出"还我魂来！还我魂来！"的呼唤。现任太守不堪梦魇之苦，因而雇工将这棵索魂梅树砍掉。汤显祖听完这一离奇故事，陷入了深深的思考，以此为题材写一部传奇剧的构想在他脑海萌发。

然而传说毕竟是传说，随着晁瑮的《杜丽娘慕色还魂记》话本的发现，汤显祖的《牡丹亭》依据该话本进行创造性的改编已成不争的事实。但剧本受大庾之行的影响又是明显的，如第十出《惊梦》，杜丽娘云："望断梅关，宿妆残。"第十六出《诘病》，院公云："人来大庾岭，船去郁孤台。"第二十二出《旅寄》，柳梦梅："我柳梦梅秋风拜别中郎，因循亲友辞钱，离船过岭……一天风雪，望见南安"等。自从曹雪芹在《红楼梦》中，借李纨之

大余梅岭（谢传梅提供）

口，对于南安府署中犹存杜丽娘梳妆楼和石道姑之梅花观，提出"这两件事，虽无考，古往今来，以讹传讹，好事者故意弄出这古迹来以愚人"之说后，清代倪鸿在《桐荫清话》中也说："丽娘本无其人"，"亦不当有坟在南安，后人好事，遂多附会耳"。对此，当今研究者徐扶明先生认为："总而言之，南安有牡丹亭、杜丽娘梳妆楼、杜丽娘坟墓和梅花观，都是《牡丹亭》影响的产物。"[②]

上述说法，实际上提出了一个重要问题，那就是汤显祖的《牡丹亭》故事源头到底在哪里？与南安后花园的故事谁影响谁？大余的谢传梅先生经多年的悉心研究撰文提出：早在南宋年间，南安（今江西省大余县）府就流传几个版本的官宦小姐鬼魂与现实青年男子相爱交欢的故事，被乾道至淳熙年间（1165—1189）在南安相邻的赣州做官的著名学者洪迈记载在《夷坚志》"支戊"和"甲志"中。故事发生的时间、地点与中心人物和主要情节与汤显祖的《牡丹亭》有着惊人的相似，实为《牡丹亭》故事的最初雏形。这个故事雏形被扩展为话本《杜丽娘慕色还魂记》，汤显祖加工为《牡丹亭》又使故事臻于完美。由此可见，南安后花园故事正是《牡丹亭》故事之源，而

大余的杜丽娘墓（谢传梅提供）

不是《牡丹亭》影响的产物。这一意见值得研究者们重视。

翻过庾岭小梅关，便入广东省的南雄县境。汤显祖从南雄乘船顺浈水南下，在韶关曲江县城的芙蓉驿站住下。曲江县城东南的曹溪之畔便是南华寺，受刘应秋之托，汤显祖要到这看六祖惠能留下的衣钵是否还存在。

南华寺规模宏大，生活着一千多名僧侣。寺庙面向曹溪，背靠象岭，峰峦秀丽，古木苍郁，犹如世外桃源。看到这里的环境，汤显祖禁不住赞叹："西天宝林只如此！"（《南华寺二首》）

禅宗是典型的中国佛教。惠能在南华寺创立了禅宗，形成了曹洞、云门、法眼、临济和沩仰五大宗派，远传到东亚、东南亚和欧美等国。相传惠能是樵夫出身，目不识丁，一日听人诵读《金刚般若经》而悟道，于是投到禅宗五祖弘忍门下，深得五祖器重。弘忍将衣钵传于惠能，惠能后被尊为禅宗六祖。六祖圆寂后，其肉身成佛，用中国特有的夹纻造像工艺塑成"六祖真身像"。汤显祖是佛教徒，对惠能为佛教的献身精神无限敬佩，对照自己，深感"惭愧浮生是宰官！"（《南华寺二首》）。

结束南华寺的游访，行船顺北江南下，过英德，进入飞来峡，一路多滩

南华寺（吴凯提供）

多矶。这种滩和矶的命名多以石头形状。有子篙滩、凭头滩、泻洒滩、翻风燕滩、浪石滩等滩矶和浈阳峡、大庙峡、中宿峡（一名峡山）等峡谷。这时的汤显祖还没有从遭贬的阴影中完全挣脱出来，船在这深山峡谷漂流，他感到自己像只南飞的离群孤鸟。前头就要经过"弹子矶"，"弹子"是专用来打鸟的，面前的地名与自己的实际遭遇不由自主相联系，感到自己的人生之旅正面临着危机四伏的恶劣环境：

  南飞此孤影，篝峭行人稀。
  鸟口滩边立，前头弹子矶。
       ——《汤显祖全集》卷十一《凭头滩》

在这种心情下的汤显祖，和周宗镐握别时的悲苦一幕不时浮现眼前。到浈阳峡时，他做了一个奇怪的梦，梦见周宗镐向他告别，说他已经和饶仑在一起了。果然就在当月过后，少年以文章意气自豪，性轻财，乐助人的周宗镐竟在贫病交加中死去。汤显祖出于对朋友生离死别的真挚情感，哪管这梦境的真假，便写了《哀伟朋赋》以示悼念。这篇情真意切，悱恻动人的赋作，抒发了对这两位同窗的深厚情谊，寄托了他对死去的好友的深沉哀思！

行船经清远于十月小雪前后就到达了广州。广州城北靠高山，南临大海，珠江环城过，五河汇于海；水得山而壮，山得水而活，城得山水而灵。自汉唐以来，广州作为中国海上"丝绸之路"的出发地和长盛不衰的外贸城市，到此时一直是全国唯一对外贸易的港口城市，拥有60多万人口，上千艘的楼船聚于珠江之滨，汤显祖作有《广城二首》，其中一首抒发了他对热闹繁华广州的惊叹：

　　临江喧万井，立地涌千艘。
　　气脉雄如此，由来是广州。
　　　　　　——《汤显祖全集》卷十一《广城二首》之一

抵广州后，走官道应西行肇庆，过阳江、高州而入雷州半岛，但汤显祖并没有这样走，而是绕道去了东莞的罗浮山。

罗浮山位于广东东江之滨，与增城、龙门两县接壤。山势雄伟壮丽，自然风光旖旎，是东晋著名的道教学者葛洪的修炼之地。道教称它为第七洞天，山上寺观遍立。这里有葛洪的炼丹灶遗址、洗药池和衣冠冢，还有他创建的冲虚古观。汤显祖自幼在祖父、祖母虔信道教的环境里长大，此山对他来说是做梦都想游的神仙洞府。汤显祖来游罗浮山不只是来赏这岭南第一山的自然风光，他还有心愿需要了却：一是当年"走广"经商的堂叔父客死东莞，需要到墓地祭拜；一是要上罗浮看望好友祁衍曾的遗孤。说到汤与祁衍曾的结交，还成了晚明文坛的一段佳话。原来祁衍曾是东莞县的官宦之家，隐居罗浮，自号罗浮山人。他与黎文表、欧大任并称为"岭南三大才子"。祁此人纵情山水，万历四年（1576）新中举，便东游武夷山，北上白鹿洞书院，所带盘缠用光，困于南昌城。他和两个家僮手持他书写的《乞食书》到街市行乞。汤显祖看到《乞食书》，大为惊奇，立即与祁见面，结为好友，并出资送他回乡，其名遂倾动一时。

来罗浮山前，汤显祖已与南海知县崔子玉和东莞儒者翟从先约好，陪他同游。可结果崔子玉未能赶到,汤连写诗两首表达遗憾,翟从先还是先到了。农历十月三十日,汤显祖和翟从先一早出发,在夕阳快下山时到了山脚下的衙冈。朱明观的道士闻讯前来招呼他们住朱明曜真馆。次日,冒微雨到石洞,拜访逃庵主人叶春及,共"听泉于廊阿"。初二,在上帝泉蝴蝶洞中避雨,欣赏雨中的罗浮山"只是雨花飘,片片成蝴蝶"。初三,前往黄龙讲堂和青霞洞湛公楼凭吊与王守仁齐名的理学宗师湛若水遗迹,连作诗四首怀念这位岭南大儒。初四,一早从青霞谷出发,到美人峰峰顶观日出。下山,同行的翟从先体力不支,就先行退下,而汤显祖游兴正浓,独自登上了罗浮最高峰飞云顶,顿觉"草树飞走,光气有异",仿佛感受到了来自这仙山的仙气。从罗浮最高处往下俯瞰,景象奇特壮观,"可谓恢魁乎大观,渊绵其神致也哉!"汤心满意足,枕石卧思,想起了东晋谢灵运作的《罗浮赋》,文思如泉涌,借来道士的笔墨奋笔疾书,写下二千余言的《游罗浮赋》,诗10多首,为岭南文化留下了灿烂的篇章。

回到广州,已是十一月初六日。汤显祖又乘船去南海、香山,后绕道去游了澳门。他的船只经香山到达开平县南三十里处,有个长沙圩,临蚬江。由于这一地名与湖南长沙同名,便联想到西汉贾谊曾遭权贵的妒忌,贬为长沙王太傅,今天的自己不正如当年贾谊一样吗?汤显祖写下了这样的诗句:

> 树惨江云湿,烟昏海日斜。
> 寄言贾太傅,今日是长沙。
> ——《汤显祖全集》卷十一《度广南蚬江至长沙口号》

游澳门后,汤显祖乘船过恩平抵达阳江。仲冬天气,在临川已有几分寒气逼人,而在阳江道中却仍有暑热之感。为避热,汤显祖在阳江改乘海船去琼州海峡,他要先游涠洲岛后再到徐闻贬所。

涠洲岛位于徐闻西北,北海半岛东南。这里夏无酷暑,冬无严寒,气候宜人,被人称为"南海蓬莱"。在涠洲岛东南9海里处有斜阳岛烟波相望,两岛被喻为"大小蓬莱"。汤显祖乘船经斜阳岛再登上涠洲岛。斜阳岛是因从涠洲岛观太阳斜照此岛全景十分壮观而得名。汤显祖夜宿涠洲,参观了岛

涠洲岛的汤显祖塑像（吴凯提供）

上的珍珠养殖地。第二天早起观看了这岛上的日出，写下"日射涠洲郭，风斜别岛洋。交池悬宝藏，长夜发珠光"（《阳江避热入海，至涠洲，夜看珠池作，寄郭廉州》）的诗句。第二句的"洋"为"阳"误，指斜阳岛，不是"船过徐闻靠不了岸，只得随风漂流"。③涠洲、斜阳二岛，都是死的火山岛，汤显祖站在涠洲岛上观看了海上日出的壮丽景观，目睹了珠民的苦难生活，遥想东汉时合浦太守孟尝励精图治，将多年滥捕殆尽的合浦珍珠生产迅速恢复到可持续发展的状态；西汉末年任南昌县尉的梅福，为抵制王莽篡权，退隐西郊飞鸿山（今叫梅岭）。汤显祖这首《阳江避热入海，至涠洲，夜看珠池作，寄郭廉州》的排律写的是他从阳江下海经琼州海峡到涠洲岛看珠池的一路景观与感悟，寄给即将上任的廉州太守郭廷良，寄托着对他的期待。"为映吴梅福，回看汉孟尝"一句，颂扬了梅福与孟尝为官的高风亮节，同时也表达了自己要以先贤梅福与孟尝为榜样，"万里炎溟，冰雪自爱"（《答徐闻熊令》），在徐闻要"为官一任，造福一方"。汤显祖去徐闻没有走回头路，而是在合浦廉州停泊上岸，由陆路折回徐闻。

当年汤公在涠洲岛的观海处在岛上的火山口上，今已开发为旅游景点，建起了"汤翁台"。新塑的汤显祖紫铜雕塑，安详、巍峨，肃穆地安放在这里。这里已成为这岛上一道亮丽风景。前来登岛游览者都选在汤公塑像前合影留念。汤显祖当年在这写下的这首排律镌刻在塑像下的石碑上，成了这涠洲岛招揽游客的响亮的广告词。

二、澳门行与端州逢传教士

澳门古称濠镜，位于南海之滨，珠江口的西岸。明时属香山县管辖，故又称香山澳。嘉靖三十六年（1557），葡萄牙人以晾晒货物为由，又通过行贿地方官员、缴纳地租方式，取得了中国朝廷允许他们在澳门居住的权利。他们在澳门搭建住房、营造村落、建教堂。澳门从此成为中国最早和西方发生全面接触之地。

三十四年过去，此时的澳门已成为沟通东西方经济的重要商埠，晚明对外贸易的重要通道。

汤显祖之所以要去澳门，主要是怀着好奇心考察大明帝国唯一对外开放的窗口。还有是"病余扬粤夜"，即他的疟疾未能痊愈，进入广东后还有发作，他听说洋商人带进的西药治疗此类病比传统中药见效。汤显祖欲到澳门购买这种"灵药"。

澳门所见令他眼界大开，在内地还是自给自足的农桑经济，而眼下澳门的葡萄牙人，不务农田不栽桑，住着高楼大厦，穿着华丽衣裳，佩戴贵重珠玉，靠的是登船出海，到海外采购珠宝来到澳门交易，以至连河海都染上珠光宝气：

不住田园不树商，崎珂衣锦下云樯。
明珠海上传星气，白玉河边看月光。
——《汤显祖全集》卷十一《香岙逢胡贾》

番禺与澳门相邻，这里居民已深受澳门葡萄牙人的影响，打破了以农为本的传统观念，转而经商。为了寻求生意的赢利，番禺人不惜离乡背井，别下妻小，经历十天的海上风波，去"真腊"（柬埔寨）做生意：

槟榔舶上问郎行，笑指贞蒲十日程。
不用他乡起离思，总无莺燕杜鹃声。
——《汤显祖全集》卷十一《看番禺人入真腊》

通过翻译，汤显祖了解到，那些去南洋诸国的葡商从占城（位于今越南中南部的一个古国）出发，十日便到达交栏山（今印度尼西亚格兰岛），众多的西洋船舶在东海上疾驶如飞。葡人下海也用"握粟"（即占卜）来预测凶吉。占卜的结果是，要先在三佛齐的港口停泊，然后再去九州山采购香料：

占城十日过交栏，十二帆飞看溜还。
握粟定留三佛国，采香长傍九州山。
——《汤显祖全集》卷十一《听香山译者》之一

澳门的葡萄牙少女，长得如花似玉，用蔷薇香水沾洒衣裳。少女的美丽如西海边上刚升起来的新月，口中吐出的香气就像爪哇国张尾翅放香的倒挂鸟。汤显祖用诗这样描绘所见的外国女郎：

花面蛮姬十五强，蔷薇露水拂朝妆。
尽头西海新生月，日出东林倒挂香。
——《汤显祖全集》卷十一《听香山译者》之二

澳门港的中外商船往来不绝，这些船舶不仅进行香料的贸易，而且已有了鸦片的交易。用于淫乐用的"金丹""红丸"大都是由鸦片制成，皇上常不惜"千金一片"派人到澳门高价采购。汤显祖了解这事之后，委婉地表达了讽喻之情：

不绝如丝戏海龙，大鱼春涨吐芙蓉。

千金一片浑闲事，愿得为云护九重。

——《汤显祖全集》卷十一《香山验香所采香口号》

"海龙"，指海神海龙王；"大鱼"，指船头画有龙或鳌鱼的海船；"芙蓉"指阿芙蓉，即鸦片；"九重"，指人君，此指神宗皇帝。此时的汤显祖虽是受贬"罪臣"，但仍对神宗吸食鸦片影响健康表示担心，愿像云追随龙一样保护皇帝神宗。

葡萄牙人入居澳门后，不同民族的商业贸易带来文化的交流。宗教是文化的重要组成部分，欧洲的传教士也随着商船纷至沓来。嘉靖三十一年（1552）公历8月西班牙天主教传教士沙勿略用偷渡的方式，在一个中国翻译的陪同下第一个来到广东沿岸的上川岛。万历六年（1578）至万历七年（1579），意大利人范礼安和罗明坚以天主教神父身份先后来到澳门，开始他的传教生涯。万历十年（1582）经两广总督陈瑞的批准，耶稣会士在肇庆建造教堂与住宅。万历十一年（1583）公历9月，利玛窦等人从澳门取水道沿西江而上，进入了当时南方政治、经济、文化中心的"两广总督府"所在地肇庆，在西江边上建起了"仙花寺"教堂，成立了现代传教所和圣母院。从此揭开了东西方文化交流的历史新篇章。但好景不长，到万历十七年（1589）新任两广总督刘继文要将"仙花寺"占着作为自己的生祠，把利玛窦赶出了肇庆，迫使他们在公历8月15日升天节那天迁往韶州。

万历二十一年（1593）春，神宗为汤显祖"落实政策"（那时叫"量移"），调他去遂昌任知县。汤显祖从徐闻取官道经过端州（今广东肇庆）先回老家临川，在肇庆旅店住下歇息听到当地百姓说，有个叫利玛窦的洋和尚迁到韶州一年多了，现又来了两个天主教徒在广场和街头巷尾进行传教活动。汤显祖想起去年经过韶州时他就看到了在城西光孝寺前的西河岸边新盖的天主教堂，人们议论住在那里的几个洋和尚不像出家人那样隐修，而是常出入官府，结交了许多达官贵人，又从不向人化缘，生活还过得很好。还说有个叫利玛窦的，"身怀无数奇技异能"，能把土炼成黄金。华南寺的长老们对他们嗤之以鼻。汤显祖听到这些，对利玛窦等人到来的目的产生疑虑：这些人来这到底干什么？天主教到底是怎么回事？他想去长长见识，于是去观看了他们的传教活动。但见这两个传教士，长着一对绿眼睛，蓄着长而卷曲的满脸胡须，随身背带有耶稣天主油画像，油彩堆积的画面像鳞片一样粗糙（甲错），镶嵌在精美的似神龛样的镜框之中，用红纱笼罩着，显得十分庄重珍贵。就像龙脑树，树皮粗糙，可那香气却藏在树中一样。汤显祖观看传教活动后，认为他们从遥远的西方来到中国是个奇迹，他们持有罗马帝国钤以金印的黄金文书，身份不用怀疑。通过翻译，传教士自我介绍他们来自西方，那里是不信佛教的，谈到说，那佛教的发源地天竺（即古印度）也早已没有佛教了。汤显祖有诗写下所见的一幕：

  画屏天主绛纱笼，碧眼愁胡译字通。
  正似瑞龙看甲错，香膏原在木心中。
  二子西来迹已奇，黄金作使更何疑？
  自言天竺原无佛，说与莲花教主知。
  ——《汤显祖全集》卷十一《端州逢西域两生破佛立义，偶成二首》

  对"西域两生"，徐朔方先生认为是意大利神父利玛窦和和特·彼得利斯（中文名石方西）[④]，然而利玛窦在肇庆和韶州期间是削发断须穿着僧袍的洋和尚。"愁胡"一词，最常见解释是指"发愁的胡人"，因此有人说在这里"'愁'是一种情绪，可形容胡人而不形容胡子"。然而"胡人"就是长很多胡子的人，"须"称之为"胡子"来历正在此。《史记·大宛列传》记载，西域胡人"皆深眼、多须髯"。唐代岑参诗："君不闻胡笳声最悲，紫髯绿眼胡人吹。"（《胡笳歌送颜真卿使赴河陇》）因此，"愁胡"谓满嘴长着卷曲且长的胡须的传教士，它和"碧眼"为西欧人最为典型的外貌特征，与这一时期的利玛窦外貌形象不符。汤显祖是万历二十一年（1593）春节后的二月间经过肇庆，恰在此时利玛窦去南雄进行传教活动，而且时间不短[⑤]。汤显祖路过肇庆时，利玛窦人还在南雄，不可能在肇庆与利玛窦相遇。再说1593年已是利玛窦来中国传教的第十个年头，此时利玛窦已是一个中国通。他习汉字，操流利汉语，早已融入中国社会，进行传教活动根本就不需"译事"便"通"。那时的广东是海防前线，地方政府对进入广东的外国人虽限制严格，但传教士还是可以自由出入澳门与肇庆之间。石方西的入境，就是既没有提出申请，也没有等待批准。他是在当局者每个人都很忙碌的时候到达的，没有人阻止他的到来。[6] 很有可能是在利玛窦移居韶州后，澳门传教团不愿随便放弃肇庆这块基地，不时从澳门派出传教士，到肇庆做短期的传教活动。史实是：1589年8月利玛窦被迫迁往韶州，待总督刘继文批复了盖教堂的用地后，利玛窦及时寄送到澳门。这时负责远东传教巡视的神父范礼安第三次来澳门巡视。"9月25日或26日，在澳门的范礼安神父接到报告之后，不仅给建设居留地拨了充足款项，而且从印度召来苏如汉、罗如望两名葡萄牙传教士到澳门，要他们准备去内地传教。"[7] 这就是说，汤显祖在肇庆所遇的"西域两生"有可能就是从印度调来的苏如汉和罗如望或其他人，他们受范礼安神父派遣，像中国的游方僧人，背上绛纱笼罩的"天主画屏"，在肇庆的广场和大街小巷进行传教活动。他们因初入中国境内，没有剃须断发，且中文没有过关，还要靠翻译帮他们讲述教义，此时与北归的汤显祖在肇庆邂逅。这样解释似较合乎历史真实。

汤显祖的澳门行以及肇庆遇见西方传教士，虽没有影响他对佛道的信仰，但强烈冲击到他的思想观念，促使了他对现实的思考。他将见闻经历拾为创作素材，写进传奇《牡丹亭》中。如第六出《怅眺》在对柳梦梅身世介绍中，说柳梦梅家住岭南广州，是个二十多岁、满腹经纶、家境贫寒的白衣秀士，靠仆人种树栽果养活自己，感到非长远之计，便向好友韩才子讨主意。韩才子向柳梦梅介绍钦差识宝使臣苗舜宾。这是位爱人才、奖掖后进的老先生，现正在香山岙（今澳门）多宝寺鉴定各种宝物，劝梦梅前去谒见。又第二十一出《谒遇》，梦梅赶到香山岙多宝寺。寺在深崖之中，为洋人所建，里面藏着各种珍奇宝贝。朝廷特派识宝使臣，专管鉴宝之事，庙里的住持正忙着迎接。前来迎接苗舜宾的不仅有僧人还有翻译（即通事）和洋人（番鬼）。柳梦梅到了多宝寺谒见苗舜宾，在观赏宝物中，高谈阔论，说这些价值万金的宝物饥不能果腹，寒不能蔽体，只不过与残砖碎瓦相似，不算真的宝贝。在此国家外有强虏，内政不修之际，唯有文能安邦，武能定国的豪杰之士才是稀世珍宝。并毛遂自荐，说自己就是一个。柳梦梅的经世安民方略得到苗的赏识，认定柳是个满腹经纶的才子，要他把才学献给圣朝天子，当即慷慨资助了柳的上京路费。这是《牡丹亭》至关重要的一个转捩情节。正因为柳得到苗舜宾送的盘缠,他才翻五岭进京,在江西南安落水中遇陈最良,得宿梅花观,在游太守后花园中拾得杜丽娘的木匣丹青画卷,得与丽娘鬼魂幽会,以至掘尸还魂等一系列情节的发展。从此可见,澳门行对汤显祖写《牡丹亭》一剧有重大影响。再如第六出《怅眺》、第二十一出《谒遇》和第二十二出《旅寄》三出故事发生地都安排在澳门,这是话本《杜丽娘慕色还魂》所没有的,都是汤显祖澳门行后受到启发加进去的。剧中借韩秀才和柳梦梅的对话、韩愈和柳宗元的被贬,暗喻自己怀才不遇和不畏权贵受到的打击。汤显祖将澳门与肇庆所见铺陈为剧中人物的活动场景,"香山岙"(即澳门)、"香山岙里巴"(圣保禄教堂)、"番鬼"(洋商人)、"通事"(翻译)和澳门的珠宝交易都被写进了剧中的曲词。这些场景与曲词和《香澳逢贾胡》《听香山译者》《香山验香所采香口号》和《南海江》等诗作,真实地反映了当时澳门的风土人情及华夷贸易,已成了最早的澳门文学和记载澳门中西交往的文献。汤显祖是我国最早接触西方文化的古代文人,但他对于肇庆所见的"破佛立义"的传教活动,却有他的看法与态度。《牡丹亭》一剧将澳门的天主教形式改为佛教形式出现在舞台,就表明了汤显祖是站在佛家僧侣一边,对"破佛立义"持有反对态度。

三、泛海游琼州

琼州(今海南岛),孤悬海外,自古称作"炎荒之地"。西汉武帝元鼎五年(前112)四月南越王相吕嘉叛乱,武帝遣伏波将军路博德征剿平定南越后,路博德首开岭南九郡,海南设儋耳、珠崖二郡,标志着中央政权对海南岛直接统治的开始。东汉建武十六年(40)春,交趾女子征侧、征贰姐妹造反,光武帝急拜马援为伏波将军,率军沿海南下征战,大败征侧,"立铜柱纪功而还"。汤显祖贬谪徐闻,想借机饱览南国山水,现罗浮山已游过了,葛洪的炼丹井也看到了,擎雷山就在相邻的海康境内,随时可行,唯有"马伏波铜柱"在吸引着他。汤显祖从唐诗"珠厓天外郡,铜柱海南标"(宋之问《早发韶州》)、"铜柱朱崖道路难,伏波横海旧登坛"(张渭《杜侍御送贡

海南五指山（黄海林提供）

物戏赠》）知道"珠厓""朱崖"就在海南。先后两伏波将军"皆有功德于岭南之民"，在海南西部的儋州、感恩（今东方）等地都有"马伏波井"，并流传着"神驹踹泉"的神奇传说。海南是中国的南端，汤显祖现在自己也沦落瘴乡，他要跨海去看马伏波铜柱，凭吊与他一样曾遭贬在此的历代先贤。

自唐代宰相张九龄提出放逐之臣勿使居善地之后，琼州就成了谪客逐臣流放之地。唐有韦执宜、李德裕，宋有苏轼、李纲、李光、赵鼎、胡铨等贤相名宦和文坛巨子先后贬谪来琼，沦落瘴乡。先贤们带来的中原文化教化了黎民，改造了蛮风。他们的人格与才智，促进了琼州大地的文明开化。到明代"荒蛮"的琼州已成地杰人灵的"奇甸"，孕育了文渊阁大学士丘濬，"市一棺，诀妻子"冒死直谏的海瑞和南礼部尚书王弘海等赫赫有名的辅相和郎官。琼州对汤显祖有着神秘感，"来广不来琼，冤枉走一遭"，汤显祖岂能错过这块神秘热土。

汤显祖是否跨海游过海南？徐朔方的《汤显祖年谱》与《汤显祖评传》未曾提到。黄芝冈的《汤显祖编年评传》则错把汤显祖在南京写的《定安五胜诗》定为贬徐闻后游海南所作。然而该诗诗序写得很明白："敬睹缥录大宗伯王公仙居琼海定安山水，奥丽鸿清，条为五胜，颇存咏思。某虽性晦天海，神悬仁智，至如幽探闳采，常为欣言。不觉忘其淬怀，永彼高躅云尔。""大宗伯王公"即王弘诲，海南定安龙梅乡人，嘉靖四十四年（1565）进士，馆选庶吉士，授翰林院检讨、编修，曾任北京国子监司业、南京国子监祭酒、南京吏部左侍郎、南京礼部左侍郎。万历十七年（1589）六月升任南京礼部尚书，汤显祖为礼部主事，他俩是上下级关系。"定安五胜"为"五指山"、"彩笔峰"（即文笔峰）、"金鸡岫"（即金鸡岭）、"马鞍岘"（即马鞍岭）和"青桥水"（即桥头泉）。"五指山"位于琼州中部，明、清时属定安县境内，主峰海拔1879米，恰似掌形，直插云天，被看成海南岛的象征；"彩笔峰""金鸡岫""马鞍岘""青桥水"四大风景名胜皆环绕王弘诲的家园龙梅村四五里方圆内。王弘诲钟情故乡山水，少年时代常登临题咏，为官后，"每绘图悬小斋中，以当少文卧游"。往来诗友发现王公这幅故乡山水图，便相与唱和。汤显祖在南京礼部和王弘诲既是同僚又是诗友，当看到"大宗伯王公"用青白色的丝绢绘制的故乡"五胜"卷帙，"颇存咏思"，起而唱和。汤显祖在《金鸡岫》诗中有"暂此鸡笼山，凭虚舒听眺"一句，即表达自己没有亲临其境。汤显祖和唱的"五胜诗"，有《五指山》一首收录在光绪四年（1878）修的《定安县志·艺文志》中。该诗与徐朔方笺校《汤显祖诗文集》中的同名诗不是一个版本，兹录如次（括号内为徐先生笺校本）：

  遥遥五指峰，崭绝珠崖右。
  纤（飞）耸佛（明）轮光，嵌空巨灵手。
  迭嶂（嶪）开辰巳，修峦（纤）露申酉。
  天霄烟雾中，海气晴明后。
  一峰时出云，四州纷矫首。
  主人毓灵（定安）秀，面峰（睇挻）凿虚（灵）牖。
  岚翠古森萧（洒），挥弄亦已久。
  时（方）从吴会间，离离望北（满星）斗。

汤显祖通过对定安"五胜"山水的神游，赞美海南岛虽孤悬海外，却聚集了天地间灵秀之气，英才辈出，从而表达对王弘诲的一片景仰之情。然而汤显祖到徐闻后确又跨海游了琼州，并留下了多篇诗文。

万历十九年（1591）十一月下旬，汤显祖风尘仆仆来到徐闻上任后不久，便和嘉靖四十三年（1564）中举，曾任随州知州的徐闻人士陈文彬（时在家闲住）兄弟建立了交情。在陈文彬等的陪同下，他"浮槎"跨海游琼州。行船从徐闻县东南20里外的沓磊港官渡出发，时令虽值寒冬，但海上却像晴朗的秋天一样，直插云天的五指山依稀可望，琼州海峡波浪滔天，行船破浪直下琼州大地：

> 沓磊风烟腊月秋，参天五指见琼州。
> 旌旗直下波千顷，海气能高百尺楼
> ——《汤显祖全集》卷十《徐闻泛海归百尺楼示张明威》

"然琼昔于四州陆路少通，多由海达。"汤显祖泛舟跨海后从西海岸线南下环岛而行。在临高、儋州、崖州（今三亚）和万州（今万宁）等地上岸做了考察。

海南岛的最早土著居民是黎族。从宋代开始，统治者把归化已久，衣食与汉民相同，语言相通，间有读诗书者，称为"熟黎"；而把多居五指山区，"世代不服王化"的黎族称为"生黎"。李德裕是唐武宗时的贤相，河北赞皇人。晚年因牛、李党争中受牛党构陷，谪贬潮州司马，继而再贬崖州（那时崖州在今三亚崖城）司户参军，并客死贬所。他死后，子孙流落黎地，成了黎人。由于历代封建王朝对黎族进行的羁縻征剿，一些黎人不得不退居深山老林，成了与外界隔绝的未得开化的生黎。汤显祖上岛后，听说李德裕死后，皇帝曾授命画了一幅遗像，流落在黎人（也可能就是李德裕的子孙）手中。黎人对李德裕十分敬仰，对遗像悉心珍藏，每年都要拿出来晒一次。汤显祖想起李德裕生前功勋彪炳，声名显赫，朝野无人能比，死后成了鬼门关外客，永远都做他乡之鬼，作诗表达对李德裕不幸遭遇的深切同情与伤感：

>　　英风名阀冠朝参，麻诰丹青委瘴岚。
>
>　　解得鬼门关外客，千秋还唱《梦江南》。
>
> ——《汤显祖全集》卷十一《琼人说生黎中先时尚有李赞皇诰轴遗相在，岁一曝之》

　　在明代，海南琼州（今海口市琼山区）已升为琼州府，统辖儋州、崖州、万州三州和琼山、澄迈、临高、定安、文昌、昌化（今昌江）、感恩（今东方）、乐会（今琼海）、会同（今琼海）、陵水十县。当行船驶过后水湾到达儋州白马井时，汤显祖将船开进港湾到达中和镇，这里是宋代大文学家苏轼的贬所。在寻访苏东坡遗址时，想起当年他初到儋州，昌化军使张中对他很好，让苏轼暂住行衙。苏轼故旧断绝，见到海南特有的一种称为小凤凰"五色雀"鸟，竟高兴地把它当成能慰藉自己的知心朋友。后张中又派军士修葺伦江驿供苏轼居住。此事不久被人告发，章惇派人去到儋州，将苏轼赶出官舍。张中因此遭罢黜。苏轼多得当地黎子云兄弟等帮忙建造新屋，起名为"桄榔庵"。从此苏轼与黎子云等结为好友，常在一起喝酒论诗，倾诉情怀。三年贬谪生涯，倒也过得苦中有乐。汤显祖想到自己现在也是贬谪之人，他是多么希望能在徐闻结交到像黎子云那样的知心好友啊！有诗写道：

>　　凤凰五色小，高韵远徐闻，
>
>　　正使苏君在，谁为黎子云？
>
> ——《汤显祖全集》卷十一《海上杂咏》之七

　　海南的黎族是个有自己语言而没有自己文字的民族。西路的昌江、东方和崖州（今三亚）以及中部的五指山地区都是黎族聚居地。黎人在长期的生产和生活中，无论是生产方式、生活习俗还是恋爱、婚姻和社交礼仪等方面都与汉族有许多不同之处，富有神秘色彩。汤显祖曾亲自到了黎寨考察黎族的民情风俗。用诗记叙了他的见闻：

>　　黎女豪家笋有岁，如期置酒属亲至。

自持针笔向肌理，刺涅分明极微细。
点侧虫蛾折花卉，淡粟青纹绕余地。
便坐纺织黎锦单，拆杂吴人采丝致。
珠崖嫁娶须八月，黎人春作踏歌戏。
女儿竞戴小花笠，簪两银篦加雄翠。
半锦短衫花襆裙，白足女奴绛包髻。
少年男子竹弓弦，花幔缠头束腰际。
藤帽斜珠双耳环，缃锦垂裙赤文臂。
文臂郎君绣面女，并上秋千两摇曳。
分头携手簇遨游，殷山沓地蛮声气。
歌中答意自心知，但许昏家箭为誓。
椎牛击鼓会金钗，为欢那复知年岁。

——《汤显祖全集》卷十一《黎女歌》

诗描述了一幅黎家风俗长卷：在黎家的天地里，女人视文身为美容和氏族美德。黎族少女长到12岁至16岁期间，就算是成年（及笄）了，必须逐期进行文面、文肢和文身。施文开始，须选定吉日佳时，由文婆（文师）举行仪式。受文者的父母要杀鸡或猪，摆宴请酒，庆贺祖先赐予受文者美丽的容貌。文婆拿着从山野采来的坚韧尖利的白藤或红藤带刺的叶梗，制成文针，按施文部位先画好的图案，用文针把自制的青蓝色的染料水和炭屑沿着图案一针一针扎进皮肉中去。黎女们勤劳手巧，个个都能织出有立体花纹图案的黎锦和筒裙，原料除自种的棉花和藤麻外，还向江苏一带的汉商买进丝绸、绒线、纱线。崖州（今三亚一带）黎家结婚日期一般都选在农历八月，每年春季三月三，黎家男女盛装打扮，带着山栏米酒和竹筒饭来到会合点，手拉手踏着节奏，尽情地对歌。黎女们头戴着小花笠，插着银篦还加上山鸡的翠色羽毛；男青年挎着竹制的弓箭，色彩鲜艳的花幔系扎在腰间，手臂上露出各种图腾的臂纹，戴着藤帽，显得威武英俊。这些男女青年或荡秋千，或携手到丛林翠竹里、山洞小河边，用轻歌婉调，倾心投情。对歌中，男方先唱来意歌，表明是找情侣还是求婚，女方用歌表明她有无情人。经一

黎家婚恋对歌（温泉提供）

段时间的热恋，男女双方关系确定，在结婚的前一天，男方派人到女方家，唱支定亲歌后，就把一枝特制的箭插在女方家的墙上，表示婚事已定，明天来娶。到结婚那天，男方要杀牛、敲锣打鼓去迎亲，新郎新娘要拜天拜地拜祖宗，送新娘队伍到新郎家后，就要进行"饮福酒""逗娘""对歌"等一系列活动，大家享受通宵达旦的欢乐。你看，汤显祖对黎家生活的观察是多么细致！

槟榔是海南的特产，崖州及东路各县都产，海南民谚有"东路槟榔西路米"之说。槟榔树高十余丈，皮似青铜，叶似甘蔗，果实大如桃李。其味辛辣气芳香，有消瘴健胃的功能，还可用作婚聘定礼。汤显祖品尝了槟榔果，体验了它的食用与药用价值。

汤显祖离儋州后向最南端的一个县——珠崖进发。珠崖又叫崖州（今三亚），这里唐宋时期，也叫临川县和临川镇，和汤显祖的家乡县名相同。这里的河也和汤显祖家乡河一样，也称临川水。真是神奇的巧合！汤显祖来到琼州的临川，品尝到了江珧（又叫醋螺），唯琼州临川所特有，而故乡抚州临川无此物。汤显祖颇有感慨，题诗一首云：

见说临川港，江珧海月佳。

故乡无此物，名县古珠崖。

——《汤显祖全集》卷十一《海上杂咏二十首》

汤显祖的《海上杂咏二十首》，所咏风物皆海南所具有，五色雀、鹩哥、益智子、槟榔、花梨木等都是海南特产。"珠崖如囷"的地貌，临高有个"买愁村"（今皇桐乡美巢村）；"半月东来半月西"的潮汛；"冬无冻寒"的海南在正德元年（1506）于万州（今万宁）出现了"槟榔寒落冻鱼飞"的雪景奇观；看到用五色藤编织的"真绝奇"藤工艺；北方的喜鹊本飞不过琼州海峡，可景泰初年，有指挥李翊，"自高化取雌雄十余，纵之城隍间"，喜鹊也得以在海南繁衍。可见《海上杂咏二十首》多为这次泛海游琼州所作。

从诗《白沙海口出沓磊》可知，汤显祖游琼州后是从海口白沙门渡口回徐闻沓磊港的。海口那时是隶属琼山县的小镇。"白沙海口"即白沙口，又名神应港，在今海口市南，明代置守千户所，称海口所。这里是当年出入琼州最主要的港口。汤显祖看到白沙门渡口一望无际的沙滩，感到何必要到万里外去寻沙漠，这里不就有了吗？环岛一游后，气候变得更冷了，那连天的海浪，拍打到岩石上，吐着如雪的石花，令人衣不胜寒，有诗记述：

东望何须万里沙，南溟初此泛灵槎。

不堪衣带飞寒色，蹴浪兼天吐石花。

——《汤显祖全集》卷十一《白沙海口出沓磊》

汤显祖的琼州之行，考察风土人情，对海岛的自然与人文景观留下深刻的印象，为他以后的戏曲创作积累了素材。他的"临川四梦"，尤其是《邯郸记》一剧，从第二十出《死窜》到第二十五出《召还》，故事发生地点已移到海南。卢生被奸相宇文融构陷，从云阳市法场死里逃生，"远窜广南崖州鬼门关安置"，实取自唐代贤相李德裕贬崖州司户参军的事实；卢生到鬼门关遇到一樵夫告诉他："州里多见人说，有大宦赶来，不许他官房住坐，连民房也不许借他。"樵夫可怜他，把他领到自己的"碉房住去"，这是苏轼贬到儋州后，军使张中将伦江驿供他居住，章惇派人将苏轼赶出官舍，儋人黎子云兄弟等帮苏轼建造"桄榔庵"一事的推衍；"窜居海南烟瘴地方，那里有个鬼门关"，"地折底走过，琼、崖、万、儋。谢你鬼门关口来相探"，"我魂梦游海南，把名字碉房嵌"等台词更是直白地描述海南的地理环境。险恶的自然地理环境是人物命运的折射，汤显祖把人物放到琼州险恶的环境中，增强了对人物命运的关切，深化了剧本的主题。

四、讲学倡贵生

从阳江乘海轮到涠洲岛，汤显祖饱受了海上颠簸之苦，回程没敢再走海路，而是北上合浦廉州，停泊上岸，经陆路折回徐闻。在途中遇到张居正的次子张嗣修，时令已仲冬。世事沧桑，当年靠父亲权势高中榜眼与当年拒绝其父结纳而落榜的两个人，现在一个削籍，一个贬职，都流放到了这烟瘴之地。在握手的那一刻，"风味殊苦"，都感到仕途险恶，人生无常，世事荒诞不经。

徐闻地处雷州半岛最南端，自然条件与社会环境都非常恶劣。那里"白日不朗，红雾四障，猩猩狒狒，短狐暴鳄，啼烟啸雨，跳波弄涨"。它是雷神诞生地，年平均雷暴达130天，台风、地震、雷暴、大旱、蝗灾连年。外部社会环境是"三面阻海，倭奴东伺，交趾西窥""少有不戒，肆行剽掠"。徐闻先秦时属南越。公元前111年，汉武帝灭南越，设立徐闻县。东汉时，中原战乱，南迁百姓进入雷州半岛，带来了农耕技术。北宋后，一批刚直的官员遭贬谪来到岭南，带来了中原文化，他们自身的清廉正气，也使得半岛的民风吏治得到整饬。当汤显祖来到徐闻后，感到"士气民风，亦自敦雅可爱，新会以南为第一县"（《雷州府志》）。但"一方水土养一方人"，长期生活在这种恶劣的自然与社会条件下的雷州人形成了"性悍喜斗""轻生好斗"的性格，且不少人愚昧无知，"病不请医而请巫"；教育落后，人文凋敝，"总不好纸笔，男儿生事穷"（《海上杂咏》），"自明成化戊子后，科目十有缺九"，到嘉靖，因倭寇骚扰，"以致学宫茂草，弟子员十仅一二"，"久废讲席，求所为执经问业者，岁不一也。故百余年绝弦诵声"。到万历朝，徐

徐闻贵生书院（吴凯提供）

闻城内，除孔庙学宫外，只有崇德、广业、复初、明善四所社学。

汤显祖的官职是典史，掌管缉捕狱囚，官位不入品阶，在县丞与主簿之下。通过考察民情后，他感到"轻生好斗，不知礼义"是导致徐闻社会治安不良的重要原因。他深知要扭转这一陋俗的根本举措在于加强教化，提高人的思想品德与文化素质。因此他上任伊始首先抓的就是教育。"典史添注"本是没有编制的冗官，在县衙不好给他安排住房，就把他安置在衙外的一间公寓里。汤显祖就用这间公寓既用作住所又用作教室，"自为说训诸弟子"，开展讲学论道。希望人们通过接受文化教育，重视人的生命价值，改变"轻生好斗"的陋习，于是他把这临时性的讲堂起名为"贵生书院"。

徐闻人士对汤显祖的才名早就有所耳闻了，现在他亲自来讲学，慕名前来求教者络绎不绝。凡听过汤显祖讲课的人都说得到许多"闻所未闻"的新知识，"有如寐者恍焉觉寤"。徐闻人敬仰汤显祖的地方不只是他的文才，更有那宁愿落第也不受权相笼络和上疏直言揭发时弊的清正品格。一些正在学宫受业的弟子们，也都争着拜汤显祖为师，常带着许多疑难问题来向汤显祖请教。汤显祖对来访者总是以诲人不倦的精神认真地启发他们，以至"海之

徐闻贵生书院（徐闻县博物馆提供）

南北从游者甚众"，访客每天把他的寓所挤得满满的，常容纳不下。这时官府发给了他一笔"劳饷"（生活津贴），他便与知县熊敏商量，选择一块干爽开阔地带，捐出自己的"劳饷"，建一座正式的"贵生书院"。熊敏是江西宜丰人，与汤显祖是江西同乡，万历十七年（1589）中进士，第二年被任命为徐闻知县，比汤显祖早一年到任。他为人热诚厚道。在汤显祖没来之前，刘应秋就委托朋友聂惕吾写信与熊敏介绍了汤显祖。熊敏与汤显祖也相互有过书信往来。熊敏也是个热心教育事业者，对汤显祖的这一意见极为重视，与汤显祖共同谋划并捐资，在汤显祖住所公馆东边选了一块地，把书院建在那里，并于当年（1591）冬就破土动工。但该书院建成后，由于万历二十二年（1594）到康熙二十二年（1683）雷州半岛发生多次地震灾害，书院在地震中"崩废"。现存徐闻县城古城宾朴村村内西门塘畔的贵生书院是清道光元年（1821）卜地重建。该书院占地约3030平方米，四周有围墙，分前、中、后堂，设有照壁和小亭，两旁有十二间课堂，分别用"博学""审问""慎思""明辨""笃行""格物""致知""诚意""正心""修身""齐家""治国"而命名。

　　汤显祖估计自己要在徐闻待上一两年，表示要"安心供职"，"冰雪自爱"。他从合浦上岸进入到雷州半岛途中，了解到廉州曾有位太守周宗武，清正廉洁，死于任上，贫穷到无法安葬，后来他老婆和孩子只得为人舂米和洗衣度日。汤显祖到任后，用这个事例告诫下属要清廉行政。汤显祖还在代写的《为士大夫喻东粤守令文》中说，身为士大夫，若不能端正自身，如何要求别人端正？身为天子的执法者，就要做个清吏，"清吏之法亦清，浊吏之法亦浊。清吏之法法身，而浊吏之法法人也"。又在代写的《为守令喻东粤士大夫子弟文》中谈道，士大夫的言行对自己子弟起着示范作用。士大夫"害乡闾不德"，他的子弟一定"不怀德"；士大夫滥权越职"行刑"，他的子弟"必不怀刑"。少数士大夫，以他的不法行为影响他的子弟，是在"败名灭种"，就像那些怕子弟受饿，却把含毒的食品给他吃一样。

政局的发展像你方唱罢我登场的戏剧一样，情节出乎意料却又属情理之中。朝中形势的变化比汤显祖的预料要快，曾遭汤显祖弹劾的申时行，后来言官没有放过他，"劾其巧避首事，排陷同官，求罢官"，致使申时行的政治生命结束。大学士王锡爵借故回了老家。陆光祖荣任吏部尚书后，过去遭受到申时行与王锡爵打击的大臣陆续被复官。被削籍的饶伸官复刑部主事，被降剑州（今剑阁县）判官的万国钦量移（有似今天的落实政策）建宁推官。刘应秋为汤显祖复官加紧了斡旋，汤显祖不久也委以新职，量移浙江遂昌任知县。

汤显祖何时离开徐闻？在徐闻供职多久？他有《寄傅太常》书信一通说："委清署而游瘴海，秋去春归，有似旧巢之燕；六月一息，无意（徐朔方改为'异'）垂天之云也。"据此，徐朔方先生定汤显祖在徐闻供职时间为半年[8]，"六月一息"语出庄子《逍遥游》："去以六月息者也"，有学者解读为"乘着六月大风而去"[9]；也有研究者认为"汤显祖在这里的'六月一息'，就是'大风一阵'，根本不是六个月，而是比喻自己像乘着阳气盛的六月（夏历四月）大风贬谪到南海徐闻去的"[10]。此问题见仁见智，尚有争议。然"秋去"是指万历十九年（1591）秋从临川出发去徐闻，是不争的史实，但"春归"应是第三年（万历二十一年，1593）的初春回归。因为汤显祖万历十九年（1591）十一月初七还在广州乘船至南海，经香山、澳门、恩平到阳江，又改乘海船到涠洲岛；离涠洲经合浦、石城、遂溪、海康，陆路到徐

贵生书院汤显祖塑像（吴凯提供）

闻时间也应到十一月底或十二月初了。汤显祖离徐闻回临川，到达曲江是初春："去雁已开梅岭雪，归舟犹带海人烟。"（《过曲江》）若汤离开徐闻时间是次年（万历二十年，1592）春，那么汤在徐闻实际供职只有三个月左右。这三个月，汤要讲学、考察社情民意、筹建贵生书院、跨海游海南岛，还作诗30多首，文《粤行五篇》，无论从时间上分析还是从他身体状况上判断，都不可能。汤显祖是万历二十一年（1593）三月十八日抵达遂昌的，那他在临川逗留的时间岂不有一年多？这么长的时间汤待在老家写的诗作总共不过10首，多标明"初归""新归""岭外初归""雷阳初归"，都春天作，其他时令就没有社交活动？没有诗情？这样无法解释。

"垂天之云"，原文"其翼若垂天之云"，即为大鹏展开的双翅就像天边的云。这是庄子《逍遥游》中的句子，希望能像大鹏鸟一样自由地飞翔于天地。汤显祖说"无意垂天之云也"，意为自己是遭贬罪官，无意像大鹏那样展翅自由飞翔，这符合此时汤显祖的心境。

广州周松芳先生认为，造成汤在徐闻供职时间为"六个月"一说，是徐朔方先生"误读"了汤显祖诗《恩州午火》："二月桃花绛雪盐。"该诗徐先生断为汤显祖在万历二十年（1592）徐闻北返过肇庆时所作。周先生认为"二月桃花绛雪盐"是汤来徐闻（十一月间）后，在恩州见到的早放如同内地二月始开的桃花。对此我不敢苟同。《广州日报》（2012年10月21日）还报道韶关一农家中十月桃花反季节开放，引人慕名来观赏，但这只是个别现象，不具普遍性。恩平市鳌峰公园每逢早上7时左右播放的当地民歌是："桃花美，桃花艳，开在三月间……"可见三月才是桃花怒放之期。诗句"二月桃花绛雪盐"是汤显祖在徐闻过完春节后回归临川赶赴遂昌上任，二月过恩平，桃花已开。徐先生对该诗没有"误读"，"误读"的是"六月一息"，将汤的归程断为万历二十年而不是万历二十一年。

汤显祖在徐闻供职时间应为一年零两个月左右，更符合情理与历史真实。

汤显祖离开徐闻时，县令熊敏在他离别时特设宴饯行，并用鸡舌香做程仪，祝愿汤显祖再做郎官。然而汤显祖"无意垂天之云"，知道身为贬官，不能像鲲鹏展翅高飞，于是回答说："三省郎官的事，不可能再有了，你良好的祝愿只能像现在口中所含的沉香吞下！"此时贵生书院还在建筑中，徐闻百姓对汤显祖的离去恋恋不舍。汤显祖想到这贵生书院的使命任重道远，要在普及文化知识中，对广大民众进行"贵生"教育，让他们认识到自己、他人乃至世界上一切生命的存在的宝贵，理解生命的价值，从而珍惜生命，保护生命。于是他立下《贵生书院说》，阐明这一道理，作为礼物以答谢徐闻乡亲。该文说：

> 天地之性人为贵。人反自贱者，何也？孟子恐人止以形色自视其身，适言此形色即是天性，所宜宝而奉之。知此则思生生者谁。仁孝之人，事天如亲，事亲如天。故曰："事死如生，孝之至也。"治天下如郊与禘，孝之达也。子曰："天地之大德曰生，圣人之大宝曰位。"何以宝此位，有位者能为天地大生广生。故观卦有位者"观我生"，则天下之生皆属于我；无位者止于"观其生"，天下之生虽属于人，亦不忘观也。故大人之学，起于知生。知生则知自贵，又知天下之生皆当贵重也，然则天地之性大矣，吾何敢以物限之；天下之生久矣，吾安忍以身坏之。

《书》曰:"无起秽以自臭。"言自己心行本香,为恶则是自臭也。又曰:"恐人倚乃身。"言破坏世法之人,能引百姓之身邪倚不正也。凡此皆由不知吾生与天下之生可贵,故仁孝之心尽死,虽有其生,正与亡等。况于其位,有何宝乎!……

——《汤显祖全集》卷三十七

"天地之性人为贵"这句被汉儒董仲舒误作孔子话而为后世所引用的重要命题,实出《孝经·圣治章》。这里的"性",即性命、生命。汤显祖用于开篇发问:人是万物之灵,人的生命是最宝贵的,可人反而作践自己,这是为什么?接着汤显祖引出儒家经典,阐明珍惜生命,不仅只是满足于感官欲的"食色性",更要遵守社会道德,讲仁义孝道,使自己不胡乱行事。天地的盛大功德就是孕育了生命,圣贤最看重的是名位。有名位的人要使更多的人懂得生命的可贵,没有名位的要效法他人爱惜生命。懂得生命可贵的人才会珍惜自己的生命,并看重天下所有的生命。天地间生性极为广大,生命是自然的存在,不能用物欲限制它的发展,更不应毁坏别人生命。失去了仁孝之心,会败坏社会风气,将人引向邪恶。这种人虽也活着,却像死去一样,没有任何价值。汤显祖劝世人惜生、尊生、贵生似余意未尽,在即将动身时刻再题诗一首疾呼:

天地孰为贵,乾坤只此生。
海波终日鼓,谁悉贵生情。

——《汤显祖全集》卷十一《徐闻留别贵生书院》

这种"人为贵"的思想所导出的政治理念,就是要"以民为本"。要"以民为本",就必须尊重人的价值,尊重个体人存在的权利和意志的表达。用今天的话来说,就是保护人权。"饮食男女""七情六欲"就是人的本性、天性,就是作为人存在的基本权利和意志的诉求。从这一意义上看,这一"说"一"诗"初露汤显祖重"情"的思想之端倪,"人权思想"的表达。《贵生书院说》是汤显祖打着"贵生"旗号的一份最初的"情"的宣言书。

贵生书院建立后对徐闻的文教事业产生了深远的影响,"自明汤义仍先生来徐创书院,而徐盖知向学,当时沐其教者,掇巍科登仕,文风极盛"(徐闻《五夫子宾兴条例芳名碑》)。从万历至崇祯年间,徐闻教育面貌大为改观,据地方文献记载,自明洪武初至万历十九年的 223 年间,徐闻仅出举人 15 名,而万历十九年到崇祯末年的 53 年间,就出了举人 13 名。明代探花刘应秋在为汤显祖写的《贵生书院记》中,对汤显祖此举做了表彰:"义仍文章气节,嚆矢一时,兹且以学术为海隅多士鬐宗,则书院之兴颓,吾道明蚀之一关也。"说汤显祖文章品节,显赫一时,现又在地处海角的徐闻讲学启迪民智。书院的兴衰关系到道学的弘扬与兴衰。370 年后,中国文化界老一辈领导、当代杰出的戏剧家田汉同志经徐闻去海南岛时,专访了贵生书院,读了书院遗碑,作诗一首,高度评价了汤显祖贬谪徐闻期间讲学倡贵生的历史功绩:

> 万里投荒一邑丞,孱躯哪耐瘴云蒸?
> 忧时亦有江南梦,讲学如传海上灯。
> 应见缅茄初长日,曾登唐塔最高层。
> 贵生书院遗碑在,百代徐闻感义仍。

[注释]

① 雷州半岛曾是南越之地,汉高祖十一年(前 196 年)大夫陆贾受高祖刘邦派遣出使南越,劝服赵佗归汉,结束岭南地区的分裂状态,统一全国。

② 徐扶明:《牡丹亭研究资料考释》,上海古籍出版社 1987 年版,第 319 页。

③ "也许是'风斜别岛洋',船过徐闻靠不了岸,只得随风漂流。"徐朔方:《汤显祖评传》,南京大学出版社 1993 年版,第 79 页。

④ 徐朔方:《论汤显祖及其他》,上海古籍出版社 1983 年版,第 95 页。

⑤ [意]利玛窦、[比]金尼阁:《利玛窦中国札记》,何高济、王遵仲、李申译,广西师范大学出版社 2001 年版,第 185 页。

⑥ [意]利玛窦、[比]金尼阁:《利玛窦中国札记》,何高济、王遵仲、李申译,广

西师范大学出版社 2001 年版,第 182 页。

⑦ 罗光:《利玛窦传》第二章,台湾学生书局 1983 年版。

⑧ "汤显祖在徐闻停留半年。他自己说秋去春来如同燕子一样,他在次年二三月间返回临川。"徐朔方:《汤显祖评传》,南京大学出版社 1993 年版,第 79 页。

⑨ 徐中玉等:《中国古代文学作品选》第 3 册,上海古籍出版社 1987 年版,第 100 页。

⑩ 刘世杰:《汤显祖考证及其他》,中国戏剧出版社 2021 年版,第 7 页。

第十三章 "情"治遂昌

一、以"情"施政

遂昌位于浙西南"万山溪壑中"。它东倚武义、松阳，西与江山、浦城为界，南枕"宝剑"之邦——龙泉，北与衢江、龙游、婺城相抱。遂昌的山，峰岩秀耸，层峦叠嶂；遂昌的水，溪涧灵动，为钱（江）、瓯（江）之源；遂昌的人，"土风淳美"，"士民雅厚"。

遂昌对汤显祖来说既生疏又熟悉。生疏是这个山间小县他未曾登临；熟悉是宋代大哲学家龚原是遂昌人。龚原曾师从王安石，也做过太常博士，是荆公学派的后继，著有《周易新讲义》。龚原对《周易》的"形而上"与"形而下"有自己的解释，体现"天人合一"的思想，"自熙宁以来，凡学《易》者，靡不以先生为宗师"。少年时代的汤显祖在徐良傅指导下研读过龚原的《讲义》，且受益匪浅。14岁童试时，他用"形而上者谓之道，形而下者谓之器"回答督学出的破题，受到督学推崇，而这督学何镗又是处州（今丽水）人。汤显祖与处州地区有缘，现在竟做起了龚原故里——遂昌的知县。

汤显祖踏上遂昌这块土地，就被这"世外桃源"的景致所吸引，赞美遂昌是名不虚传的"仙县"，荣幸自己当上这里的"仙令"。

汤显祖从《遂昌县志》等地方文献了解到，这座建县于东汉的古邑，

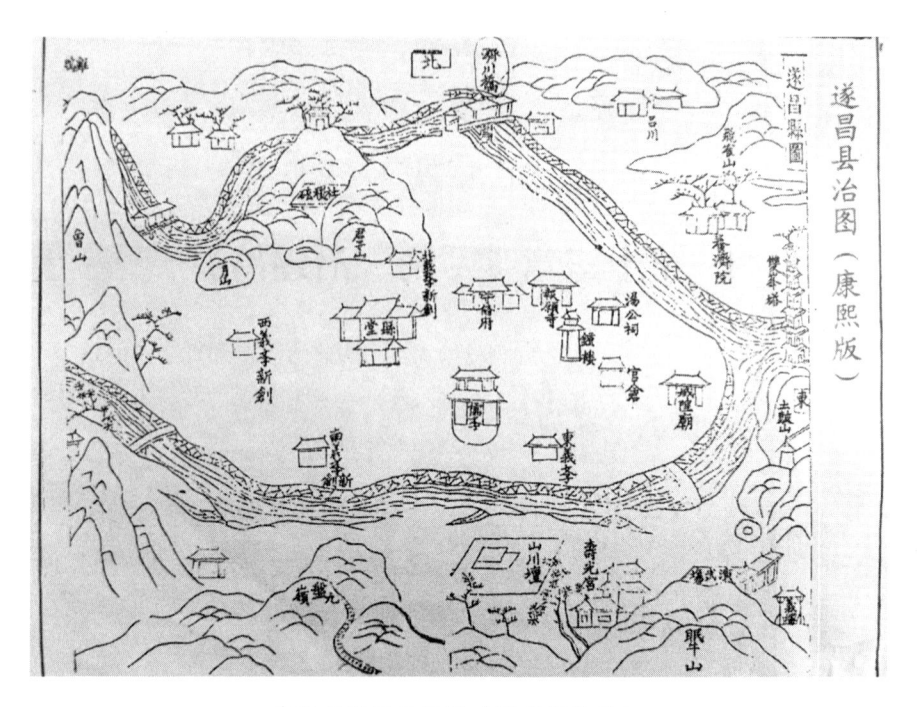

康熙版遂昌县治图（刘宗鹤提供）

在嘉靖四十一年（1562）人口仅有24723人，到隆庆二年（1568）减少到11407人。后又经过25年的繁衍生息，人口也不过2万人。真可谓"斗大县"，"在浙中最称僻瘠"。汤显祖下车伊始，不是坐着八抬大轿在衙役们的鸣锣开道声中耀武扬威，而是微服走出县衙，深入民间察访。汤显祖没想到这千年古县城竟连城墙都没有。第三天他随老师和学生一起去拜孔庙。孔庙虽"甚新"，但前任知县钟宇淳于万历七年（1579）建的三间讲堂，现已破旧不堪。除此以外，全县再没有其他地方有书院。汤显祖问到有多少藏书，师生们异口同声回答说没有。汤显祖还冒着微风细雨去到青云坊拜访一个姓苏的老秀才，和他聊"耕读事"。此人是永乐年间举人苏祥遂的裔孙，谈到这里的乡民既不爱礼乐文章，又不肯习骑射箭，他希望官府能为百姓建射堂、办书院。在社会治安上，遂昌又因山多林密，常有虎患发生。就在汤显祖上任的当年，遂昌发生了老虎进城伤人事件和"杀人于市"的命案。更为严重的是邻县来的流民中，有的是隐姓埋名的"逃犯"，他们与地方中的无赖之徒相互勾结，或偷伐林木，或私开矿藏，成为遂昌社会治安的一大隐患。

面对如此县情，怎样来治理这山间小县？把它治理成什么样的县？汤显祖陷入深深的思考之中。

汤显祖在官场虽混了整十年，但做的都是留都冷衙京官，没有地方为政经验，更没有独当一面治理过一个地方。上疏遭贬后，仅在徐闻当了一年多未曾得到正式任命的典史，管社会治安，但确得机体察社情民意，用讲学论道倡导"人为贵"，扭转当地轻生好斗的不良民俗，初见了成效。现在他独当一面治理一县，有机会把自己的政治理想付诸实践。在汤显祖看来，这世界是由"理""势""情"三者构成。他所处的社会只有礼法和权势充斥，而最缺的是"情"，人们动不动就被治罪，没有自由，整个社会毫无生气：

今昔异时，行于其时者三：理尔，势尔，情尔。以此乘天下之吉凶，决万物之成毁。

——《汤显祖全集》卷五十《沈氏弋说序》

汤显祖要为"情"而呼唤，期盼一个有情的世界到来。他对唐代社会很向往：

世有有情之天下，有有法之天下。唐人受陈隋风流，君臣游幸，率以才情自胜，则可以共浴华清，从阶升，娱广寒。令白也生今之世，滔荡零落，尚不能得一中县而治。彼诚遇有情之天下也。今天下大致灭才情而尊吏法，故季宣低眉而在此。

——《汤显祖全集》卷三十四《青莲阁记》

在此，汤显祖强调时代，也强调了情感，有情则生，有情则灵。他认为唐代是"有情之天下"，所以李白方可凌厉一世发挥他的才能，能与君共友，来去自由；而他所处的是严刑峻法压抑着人的个性和才情的"有法之天下"，以至于有为之士俯首低眉。李白若生活在今天也不能发挥他的才能。一个地方要发展，应是人尽其才。汤显祖要做一个亲民的官，要以"民为本"，以

"人为贵",尊重人的价值,尊重个体人存在的权利和意志的表达,也就是要保护人权。因此,他对遂昌的治理,"因百姓所欲去留,时为陈说天性大义。百姓又皆以为可,赋成而讼希"(《答吴四明》)。所谓"百姓所欲"就是"饮食男女""七情六欲"的人的本性、天性,就是作为人存在的基本权利和意志的诉求。汤显祖要以情施政,一切以情来决定人的取舍,把遂昌建成"赋成而讼希"的一个"有情之天下"的实验地。

二、兴教劝农

为把遂昌建成一个"有情之天下",汤显祖上任伊始就整顿衙门作风,"不烦衡决,劳擿伏","减科条,省期会",即理顺不衔接的混乱公务关系,揭露隐秘的一些坏人坏事,精简法令条文,省掉一些约期聚集会议。面对"学舍、仓庾、城垣等作俱废",盗贼猖獗、虎患横行的遂昌,汤显祖感到非"稍修治殆不成县"。他一手抓文教设施的建设,一手抓农耕生产的鼓励,还抓地方武装的训练。用今天新词来表述,叫作两个文明建设一起抓,两手都要硬。汤显祖抓的第一个工程是兴建书院。四月初一他正式开始办公,接到省里学政的公文,要看学生演练射击。学生们都叫苦连天地说不会,从没有练习过,连射堂都没有。于是,汤显祖亲自选择眠牛山麓作书院地址。四月十五日开始营建射堂。五月是雨季,所需木材借暴发的山洪顺利运到。六月射堂建成。八月学舍完工。学舍在通道两旁,每边各十五间,每间住二人,可供六十人寄宿。学舍的建成,不仅解决了书院的用房不足问题,也为家在乡下的学子提供了寄宿就读的方便。射堂和学舍,汤显祖起名为"相圃书院",寓意为国哺育将相之才,也就是希望书院能做"有鹄求臣子,为侯应帝王"的"苗圃"。考虑书院以后的修缮以及对贫寒学子上学的资助,汤显祖还用行政权力将原属城隍庙和寿光寺两寺庙的租田25亩拨给相圃书院。千年的古遂昌,官办书院从此而始。

从学舍二门至大门两侧有池,池上架有一桥。汤显祖常过桥到书院向学子们讲学。他还校释了解缙的《千家诗》供学子作教材,并亲手为他们批改文章。射堂右侧的武射场,汤显祖常来督察青壮年在这里操练骑射。射场后

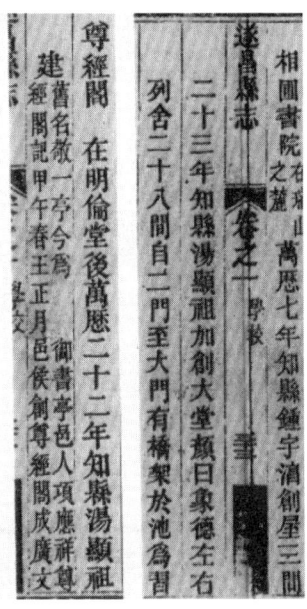

相圃书院遗址

面，是绕城而过的南溪水流经这里形成的一泓清可见底的深潭，叫射后潭，潭水可饮用。第二年又在孔庙之侧，明伦堂后建起了"尊经阁"，令遂昌破天荒地有了官办图书馆。为促勤于耕读，一改遂昌士民懒散习气，又在城东报愿寺重建了"启明楼"，即钟楼，楼上悬巨钟，击钟报时，钟声有慢十八、紧十八、十八又十八之分，催人按时作息。钟楼建成后，汤显祖曾亲宿钟楼最高层，击钟传递作息信号。

汤显祖到任约两年，一下就为遂昌兴建了这么多工程，虽然遂昌是个"赋寡民稀"的县，汤显祖却并没有加重老百姓的负担。建相圃书院的经费仅"以学租三千钱"作基本资金，汤显祖带头捐出了自己的官俸。建房所用木材和人工，相当部分是从诉讼处罚中加以解决。这些设施的兴建，为遂昌发展文教事业打下了基础，促使了民风民情的转变。特别是有了书院后，习礼尚文的气氛明显浓厚了，"至夜分，莫不英英然，言言然，讲于诗书六艺之文。相与为文，机力日以奇畅，大变陈常"（《相圃书院置田记》）。"即事便成彭泽里，何须归去说桑麻"，在汤显祖的心目中，遂昌已是他的第二故乡了。

妙高晨钟图

《遂昌县志》绘汤显祖建钟楼图（刘宗鹤提供）

　　为了"有情之天下"的实践，汤显祖还走出去借鉴外地好的治县经验。万历二十二年（1594）冬，他利用进京上计（地方官三年一次的进京考核）的机会，特到山东滕县考察。县令赵邦清在滕县果敢地采取了一系列大刀阔斧的改革措施，使得"贫弱之滕县"的面貌大为改观。赵邦清，字仲一，号乾所，甘肃正宁县人。贫苦农家出身。万历二十年（1592）进士，次年任山东滕县知县，时年36岁。汤显祖在滕县考察后和赵一同进京"上计"。自此，他俩结下深厚友谊，常交流各自的治县经验。回到遂昌后，汤显祖没有照搬滕县的做法，而是根据遂昌的实际而施政。

　　遂昌是"浙南林海"，当今森林覆盖率是81.3%，明代当更高。该县山多田少，耕地面积少得可怜，仅"九山半水半分田"，且土地贫瘠，生产落后。农耕社会"种田是根本"。汤显祖深知，治遂必须把农业生产尤其是粮食生产搞上去，解决了百姓的温饱问题，社会治安才会好转，百姓才能安居乐业。赵邦清为拯救滕县饥荒，购买耕牛和种子分给贫穷人家，帮助他们修复家具，教民稼穑，传授北方较先进的耕作技术，鼓励农民开荒种地，促进农业发展，取得了显著成效。汤显祖根据遂昌县情采取励农措施。在春耕农

遂昌班春劝农民俗

忙时节，他不但停止派夫征税，就连日常的讼事也暂缓审理，开春后即颁布农耕政令，率领衙役带着花酒和春鞭，送到田间地头，举行"班春劝农"活动。诗《班春二首》，描绘的就是当年他在遂励农的春耕图：

> 今日班春也不迟，瑞牛山色雨晴时。
> 迎门竞带春鞭去，更与春花插两枝。
> 家家官里给春鞭，要尔鞭牛学种田。
> 盛与花枝各留赏，迎头喜胜在新年。

——《汤显祖全集》卷十三

遂昌至今"打春鞭"民俗，便是"班春劝农"仪式的遗存和发展。做法是：立春日在瑞牛山麓，放一内填五谷的纸糊春牛于供桌上，由县衙役装扮象征丰收的"勾芒神"，县官先用春鞭鞭打春牛，然后将带去的春鞭发给大家，让他们鞭打纸牛，造成纸破谷溢兆丰年，以此激励农民精耕细作，争取农业丰收。《牡丹亭》第八出《劝农》写南安太守杜宝在"春三二月天"带领衔役来到清乐乡，县吏备好花酒和春鞭，父老在官亭迎接。太守深入田间，给挑粪的农夫、骑牛的牧童、采桑的农妇、摘茶的村姑一一赏酒插花，写的就是汤显祖自己在遂昌下乡劝农的经历。

> 山也清，水也清，人在山阴道上行，春云处处生。……官也清，吏也清，村民无事到公庭，农歌三两声。(《牡丹亭·劝农》)
>
> 征徭薄，米谷多，官民易亲风景和。……多风化，无暴苛，婚姻以时歌伐柯。平税课，不起科，商人离家安乐窝。(《南柯记·风谣》)

"四梦"中所展示的这一政清人和的升平景象，正是汤显祖殚精竭虑要把遂昌建成"有情之天下"的理想图景。

三、灭虎、除"害马"

遂昌林深茂密。林深卧虎，一到冬天，虎患四起，侵害人畜。农历十月，汤显祖上任不久，就出现老虎从东北方向而来，在乡西咬死了牧童的事件。此事的发生使汤显祖心中很是内疚，因为治理遂昌的局面刚打开，惠民事未办几件，现在竟连百姓们的生命安全都保护不好。他自己反省："是我品行不端，做了坏事，以致老天爷放虎到遂昌吃人？是我审案不公，有冤案，老天用老虎来震醒我？不然何以有这样邪恶煞气？"他决心灭虎保民，在全县发动一场群众性打虎运动。汤显祖亲自拟文告征招乡勇。可文告贴出以后，好几天没有一个青壮之人来应召。原来乡民们虽有灭虎的强烈愿望，但有人散布老虎伤人是神仙下凡收恶人，还说谁要是杀虎谁就要受到神的惩罚。"灾由人兴，非虎非豸。"汤显祖是信仰道佛的有神论者，他知道，要把灭虎运动开展起来，还须借神来消除人们的顾虑。于是他率众乡民到城隍庙祭告：

> 吾与神共典斯土，人之食人者吾能定之，而不能止于虎。民日有

神。夫虎亦天生，贵不如人。神无纵虎，吾将杀之。

——《汤显祖全集》卷三十四《遂昌县灭虎祠记》

清修《遂昌县志》载的《灭虎祠》

祭告对话城隍老爷：我和您共管这方土地，人杀人我能够管得住，虎吃人说是我不能管，由你们神管。老虎也是天生的，要生存，但它总不如人宝贵，你城隍老爷不能纵虎害人，因此我要进行捕杀。这样就以神的名义来消除人们对神的顾虑，鼓舞了乡民们灭虎的勇气，报名参加灭虎队的人一下子就来了很多，一支进山猎虎队也就组织起来了。

遂昌的十月已进入初冬的寒凉。汤显祖亲自率领灭虎队来到虎患最严重的叶坞。叶坞在县城以西约20里地，属三仁乡。灭虎队在叶坞发现几只虎，其中一只雄虎，头宽尺余，长近两尺，身长七尺，踞守高坡的一角，凶猛异常，人不可近。雄虎看不到雌虎，绕着附近山梁嚎叫三天三夜，终于中了箭，最后死在与松阳县交界的山中。不久县东北的万岁山，有虎声震裂山冈，民众去探看，取回虎首两个，虎腿八条。虎血沾满了这里的草木。全遂昌人听到这消息，高兴又惊奇：

> 之叶坞，午至昏，见虎。虎奔，一虎倨高嵎，薄不可近。……是夜不能寐，觉外汹汹有声。问之，获巨虎，雄也。虎首广尺余，长几二尺，身七尺。惊其雌，三日绕而号其山，中伏矢，走死松阳界中。东北抵万山，忽夜震如裂。民晓视之，得巨虎首二，八股。草血洙渍。县人欢，异甚。
>
> ——《汤显祖全集》卷三十四《遂昌县灭虎祠记》

可见，灭虎是乡勇冒着生命危险和老虎进行的殊死搏斗。这年冬天，灭虎队共打死了三只大虎，五只小虎。有虎患的乡村都行动起来了，全县共打死大小老虎十七只，从此老虎就销声匿迹了。为了纪念这次群众性的打虎运动，汤显祖在城内报愿寺旁大树下建了一个"灭虎祠"，并亲自撰写了《遂昌县灭虎祠记》。

山虎的危害虽得到平息，但"盗酋"却还在作歹遂昌。那些从邻县来的流民，有些沦落为"盗贼"，与当地无赖子弟相勾结，或滥伐山林，或偷采矿藏，甚至有些盗酋，心狠手辣，谋财害命。

汤显祖为政清廉，"于禄固无所爱"，"非有学舍城垣公费，未尝取一赎金"。遇到依仗与上层权贵有某种关系到下面来收受财物的"长官重客"，汤显祖对付的办法是"即与冠带并坐堂上，所受词不二三纸"(《答吴四明》)。这样几次，这些人见捞不到油水，也只好皱着眉头走了。还有一种江浙人叫"吃蹭饭"的文明乞丐，即利用关系假借名义索钱要物的"打秋风"。如一个叫王伯皋的，仗着与汤显祖有一面相识，就要到遂昌来捞油水，汤显祖回信说："遂昌斗大的县，赋寡民稀……今岁讼裁五十余，而三食故人。食者踵至，何以待王先生。"(《答王伯皋》)王也不好意思再来了。还有个棘手的问题是，一些豪强人家，拖欠田赋不交，不仅自己偷漏赋税，还对亲族加以包庇。以往县官对此不敢硬碰，睁个眼闭个眼。然而征收田赋的任务完成的情况，是考察地方官政绩的重要依据。山东滕县的做法是，发现"土地不分等，以丁载粮，豪绅大户霸占土地，地多且沃，隐瞒丁亩，偷漏赋税。农民丁稠地少,地瘠税重,破产流亡",赵邦清亲临田野,丈量土地,均平赋税,惩治富豪,使县内"耕各有田,地各有主,赋各有头",打击了豪强,维护了农民的利益。

遂昌也有这样的"豪绅",比如现在朝中任吏科都给事中的项应祥,号东鳌,县城北隅人,师从前任首辅王锡爵,明万历八年(1580)进士。初任福建建阳知县,后任华亭(今上海松江区)知县。万历二十年(1592)升户科给事中,继任吏科都给事中等职。这吏科都给事中官阶虽和县太爷一样大,也是正七品,但职能是"稽查百官之失",权颇重,多少大官都不敢得罪他。"斗大遂昌",谁还惹得起他?可汤显祖不信邪,他要学赵邦清,切实维护农民利益,就拿项应祥开刀。汤显祖致信项应祥,催他上缴所欠的税赋,虽言辞委婉,但笔意见血。信中说:

> 后见贵倨家,武横奸盗,往往而有,不治不止,既以治之矣。而前后见府主以上,争言县某某家所负。……近察贵县民负者,非尽穷极无所还,多故大姓而落者。耻去其名,留所卖去田,或反益收人田自实。……豪弱等皆王田,而遁与抗,非法也。顽且倨焉,而遂之,非教也。后必并征,贻难后人,非义也。并征益以蹙,非惠也。……至于足下家税所负,岁至若干,亦以门下方为国侍从,未忍以租赋为言。知门下病起必有处也。而乃可为子孙法。今并上门下数户,并贵宗若戚所影占籍附上。

——《汤显祖全集》卷四十五《复项谏议征赋书》

"贵倨家,武横奸盗,往往而有,不治不止"这几句话,便是说给项应祥听,警告项应祥:如果你项家"武横奸盗",我是非治不可。接着汤显祖给项应祥上起了"政治课":不论大户还是贫弱小户,占了皇田都应交赋,不交就是"非法";对抗拒交,我若听之任之,便是"非教";欠赋留给后人交,便是"非义";以后新老欠赋一起交,就更犯愁,便是"非惠"。最后汤显祖把项家亲族所欠田赋和其所隐藏的本族亲戚的田赋名册一起附上。

项应祥接到汤显祖这封信感到不安。因为欠赋不交,于情于理都是说不过去的。此事发生前,项应祥与汤显祖关系还是不错的。项在为新建的尊经阁作记中对汤显祖评价颇佳:文才,"声驰宇内";品节,"抗疏大廷,权贵辟易三舍";迁官遂昌,"谆谆民瘼","其政勤";口才,"滔滔若长江大河,一泻千里,其论渊以博"。"是文章、节义、政事、言语,侯身兼之。"(《平昌汤侯新建尊经阁记》)项应祥深知汤显祖不好对付,早在南京时就被人称之"是狂奴,不可近"。接信后项应祥便及时给汤显祖写了回信。在信中说自己离家日久,家中事没有料理,田额凡应交的钱粮都交族弟代管。族弟是个小心谨慎的人,不会做违法的事:

  不佞离家日久,所有门户一应事宜,俱失料理。从前岁万父母攒造以来,寒舍排年二名。所坐田额及应纳钱粮,俱付一族弟代管。即其人兢兢不敢自罹于法。第不知比年钱粮完欠何似。况近奉严旨督责,不肖固尝从有司备后知其苦,敢以家门贻公府之累也?至不佞至亲子侄止三五人,束缚一馆,毫不与闻外事,明府素所鉴亮。倘有假名色以干恩泽者,望执事尽法处之,即不佞拜赐多矣!……

——《醽鸡斋稿》卷六《柬汤明府》

  项氏在信中做了一番推卸责任的辩解之后,对所欠赋税还是不得不交。项家交了,其他大户人家就更不敢再拖欠。此事不仅冲击了项应祥家的经济利益,且令他颜面扫地,当然招项氏忌恨。然而令项应祥怀恨在心的还是汤显祖惩治他的一个为非作歹的儿子。

  传说遂昌城有位恶少,是项应祥的一个小儿子,他仗父势横行乡里,到处奸淫良家女子。凡贫穷人家女子结婚,他要霸占初夜权。对此,遂昌百姓深恶痛绝。受害人家也曾告状到县衙,但是状子一张张送上去,如石沉大海,杳无音信。为官的都知道,强龙难敌地头蛇。然而汤显祖想的是,赵邦清在滕县将宁德王妃的父亲刘鹤打死人一案秉公处理,我作为父母官岂能不除这"害马"?汤显祖了解案情后,未学赵邦清那样"强攻",而是"智取"。选择项应祥因病从朝廷回家养病之机,汤显祖在县衙摆宴为项接风洗尘。当酒过三巡,受害的百姓来到县衙击鼓鸣冤,汤显祖传令衙役:"今日老爷宴请项谏议，概不理事"，命衙役斥退。但不久击鼓声又起。汤显祖佯装发怒，并放话："强请升堂者打他二十大板。"在旁的项应祥不知是计，于是冠冕堂皇地说："为官之人，上为朝廷效劳，下替百姓分忧，岂能因私而忘公。"建议以公务为重，他要退席让汤显祖升堂理事。汤显祖心里暗喜，知项氏已"入瓮"，于是提议一面喝酒，一面和他共同审案。汤显祖这一提议，博得陪席乡绅们的一致赞同，项应祥也只有表示同意。这样衙役一传令，受害佃农哭哭啼啼，纷纷呈上诉状，打开一看，张张诉的都是项家的小儿子欺凌佃户，奸淫妇女，对新婚女子强占"初夜权"等罪行。事态至此已推车撞壁，项应祥回天无力，为了维护项家门第的威风，博取一个大义灭亲的美名，当晚用石灰水将这恶少淹死在后花园延秋亭水井中。

汤显祖敢于为民请命除"害马"，深受百姓爱戴。"一时循吏声为两浙冠。"然而，也就招致那些"害马"的忌恨。遂昌士民唯恐汤显祖升迁而去，"害马"却恨汤显祖三年任期已满还不见走。

四、以"情"待囚施感化

万历二十二年（1594）十二月，汤显祖来到京城参加吏部对地方官的考核，次年一月，在京遇到湖北公安县的袁宏道，同时还特意去探望了因刚介不避权势而下狱的御史彭应参。袁是万历二十年（1592）的进士，直到现在才被任命为江苏吴县县令，正准备走马上任；尚书董份、祭酒范应期退休回到浙江乌程县的老家后，横行乡里，仗势强夺民田，民怨沸腾，浙江巡抚王汝训欲将其绳之以法，巡按御史彭应参至此，令乌程知县张应望将范应期拘捕。范应期畏罪自缢而死。然而因范应期曾为神宗讲过课，其妻吴氏赴京向皇帝告状申冤。神宗发怒，下旨将彭应参、张应望下狱。张应望被判处流放烟瘴之地，而彭应参这时还关在狱中，连举荐的王汝训、吏部尚书孙丕扬和都御史衷贞吉都受到牵连。汤显祖此去探狱表达了对彭应参遭遇的同情。后来汤显祖还写信安慰为此案遭到削职处分的王汝训："私议在彼人，公议在天下"（《慰浙抚王公》），另外赞扬彭应参敢和湖州豪绅较量是"真为世界倾洗一番"，为此事削职是"身为男子，高步中原，他更何论"（《寄彭鲁轩御史》)。

考核完毕后,汤显祖和袁宏道于二月初六日一起离京出关,中途因为袁宏道有事而分离。汤显祖在路上等袁同路而行,袁却迟迟未来,汤显祖只有独自乘京杭大运河官船到杭州,后改陆路回到遂昌。

汤显祖是做地方官后首次进京接受考核。从他三年后写的《感宦籍赋》所揭露的官场丑态,可见他早已领略了官场的奸贤颠倒之恶状,令他"不得意",那潜伏在他脑中的归隐思想已经闪现,"忽忽思归"。

遂昌经他近两年的治理,文教设施初具规模,虎患得以消除。又"稍用严理课",对那些作奸犯科者实施逮捕,对治县产生震慑作用,社会治安有了较大的好转。另外农业生产也得到很好的发展,汤显祖"见到桑麻牛畜成行,都无复徙去意"(《寄曾大理》)。然而作为一方的行政长官,当懂得恩威并施,宽严相济。早年师从罗汝芳接受王阳明"致良知"的观点,其意就是"劝善"。王阳明最后一次领军平定地方动乱之后,认识到"破贼"固然是一种"惩恶","惩恶之余,即宜急为劝善之政"。汤显祖也认识到,要使遂昌长治久安,应在"惩恶"之余"劝善"。汤显祖对遂昌吏民亲切和善,没有县太爷的官架子,以至"戏叟游童,时来笑语"(《答畲内斋》);对待罪犯,行人道主义,解去了束在犯人颈上和脚上的严酷刑具。在主持诉讼中,他既严明执法,又动之以情,晓之以理,施行感化;遇到百姓打架斗殴来告状,他先将伤者交给何晓治伤,然后再审案;遇囚犯患病,常自己出钱,请何晓买药治之;偶有审案时因差役用刑致人受伤,他立命何晓诊治。

说起何晓,此人颇有传奇性。他是汤显祖的私人医生与幕客,本省江山县人。他不识字,擅拳有侠气,杀死过劫贼数人,因事"为县官所侮",愤恨离乡流浪,"道遇奇客,口授禁方"。何晓流浪到遂昌,汤显祖慧眼识得何的人品与医术,收留了他在县衙做"医生"。何晓品行端正,医术高明,把脉用药常有奇效。儿童被老虎咬伤,他能用自制的中药膏将其治愈。何晓与汤显祖朝夕相处五年,言谈不涉私利,何晓虽没文化,但是很有政治头脑,常提醒汤:你为官廉洁正直,为人厚道疏放,某富人、某势家想作乱害你。后得知情况果然如其所说。汤显祖治遂五年,没有拘捕过一个妇女,也没有打死过一个囚犯。万历二十五年(1597)冬,何晓思家要回江山,明年又是吏部对地方官考核的年份，汤显祖打算考察后即弃官而去，于是对何晓没有做挽留，还作诗相送。听到何晓要回家，县里许多人都流泪，希望他能留下来。就连衙门中的官吏、差役以及囚犯，都为何晓离去而感到怆然。

在"劝善"中，汤显祖做得最出色的要数除夕"遣囚度岁"和元宵节"纵囚观灯"。

万历二十一年（1593），汤显祖在遂昌度过他上任后的第一个春节。除夕将近，家家户户张灯结彩，燃放爆竹，贴春联，到处呈现一派过大年的喜庆气氛。汤显祖这

《遂昌县志》绘的济川桥（刘宗鹤提供）

时还想到那些犯了罪被关在大牢失去人身自由的犯人。他去到监狱视察，看到犯人们分到酒食，却因不能回家过年，个个愁眉苦脸，因此产生了怜悯之情。汤显祖想到赵邦清治滕县，每遇节日，将宅中所剩菜果分给狱囚，狱囚们感动得流泪；又想起了大唐英主李世民，曾与死囚订立"君子协定"，放他们回家跟亲人道别，来年秋天至京城赴死刑，后囚犯如数还京，无一人在逃，太宗将他们全部大赦。此时的汤显祖萌生了效法唐太宗施行人情感化的念头，春节放他们回家与亲人团聚，从而让囚犯们更好地改恶从善。汤显祖深知此举有风险，要在时机成熟的时候实施，现在可试行在元宵夜放狱囚出监狱观看花灯。这样做有狱官严密看管，出不了大乱子，风险小。

万历二十二年（1594）正月元宵夜，县城锣鼓一阵一阵奏响了，遂昌沉浸在元宵节的欢乐中。汤显祖对狱官下令：要囚犯们都梳洗一番，换上干净的衣服，今宵我要撤断星桥之锁，由你们带着他们上北门外一里许的济川桥（又叫东梅桥，汤显祖称为河桥）观看花灯，让黑暗的牢房也透进一些光明。这件事做得很成功，人们口碑载道，在县内外影响很大。汤显祖兴致勃勃地

今日济川桥新貌（遂昌汤显祖纪念馆提供）

写下《平昌河桥纵囚观灯》诗云：

> 绕县笙歌一省图，寂无灯火照圆扃。
> 中宵撤断星桥锁，贯索从教漏几星。
> ——《汤显祖全集》卷十三《平昌河桥纵囚观灯》

囚犯及其家属更是感恩戴德，家属一致敦促亲人，唯有认罪服法，重新做人。

在相圃书院还在修建时，汤显祖在临川的少年时代朋友姜耀先（鸿绪）来访。姜耀先还是诸生，为人有风骨，但诗与理学都有造诣，对政治也颇有见地。在遂昌时，汤显祖和他交谈了施政蓝图，"遣囚度岁""纵囚观灯"也在话题中，对此举，姜耀先提醒："恐有间者。"现在，"纵囚观灯"成功了，汤显祖去信姜耀先告知此事，说："兄肯放大光明，一破此无间乎？"并附上这首纵囚观灯诗。

"纵囚观灯"后到万历二十三年（1595）除夕来临，遂昌又经过汤显祖两年再治理，"勒杀盗酋长十数人"，社会治安得到根本的好转，特别是"纵囚观灯"一举，提升了汤显祖在遂昌吏民中的威望。现在那些穷凶极恶的"盗酋"已被镇压，在押的都是穷苦出身，由于生活所迫，一时失足，走上"犯罪"道路的犯人。法无可恕，但情有可原。汤显祖认为，时机已到，他要一破《大明律》，效法唐太宗，在除夕夜放在押囚犯回家与亲人团聚，让他们享受亲情的温暖，从而更好地幡然悔悟重新做人。

那是个没有星光的除夕夜，汤显祖让喝过屠苏酒的囚犯们，对着狱神悔过，今日出狱回家过年，三天后一定归监。三天后已是阳春时节的新年，汤显祖希望这些人早日回归社会享受春阳。汤显祖作诗《除夕遣囚》，写下此时的情景：

除夜星灰气烛天，酴酥销恨狱神前。
须归拜朔迟三日，滥见阳春又一年。
——《汤显祖全集》卷十三《除夕遣囚》

"情之所至，金石为开。"所遣囚犯，个个如期归监。汤显祖的"遣囚度岁"又取得了成功。事后，汤显祖曾去信告知老朋友吴拾芝，并附上了这首《除夕遣囚》诗。

纵囚之举，虽不是汤显祖的发明，除唐太宗外，后汉、两晋、南北朝、隋、唐、宋、元、明正史和笔记所记官吏、皇帝纵囚之事达二十余条。然而汤显祖纵囚的意义实在唐太宗之上。太宗是一国君主，若有顽囚乘机潜逃，"普天之下，莫非王土"，你又能逃往哪里？即使出了问题，也不可能追究皇上的责任；而汤显祖是受贬的罪臣，刚从烟瘴之地"量移"这山间小县，一旦有顽囚趁机潜逃，这山高林密的遂昌到哪里去抓逃犯？那时，汤显祖不只是削职，而是自己要锒铛入狱成囚犯。历史上对唐太宗的"纵囚"都有不少指责，宋代鸿儒欧阳修便撰文指责唐太宗的做法有悖人情，违反法度，只不过是借此邀取名誉的一种手段。后世帝王多不敢效法，而身为七品芝麻官的汤显祖，却敢我行我素，在"纵囚观灯"后又"遣囚度岁"。这不是汤公有意沽名钓誉、"政治作秀",而是他"情"治遂昌的非常措施,同时体现其作为政治家的政治魄力。汤显祖之所以敢这样做,除了认真考虑了在押囚犯的具体情况,把握了"纵囚"的时机,更重要的是认识到要把遂昌建成"有情之天下",就必须在施政上"惟更有以督教,加爱遗民"(《与黄对兹吏部》),在"贯索从教"中体现"情"的感化力量。

五、交游与"著书"

"山不在高,有仙则名。""斗大遂昌",只因汤仙令以"情"施政,"谆谆民瘼",百姓口碑载道,在"一睡三餐两放衙"之余,交游是他另外一个生命活动与自我表现的场域。在此场域,可见其少年结社好友、文坛名士、禅林大师纷至沓来;也可见汤显祖自己走出去,与政界、文坛"气义"之士请益交流。

前面已谈到,在汤显祖上任的当年,第一个来访者是少年时代结社朋友姜耀先(鸿绪)。汤显祖陪同耀先到遂昌兑谷包山下的"绿漪园"听箫。

时过秋季,相圃书院已竣工,当年和汤显祖在南京合作《紫箫记》因"是非蜂起,讹言四方"而分袂的吴拾芝"过平昌"。今番相见"异乡县",令汤显祖"寒从一夜去,春逐五更回"也。十年来,"邂逅无多难可忘",吴拾芝一直与科场无缘,还是个秀才。汤显祖虽中了进士授了官,却饱受了宦海的惊涛骇浪。把酒回忆少年事,彼此都感叹光阴易逝,人生苦短,转眼须颜苍老。拾芝有一副好嗓子,"弦歌市里合宫商",老友重逢,又亮开嗓门尽兴唱了几段。

第三位来访的是屠隆。万历二十三年(1595)春光骀荡"日初长"的三月,屠隆由鄞县南下经天台,历雁荡,渡瓯江,过丽水到了遂昌。屠隆的来访不是因革职后穷困潦倒的"打秋风",而是因为汤显祖的再次邀请。在此之前,汤显祖已邀请过,并打扫好竹林寺(拟报愿寺)供其下榻,但"竟成子虚"。"羊沟蚋谷,何游赤水之珠"(《柬长卿》),可见汤显祖邀屠隆的诚挚之情。

屠隆来到时的遂昌,已旧貌换新颜,呈现"琴歌雪积讼庭闲","市上无喧少斗鸡"的升平景象。"得意处别自有在",汤显祖多有闲暇,便"借俸著书"。他在遂昌五年,除写了诗文245篇(首)之外,还对《紫钗记》进行了修改定稿以及对《董西厢》进行批订。

万历二十三年(1595)汤显祖又"捉笔了霍小玉公案",即将《紫钗记》做了最后的加工,并撰写了《紫钗记·题词》,付梓刊行。当年七月,汤显祖得知帅机在临川病逝,想起他生前对这个剧本十分关心,然而现改本他再也看不到了,汤显祖便将改本寄给帅机的两个儿子,并嘱咐从升、从龙,要在灵堂将《紫钗记》长声高颂,让帅机的英灵欣赏。此外,汤显祖更重要的事情是开始了《牡丹亭》的构思与写作。明末清初史学家查继佐在《罪惟录·汤显祖传》中写道:相传汤显祖在谱"四梦"时,连坐着轿子去会客时都沉浸在剧本构思中。当想到好的曲词,马上就写在纸条上,粘在轿顶上,"数步一书",不知疲倦。坐着轿子会客,是县太爷的风景,不是弃官归隐能有的怡情。所谓谱"四梦",就是加工修改《紫钗记》和构思写作《牡丹亭》。

两年后,梅禹金给汤显祖来信:"近传新著业已杀青,许八丈可为置书邮,何不以一部乞我。"(《鹿裘石室集》卷八)"杀青"指"新著"缮成定本或校刻付印。可见,梅禹金来信要的"新著"是《紫钗记》,《牡丹亭》是万历二十六年(1598)汤显祖弃官归隐临川的当年秋正式完成的,缮成了正本,并余意未尽而作了《牡丹亭记·题词》,"新著"才形成。

屠隆是个能写擅演的戏曲全才,自被余显卿"挟仇诬陷"而革职后一直住在鄞县老家。鄞县与遂昌相距不遥,汤显祖多么想和这昔日的同僚好友与戏曲知音来切磋戏艺。汤显祖对屠隆的到来感到欣喜若狂。邻县松阳的知县周宗邠和屠隆也是性情相投的好友,听到屠隆来到遂昌喜出望外,"形神飞动,急书走迎之"。周宗邠擅弹古琴,"长卿大有闻琴兴",他们到松阳,在"夜筵开"过后,"夜听"了周宗邠演奏的《潇湘云水》《天风环佩》《汉宫秋》和《梅花弄》四首古琴名曲。奏者投入,"弹到夜鸿飞不起";听者动情,"却教中散带愁听"。

在汤显祖的陪同下,几人"携手同行游县城",观看了"良宰先教化,讲道明五常"[①]的尊经阁,登上"平昌更漏始分明"[②]的启明楼。屠隆诗赞了这些设施对遂昌文化发展的功用。《春日登尊经阁》[3]一首，记下当年登阁在"春日"，证明了屠隆春天在遂昌，从而否定了屠隆不可能"在秋天以外的其他季节"[4]来遂的武断之论。

屠隆来时汤显祖正在批订《董西厢》。现存《玉茗堂批订董西厢叙》云：

> 令平昌，邑在万山中，人境僻绝。古厅无讼，衙退，疏帘，捉笔了霍小玉公案。时取参观，更觉会心。辄泚笔淋漓，快叫欲绝。何物董郎，传神写照，道人意中事若是。适屠长卿访余署中，遂出相质。长卿曰：记崔张者凡五人：北则人知有王关，而不知有董；南则人知有李，而不知有陆。为子玄称冤。并以娑罗园题评见示。且欲易余董本。余戏谓长卿：昔东坡欲以仇池石易王晋叔韩干二驭（散）马。晋叔难之。钱穆公欲兼取二物，蒋颖叔欲焚画碎石。竟成聚讼。予请以石归苏，以画归王，今日请以娑罗归屠，玉茗归汤。
>
> ——《汤显祖诗文集》卷五十

作叙的时间是"乙未上巳日"，即万历二十三年（1595）三月初三日。此时，汤显祖还正在对《紫钗记》进行最后的加工改定。写作中，常取出《董西厢》作参考，他深感董解元将剧中人物写得生动逼真，其要点就在于"道人意中事"，即写出了人物内在的真情，从而令他在改作中"快叫欲绝"，创作思想产生了飞跃。

屠隆看到汤显祖批订《董西厢》，要以他带来的《新刊合刻董解元西厢记》相交换。这是他亲自批订、周居易校梓的一种合并本。屠隆说，写崔、张爱情故事的《西厢记》有五部，北方人只知道王实甫本和关汉卿本而不知有董解元本；南方人只知李日华《南西厢记》而不知陆采的《南西厢》。他为陆采感到"冤"。屠隆批订的合并《西厢记》中特收进了陆采的《新刊合并陆天池西厢》二卷，用实际行动"为子玄（陆采）称冤"。像这样有价值的戏曲史料却被人判为"伪托"[5]，然而汤显祖同时代的剧作家张凤翼在其《〈西厢记〉考》中有言旁证："以故赤水屠先生、义仍汤先生均为当世博洽宏览君子，亦于《西厢》订正拟阅，盖不以曲辞直视之也。"[6]因而，所谓

"伪托"实为误判,应该推倒。

屠隆和汤显祖在讨论戏曲之余,还读了自京都两人分袂十多年来汤显祖的全部新旧诗文,有感"令德日新,而诗道亦且日进,登峰诣极"[⑦]。认为汤显祖的诗文"独步方今,且将陵轹往古",令屠隆"自叹以为弗如"[⑧]。汤显祖和屠隆在遂昌切磋戏艺,吟诗赋词,寄情山水,戏谈人生,促使他们对戏曲文学产生新思考,激发了他们在戏曲创作上的新热情。屠隆此行原计划畅游浙东的丽水、青田、缙云、天台等地的山水胜迹,忽惦念家中90高龄老母的饮食起居,便不顾汤显祖的再三挽留,要回乡侍亲。汤显祖对屠隆的仓促而别感到怅然若失。

屠隆回到鄞县后,八月去了苏州,与吴县县令袁宏道、长洲县令江盈科在阊闾城下泛舟,忽闻前浙江海道副使丁此吕被诬,于七月在南昌被逮捕。屠隆随即溯钱塘江、富春江而上,想直奔江西与丁此吕泣别。到了兰溪,县令赵符卿告诉他丁此吕已被押解北上。在"恸哭歧路,踟蹰何之"的情况下,屠隆经龙游转道遂昌再访汤显祖,目的是向汤显祖打听丁的消息,并商讨设法营救[⑨]。

汤显祖一面安排好屠隆的起居,一面派人到南昌探听丁被捕情况的虚实。汤显祖陪同屠隆观游了因三月来去匆匆未及观游的遂昌近郊胜迹。他们在"一樽落日"时刻上了眠牛山,攀了"峰顶绝人群"的妙高峰,探了"石上灵泉泻不停"的含辉洞,仰望了"千年怨气凌霄汉"的飞鹤峰,踏过了城西30里外"山气高寒鸟不啼"的白马山,还远足到80里外的青城山,领略了"万仞飞泉挂石龙,青城如雾洗芙蓉"的天资神韵。每到一个景点,汤显祖与屠隆都有诗作唱和。这些诗作,展现了遂昌山川奇美,表达了诗人对遂昌山水的热爱之情。

十多天后,去南昌探听丁此吕情况的人回来了,带来抄写的丁被捕时手书的绝诀词。汤显祖将它给屠隆看,"各哽泣不能读",山城似为之哭泣,他们深感仕途充满了风险,时时要担惊受怕。汤显祖就此"感怀成韵"寄张位:

哀响秋江回雁声,雨霜红叶泪山城。

> 年来汉网人难侠，老去商歌客易惊。
> 贝锦动迎中使语，衣冠谁送御囚行。
> 长平坂狱冲星起，可是张华气不平。
> ——《汤显祖全集》卷十二《平昌得右武家绝决词示长卿，各哽泣不能读，起罢去，便寄张师相，感怀成韵》

张位是汤显祖的老师，和丁此吕都是江西同乡，此时为文渊阁学士。汤显祖怀着愤懑的心情，向身居阁老之位的老师倾诉，痛斥当今拘捕丁此吕有如当年秦始皇在泾阳长平坂的监狱拘系无罪之人，像西晋八王之乱中的赵王伦对拒不支持他篡权的老丞相张华妄加罪名加以杀害。汤显祖为丁此吕含冤下狱"气不平"。

丁此吕的被捕是因朝中不同政治利益集团（所谓"党争"）相互倾轧而造成的。屠隆来遂昌和汤显祖商量营救丁此吕，可他们的营救计划被屠的政敌知道了，即把屠隆打入丁的同党之列，即所谓"挂党籍"。屠隆母亲知道此事后，怕儿子招来祸事，赶忙派家奴来促归。母命难违，屠隆只有立即返程。汤显祖要留也留他不住。挚友被诬而遭逮捕的阴影挥之不去，想起屠隆被革职后"蹭蹬"江湖，汤显祖无法解闷开怀。临别时，汤显祖在北界九华馆为屠隆饯别。"杯残忽不欢，空堂灯影寒"，汤显祖冒雨将屠隆送过城北郊的侵云岭直至七津渡，两人依依惜别。

第四位来访的是名震东南的大和尚达观。自汤显祖上疏遭贬徐闻，达观"每有徐闻之心，然有心而未遂"。汤显祖量移遂昌县令后的第二年（1593）春正月，与达观齐名、晚明四大高僧之一的憨山大师，因供奉慈圣太后所赐《大藏经》建海印寺，为道士们飞章京师诬奏圣上，说憨山侵占道教观宇。神宗以"私创寺院"将憨山下罪诏狱。达观与憨山交谊深厚，这时远在庐山，不能救援，遂对佛许诵《法华经》百部，冀保憨山平安。十月，神宗将憨山流放雷州半岛的海康。达观从庐山不远千里于十一月赶到南京下关旅泊寺与憨山送别，并力图营救。憨山以"君父之命，臣子之事，无异也"回绝。达观送别憨山后从钱塘乘船到龙游，然后翻山越岭来遂昌访汤。当他登上离遂昌还有六十里地的赤津岭（今新隘岭）时，他气喘吁吁，热汗涔涔，

遂昌唐山寺

即兴口占歌谣一首：

> 汤遂昌，汤遂昌，不住平川住山乡。
> 赚我千岩万壑来，几回热汗沾衣裳。
> ——《遂昌县志·城池》卷一《题留汤临川谣》

到遂昌后，汤显祖为达师的来到做了周到的安排，亲自带他游城北郊十八里处的唐山寺。这里是"冠世绝境"，有洁泉、红鱼和"月映波心"等独特景观。

这寺原是唐末五代画僧贯休修行十四年之处。贯休俗姓汤，故又叫"汤休"，他画罗汉状貌古野，绝俗超群，在我国绘画史上为一绝。达观不辞辛劳而来，秉持"定当打破寸虚馆"的心愿。但汤显祖的入世情深，达观未能如愿。他回去又经过赤津岭，写诗怀显祖，有"须信汤休愿不灰"一句，用"汤休"借指汤显祖，表达他对度汤显祖出家"愿不灰"。达观还在给汤显祖的信中，借在唐山寺中看到的景观和传说故事进行说法：

泉洁峰头，月映波心，红鱼误认为饵，虚自吐吞。吞吐既久，化而为丹，作鱼得以龙焉。故曰，龙乃鱼中之仙。

——《紫柏老人集》卷二十三《与汤义仍之一》

说寺中清洁的山泉从峰头流下，明月从山头投映到池中。池中的红鱼以为是食饵，总是吞吐着去咬那一片虚空。千万年坚持不懈，月亮还是月亮，月影却在红鱼的至诚之下，变成了一粒金丹，鱼儿终于化成了龙，修成正果。但汤显祖在《答达观》的诗却说"前身那拟是汤休"，不是汤显祖谦虚自己不能与汤休相比，而是委婉表达还没有打算做汤休那样的出家人。

汤显祖的出游不单是为了游山玩水，陶冶性情，而是借机进行为政为文的切磋交流。万历二十二年（1594）冬，汤显祖赴京参加吏部对地方官的考核。在北京，他与湖北公安县的袁宗道、袁宏道和袁中道三兄弟相见。此时的三袁，只有老大袁宗道是万历十四年（1586）二甲进士第一，选庶吉士，授翰林院编修；老二宏道是万历二十年（1592）的进士，刚授吴江知县；老三中道还未中举（万历三十一年才中举）。可他们从万历十七年（1589）至万历二十年（1592）已多次接触李贽并向之请教学问，令他们眼界大开，思想为之一变，产生了对文坛复古风的不满。万历二十一年（1593）四月，袁氏兄弟等往麻城专访李贽，与李聚谈十余日，所论涉猎极为广泛。通过交流，李贽对袁氏兄弟称赞有加，云："伯（宗道）也稳实，仲（宏道）也英特，皆天下名士也。"在李贽的影响下，三袁兄弟，开始了对复古派的宣战准备，但并无实际行动。而汤显祖早在南京为官前就在诗文创作中特立独行，到南京任官后又从理论上开始了对前后七子的批判。三袁无论从年龄、资历与文坛上的声望都属汤显祖的后学。汤显祖到京后，袁家兄弟慕名与汤显祖进行接触，并受到袁宗道及翰林院官员的宴请。在京与三袁的短暂交往中，汤显祖慧眼识得他们的才识与胆力迥绝，从而引为知音给予鼓励。在汤显祖的影响与启发下，袁宗道于万历二十三年（1595）发表了他的重要文章《论文》，猛烈抨击了前后七子违反文学发展规律，倡导句拟字摹、食古不化的倾向，批评了"剽窃成风，众口一响"的现象，指出了复古的病源"不在模拟，而在无识"。主张文学创作应"从学生理，从理生文"。《论文》成了反对复古派的一面旗帜，表达了对当时文坛霸主的蔑视，也是对当时腐败文风的宣战。到万历二十四年（1596），袁宏道在吴江知县任上为其弟中道的诗集作序时，正式打出"独抒性灵，不拘格套"的口号，令一批持有相同主张的文人汇聚在一起作文赋诗，交流经验，文学史上的公安派才正式形成。

万历二十四年（1596）秋，汤显祖到绍兴结课即结算遂昌的赋税，借机去探访了已从余姚迁来绍兴的孙如法（世行），与孙如法等人一起"登兰亭诸名胜，弈棋赋诗"。这位仁兄与汤显祖、吕玉绳（胤昌）都是同年进士，第二年授刑部主事。他也是个狂狷之士，万历十四年（1586）因为上疏论建储及谏阻郑贵妃晋封得罪了神宗，像汤显祖一样，被贬为典史添注，只不过地点在潮阳。后自潮阳贬所移疾归里，隐居在绍兴西郊钱清附近的"柳城"内，常和王骥德、吕天成把酒论曲，是位精通词曲的行家。他和吕玉绳是表兄弟，吕玉绳的母亲是孙如法的姑母，孙如法父孙鑨是吕天成的亲舅。孙鑨出任吏部尚书之后，于万历二十一年（1593）与考功郎中赵南星主持京官考核，孙鑨将时任河南参政的外甥吕玉绳和赵南星的亲戚王三余，因政绩不卓偶有失误而给予贬黜。吕玉绳从此隐居林下，以戏曲自娱，再未出山。王骥德是个无半个功名的"湖海散人"，这时还在山阴知县毛寿南家里当家庭教师，但他对戏曲理论的研究为徐渭所器重，连沈璟也服膺。孙如法曾向汤显祖介绍王骥德并赞赏了他的《题红记》，另外如实地转达了王骥德对《紫箫记》的批评。汤显祖听后竟心悦诚服地说："良然。吾兹以报满抵会城，当邀此君共削正之。"这次来到绍兴，就是要登门向王骥德请益，并打算邀他帮忙削正《紫箫记》不合律法之处。但因王骥德有事外出，未能如愿。

万历二十五年（1597），是汤显祖治遂的第五年，年底就要赴京参加考核。"令不可久作，场不可数人。"（《寄伍念父》）这次考核过后，自己的位置就要挪动了。他已听到了传言，说朝中某"贵人"为他说话，虽回不了京城做京官，但拟迁温州做通判。温州知府刘芳誉是汤显祖的好友，对此消息信以为真，为汤显祖在温州造了五间书楼。当年秋，汤显祖在遂昌士子郑孔授、时可谏和朱九纶等的陪同下去了温州。到温州后先和刘芳誉碰个面，了解一下情况，然后顺便游览一下东瓯山水。

汤显祖从遂昌顺瓯江而下到了青田。这里是"学为帝师，才称王佐"的明朝开国元勋刘基（伯温）的故里。刘伯温就是从这里走出去，辅佐朱元璋打下大明江山。此地如"桃源仙境"，卧龙山与伏虎山对峙如门，故称"石门"。石门飞瀑从112.5米高的悬崖倾泻而下，溅若跳珠，散似银雾，声若雷鸣，终年不绝。飞瀑在阳光照射下，如雨后彩虹，斑斓纷呈，极为雄奇壮观。那飞泻的白泉宛如白鹤绕着青田的上空盘旋。汤显祖有诗记下此景：

> 春虚寒雨石门泉，远似虹霓近若烟。
> 独洗苍苔注云壑，悬飞白鹤绕青田。
> ——《汤显祖全集》卷十二《石门泉·青田》

温州，素称"东南山水甲天下"。乐清东北的雁荡山是"寰中绝胜"，因"山顶有湖，芦苇丛生，结草为荡，秋雁宿之"而得名。山中有大龙湫瀑布为"天下第一瀑"。欲睹山水之奇秀，"不游雁荡是虚生"。"好观名山川"的汤显祖在遂昌来的士子的引导下，去雁荡山睹一方之胜概，览奇峰、奇石、奇瀑、奇洞的"怪诞高华"。

汤显祖一行人沿丹芳岭（四十九盘岭）入西内谷，大龙湫就深藏幽谷之中。可他们进山后就迷路了，想去看大龙湫瀑布，不知如何走，便去问采茶女。采茶女告诉他们，转过前面那座剪刀峰，就是大龙湫了。果然，转过剪刀峰，眼前一亮，境界大开，大龙湫赫然在目。瀑布经龙湫背从连云峰凌空泻下，像银河倒泻下来，十分壮观。一般游人至大龙湫后多折头而回，可汤显祖绕道攀险，"遂踏龙湫雁背"。

汤显祖在西内谷盘桓的几天，流连雁荡奇山秀水，品味雁荡山茶清芳，遥想刘、阮天台山遇仙，钟情"秋色见桃花"景观。此外，汤显祖还去到丽水瞻仰当年补县诸生时，慧眼识才的良师何镗隐居的悠然堂，诗赞"傲吏怀人向此间"；他也游览了缙云仙都、丽水万象山、桐庐仙境、越国美女西施的故里——诸暨、萧山西兴等地，所到之处，都留有诗篇。这些诗作清新隽永，直抒胸臆。

六、挂冠归里

万历二十五年（1597）秋冬之至，汤显祖游温州回来，又开始忙于准备明年赴京接受吏部考察。明代对官员的考察程序是分级考评，层层汇总，逐级上报。府、州、县等中低级外官，先由其正官或上级正官初考，然后进京再由布政司、按察司考评，结果送吏部考功司复核。杭州是省府所在地。汤显祖已在三月赴杭州接受省府正官的考评，他带着书童下了仙霞岭到了龙游，从龙游顺衢江"荡舟长日"下到杭州。为打发船上日子，汤显祖叫书童从书箱内找本《高士传》给他，书童没找到，便顺手拿了本《宦林全籍》。汤显祖要的《高士传》是晋代皇甫谧所撰，记录自上古至魏晋"身不屈于王公，名不耗于终始"的九十六位没有出过仕的"高让之士"的传记，而《宦林全籍》则是一部记载全国大小官员生平简历的官场内部使用的官籍簿。汤显祖取来一读，对照现实政治与社会，产生了当今社会无高隐之士，唯见为官禄钻营者的联想。在此启迪之下，汤显祖将出仕以来官场所见所闻的种种黑暗丑态，写成《感宦籍赋》。赋的主要内容说：

幸运的是那些公侯之子、卿相之孙，他们凭借父辈们的官位与功勋，不必读书与学剑，自然就成了能文能武的精英。那些驸马都尉，和皇族本是一家人，他们不用费什么力气，便能享受高级的荣华富贵：

> 幸者乃为公侯之子，卿相之孙。前书厥考，有阶有勋。后列环卫，如官如恩。托江河而猥大，依日月而常新。不必学书学剑，自然允武允文。又若驸马都尉，一体天人。在既富其何费，获至贵而无勤。
>
> ——《汤显祖全集》卷二十四

只要有钱，便可买到郎官，而那些不肯同流合污的穷书生，哪怕为写好文章废寝忘食地发奋，想要凭个人实力而跻身仕进仍然比登天还难：

> 次则纳资而为郎，亦以财而发身。过此以往，其勤可知矣。清流之迹，奋以文词，则必没身乎藻缀，噪吻于吟呻。寒暑侵而靡觉，骨肉怨

而不辞。

——《汤显祖全集》卷二十四

官场宠辱不定，贤奸颠倒，无公理正义可言。官员素质良莠不齐，相差悬殊。朝廷对官员的升迁极不公平，有的一辈子在皇帝身边做高官，有的终身只能做末流小吏；有的十年不得升迁，有的一下连升三级。朝廷对官员的处理也无是非标准，贪腐包庇现象非常严重。有的受贿万金无人查问，而有的没有背景又不行贿的中下级官员，有了鸡毛蒜皮的闪失，一辈子也翻不了身：

有凤凰之官，则必有虮虱之使。有金玉之英，必有粪土之士。……有终身于帝所，有绝望于廊阿；有十年而不调，有一月而累加；有微欹而辄振，有一蹶而永蹉；有弱冠而峥嵘，有白首而婆娑；有受万金而无讥，有拾片羽而为瑕。

——《汤显祖全集》卷二十四

汤显祖认为这样的《宦林全籍》读了"可以奋孤宦之沉心，窥时贤之能事"，即会因正直之士落得悲惨遭遇而不去效法，对邪门歪道爬上显赫地位的"时贤"生发惊羡之情，从而学其恶形恶状，令道德丧乱。

汤显祖带着对官场这样的体认，在万历二十五年（1597）年底就动身赶到京城，参加吏部的考核。来京途中，汤显祖又路过山东滕县。滕县经赵邦清的治理，"以贫弱之滕，三年而暴富"（《滕侯赵仲一实政录序》），成为"河洛之间，葱然一善国也"（《赵子瞑眩录序》），令汤显祖惊叹不已。汤显祖对赵邦清的政绩和爱护百姓、憎恶豪贵的高尚品质十分认可，说他"常以死为百姓争九则之命"。他自叹治县不如赵邦清："予天资怯弱人也，与仲一相远何啻三千里，能一见而知之"（《滕赵仲一生祠记序》），称赞赵邦清是个可称雄一方的"伯才"（霸才）、"善医国者"、"真学问、真经济"，感到现在的官场像赵这样的"伯才"太少了，自己虽然已做好归隐准备，但也要让赵邦清这样的好官来接替才行。在滕县，因赵邦清忙于公务，"不能得见"，汤显祖就一人先进京,并带着赵邦清的簿籍,准备向在内阁任次辅的老师张位推荐他。

汤显祖在安徽宣城的朋友梅禹金对他的这次考察感到很乐观,他也听到了传言,说汤显祖的正直名声已上了神宗的屏风,"不可谓不遇主矣","其时仁兄定迁去"(《与汤义仍》)。时任浙江右参政的好友唐守钦还写来信向汤显祖道贺。但汤显祖自己心里有数,贬谪徐闻仅一年就"量移"遂昌任知县,是刘应秋的帮助,吏部主事陆光祖的安排,但背后起主要作用还是身居辅臣的张位。张位是万历十九年(1591)秋,申时行辞官退休,被举荐和赵志皋同时入阁的。首辅是王家屏,但王家屏仅干了半年就退隐了。神宗召王锡爵未到,赵志皋代理首辅职务。汤显祖是张位才华出众的学生,且又是江西同乡。明代官场,官员将自己的同年与学生视作亲信给予关照是公开的秘密。汤显祖到遂昌后,刘应秋曾告诉他,王汝训(弘扬)已任浙江巡抚,与他的交情很深,行前私下对他说,"到任后数月即有揭赴部,欲兄早离苦海"(《与汤若士书》)。但结果是,第二年吏部文选司郎中顾宪成推荐汤显祖任南京礼部主事,被"留中不报";御史、浙江巡抚王汝训,也荐汤显祖任南京刑部主事,又"部中谓暂须迟之,方可有济"。此中的"阻抑之者",是"太仓(王锡爵)甚不喜兄"(《与汤若士书》)。那是因当年上《论辅臣科臣疏》,支持饶伸对王锡爵进行弹劾结下的怨。因此,对唐守钦的热情祝贺,汤显祖的回答是:"心知故相嗔还得,直是当今丞相嗔"(《漫书所闻答唐观察四首》),即不仅"故相"申时行嗔怒于他,现任首辅王锡爵也是嗔怒于他。

万历二十一年(1593)正月王锡爵还朝任首辅,主政仅一年半,到万历二十二年(1594)五月也退隐了。"锡爵去,志皋为首辅。位与志皋相厚善。志皋衰,位精悍敢任,政事多所裁决。时黜陟尽还吏部,政府不得侵挠。"(《明史·张位传》)赵志皋与张位同年入阁,两人交情深厚,赵处事比较软弱,内阁实权实由张位掌控,这对汤显祖的处境改善本很有利,但汤显祖却"求二三府不得"。尽管刘应秋告诉他:"兰溪(赵志皋)、新建(张位)于兄意似好",但张位却是不擅权术,"未能收拾天下贤士,厚集其势"。王锡爵虽退,"成言"还在,亲信还在,"一时难转手耳"。故虽有"贵人"推荐他任温州通判,但他并不抱希望。

进京后,汤显祖向张位推荐赵邦清,张位虽也认为赵邦清对滕县的治理政绩突出,可用为"御史行边,专屯田盐策开塞之事",但后来也只升了吏部稽勋司郎中。在京一看形势,汤显祖感到"新建(张位)当危",即张位地位不稳。去年由张位密荐的参政杨镐去朝鲜治理军务,打击入侵的日本丰臣秀吉军队,先胜后败,死亡将士有两万之多,和杨镐同入朝鲜担任赞画(辅佐谋划)主事的丁应泰向朝廷奏报战败事实,并疏劾次辅张位、三辅沈一贯"与镐密书往来,交结欺蔽"。杨镐被神宗削职为民,张位受牵连而难逃其责。"沙堤无处可藏春",张位的地位不稳,"朝中无人莫做官",内阁里能为汤显祖说话的人都没有了,再留于官场凶多吉少。因此,在汤显祖看来,他的正直名声上了神宗的屏风因此可作为升迁对象是不可能的事:"只是姓字人间有,哪得题名到御屏!"(《漫书所闻答唐观察四首》)

汤显祖对朝中形势的判断是准确的。本年六月,官至吏部尚书、武英殿大学士、太子太保的张位,政治生涯走到了尽头。神宗给他以停职闲居的处分。不久,御史赵之翰又检举他是炮制"妖书"(即《忧危竑议》)的主谋。神宗遂下诏革去张官职,其亲友也受株连。直到张位死后,熹宗当朝,才恢复了他的官衔。

"作县真如悬度国。"明代的知县不是好干的差事,虽为朝廷命官"百里之侯",拥有一定的治理权,但"县百事统于府,旧例,小有故,必参谒"(海瑞《知县参评》)。施政要经知府认可方能实施,直接管你的"婆婆"又多,不仅要看上司的眼色行事,还要照顾到县官僚属和境内乡绅的利益。汤显祖常感叹:"今日陶潜在折腰。"(《九日登处州万象山,时绣衣按郎》)可汤显祖又是个特立独行的人,像"遣囚度岁""纵囚观灯"这样有风险的事,上司必然要进行挑剔,给他的考语又能有什么好言?

"迁官欲似飞来山。"汤显祖对自己的升迁已不抱任何希望,归隐便提到议事日程。他在《答范南宫同曹尊生》诗中写道:

南宫几岁得为郎,曾伴飞凫入帝乡。
薄莫纵歌燕市酒,青春如坐少年场。

莱芜作令堪谁语,子建为文亦自伤。

况是折腰过半百,乡心早已到柴桑。

——《汤显祖全集》卷十二

　　回想自己大半生境况,青春年少时也曾有荆轲一样的豪情,可出仕至今又同曹子建一样,壮志难酬,独自神伤,如今已是年将半百,不能再为五斗米而折腰了,该学陶渊明脱离宦海回乡去。他写的那篇《感宦籍赋》不仅仅是抒情言志的辞赋之作,更应看成是汤显祖已起草好的"辞官报告书"。

　　三年前在京考核,和刚任吴县知县的袁宏道相见,袁宏道就和汤显祖谈到要辞官不干,"区区县令,朝夕更换,又无一成而不可去之义",把当一个小县令看成是束缚自由的"桎梏","自去秋来,已萌此志,曾与同事皆言及"(《乞归稿》)所谓"同事"就是汤显祖。袁宏道一到吴县任上,便连上《乞归稿》五道。这时汤显祖虽有归隐之心,但因"家严(父亲)不许不官,加以帅郎仙去,归亦茕茕,不如游寓"(《答邹大泽》)。

　　促使汤显祖痛下决心挂冠而去的直接原因是不忍矿监税使对遂昌进行的骚扰。这时的神宗,疾病缠身,性情乖张,怠于临政,却勇于敛财。他敛财不是为国库开辟财源,而是为增加宫廷小金库的积累,供自己享乐。因此,他不用内阁来执行,而是直接派太监到全国各地充当矿监税使。自万历二十四年(1596)起,矿监税使所到之处,掠夺商民,一旦被认为地下有矿苗,房屋就要全部拆除,以便开矿。开矿时若挖掘不到矿藏,附近的商家会被指控"盗矿",必须缴出全部"盗矿"的赔款。矿监所到之处,民穷财尽,"鞭笞官吏,剽劫行旅,商民恨刺骨","其党直入民家,奸淫妇女,或掠入税监署中,士民公愤",而"帝不问"(《明史·食货志》),成为明代一大恶政。地处浙西南山区的遂昌,矿藏丰富,尤以濂竹的黄岩坑金银矿闻名,被载入《宋史》。万历二十四年(1596)十二月,矿监曹金到了浙江,了解了遂昌矿藏的分布,"疏报七十三处"准备开采。在京的项应祥得知家乡要遭开矿的劫难,"发上指冠",上疏报陈采矿扰民之弊,讲得"焦唇裂舌,徒益大内片纸,奈之何!"(《束冯文所少参》)汤显祖身为朝廷命官,曹金是神宗直接派来的矿监,无法抗命。心中愤恨无比的汤显祖,称他们为"搜山

使者",他们的来到,"地无一以宁,将恐裂"(《寄吴汝则郡丞》),并作《感事》诗讥讽:

> 中涓凿空山河尽,圣主求金日夜劳。
> 赖是年来稀骏骨,黄金应与筑台高。
> ——《汤显祖全集》卷十二

诗用战国时燕昭王"千金市骨"和"黄金台"两个典故,说太监要把大明江山凿空殆尽,皇上为敛财日夜操劳。好在近年来贤才名士太少,不然的话皇上求贤的黄金会堆得比燕昭王的筑台还要高。哪里是贤才真的缺少,而是神宗只知一味敛财而不重人才。"中使只今堆白雪,衰翁几日试黄芽"(《戏答无怀周翁宗镐十首·之四》),抨击了神宗开矿敛财,不顾民生安危,只图挥霍享乐。汤显祖不愿自己苦心经营的"有情天下",让无情的"搜山使者"践踏。他不堪为虎作伥去骚扰百姓,搜刮子民。"上有疾雷,下有崩湍,即不此去,能留几余?"(《答郭明龙》)这个知县他无法再干下去。"世路艰艰、吏道殊迫"(《答山阴王遂东》),他没有别的选择,"乡心早已到柴桑",只有走陶渊明的归隐道路。

汤显祖在京向吏部主持考察的官员递交了遂昌簿籍后同时递了长假单,挂冠回归临川。虽然主持考察的官员、选拔人才授官事务的官员以及掌管弹劾纠察及图籍秘书的官员都做了挽留,但汤显祖正气凛然,归隐决心已下,谁也挽留不了。

出京返程途中,汤显祖又经过了赵邦清治理的滕县阳谷店,看到了十年前以南京太常博士身份北上京察,在此题写的诗《阳谷店》,然而诗人十年仕途坎坷之路倏忽而过,阳谷店景色依旧,诗人心境已不同。秉烛夜观旧作,虽在满积的尘垢中依稀可辨,但大半人生之路走完,他已醒悟到"今是而昨非"。现已"驱车从此去"决意退出官场了,如从窗棂上透出了曙光,无官一身轻,"勉矣后来人,当知心所语"。

汤显祖弃官的消息很快就传到了遂昌。遂昌的官吏和百姓派出代表长途跋涉于三月初三日赶到扬州钞关挽留。他们走到大运河和长江的交界处,汤显祖回临川必经这里溯长江而上。遂昌吏民找到了汤显祖停泊在这里的行船，饮泣江关请求汤显祖回遂昌，继续当他们的父母官。但汤显祖动情地对他们说："官宦生涯对我已是一去不复返了，请你们多保重，不用为我的离去而伤心难过了。"参加挽留的队伍中还有几个年轻男孩，他们扶着汤显祖乘坐船的船头，舍不得让船开走。人们怅望着汤显祖的行船消失在空阔的云水间！汤显祖有诗记下这感人的场景：

富贵年华逝不还，吏民何用泣江关？
清朝拂绶看行李，稚子牵舟云水间。
——《汤显祖全集》卷十二《戊戌上巳扬州钞关别平昌吏民》

汤显祖在扬州钞关和遂昌吏民泣别后，乘船溯长江而上，到句容县龙潭镇"回宿"。龙潭这时是长江南岸的大码头之一，出入南京的门户，汤显祖两次赴京上计均在此下榻。随后他进入南京城与时任南京通政参议的李三才告别。为了答谢遂昌吏民的深情厚谊，汤显祖出南京后没有再溯长江而上去江西，而是从南京回到了遂昌。

到了遂昌，也许他的家眷早已被安排走了，汤显祖仅一人，便未住进县衙，只在县城北郊济川桥畔的妙智堂小住数日。这时，来妙智堂拜见他的各界人士络绎不绝。宋代爱国诗人王镒的后人，赶忙来到妙智堂请求汤显祖为其先祖王镒题写匾额。

王镒，字介翁，号月洞，是宋代有民族气节的爱国诗人。由推举授与临川相邻的金溪县尉，后弃官归隐，以诗述怀。汤显祖以唐代云门寺僧人灵澈"相逢尽道休官去，林下何曾见一人"的诗意，写下苍劲有力的"林下一人"四个大字，落款署的时间是"万历二十六年三月"。题额既赞扬王镒辞官归隐的高洁之举，也表达汤显祖对其的惺惺相惜之情。

汤显祖下了侵云岭到溪口，改乘小舟顺灵山港而下，苍茫暮色中，看到岸边巍然屹立着"清献坊"。"清献坊"是后人为纪念北宋"铁面御史"赵抃（谥号为"清献公"）而建的牌坊。见坊思古贤，赵公为人刚直不阿，为官勤政爱民，去世后英名流芳千古，现在自己却带着无奈与辛酸的自我"罢令"

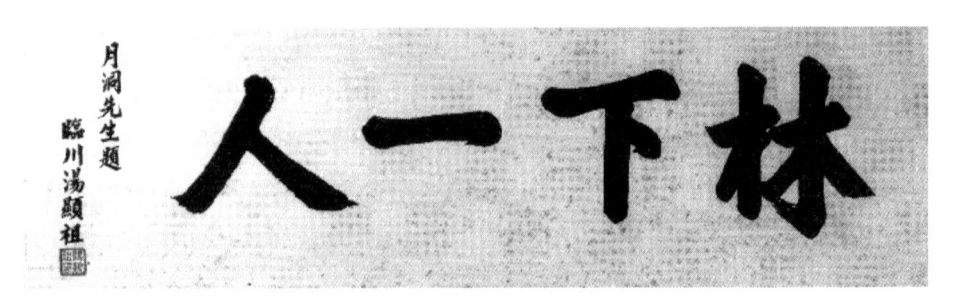

汤显祖为王镃书写的题匾

而归。此时过龙游，已没有做"仙令"时那样安乐的心情了，其中况味，诚如沈际飞的评语："作官之苦可知。"

汤显祖的行船出衢江，上衢州抵江山跨入江西境内，然后水陆兼程回到了临川。

七、遗爱遂昌

怀着"慷慨趋王术"的豪情走上仕途的汤显祖，认清了官场乃污浊之地，决心不久留。他自信"有区区之略，可以变化天下"，但仅变化了遂昌，便再无回天之力。一个有政治抱负的才俊而又"狂狷"不拘，视首辅结纳"如处子失身"的汤显祖毕竟是书生，"彭泽孤舟一赋归"是迟早要来到的事。

汤显祖走了。他带着深深的感叹和太多的无奈"挂冠"而去。人虽走了，但留下情，遗下爱。他"兴教劝农""灭虎纵囚""剪除害马""借奉著书"，苦心营造"有情之天下"，泽被遂昌士民。

抛官情系遂昌人。汤显祖回到临川后，曾托与遂昌毗邻的龙泉县的知县杨开泰（临川人），向遂昌士民捎去他的思念。凡遂昌士民求他做些文墨之事，他都热心完成，万历三十五年（1607），后任知县辜志会组织百姓将遂昌土城重修好，请他作序，他欣然命笔，写下《遂昌新作土城碑》，赞扬了辜筑土城对维护遂昌社会治安的积极作用，表达在任未能构筑这一工程的内疚之情；王镃后裔王叔隆要重刻先祖王镃《月洞诗集》，远托作序，汤显祖欣然作了《王镒月洞诗序》，表达了对王镒人品与诗品的赞赏敬慕；丽水县修筑了通济堰，请他作碑文，他下笔千余言，应命书就。汤显祖和遂昌士民不平凡的情谊，连外省人都知道了，福建有个叫蓝翰卿的年轻人想投拜汤的门下，带着诗文到遂昌找叶干，经叶干的引荐，汤显祖收蓝为门生。遂昌读书人还常到临川向他求教学问，汤显祖总是悉心解惑，让来者满意而归。

"客来千里见高情。"离任两年，遂昌人士惊悉汤显祖的长子士蘧在南京不幸早逝，便委派独山村的叶时阳前去临川悼唁，并对汤显祖进行慰问；汤显祖归临川的第十个年头，遂昌在相圃书院为他立生祠，特派画师徐侣云专程赴临川绘制他的绢本肖像，挂在生祠内供人瞻仰，后移至县城义学。汤显祖深领遂昌士民深情厚爱："平昌祀我，我以何祀平昌也？"（《与门人时君可》）万历三十四年（1606），遂昌叶干去北京太学（国子监）读书，也要绕道临川去与汤显祖告别后再北上；其兄叶梧从岭南归来回遂昌独山，也迂道临川去看望汤显祖后再去遂昌。

"相思时有梦魂惊。"当汤显祖收到处州知府郑怀魁作的《遂昌相圃汤侯生祠记》，立马给郑致信云："读至'行可质天地鬼神'，不觉涕从，何以得此；誉以'文能安民人社稷'，徒令汗浃，无所承之"；得知遂昌要将郑知府的《相圃生祠画像记》刻石立碑以志，汤显祖是"梦魂常发瑞牛光"，"时一看碑到射堂"（《寄平昌时叶诸生，为护郑太守碑金石之文也二首》）。奈何他已年老体衰，终未能实现再到遂昌的心愿。

遂昌感念汤显祖。万历四十四年（1616）汤显祖逝于临川，遂昌士民为纪念他，在县衙另立他的牌位，入祀于遂昌名宦祠。康熙四十九年（1710）"与先生生同乡，志同道，官同方"的缪之弼，抚州崇仁人，莅任遂昌知县，了解到汤显祖当年治遂，"治绩日益懋，政教日益彰"，"遂人士今日心焉系之，口能无之"，但陈放他牌位的射堂"蔓草荒烟"，"瞻拜其像"又要到义学中，感到虽"未获亲承于一堂"，但他"读玉茗堂所著"，当"奉以师资"（《汤公遗爱祠记事》）。康熙五十一年（1712）冬，缪知县依众议集资，在城内报愿寺左建构了遗爱祠，并从义学中请出汤公肖像悬于遗爱祠神龛正中，又从名宦祠迁出汤公牌位置于汤公肖像之前，了却遂昌士民多年想把汤显祖的肖像与牌位归位的一桩心愿。缪之弼主持建构的遗爱祠，虽仅为面积100

平方米的木柱青瓦泥墙平房，但可称最早的汤显祖纪念馆，每逢朔望之日，缪"必躬诣以肃瞻拜"。为了加强对遗爱祠的管理，缪知县还置田三十九亩，派有专人，收租纳粮，管理修缮，负责春、秋两祭事宜。自建祠至民国前，历任县官每逢春分秋分两祭祀日，亲率僚属和县学生员连同社会名流到遗爱祠顶礼瞻拜，成为遂昌一大习俗。

处州知府郑怀魁听说遂昌为汤显祖画像立祠，欣然为之作记，高度评价了汤显祖在遂昌的政教治绩："行可质天地鬼神，而时逢事拙；文能安民入社稷，则学古功伟。"（《遂昌相圃汤侯生祠记》）光绪二十五年（1899），汤显祖的又一位临川老乡乐桂荣来遂昌任知县。他上任后将遗爱祠修缮一新，自己还亲撰了一副楹联，赞扬了汤显祖的政绩，表达了要像汤显祖那样，做个众口褒扬，为遂昌留下遗爱的好官：

遂昌县尚存的汤显祖遗爱祠

先后两临川，我惭时政疏虞，难媲昔贤褒众口；
古今同邑宰，公独名祠巍焕，尚留遗爱结民心。

楹联用木板镂刻，醒目地镶嵌于正厅的柱子上。可惜楹联与肖像均在清末民初兵燹中下落不明。

遂昌不忘汤公遗爱，士民还将汤显祖治遂期间写的《听说迎春歌》和"迎春口占"等诗作谱曲传唱。到清道光年间还有妇孺能唱者。道光年间的遂昌进士吴世涵，作有《遗爱祠谒玉茗汤公》诗：

临川一老仰清标，花下芳祠拜寂寥。

贾傅立朝惟痛哭，庄生作吏亦逍遥。

孤臣志业抛荒棘，仙令文章泣鬼魅。

留得山城遗爱在，迎春岁岁入歌谣。

自注：先生作迎春诗，至今妇孺犹有能歌者。

从隋朝到清朝的一千三百多年中，遂昌县有姓名可查的县官一共有三百一十五人，唯有汤显祖一直被尊称"汤公"，受到遂昌百姓的深切怀念。

"功名即真，犹是梦影。"（《答李宗诚》）汤显祖长留遗爱在人间！

[注释]

① 见屠隆诗《春日登尊经阁》，乾隆《遂昌县志》卷十一。

② 见屠隆诗《启明楼》，光绪《遂昌县志》卷一。

③ 见屠隆诗《春日登尊经阁》，乾隆《遂昌县志》卷十一。

④ 徐朔方《汤显祖评传》谈到屠隆访遂昌时说："现存汤显祖为他（屠隆）写的六首诗中，没有一首提到旧地重游之意，或者时间在秋天以外的其他季节。"南京大学出版社1993年版，第105页。

⑤ 徐朔方《汤显祖评传》第106页有考证说："可见，《玉茗堂批订董西厢》分明出于伪托。"

⑥ 转引自蔡毅《中国古典戏曲序跋汇编》（第一册），齐鲁书社1989年版。

⑦ 屠隆《玉茗堂文集序》，《汤显祖诗文集·附录》。

⑧ 屠隆《玉茗堂文集序》，《汤显祖诗文集·附录》。

⑨ 屠隆在《与丁右武》信中说："去秋发吴门，急走钱塘，溯严濑，将直抵洪都，与仁兄一握手泣别。行至兰阴，晤赵符卿年兄，知右武业泛九江道皖城而北矣。恸哭歧路，踌躇何之，乃访汤义仍遂昌，问兄消息。"（《鸿苞集》卷四十四）又在《与邓汝德少参》信中说："徘徊歧路，计无复之，乃往括苍访汤义仍。义仍使至自南昌，始悉右武消息，寻以民挂党籍。老母忧念，家奴来促归，匆匆东下。"（《鸿苞集》卷四十）

卷四 寄情词曲

第十四章　建玉茗堂

"彭泽孤舟一赋归。"汤显祖终于步陶渊明后尘,"不为五斗米折腰",走上弃官归隐之路。然而归隐后他的生活意向又与陶不同。陶渊明是"采菊东篱下,悠然见南山",寄意田园,"独善其身";汤显祖则是"胸中魁垒,陶写未尽,则发而为词曲",寄情"戏梦"。从小受到良好戏曲艺术氛围熏陶的汤显祖,青年时曾在南京试作过《紫箫记》,仅一个讥刺首辅情节,竟惹得"是非蜂起,讹言四方",他由此体认到戏曲不是"小道末技",而是如同儒、释、道一样,具有"名教"的教化作用,而且更能打动人的情感。政治家解决不了的问题可用戏曲来解决。他要用戏曲救苍生,以情来感化世人,将现实无法实现的政治理想投射到戏曲中,在小小的舞台天地里,演绎着社会现实的大人生。

回到临川后,汤显祖迫在眉睫的问题就是建房安居。城东文昌里故宅,因隆庆六年(1572)除夕邻里引起的一场大火被烧毁殆尽,造成汤氏一家过着"十载居无常"的日子。为解决住房困难,早在万历十年(1582)前后,其父汤尚贤就在香楠峰下其家塾旁建了几间小巧雅致的住宅。现在汤显祖带妻儿老小从遂昌归来,家中本已很紧张的住房便无法容下,汤家不得不筹建新居。那香楠峰下的"小筑"之旁,是金溪高应芳家的废宅。汤显祖买下高家的旧宅地基,规划建一座园林式的新居。新居为玉茗堂和金柅阁两部分。玉茗堂是用来起居、写作、会客、家宴的地方。另外,汤显祖还考虑到以写戏度曲度余生,便在玉茗堂东建了小舞台,做排演戏曲用;金柅阁是金柅园中的亭阁，供游园休闲歇息。这新居占地面积在《文昌汤氏宗谱》（光绪三十二年重修）中有载：

> 北后东址尧墙，至西址汤邓共墙五丈九尺；南到前东址尧墙，至西址汤邓共墙六丈五尺；北至南公路十四丈，连门首塘一口；塘西金柅阁地基，靠陈墙北，直至郑横墙五丈五尺；东址公路，至西址陈墙十一丈；中横东址公路，靠郑横墙牵至陈墙十一丈；南上东路井下，至西李墙五丈五尺；东边公路北，至南井下二十丈零五尺，西边靠李郑两姓墙角，北至南十四丈五尺。

据此记载，玉茗堂占地约1000平方米。金柅园占地约2000平方米。这

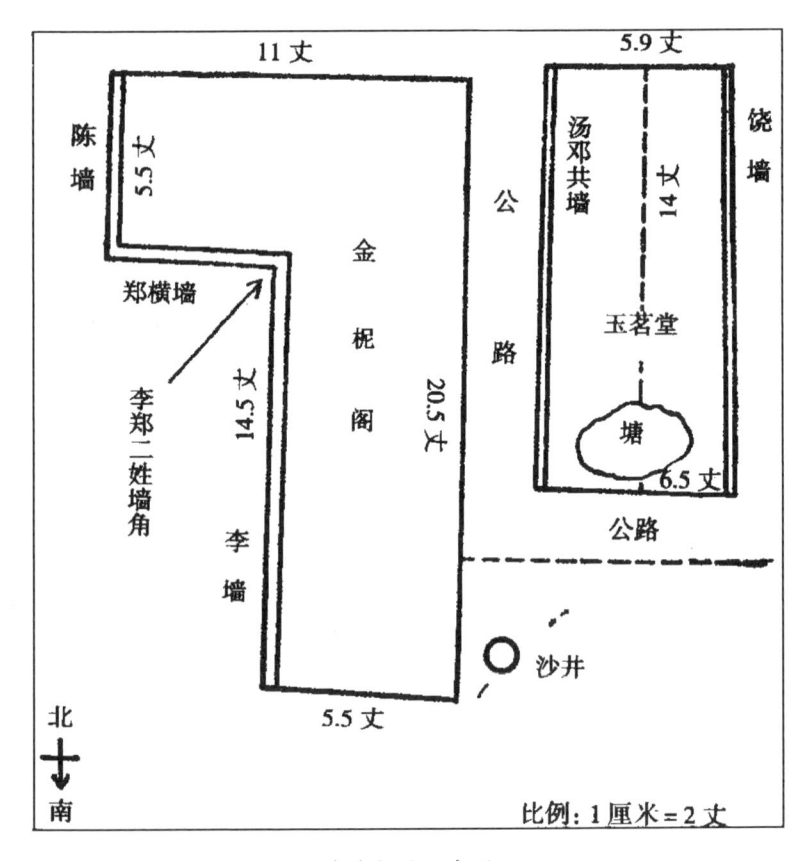

沙井新居示意图

新居之南有一口水井，名叫沙井（今尚存）。汤显祖称这一新居为"沙井新居"。

沙井新居从万历二十六年（1598）三月破土动工修建，当年"七月廿日移宅沙井"。八月十四日汤显祖在玉茗堂大摆酒宴，并请来吹鼓乐队与宜伶艺人演出了他的新作《牡丹亭》，热热闹闹十余日来庆贺他的五十大寿。新居的规模《文昌汤氏宗谱》中有《抚郡汤氏廨宇规模记》记述："从唐公庙汤氏家塾算起，侧有金梶阁，沙井巷后有玉茗堂，堂左是寒光堂，右是兰省堂，堂后是清远楼，堂西是芙蓉馆，堂东是四梦台。"作记的时间是康熙五十二年（1713），应当不是落成之初的规模，凭当时的建筑生产力，不可能仅仅四个多月的时间就能完成这么多工程。当时很可能只是将买来的高应芳旧宅进行一番装修，为一家起居急用迁往入住，后续工程还在继续。有些工程很可能是汤显祖死后，三儿开远、四儿开先出资扩建的。

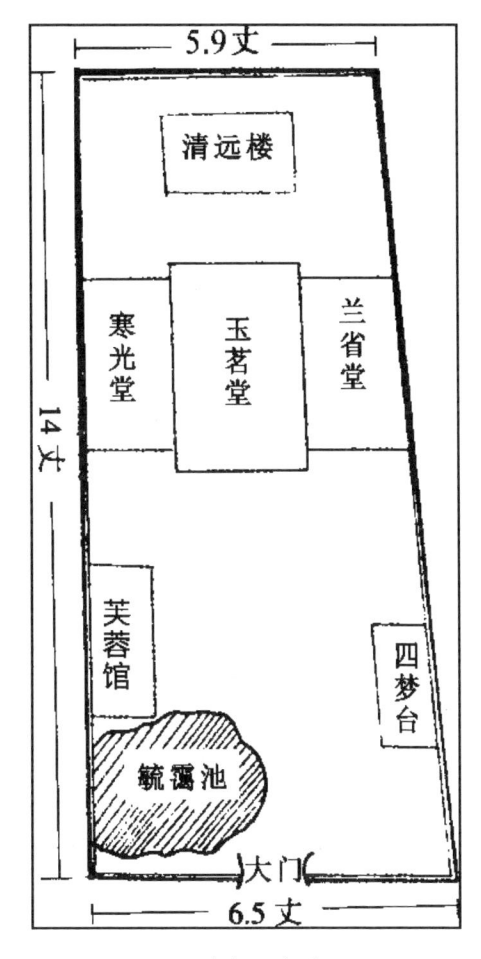

玉茗堂示意图

汤显祖将新居主体建筑命名为"玉茗堂"。玉茗是白山茶花，宋代产于临川温泉麻源第三谷，后被移植到抚州府衙的东院。它"纯白得天真"，陆游赞它"格韵高绝"，南宋景定三年（1262），时任抚州知州的四川眉山人家坤翁，作《玉茗花记》赞它"不与桃李争春风""众醉独醒"。汤显祖用它命以堂名，是以花的品格自喻，表示自己愿做个不随时俗，孤贞介洁，格韵高绝的人。由于玉茗花被看作品格高洁的象征，又得到当时诗文名家的赞咏，在宋代，抚州官员中就有人用它作了寓所名。比家坤翁更早，淳祐年间四川眉山人史绳祖任江西提举，曾作有诗云："奇葩与立新名字，华篇高标玉茗堂。"（《临川县志·艺文志》）又在诗序中说："郡侯（一郡最高行政长官）家编修，约余饮玉茗堂。"然而这一玉茗堂之所以没有闻名，是因堂主官位虽不在汤显祖之下，但却没有汤显祖那样的才名，不能像汤家玉茗堂那样堂与汤相依，汤以堂得名而闻名于后世。再说，汤显祖早在万历二十三年（1595）的《紫钗记》题词中，就有了"标题玉茗新词"一句。很可能汤显祖早在文昌里故居就已用"玉茗"做他的书斋或居室名。

从汤显祖诗文中，可知玉茗堂中的兰省堂、寒光堂是起居屋舍，芙蓉馆主要是用来接待往来宾客的客房，清远楼是他的写作室，"四梦台"是"自捎檀痕教小伶"的戏曲活动场所。汤显祖入住玉茗堂时，"临川四梦"只完成了一部《紫钗记》，堂东边有开展习曲活动的小舞台，但命名为"四梦台"也是万历二十九年（1601）"临川四梦"最后一梦《邯郸记》完成后的事。

沙井新居各堂、室和亭台内都书挂了体现主人思想与愿望的楹联。汤氏家塾书的是："光阴贵似金，莫作寻堂燕坐；天地平如水，相看咫尺龙门。"金枞阁书的是："一钩帘幕红尘远，半榻琴书白昼长。"玉茗堂厅堂的书联有两副，吉水刘同升（状元，汤显祖的未过门女婿）书的是："门满三千徒，四海斗山玉茗；家传六七作，万年堂构金汤。"崇祯年间进士汤显祖的门生陈大士（际泰）书的是："古今三大业，天地一高人。"兰省堂楹联由南州司徒太虚李公所书："门墙日月高难并，衮钺春秋赞莫能。"寒光堂楹联由汤显祖自书："天地间都是文章，妙处还须自得；身心外别无道理，静中最好寻思。"四梦台的楹联是："千古为忠为孝，为廉为节，倘泥真，直等痴人说梦；一时或快或悲，或合或离，若认假，犹如哑子观场。"玉茗堂后是清远楼，汤显祖晚年自署清远道人即从此而来；芙蓉馆（因为它位于堂西，又叫芙蓉西馆），馆前有石牌坊，上写"毓霭澄华馆"。

沙井新居风景，汤显祖有诗句描述：

沙井阑头初卜居，穿池散花引红鱼。

> 春风入门好杨柳，夜月出水新芙蕖。
> ——《汤显祖全集》卷十四《寄嘉兴马乐二丈兼怀陆五台太宰》

诗告诉了我们：玉茗堂堂前有池塘，叫蘬池；池塘里还种了荷花，养了红鲤鱼；蘬池旁边还栽了柳树。可惜得很，在汤显祖死后的第29年（1645），清兵攻进江西，"是秋，永宁王自闽率峒寇万余人据抚州。大兵（指清兵）围之三月始克，民居焚毁"（《临川县志·武事》）。临川近城几十里外都被掳掠，汤家玉茗堂和桥东祖居，均在这次战火中被彻底焚毁。到康熙六年（1667），学宪李公犹到了临川后，将残存的玉茗堂门楼写上"名家故址"，代表官方出面对遗址加以保护。此后，玉茗堂的地基却被他人所占。康熙二十三年（1684），陆辂来抚州任通判（知州副职），他久仰汤显祖文章品节，平时志趣也和显祖颇为相近。抵任以后，与汤显祖的同父异母兄弟寅祖之孙汤秀琦（1625—1699）结交论文。陆辂从汤秀琦处了解到很多有关汤显祖的逸闻逸事。当陆辂问到玉茗堂故居在何处时，汤秀琦流着眼泪伤心地说："栗里荒烟，岂可复问乎！"陆辂驱车前去玉茗堂遗址瞻仰，只见已是废墟一片。陆辂想在原玉茗堂地基上建一祠，以恢复玉茗堂昔日规模。后因公事，没有及时着手。到康熙三十二年（1693）夏，陆辂生病，宦情冷薄，出现像汤显祖那样隐退的念头。他感到如果不为汤氏恢复玉茗堂，就谈不上真的学习汤显祖的品节。他找到所属六县的县令进行募捐。汤秀琦乘机内联抚州通判陆辂，外依工部尚书汤斌（当时已逝）余威，才夺回了这一祖产。通判是知府的副手，掌管粮运、家田、水利和诉讼等事项的实权，由他出面集资，加上汤显祖令人景仰的名声，县令们都很乐于资助，资金很快得到落实。康熙三十三年（1694）秋，在玉茗堂原址上建的"玉茗堂祠"就竣工了，并立了碑。新堂落成时，陆辂作《鼎建汤若士先生玉茗堂祠记》，并为新堂作了楹联："金梘再毓华，望秋水百川，画图不改王摩诘；玉茗留清远，听春风一曲，楼头时见韦苏州。"督学王公加一横批："文章品节。"为庆贺玉茗祠的落成，陆辂大宴郡僚文人，并请来昆班艺人在玉茗堂连续二日演出《牡丹亭》。陆辂自己赋诗二首，诗云：

百年风月话临川,锦绣心思孰与传。
一代人文推大雅,三唐诗格会真诠。
常看宦味同秋水,却任闲情逐暮烟。
奇绝牡丹亭乐府,声声字字彻天钧。
也学先生曲谱翻,还魂珍重十年论。
偶寻烟月金溪岸,重整风流玉茗垣。
白雪当时怜和寡,清商此日校澜翻。
不才奈有归田志,负却春秋祀执幡。

——录自钱仲联《清诗纪事》

后又征江南文士唱和以纪盛事。其时已尊为文坛盟主的王士祯(山东桓台县人)闻事作诗道：

落花如梦草如茵,吊古临川正暮春。
玉茗又开风景地,丹青长忆绮罗人。
瞿塘回棹三生石,迦叶闻筝累劫身。
酒罢江亭帆已远,歌声犹绕画梁尘。

——录自焦循《剧说》卷六

陆辂重修的是玉茗堂祠,不是整个沙井新居。新堂祠也不只是旧堂的再现,很可能超过了旧堂规模。但这新堂祠又是何年被毁?略访本地一些老人,都说是毁于火灾,具体年月和因何遭火,目前尚无资料,不得而知。

清同治十二年(1873),距玉茗堂祠落成275年后,一位来自四川的隐士到临川寻访玉茗堂,可得到的只是"遗迹指点存居民"。他是《牡丹亭》痴心的爱好者,为剧中杜丽娘的至情所深深感动。因剧中杜丽娘自诩是西蜀杜甫后裔,隐士便有意与剧中人物杜丽娘攀个同乡,于是慷慨出资在玉茗堂故址上立了一块高大的石碑,上刻"汤家玉茗堂",自署"西蜀居士"。时间是同治十二年(1873)。此事说明汤显祖文章品节对后世影响深远,《牡丹亭》一剧在晚清不仅深受人们的欢迎,并依旧产生着精神力量。

"文革"前华东局书记魏文伯来抚州视察玉茗堂遗址

第十五章 以"情"抗"理"《牡丹亭》

初归临川的汤显祖，看到老父亲身板硬朗像壮年人，心里非常欣慰。但体弱多病的母亲因牵挂儿子在外，饭量也减少了，汤显祖后悔自己没有"早作休官"为母煎汤熬药，以尽孝道。他感到这些年来在仕途上南北奔波，一事无成，怎能比得上有父母在身边所有的亲情温暖、天伦之乐。汤显祖在诗中这样说：

却喜家公似壮年，登山着屐快鸣鞭。
迟回阿母加餐少，早作休官侍药便。
舞袖尚连金鸂补，歌笙时间《白华篇》。
南游北望成何事？且及春光报眼前。

——《汤显祖全集》卷十四《却喜》

八月十四是汤显祖的生日。本年生日一过，汤显祖就算是知天命之年。他回到临川，一面抓紧玉茗堂的施工建设，一面继续创作《牡丹亭》剧本。汤显祖要用这部力作做他五十大寿的纪念。七月二十日玉茗堂主体建筑落成，他全家入住新居，便"玉茗堂前朝复暮"，对《牡丹亭》进行反复构思。约在他50岁生日前，这部"至情"的颂歌就"杀青"了。"五十岁大张乐，坐宾筵十余日"，汤显祖将刚完稿的《牡丹亭》进行排练，用清唱或片段的演出来庆贺自己的五十大寿。

《牡丹亭》是一个掀翻情窟的故事：

> 南宋时期，江西南安太守杜宝有一独生女，聪慧美丽，名叫丽娘，年十六岁，尚未婚配。杜宝为使女儿知书识礼，日后择得佳婿，特延请年六十的老秀才陈最良当家教。因陈师讲授《诗经·关雎》惹动了丽娘的春情，仲春三月，趁父亲下乡劝农之机，在伴读使女春香的引领下，丽娘溜进杜府后花园赏春。受大好春光的感召，丽娘感叹自己生在名门宦族，一切由父母主张，可韶光易逝，"妾身颜色如花，岂料命如一叶"。

游园惊梦（钱南扬校点本《牡丹亭·惊梦》插图）

丽娘回到香闺，昏昏入睡。忽梦见一书生手持柳枝要她题诗，后被那书生搂抱到牡丹亭畔，在花神护卫下，共行云雨之欢。然后，花神丢下花瓣将丽娘惊醒。丽娘回味梦境，难以放怀，竟茶饭不思，恹恹思睡。次日瞒过春香独自又去了花园，寻找梦境。但牡丹亭畔，景色依旧，而春梦不再。只见一株大梅树迎风而立。伤感之余，丽娘表示死后若能葬于此，便是大幸。自此，丽娘相思成病，形容日渐消瘦。一照镜子，与昔日判若两人。她唤春香取来丹青素绢，自画春容，并题诗一首，并把梦境说与春香知，让春香把她的画作裱好。丽娘相思成疾，老夫人请陈最良用药，石道姑念经，但都不见效。丽娘一病不起，八月中秋的冷雨幽窗之夜夭逝。殁前嘱咐春香把春容装在紫檀木匣里，藏于花园太湖山石下，又要母亲把她葬在后花园牡丹亭边的梅树之下。正在此时，投降了金国的贼王李全，领兵骚扰扬州，朝廷升杜宝为淮扬安抚使。杜宝葬了丽娘，并造梅花庵观安置丽娘神位，令石道姑和陈最良照料，自己携夫人上任去了。

广州府秀才柳春卿，一天梦见一女子立在花园梅树下，说是与他有姻缘，便改名柳梦梅。柳在钦差识宝中郎苗舜宾的资助下，去京师临安科考。行至南安，被风雪所困且染了寒疾，幸遇陈最良，得宿梅花庵。柳病渐好，偶游花园，在太湖石边，拾到一匣子。回到书房，打开匣子，见是一帧美女春容，便把它挂在床前，夜夜烧香祝拜。

杜丽娘在阴间三年，胡判官发落鬼魂时，查得丽娘阳寿未尽，且与柳梦梅有姻缘之分，放其回生。

丽娘鬼魂游到梅花庵，见梦梅求拜她的真容，大受感动，便自称西邻之女，遂与柳生欢会。两人夜夜说笑，声惊石道姑。一晚被突然而来的石道姑冲散。后丽娘向柳生说出真情，并求柳生三天之内挖坟开棺，使其生还。梦梅将实情告知石道姑。次日，柳生与道姑挖坟开棺，使丽娘还魂。道姑怕事情败露，让丽娘与梦梅拜过天地，当夜租船三人同逃往临安。那杜宝本想带夫人和春香前往淮安，因军事危急，决定让夫人和春香回临安，自己独自赴任。

陈最良发现丽娘坟被盗，忙去扬州禀告杜宝，但未到淮安便被叛军俘获。李全得知陈最良为杜家塾师，杜宝还有夫人和春香。李全妻子献计，谎说已杀了杜夫人和春香，然后放了陈最良去报信。

陈最良到淮安见了杜宝，告知小姐坟被盗，老夫人、春香被杀。杜宝听后大恸，修书两封，让陈最良送交李全和他妻子，以封官许钱招降了李全，淮安围解。

丽娘、梦梅到了临安，试期已过，多亏主考官是苗舜宾，允其破例补考。因金兵攻打扬州，朝廷发榜延期。丽娘让梦梅去扬州看望她父母。

梦梅执子婿礼从扬州到淮安求见杜宝。杜宝以女儿已死，何来女婿之名，以假冒官亲罪名将柳生押往临安候审。梦梅走后，老夫人、春香与丽娘、石道姑意外在临安相遇。杜宝回到临安，因军功升为宰相，陈最良升为黄门官。这时，京中殿试发榜，头名状元是柳梦梅，可到处找不着他的身影。杜宝在临安提审柳梦梅，搜出了他身带的丽娘春容，便认定他是盗墓贼进行吊打。苗舜宾听说后，赶到杜府救下了柳生。苗告诉杜宝，柳生已考中状元。杜宝正气恼时，陈最良来到，说丽娘确已回生，梦梅就是女婿。杜宝认为这是鬼妖幻变母女骗他，叫陈最良奏明皇上，灭除此事。

金銮殿里，众人齐到，皇上用秦朝照胆镜取影，断定丽娘确实是人身。但杜宝却说丽娘、老夫人都是鬼魂所变。后经皇上裁决，他们才得以父女、夫妻相认。柳生也拜认了岳父杜宝。丽娘与梦梅自主婚姻，终获胜利，全家大团圆。

故事的来源，汤显祖在《牡丹亭记·题词》中做了这样的交代：

> 传杜太守事者，仿佛晋武都守李仲文、广州守冯孝将儿女事。予稍为更而演之。至于杜守收考柳生，亦如汉睢阳王收考谈生也。
> ——《汤显祖全集》卷三十三

"晋武都守李仲文"事见陶渊明《搜神后记》，大意说：东晋时，武都太守李仲文在任时丧女，年18，葬郡城北。继任太守张世之，其子子长，年20，夜梦仲文女，结为夫妻。李仲文和张世之发觉此事，便掘开此女坟墓，只见女体已生肉，颜色如故。后此女托梦与子长说，我本来就要复活，可是你们掘开了我的墓，此后将肉烂不能再生了。

"广州太守冯孝将儿女事"见刘敬叔著《异苑》，说的是东晋广州太守冯孝将，儿名马子，梦见一位十八九岁的美女，自称是北海太守徐玄方之女，不幸为鬼所枉杀。按生死簿，当活80多岁，今阎王许我回生，做你的妻子，请求马子救她复活。马子掘开女子棺墓，只见她肢体完好尚有气息，于是二人结为夫妇，生一男一女。

至于"睢阳王收拷谈生"事，《搜神记》有载，大意是：谈生四十无妇，夜半读书，有年轻貌美少女要找谈生结为夫妇，但她告诉他，三年内不能用火照她。后生一子,已二岁,谈生待她熟睡之机,点烛一照,只见腰上已生肉,腰下还是枯骨。她惊醒后说,我本来就要复生,你却连一年也等不及,我已复生无望,只好永诀。临走给了一领珠袍,并割了谈生一块衣裙做纪念。后谈生将珠袍拿到市上去卖,恰被睢阳王买去。原来那死去的少女正是他的女儿。睢阳王识得珠袍是他亡女葬服,怀疑谈生是盗墓而得,将谈进行拷打。谈讲出实情,果见女墓如故,后掘墓,果得谈生衣裙。又见复生女儿正似王女,于是认谈生为婿。

而"传杜太守事者","汤学"研究者们多认同"即是指话本《杜丽娘慕色还魂》",但也有不同意见,争论还在继续。

入清以后,"汤学"研究者们对《牡丹亭》的蓝本并不完全相信汤显祖自己所说。他们费了不少心力进行考证,得出诸多不同的版本。焦循说《牡丹亭》本于《碧桃花》、《倩女离魂》(《剧说》);袁栋说出于《睽车志》(《书隐丛说》);无名氏说《牡丹亭》与《齐东野语》吻合(《曲谈》),蒋瑞藻则考证为由《坚瓠集》脱胎(《小说考证》)……

进入20世纪80年代,文史文献专家谭正璧先生在《玉文堂书目》中卷子杂类中发现了《杜丽娘记》书目(明嘉靖二十年进士晁瑮著),并于1958年4月撰《传奇〈牡丹亭〉和话本〈杜丽娘记〉》一文,指出"《牡丹亭》也有蓝本",并说《燕居笔记》有两种:一种是明季刊本(即何大抡本),在卷九下栏有《杜丽娘慕色还魂》一目;另一种是清初刊本(即余公仁本),在卷八下栏有《杜丽娘牡丹亭还魂记》。晁瑮书目中的《杜丽娘记》"很可能产生于《牡丹亭》戏剧之前"。呼吁看过这两种版本《杜丽娘记》的同仁们将内容介绍出来[①]。其实"这个话本最早的发现者和著录者"是孙楷第,早于谭先生在《中国通俗小说书目》卷三做了披露:"明何大抡《燕居笔记》九,有《杜丽娘慕色还魂》。余公仁《燕居笔记》八,有《杜丽娘慕色还魂》。"[②] 1963年5月,北京大学的姜志雄先生又在校图书馆发现了前燕京大学图书馆藏何大抡本《燕居笔记》,读到了《杜丽娘慕色还魂》话本,并在《光明日报》上做了介绍。姜"推断何本《燕居笔记》成书年代上限在嘉靖十九年(1540),而所收的作品中肯定不晚于嘉靖年间。因此我们完全可以说,汤显祖的《牡丹亭》就是以《杜丽娘慕色还魂》话本做素材的"。认为"汤氏所谓'传杜太守事者',即是指话本《杜丽娘慕色还魂》"③。自此学术界大多数都认同何大抡本《杜丽娘慕色还魂》是汤显祖《牡丹亭》的蓝本。唯有刘辉先生认为,话本《杜丽娘慕色还魂》比《牡丹亭》晚出且参照因袭了《牡丹亭》。④2007年又有向志柱先生肯定并补充发展了刘辉先生的说法,认为"传奇体文言小说"《杜丽娘记》是《牡丹亭》的蓝本,而"话本体白话小说"《杜丽娘慕色还魂》则是在《杜丽娘记》的文字基础上扩编演绎而成。⑤他"借助《稗家粹编》收有的《杜丽娘记》与《杜丽娘慕色还魂》进行比较后发现话本《杜丽娘慕色还魂》是依据文言小说《杜丽娘记》进行文字添加,并因袭了《牡丹亭》的许多原文而成。《牡丹亭》的蓝本应该是文言《杜丽娘记》,而非话本《杜丽娘慕色还魂》"⑥。但2010年又有伏涤修先生以为,"不是话本《杜丽娘慕色还魂》扩编自传奇《杜丽娘记》,而是《杜丽娘记》删削缩编自话本;话本不仅是《杜丽娘记》的渊源所自,更是汤显祖《牡丹亭》的创作蓝本"⑦。《牡丹亭》蓝本之争还在继续,没有尘埃落定。

然而谭正璧先生文中的另一句话点出了要旨,那就是所谓"传杜太守事者","乃是指另外有人写文章(也许是口头)传说杜太守的故事,绝非汤氏自己在《牡丹亭》传奇中传杜太守的事,而且这传说必还产生在《牡丹亭》之先。……"我认为这个"口头传说杜太守的故事"就是万历二十六年(1598)秋,汤显祖贬官徐闻,经大庾游南安府后花园,听到前太守女儿在后花园私会情人,被太守责骂而忧郁丧命,死后鬼魂发出"还我命来"的故事。这个传说故事被编成文言小说《杜丽娘记》又被扩编成《杜丽娘慕色还魂》。正是这个传说故事深深地打动了汤显祖,加上他又亲自游览了南安府后花园,产生了更演成传奇戏曲的动因。因此,汤显祖不言文言小说《杜丽娘记》和话本《杜丽娘慕色还魂》,而只言"传杜太守事者"。

南安(今大余县)民间一直传说,汤显祖从徐闻去遂昌又经南安时遇水涸待舟一月,曾去拜访了万历八年(1580)同科会试,后在南京任刑部郎中的同僚南安人谭一召,这时他已回到老家南安。在谭一召及其家人引领下,观游了大余风景,深入了解了南安府衙后花园人鬼相恋的传说故事,激发他的创作灵感,创作出了《牡丹亭》。传奇剧《牡丹亭》故事发生在南安,第十出《惊梦》,杜丽娘云:"望断梅关,宿妆残。"第十六出《诘病》,院公云："人来大庾岭，船去郁孤台。"第二十二出《旅寄》，柳梦梅："我柳梦梅秋风拜别中郎，因循亲友辞钱，离船过岭……一天风雪，望见南安"，写的都是南安风物。可见，南安的见闻是《牡丹亭》无字之蓝本。

话本《杜丽娘慕色还魂》纯为离奇的风流故事，说的是南宋光宗时南雄太守杜宝的女儿丽娘年方十六，一日与丫鬟春香游园归来之后甚为悲伤。凭几做梦，梦与一书生结合，之后更感伤而亡。丽娘死后，杜宝一家回京任职。新任府尹柳恩之子梦梅，在书房发现丽娘生前自画肖像，日夜思慕。忽有一女子夜里前来相会，后告之柳梦梅，自己乃已逝之杜丽娘，并嘱其发掘棺木，以便还魂。柳梦梅在禀报父母之后，掘坟开棺，丽娘得还魂重生，二人喜结良缘。之后去拜见丽娘父母，夫荣妻贵，享天年而终。

我们姑且认同话本《杜丽娘慕色还魂》就是《牡丹亭》的蓝本，但从全剧考察，只有"《惊梦》《寻梦》《写真》《拾画》《玩真》《幽媾》《冥誓》《回生》"诸出能从话本中见到雏形，也只占全剧前一半，还有《训女》《闺塾》《慈戒》《诊祟》《冥判》等关目为新增；《写真》《魂会》《复生》《硬拷》等出则在郑光祖《倩女离魂》、无名氏《萨真人夜断碧桃花》、乔吉《金钱记》等元杂剧中都可见形影；赴徐闻经南安、访澳门、端州逢西方传教士和游海南的见闻以及在遂昌"劝农"施政等经历成了剧本的创作素材。这些有本与无本的故事与事件构成《牡丹亭》蓝本的全貌，汤显祖"更而演之"为《牡丹亭》。

司马迁在《报任安书》中说，孔子受困窘而作《春秋》；屈原被放逐写《离骚》；左丘明失去视力才有《国语》；孙膑断了双腿才撰《兵法》，这些古圣贤都因迫郁不解，理想不能实现，从而抒发怨愤，表露本心。壮志未酬、政治上失意、很不甘心的汤显祖，"百计思量"后，选择了世间最难诉的"情"，运用传奇形式，"有讥托"地表达他的曲意。为此，汤显祖的无蓝本独创《回生》后的二十多出，人物设计上，删去了话本中杜兴文、柳恩，增设了陈最良、苗舜宾、石道姑、癞头鼋、郭橐驼、李全夫妇、胡判官和未出场的皇帝等人物；情节上增加了李全招降，金兵攻打扬州，边战边求和等与现实社会相联系的政治事件，摒弃了话本夫荣妻贵的喜庆结尾，参照东晋干宝《搜神记》睢阳王收拷谈生事，另撰了悲剧结局。可看出，汤显祖作

《牡丹亭》本非单纯为写男女风流故事，而是借他人之酒杯，浇胸中之块垒，借"情"的故事来宣泄政治的旨趣。

汤显祖生活在腐朽的嘉靖、万历朝，虽出现资本主义萌芽，但未动摇封建专制这棵参天大树。晚明，思想上仍为程、朱的"存天理，灭人欲"之说所影响，人的正常感情和欲望受到扼杀，人的个性与才情受到压抑。皇帝自己纵欲荒淫，却要求广大妇女守"妇德"，大力旌表节妇烈女。汤显祖少时从王学左派的罗汝芳处接受了"制欲非体仁"，"天理尽在人欲中"的说法，贬谪徐闻生发的"人为贵"的"贵生说"，倡导"以民为本"，肯定作为人存在的基本权利和意志诉求。他现在用传奇戏曲作为阵地，高扬"情"的大旗，客观上颠覆了程朱理学的"存天理，灭人欲"的虚伪说教。为此，汤显祖精心塑造了一个"情之至"化身的杜丽娘，并以《牡丹亭记·题词》作为他的"情"的宣言：

> 天下女子有情宁有如杜丽娘者乎。梦其人即病，病即弥连，至手画形容传于世而后死。死三年矣，复能溟莫中求得其所梦者而生。如丽娘者，乃可谓之有情人耳。情不知所起，一往而深，生者可以死，死可以生。生而不可与死，死而不可以复生者，皆非情之至也。梦中之情，何必非真。天下岂少梦中之人耶。……
>
> 嗟夫，人世之事，非人世所可尽。自非通人，恒以理相格耳。第云理之所必无，安知情之所必有邪。
>
> ——《汤显祖全集》卷三十三

汤显祖将抽象的哲学意义上的"情"化为"情之至"的艺术形象。这个杜丽娘才可以称得上是多情的人。她生长于"名门宦族"，且才貌双全，但在封建礼教的牢笼里，连衣裙上绣对鸟，白天打个盹也被当作大忌。然人性是不可磨灭的，塾师腐儒陈最良对她宣讲《诗经·关雎》，进行"后妃之德"的说教时，却"为诗章，讲动情场"，唤醒了丽娘青春的觉醒，自问："关雎鸟尚然有洲渚之兴，何以人不如鸟乎？"一个"名门闺秀"，择高门成"贵妇"是世俗的追求，但她却与世俗"名门闺秀"全然异趣。她"一生爱好是天然",那些"裙衫"和"花簪"在她眼中都是附加之物,唯视青春生命为最美。为此,她甘犯礼规去游后花园,面对姹紫嫣红的春色,丽娘春情"自我萌发",联想到自己"颜色如花,命如一叶","吾今已二八,未逢折桂之夫;忽慕春情,怎得蟾中之客?"她感到近在咫尺的春色却不属于她,慨叹"良辰美景奈何天,赏心乐事谁家院!"觉醒了杜丽娘,不甘"诚为虚度青春",思量"早成佳偶",然而在冷酷虚伪的礼教笼罩下的现实,是没有实现的可能,只有到梦中去追寻,即"因情成梦"。在梦中无拘无束,与意中人享受到情欲的美好。然而"梦"毕竟是短暂的,醒后的丽娘又回到严酷的礼教现实,但"情"不可以止,只好再去寻求梦境做慰藉。然而虚幻的梦境不能随人意要来就来,这就迫使她脱离尘世,到另一个世界去寻找,于是一病而迅即不起,死于对爱情的徒然渴望。然而"情之至"的杜丽娘,仅为情而死还不够,还要为情再活过来。死去三年,冥冥中的丽娘所表现出来的"至情"不仅感动了胡判官,放她出了"柱死城",同时还解除了她与柳梦梅人鬼之隔的恐惧,令柳梦梅甘冒杀头之罪去救她回生而开棺。回生到现实世界,丽娘作为现实社会中的人不能不受礼教习俗的约束。当柳梦梅提出要与她做人间夫妻的要求时,丽娘提出"必待父母之命,媒妁之言",以"前夕鬼也,今夕人也,鬼可虚情,人须实礼"相拒绝。但她仍为"情"而执着,一心要使她和柳梦梅的爱情合法化。她要柳梦梅上京科考,求取功名,以期通过这些手段,获得爱情圆满的自我实现。在金銮殿里,经受了比在阎王殿所见的青面獠牙更可怕的场面,她勇敢面对。皇帝提出的"不待父母之命,媒妁之言,则国人父母皆贱之"。她以"受了柳梦梅再活之恩","阴阳配合正理"而据理争辩,终使皇帝下旨命其成亲。像杜丽娘死而复生与柳梦梅结合的事,若只以常理来推断,是虚幻而不实的,但通过"因梦成戏"的演绎后,以"情"的逻辑来分析,却又是完全可以成立的。

《牡丹亭》是一部悲剧。杜丽娘为"情"而死是悲,为"情"而复生还是悲。回生后父亲不仅不惊喜,还坚决不肯和女儿女婿相认,并斥女儿为"色精",柳梦梅中了状元还遭岳父的吊打,即便是在皇上面前丽娘理清了生死事实的真相,顽固的杜宝仍不肯释怀,丽娘只得痛哭呼喊"爹啊!"在皇上的压力下,杜丽娘一家虽勉强团圆了,但留下疑虑与悲伤,留下父女、夫妻和翁婿之间没有完全缝合的情感裂痕。这种团圆是悲剧的团圆。也许对《牡丹亭》的悲剧性一直难以为世人所认识，汤显祖慨叹"临川四梦""里巷儿童之技，人知其乐，不知其悲！"（《答李乃始》）

作为悲剧，《牡丹亭》与莎士比亚的《罗密欧与朱丽叶》有异曲同工之妙，结局都带有光明的尾巴。杜丽娘与朱丽叶都是勇敢坚强的封建礼教的叛逆者。两位女主人公都为争取个性解放和婚姻自由舍身为"情"而死。然而杜丽娘不仅为情死，还要为情死而复生。这样，《牡丹亭》比《罗密欧与朱丽叶》在思想深度上要略胜一筹。

《牡丹亭》问世后，"家传户诵，几令《西厢》减价"。杜丽娘的悲剧命运在闺阁女子中产生了强烈的共鸣：商小玲演唱《寻梦》一出悲恸气绝于舞台；娄江女子俞二娘伤此曲"惋愤而终"；冯小青读剧本后写诗寄情："冷雨幽窗不可听，挑灯闲看《牡丹亭》，人间亦有痴于我，岂独伤心是小青。"汤显祖闻娄江女子读此曲致死，亦作诗自遣："何自为情死，悲伤必有神。一时文字业，天下有心人。"（《哭娄江女子二首》之一）只有作为悲剧的《牡丹亭》才能释放出如此震撼人心的力量。

[注释]

① 《传奇〈牡丹亭〉和话本〈杜丽娘记〉》，《光明日报》1958年4月27日。

② 吴小如：《关于〈牡丹亭〉的几件小事》，载江西省文学艺术研究所编《汤显祖研究论文集》，中国戏剧出版社1984年版。

③ 见《一个有关〈牡丹亭〉传奇的话本》，《北京大学学报（哲学社会科学版）》1963年第6期。

④ 刘辉：《题材内容的单向吸收与双向交融——小说与戏曲比较研究之二》，《艺术百家》1988年第3期。

⑤ 向志柱：《〈牡丹亭〉蓝本问题考辨》，《文艺研究》2007年第3期。

⑥ 向志柱：《〈胡氏粹编〉的版本及价值》，《文献》2007年第4期

⑦ 伏涤修：《〈牡丹亭〉蓝本问题辨疑》，《文艺研究》2010年第9期。

⑧ 谢传梅：《〈牡丹亭〉之谜》，中国文联出版社2007年版，第38页。

第十六章　与达观的"情""理"之辩

万历二十六年（1598）秋，汤显祖的《牡丹亭》杀青了，并撰写了情的宣言——《牡丹亭记·题词》，即交付与临川相邻的金溪县浒湾镇书铺街刻印。别看这个小乡镇，在明清两代可是"籍著中华"的江西雕版印刷中心。自明中叶起，那里的雕版印刷业就很繁盛。赣东流传远久民谣"临川才子金溪书"，那"金溪书"指的就是金溪县浒湾木刻印书。全盛时浒湾镇有60余家书店堂号，刻字和印书工匠上千人，经史子集、戏曲话本、书法碑帖等均有刻板刊行。明代南京富春堂书坊就是浒湾唐氏所开。当时北京、南京、南昌、长沙、安庆、芜湖等地书商都在浒湾镇设立书店分号。镇上书铺街有一清同治年间立的禁书碑，上列禁书二百余种，《牡丹亭》是被列为淫词遭禁刻的一种。

就在玉茗堂建好，汤显祖正在准备年货过归家后的第一个春节时，达观于农历十二月十九日从庐山归宗寺来到临川。达观是应临川县知县吴用先邀请而来，来前并不知汤显祖已弃官回了临川。故他们"临川之遇，大出意外"（《与汤义仍》之一）。吴用先，字体中，一字本如，安徽桐城人，明万历二十年（1592）进士，授临川知县。在任时，均平赋役，政绩第一，后被朝廷召为户部主事。他是佛家弟子，曾拜云栖莲池大师为师，自号浮渡居士，又从达观学佛。达观给他起的法名叫始光。《抚州府志》载其事迹，说他为官清正廉洁，关心民生，处理民事案件也以慈悲为怀，重视调解，使双方各执原状回去。汤显祖见到达观，感慨颇多，想这些年来，在出世、入世中徘徊，经历了宦海的惊涛骇浪，"视天下事数着可了"的宏愿已成泡影，惭愧的泪水不禁夺眶而出。眼前的达观禅师云游四方，没有世俗留恋，大义凛然，无私无畏。汤显祖感悟到，人生在世若能洞悉天机实在是件不容易的事。他对达观的来访充满了敬奉之情。当天，写下《达公忽至》一首，抒发这一情感：

> 偶然舟楫到渔滩，惭愧吾生涕泪澜。
> 世外欲无行地易，人间惟有遇天难。
> 初知供叶随心喜，得似拈花一笑看。
> 珍重别情长忆否，随时香饭劝加餐。
> ——《汤显祖全集》卷十四

春节过后，汤显祖和吴用先陪同达观驾着风帆，冒雨犯风，溯抚河而上，去到金溪石门、疏山二座赣东古老名寺和南城县的从姑山。石门寺是宋代名僧圆明（即惠洪）禅师的道场。该寺为唐代禅宗名僧马祖道一唐天宝年间（742—756）从闽入赣，结茅于金溪顺政乡开建。汤显祖一行人黎明入寺，但见寺有名无实，到处杂草丛生，荆棘遍地，狐蛇在这里聚集。圆明禅师是苏东坡和黄山谷仰慕的名僧，达观叹息说："今石门狼狈至于此，使东坡、山谷有灵，亦其所堪者也。"疏山寺初建于唐中和年间（881—884）。传说开山祖师匡仁，俗称"白云长老"，又称"明眼和尚"，云游至此，结庐打坐，向当地群众募地建寺。群众问要多少地？他答道："只一袈裟之地足矣。"当划分地界时，长老将袈裟向空中一抛，遮天蔽日，阴影覆盖所及方圆十里，疏山庄田及五峰胜地尽在其中。汤显祖在《水月疏山寺寻达公游处并问吴选部》诗中有"可望袈裟复紫烟""半臂袈裟水一方"的诗句便是指此。当然这只是神奇的传说。疏山寺实际是唐中和三年（883）由时任抚州刺史的危全讽上表朝廷拨银而建。

在石门和疏山凭吊圆明和白云长老后，三人驾风帆进入抚河上游——旴江，在距南城县城西南五里地的从姑山下停泊下来。从姑是理学大师罗汝芳讲学的地方，汤显祖自13岁从罗汝芳学习过理学以后，17岁又负笈来到这里再度受业。现在旧地重游，虽然书院依在，由罗汝芳题写，刻在东西绝壁上的"飞鳌峰"三字仍赫然在目，只是他所崇敬的恩师罗先生早在十一年前一病仙逝。现在一切都变得那么冰冷，那么寂寞。凭吊罗汝芳后，达观应景作《游飞鳌峰悼罗近溪先生》长篇禅诗，诗的结尾说：

> 君不见，儒释老，三家儿孙横烦恼。
> 罗公一笑如春风，无明桩子都推倒。
> 盱江三月放桃花，两岸红颜知多少？
> 莫道罗公去不归，云峰古路无人扫。
> ——《紫柏老人集》卷二十九

这是一曲《红楼梦》"好了歌"的先声。达观从佛家立场，认为人们活在世上，建功立业，发财致富，贪恋妻妾，顾念儿孙，全都是被情欲蒙蔽而体悟不到"万境皆空"的人生意义。此行游踪，汤显祖有诗记述：

> 残雪疏山发暝烟，卷帆春度石门前。
> 空宵为梦罗夫子，明月姑峰一线天。
> 小住袈裟白云地，更过石门文字禅。
> 平远空高一回首，清浅麻姑谁泊船？
> ——《汤显祖全集》卷十四《己亥发春送达公访白云石门，过盱吊明德夫子二首》

几处凭吊，一路观游，达观一路讲佛说法，他们感到时光过得很快，不觉就到了元宵节。他们回到临川文昌桥，十五的圆月映在汝水江上，水天明月共一色，好个空阔幻境。达观临境作《临川文昌桥水月歌》抒禅理，诗的一头一尾说：

> 君不见文昌桥上月，几回圆兮几回缺。

月缺月圆非无心，要知黑发成白发。
……
文昌桥上月明时，法食遍抛无烦乞。
管教一饱忘百饥，髑髅梦觉心非佛。
——《紫柏老人集》卷二十九

吴用先也应景写有《喜月》诗，汤显祖和了他一首，表达对达观的到来给他带来祥和与喜悦，增添了鼓舞的精神力量：

世外人应见面难，一灯高兴石门残。
生波入槛浮春浅，细雨横舟湿夜寒。
彼岸似闻风铎语，此心如傍月轮安。
不知天上婆娑影，偏照恒河渡宰官。
——《汤显祖全集》卷十四《达公舟中同本如明府喜月之作》

就在元宵佳节这一天，达观要回庐山去，汤显祖亲自送他去南昌。汤显祖与达观从临川乘船至南昌东郊谢家埠下，再陆行到赣江开往九江的船码头。自隆庆四年（1570）达观在南昌西山云峰寺看到汤显祖的坠簪题壁诗，认定汤显祖"受性高明，嗜欲浅而天机深，真求道利器"，一直欲度其出家。这次临川之遇，"何殊云水相逢，两皆无心，清旷自足"（《与汤义仍》之一），认为是接引汤显祖入觉悟之境的好时机。汤显祖也曾表示，"庭前旧种芭蕉树，雪里埋心待汝归"，即要做雪里芭蕉，经历冰雪，脱胎换骨，潜心等待达观来度化。然而汤显祖的弃官之举，不是真正要归隐，而是他在为官之路上的理想无法实现，转而用传奇艺术去创造幻想世界，释放现实生活中的压抑。因此，回到临川的几个月时间就完成了传奇《牡丹亭》并写了《牡丹亭记·题词》，公开打出了"情"的大旗，用戏曲塑造的"情之至"人物形象，艺术地展现了"情"与程、朱"灭人欲"的"性""理"的对立。展现"情之至"有超人的力量，能够"生者可以死，死可以生"。人世的事情，不是人世所能理解透的。有些从"理"的角度看是不能存在的事，但从

"情"的角度看又是可以存在的。然而"情"可超越"理"的立论对佛家的达观来说是不能接受的。

初春的抚河，风寒水冷，唯有这行进中的风帆给江岸带来一丝热气。船舱里一僧一俗围绕"情"与"理"的问题，"几夜交芦话不眠"。有时好像在吵架，有时可听到低声的叹息；有时传出呜咽哭声，有时又发出震撼江岸的大笑……论辩中双方的观点可从别后往来书信和诗文中看出旨要。

达观回到了庐山后，在给汤显祖的第一封信中这样写道：

……真心本妙，情生即痴；痴则近死，近死而不觉，心几顽矣！况复昭廓其痴，驰而不返，则种种不妙不召而至焉。……夫近者性也，远者情也。昧性而恣情，谓之轻道。如唐德宗不能自反，迷而不悟，终致大盗以乱天下。……理明则情消，情消则性复，性复则奇男子能事毕矣！虽死何憾焉。……近野人望寸虚以四大观身，则六尺可遗；以前尘缘影观心，则寸虚可遗。……

——《紫柏老人集》卷二十二《与汤义仍之一》

理学，即性理之学。朱熹说："性即理也。"中国佛教史上，"理"一般指永恒不变的真心实体，即"一真法界"之性。"情"则被认作是凡夫妄计执着的根源。"真心"即真实无妄之心，也就是绝尘去俗的心的本性，即佛性。达观说，人心本来是符合天性的，但有了"情"的干扰，真心便痴顽不化，只有明理才能消情，从而恢复人的天性。他要众弟子亲近性（理）疏远情，不明性（理）而恣放感情谓之轻道。达观苦心告诫：人生苦短，于求道（出世）事不必再踌躇，期待显祖抛弃六尺（身）与寸虚（心），挣脱尘缘，出世其道。

汤显祖在给达观的回信中说：

"情有者理必无，理有者情必无。"真是一刀两断语。使我奉教以来，神气顿王。谛视久之，并理亦无，世界身器，且奈之何。……迩来情事，达师应怜我。白太傅、苏长公终是为情使耳。

——《汤显祖全集》卷四十五《寄达观》

汤显祖说达观的"情有者理必无，理有者情必无"一话过于绝对，耸人听闻，否定了情也就否定了理。"世界身器"是客观的存在，是奈何不了的。他要达观能够理解他，他像白居易和苏东坡那样对佛学有很深的信仰与研究，但他还是不能在佛教中寻得解脱，最后还是为情所使，而不能忘情于世。尽管"使我奉教以来，神气顿王（旺）"，但要他"情消"却始终无法实现。在汤显祖看来，"情""性"并非对立二物，情为人之所生，有情方见性，有情方能明理。

归途中汤显祖写有《江中见月怀达公》一首禅诗，用艺术思维对这一问题进行了更为精彩的表达：

无情无尽恰情多，情到无多得尽么。
解到多情情尽处，月中无树影无波。

——《汤显祖全集》卷十四

汤显祖说，人们追求彻底的"无情"的境界，但终究对汹涌澎湃的"情"无可奈何。即使心中的"情"已经极为淡泊了，那也是不可能完全消失殆尽的，正如月中无影，水中无波，这都是不可能的事情；要想真正从"多情"解悟到"情尽"，不也同样难以做到吗？该诗虽然表达了对达观"理有""情无"的不可认同，但作为一首禅理诗，在当时评论家沈际飞看来，汤显祖对佛理的认识已经入门，得窥达观的宗风了。

站在南昌赣江的码头，汤显祖望着达观登上另一条船去九江，为未能与达观同乘这开往九江的船而惆怅。船已走得很远了，汤显祖还久久不肯离去，站在岸边望着远去的一点白帆，难过得流下了眼泪：

达公去处何时去，若老归时何处归？

等是江西西上路，总是情泪湿天衣。

——《汤显祖全集》卷十四《章门客有问汤老送达公悲涕者》

回归时，汤显祖乘坐的仍是来时那条船。现在达观离他而去，一路上和达观几夜争论的情景浮现在眼前：

无情当作有情缘，几夜交芦话不眠。
送到江头惆怅尽，归时重上去时船。

——《汤显祖全集》卷十四《归舟重得达公船》

虽然汤显祖没有认同达观"理有""情无"的观点，但达观的说法与船上论争对他的思想影响很大。抵达家中后，达观的影子常浮现在他的眼前。二月十五日的花朝节夜，汤显祖做了一个奇怪的梦，梦见达观寄来了信，信中谈及男女云雨之事，信的后面写"大觉"二字，醒后，他写了《梦觉篇》一首，在序中记述这一梦境：

归，春中望夕寝于内，后夜梦床头一女奴，明媚甚。戏取画梅裙着之。忽报达公书从九江来，开视则剖成小册也。大意本原色触之事，不甚记。记其末有大觉二字，又亲书"海若士"三字。起而敬志之。公旧呼予寸虚，此度呼予广虚也。

——《汤显祖全集》卷十四

当年为记取因得罪张居正而落第，汤显祖取海若为号。经历宦海沉浮后弃官归隐的汤显祖，在临川和达观朝夕相处二十多天，达观不停地对他说法，汤显祖的思想受到很大影响。这梦境又非同寻常，梦觉后，汤显祖改号海若为海若士，亦作若士，典出《淮南子·道应训》。这时的汤显祖又陷在出世与入世的矛盾中，仙佛思想又抬了头。八年前，达观在南京为汤显祖受记，起法号为"寸虚"，并希望十年后度他出家，可未能如愿，达观并不灰心，现在又赐他法号"广虚"，以表达更高的期许。

第十七章 "蚁也关情"《南柯记》

汤显祖弃官归家，并不甘于理想的破灭，更不愿与世俗合流。他弃官之意萌生后即表示要"从容观世，晦以待明"(《与李道甫》)。初归那些日子，还寄希望有"起报知遇"之日。然而就在他回归临川的当年，朝中的形势变得更加黑暗恐怖。因受"妖书案"牵连，朝廷不仅逮捕了他的师友达观，连内阁次辅张位也遭到御史赵之翰的诬告，被神宗革职为民。他最亲密的朋友、同年进士刘应秋也受到牵连，被外调出京。刘应秋闻讯托病辞官回吉水。张位在汤显祖心目中是"天下所属心望为名相"，这样的"威凤之臣"，都被打下去了，朝中无人，汤氏想复出仕进之念随之彻底打消。然而"恩仇未尽心难死"(《送别刘大甫》)。归家后，汤显祖曾打算写一部史书，评鉴从嘉靖到隆庆这一历史时期的政治得失，将严嵩、徐阶、高拱、张居正几位首辅做番评论。达观来到临川，显祖和他谈了这一写作计划，达观劝阻说："严、徐、高、张都是死去已久的人了，写他们如同聚灰尘，不如留心现实政治。"达观的话，令他放弃了该书的写作。放弃了史笔握起了词笔，汤显祖转而将"情"的主题从家庭爱情延展到现实政治领域，化现实政治为艺术情境，"因情成梦，因梦成戏"，对时弊进行针砭。他创作了以蚁国喻人世，以梦喻人生的《南柯记》。李公佐的小说《南柯太守传》告诫世人，人生无常，即使做官做到高位，权势压倒京城，通达的人看这些也只不过是蚂蚁窠里梦一场！

李公佐和汤显祖可谓惺惺惜惺惺。李氏的人生遭遇也与汤一样，虽进士出身，却长期屈居下僚，才能和抱负得不到施展，在残酷的政治斗争中，数度遭到贬谪。李公佐的小说传达了汤显祖的心声。经历宦海沉浮的汤显祖，体认到功名利禄只不过是过眼云烟，不是人生的真正归宿。他要将它敷衍成传奇戏曲以警世人。不到两年，即万历二十八年（1600）夏至，"临川四梦"的第三梦《南柯记》问世了。其剧情梗概如下：

唐贞元年间，东平游侠淳于棼，性情豪爽，武艺高强。曾为淮南军副将，因酒后狂言，失去官职。他闲居扬州城外，庭前有株古槐，覆盖了几亩地的荫凉。他常和几个豪侠朋友在古槐下纵饮，打发时光。

一日，听说孝感寺中元盂兰大会，有契玄禅师讲经，便前去听经。在经堂里，淳于棼见到三个美女，她们向禅师献了金凤钗一双，通犀小盒一只，此物非人间所有，淳于棼便与她们搭讪，称赞她们的美貌。其中一位说："我有妹子正青春妙龄，这凤钗犀盒是她附寄的。"淳于棼听后，怦然心动。

原来这三个女子并非凡人，乃是蝼蚁所变。淳于棼庭前大槐树有一洞穴，穴中有一蝼蚁王国。国王的女儿瑶芳，号作金枝公主，姿才冠世，年已及笄。国王趁孝感寺讲经，四方士子云集之机，命国嫂灵芝夫人、侄女琼英和仙姑上真，为瑶芳选婿。

三人见淳于棼风流多情，回去报知国王、国母，国王准奏。淳于棼听经归家更感到寂寞无聊，便招来酒友溜二、沙三喝得烂醉如泥，昏然而睡入梦。忽听车铃响，一辆四牦牛车停在榻前，两名紫衣使者扶淳于棼上车，向古槐穴下驶去。不一会儿到国门，见城楼上金牌题书"大槐安国"。

淳于棼进门下车落座，右相段功引他上殿见驾。在殿前意外遇上了故友周弁、田子华。原来槐安国王得悉周弁、田子华是淳于棼的好友，特接来让他们担任司隶和赞礼之职。淳于棼见了国王，国王当面赐婚，淳于棼与瑶芳交拜天地，合卺成婚。

南柯是槐安大郡且富庶，邻国檀萝屡来侵犯。前任太守遭罢黜后，无人理政事。国王命淳于棼接任太守，又让周弁为司宪、田子华为司农,协理南柯。淳于棼上任后,平税薄徭,让民众休养生息。主政二十年,政绩卓著,赢得百姓爱戴。

南柯地方炎热,公主生下二男二女,身体衰弱,淳于棼在堑江西畔为公主造一瑶台避暑。早已垂涎南柯富庶与公主美色的檀萝国四太子,得知公主在瑶台避暑,便兵分两路攻打堑江城与瑶台。淳于棼闻讯,派周弁守堑江城,自己带兵解瑶台之围。檀萝太子围攻势急,要公主上城答话。公主扶病上城,太子出言不逊,说他要做槐安国女婿。公主听言十分恼怒,不料被太子冷箭射中头盔金凤钗。正危急之时,淳于棼带兵赶到,杀退了檀萝国四太子,星夜把公主接回南柯。但周弁因贪酒,被檀萝国四太子杀败。

梦征大槐安国驸马(钱南扬校点本《南柯记·就征》一出插图)

右丞相段功嫉妒驸马政绩,又恐其权威太盛,便在国王面前进谗,建议召驸马还朝。国王因念女心切,传旨驸马还朝,升为左丞相,令田子华领南柯郡事,周弁免死罪戴罪立功。淳于棼离南柯还朝之日,百姓十里长亭相送,拦车卧辙挽留。但公主因在瑶台受惊,病情加重,不幸逝于还朝路上。国王与母后悲痛不已,淳于棼葬瑶芳于蟠龙岗。

淳于棼返朝后,威福日盛,众权贵无不趋迎。琼英、灵芝和上真仙姑都是寡居,与淳于棼交欢,日夜无度。国中有人上书国王:"玄象谪见,国有大恐。都邑迁徙,宗庙崩坏。"段功趁机向国王进谗言,"衅起他族,事在萧墙"一切都出在驸马身上。国王听信段功之言,担心"非俺族类,其心必异",即夺了淳于棼的官职,遣还人世。

临行前，淳于棼想见自己的儿女，国王也未准。先前接他来槐安国的两紫衣使者，现在催他上车，但给他乘的是秃牛单车，与来时有天壤之别。牛车载淳于棼到了家门，紫衣使者推淳于棼于客堂东面走廊榻上，高呼"淳于棼，快醒来。我们去也！"

淳于棼醒后，余酒尚温，原是做了一梦。他把梦境讲给溜二、沙三听，并和他们一同掘开树下蚁穴，按迹细寻，一一皆合梦境。这天，契玄禅师做水陆道场，淳于棼看到段功、周弁、田子华、国王、国母、琼英、灵芝等亲仇皆现身升天。淳于棼也清斋燃指，祈请为亡父与妻子瑶芳升天。最后，瑶芳公主现身，淳于棼拉住公主之手不放，说还要重做夫妻，被契玄禅师挥剑分开，将"情丝"斩断。"情尽"的淳于棼，看破世情，皈依佛门。

由于该剧"言佛论禅"占了一定的篇幅，汤显祖自己又在《南柯记·题词》中声言"梦了为觉，情了为佛"，即要从梦幻中领悟佛法的真谛，从至情中求索佛学的因缘，因而自问世以来，论者对它的社会意义与思想价值多持否定。吕天成说："酒色武夫，乃从梦境证佛。"现当代有一些论者说："《南柯》以佛理一关"，表现了汤显祖"超俗出世的消极思想"，"为临川度世之作"。还有论者全盘否定此作，说《南柯记》"是一个垂暮老人对人生无常的慨叹"的"失败的作品"。[①]

然而明代无端文祸不断，文人因文章招杀身之祸者有数万之众。"避席畏闻文字狱，著书都为稻粱谋"，李贽、达观为文祸枉死已成为汤显祖挥之不去的心结。为避文祸，保全自己，汤显祖利用小说所提供的基础，让剧作披上"禅宗"的外衣，裹藏着对丑恶现实的憎恶、鄙夷、轻蔑和由此而发的勇敢讽刺。考察剧本对原著的增删，最能体现作者的创意。

《南柯记》的情节基本忠实于小说，只有两处做了重要推演：一是人物上添了个老谋深算的右丞相段功。《南柯太守传》中的右丞相无名无姓，只是个引领淳于棼见国王，陪同淳于棼回客栈的过场人物。他既不嫉妒淳于棼的政绩，也未在国王面前进淳于棼的逸言。而改作后的《南柯记》中的右丞相段功则是骄傲自负，嫉贤妒能，自居"一个人为梁栋"，不许有人盖过他，终日想的是"弄权威要把江山霸"。淳于棼任南柯太守，段功"常愁他根深不剪，尾大难摇"；淳于棼堙江陷落，段功视为幸事；公主在前沿阵地夭亡，段功幸灾乐祸，用谗言令国王将淳于棼召回。淳于棼还朝升为左丞相，位在他之上，段功更是不可容忍，借天象变异，上书国王，陷害淳于棼。段功对淳于棼的排挤打击，实为晚明内阁辅臣相互倾轧的写照。二是《风谣》一出的太平盛世的描写，是汤显祖"情"治遂昌的艺术展现，糅合了赵邦清在滕县的成功改革，表达了汤显祖"情"天下的理想，寄希望"朝廷有威凤之臣，郡邑无饿虎之吏"。可以看出，汤显祖作《南柯记》的动机在于揭发明代官场黑暗，寄托自己的理想。

再分析一下主要人物淳于棼。"主要人物是一定的阶级和倾向的代表，因而也是他们时代的一定思想的代表。"[②]汤显祖作《南柯记》将"情"的主题从家庭爱情延展到现实政治领域，在他认为："性无善无恶，情有之。因情成梦，因梦成戏。戏有极善极恶。"（《复甘义麓》）也就是说，"情"有善恶之分，在"因情成梦，因梦成戏"中，可将善恶两种"情"典型化为"极善极恶"形象。剧中的淳于棼是集善恶两情于一身的代表。他"善情"伊始，作为人子，做了驸马，在新婚燕尔之际还思念着失踪已久的父亲，当国王派人取得回书后，淳于棼表示要亲自去远方寻找，接到父亲回信后，又为不能马上见到父亲而痛哭流涕；作为人夫，他对公主"将种情坚"，婚后"情义日深"，南柯热，为公主筑瑶台以避暑，可谓体贴入微，公主死，他"痛煞俺无门诉控"；作为人官，他主政南柯二十年，仁政亲民，平税薄徭，"行乡约，制雅歌"，把南柯治理得夜不闭户、风调雨顺、国泰民安。百姓为他造生祠立德政碑，离开时百姓扶轮卧辙加以挽留。周弁贪酒兵败，淳于棼也能不徇私情，将周收监，奏请圣上裁定。梦醒后，淳于棼还清斋燃指，向契玄禅师祈请为父亲、妻子瑶芳普度升天。当瑶芳最后现身时，淳于棼拉住公主裙裾，要与她一起升天，重做夫妻。

但淳于棼终以"恶情"而告终。他本是恶情的胚胎。严格地说，他不属士子，只是个"将门余子"，落魄军官，一个酒色之徒。他酗酒，把淮南军副将都撤掉了；他好色，"扬州诸妓，我已尽知"。他"不习政务"，是靠老婆"见父为求一新除"当上南柯太守。淳于棼振作起来也能走正道，做一个受百姓爱戴的亲民的官。然而他并非为政的干才，南柯太平盛世表象下潜伏着严重危机。外有檀萝国垂涎三尺，内有亲信周弁酗酒恶习未改。堃江一战，损兵五千，问题出在周弁，根源在淳于棼。淳于棼不仅未受到追责，反迁升为左丞相，以外戚身份，身居高位，手握大权，"满国中皇亲国戚，哪一家不攀附他"。淳于棼潜伏的"恶情"也就迅速膨胀起来。富贵思淫欲，宫中琼英郡主、灵芝夫人和上真仙姑都是寡居，淳于棼竟不顾伦理，与她们轮流纵欲交欢。正是这样，他的末日也就来临。政敌右丞相段功老谋深算，借"玄象谪见，国有大恐"进谗言，让国王认识到"非俺族类，其心必异"而决断，致使淳于棼从左相高位栽到了谷底，被遣返回乡。

　　剧本通过淳于棼善始而恶终的人生经历，揭示整个封建官场如一口腐败的大染缸。不管你是什么人，怀着什么目的淹留官场，都逃脱不了被染黑被沤烂的下场。《南柯记》"言佛论禅"绝不是要人们消极出世，逃避现实，而是以否定对功名利禄的追求来否定现实人生。剧本所谓的人生如梦，不是大众人生之梦，而是封建士大夫在官场的噩梦。汤显祖以一己官场人生之经历，向人们告诫："人间君臣眷属，蝼蚁何殊？一切苦乐兴衰，南柯无二"，"浮世纷纷蚁子群"，展现人间的现实社会，从皇帝、大小官员到势利小人，为了荣华富贵，争权夺利，尔虞我诈，不过如蚂蚁王国的蚂蚁一般。此剧是要提醒淳于棼一类的人，告诫他们不值得去为权力富贵而苦苦追寻。《南柯记》的主要思想倾向不是宣扬消极厌世，而是宣扬消极厌官，不是慨叹人生无常，而是慨叹官场无常，是汤显祖在对现实失望乃至绝望之后对官场现实的彻底否定。

[注释]

① 中国科学院文学研究所编：《中国文学史》(三)，人民文学出版社1962年版，第962页。

② 恩格斯：《致斐·拉萨尔》，载《马克思主义文艺论著选讲》，中国人民大学出版社1982年版。

第十八章　一生误情《邯郸梦》

　　《南柯梦》完成后，有两件不幸事接连而来，对汤显祖打击很大。一是他寄予厚望的长子士蘧赴南京秋试时不幸英年早逝；二是他弃官归家三年了，吏部大计（三年一次对地方官的考核）还给他"浮躁"的考语，罢去了他的官职（以下有专节叙述）。那官本是他自己丢弃的，毫不可惜，可吏部对一个"政声两浙冠""遗爱结民心"的"醇吏"，朝廷不思召他回归，还以莫须有罪名将其追论夺职，泼他一身污水。汤显祖"闻之哑然"。不是他无话可说，而是早在《感宦籍赋》中他就说过了。官场是贤臣奸佞宠辱颠倒的地方，公侯之子，卿相之孙，不必学书学剑，自然就做上了文官武将；驸马都尉和皇帝是一家人，只要有钱就可得到官位；没有背景的穷书生，废寝忘食地苦读，要想谋个一官半职比登天还难；同是做官，有的十年不见迁升，有的一个月便连升三级，有的贪赃枉法，富贵依然，有的稍有差错，便一辈子也翻不了身……《南柯记》已揭开官场的黑幕，写了个善情被恶情所吞噬的淳于梦。现在汤显祖要把这个题目做深做透，再写一个得志便猖狂的"恶情"典型，将他卑污的灵魂，"绘梦境为真境"现形于场上。

　　在唐人传奇中，借梦以超越人生又新悟人生的名篇，除了《南柯太守传》之外，还有《枕中记》。作者沈既济，人生也有过坎坷遭遇，早年潦倒而落寞无闻，直到建中元年（780），遇到宰相杨炎引为知己，才登官至左拾遗，可时间极短，旋又因杨炎被贬崖州赐死，他也被贬为处州司户参军。一生的宏愿还未实现，却备尝宦海沉浮。

《枕中记》写落魄卢生行至邯郸道中，于客店见仙人吕翁。因叹贫困，心慕荣华富贵，吕翁授以瓷枕。卢生卧后入梦，梦中崇盛显赫五十余年。梦醒后，客店主人煮的黄粱（小米）饭还未熟。汤显祖便择"举世方熟邯郸一梦"为载体，"因情成梦，因梦成戏"，"演付伶人以歌舞之"。

沈既济是小说家兼史学家。《枕中记》带史传色彩，所写人与事多与唐代现实有关，宣扬人生虚幻，体现对追逐功名利禄的人生观的否定。在改作中，汤显祖就没有像写《南柯记》一样，基本忠实小说情节，而是仅借小说《枕中记》的躯壳加进他对官场所历所见，因文生事，幻设情节，进行再创作。在思想性与戏剧性上有了突破性的提高，成为仅次于《牡丹亭》的另一部杰作。

卢生的科举之路，原小说仅"举进士，登第释褐"七字，汤显祖在《邯郸记》中推衍出《招贤》《赠试》《夺元》和《骄宴》四出戏，揭露卢生的状元是靠老婆用"家兄"（钱）买通朝中权贵，皆在皇帝面前保他文才第一，从落卷中"翻做第一"，成了状元，从而尖锐地抨击了科举制度。

卢生的为官经历，原作仅"秘校，应制，转渭南尉，俄迁监察御史，转起居舍人，知制诰，三载，出典同州，迁陕牧"一句。汤显祖在改作中抓住"知制诰"作文章，虚构了卢生趁掌制诰之便偷写了一道封自己夫人的制诰，朦胧进呈，被宇文融告发，从而被贬到陕州任知州，揭开了卢生一旦为官就露出自私贪婪面目的本性。

卢生被贬陕州，原传奇正面赞扬了卢生"凿河八十里"，"大破戎虏，斩首七千级"的功绩，但在《邯郸记》中，卢生此举是出于思归朝中，为"出将入相"捞取政治资本，所作乃是"盐蒸醋煮"能将顽石开裂，石块化水，诚为天晓得的形象工程。原小说是边疆的老百姓在居延山立石碑歌颂卢生，汤显祖改为卢生自己刻石记功，亲自题名，以显示其贪天之功为己有的丑恶灵魂。

原作卢生受同僚诬陷，被诬告和边将勾结，图谋不轨，而流放驩州（今越南河静省和义安省南部），汤显祖改卢生流放崖州（今海南三亚），增加了原小说没有的崖州司户。此人"长梦做个高官"，宇文融密令他杀害卢生，便将卢生打得"血淋浸达喇的痛"，还想对卢生施以火烙之刑。万分危难之际，得知圣旨"钦取还朝"的是卢生不是他时，这司户则马上露出变色龙面目，"自缚"阶前，向卢生请罪，此一情节揭穿的是明代社会"世情之常"。

小说写卢生还朝，恢复了宰相职务之后，到死前"五十余年，崇盛赫奕。性颇奢荡，甚好佚乐，后庭声色，皆第一绮丽"。汤显祖据此推衍出，80岁的卢生为了长寿，竟行"采战之术"，与二十四个女乐轮流纵欲交欢而亡，临死前还怕国史对他的功劳编载不全，五个儿子四个都封了官，还拜托高力士要用他的开河之功为他最小的儿子"讨个小小荫袭"，将上层官僚贪婪极欲的丑恶灵魂做了入木三分的刻画。

改作所推衍的这些人和事都有现实依据。宇文融便是明代张居正、申时行等一班权臣的化身；卢生中状元未投入宇文融门下而结怨，是汤显祖自己因拒绝张居正笼络而落第一事的更衍；卢生用贿赂取得状元一情节，便取自丁丑、庚辰年间张居正打通关节为儿子取得榜眼和状元和戊子顺天乡试所揭发的科场弊端；司礼监高力士，就是司礼监冯保的化身；崖州司户密旨处死卢生，使人联想到刘台在浔州被戍长毒死；卢生还朝任宰相，穷奢极欲，是张居正等一班权臣荒淫无耻的生活写照。汤显祖久居官场，又经历了宦海沉浮，尝尽人生百态，看透官场险恶，他要"借古人之歌呼笑骂，以陶写我之抑郁牢骚"[①]。近代词曲大师吴梅说得好："记中备述人世险诈之情，是明季官场习气，足以考镜万历年间仕途之况。"[②] 改作《邯郸记》的故事梗概是这样的：

唐开元年间，一个深秋傍晚，原籍山东，随父迁来邯郸的卢生，二十六岁年纪，还无妻室，骑着瘦驴来到赵州桥头小店歇脚。这时八仙之一的吕洞宾来度一人去到蓬莱山门做扫花使者。他腾云驾雾去过岳阳楼，见无人可度，忽见西北方的邯郸有仙气升腾，便在赵州桥头降下云头，并投宿小店。

吕洞宾见卢生相貌精奇古怪，有半仙之分，觉得此人可度，于是有意与卢生闲聊起来。这卢生还是官宦人家出身，自幼也读了不少书，但屡试不中，心灰意冷。这时店小二正为他们二人煮黄粱米饭。卢生在吕洞宾面前悲叹不得意，说是"大丈夫当建功树名，出将入相，列鼎而食,选声而听,宗族茂盛,方可言得意"。说着忽觉困倦,吕洞宾便从囊中取出一个青瓷枕头给他。

但见那瓷枕,两头是空的,里面有道光,卢生便跳将进去,那光越来越亮,前面还有一条官道。再向前走去,是座红粉高墙,院门大开。卢生进门后,到了人家的花园,便被该院主的家人抓住了,院主说他私闯民宅。不一会儿,出来一位小姐,带着一个老妈子和一个丫头。小姐姓崔,尚未婚配,对卢生一见钟情,便问卢生要官休还是私休。官休送他清河县衙查办,私休留下来与小姐结为夫妻。此等好事,卢生求之不得,当然选择私休,当晚就与小姐拜堂成亲。

婚后,卢生不思进取,沉浸在与崔氏的夫妻欢乐中。还是崔氏以"我家七辈无白衣女婿"之训诫,要他去求取功名。可卢生一提到求功名就怕,说"再也休提",说什么我已考过几场,但翰林院不看文章。崔氏说她家亲戚多是朝中显贵,又有"家兄"(钱)相帮引进,中状元易如反掌。果不其然,有钱能使鬼推磨,满朝勋贵都来推荐,把卢生已落选的试卷翻出,由皇上御笔钦点第一。卢生因此高中了状元。

考官宇文融因卢生钻营抢去了状元,而又偏偏不向他行贿赂,很是恼怒。这时皇上钦除卢生为翰林学士兼知制诰。曲江池宴会上,卢生赋诗有"天子门生带笑来"一句,等于不把宇文融当作恩师,令宇文融更加气恼,一心要寻机会报复。正好卢生趁掌制诰之权偷写了夫人的制诰,被宇文融识破,宇文融向皇上奏上一本,玄宗便将卢生贬到陕州任知州,凿石开河。

卢生到陕州开河,遇到鸡脚和雄耳二山尽是顽石,挡住去路。他想起大禹五行并用,凿通三门,于是组织民工,用柴烧、醋浇、盐蒸等办法,终于把河道开通。卢生为了献功邀宠,奏请皇上东游赏景。为迎玄宗圣驾东巡,极尽铺张,选一千名彩女为皇上棹歌舞蹈,博得了玄宗的开心,称赞卢生开河有功。此时,兵丁忽报吐蕃军队杀过了长城,宇文融想,荐卢生开河,本只是借题目处置他,不想又让他立了功。此时宇文融又心生一计,荐卢生挂印西征,同时暗派心腹藏在卢生帐下,暗中监视。

卢生到了河西,那吐蕃军队可是劲敌,文有丞相悉那逻,武有大将热龙莽,将相和好,配合默契,根本不把大唐放在眼里。卢生叫一个会讲三十六国番语的士兵,打入番邦中行使反间,用番王的手将悉那逻杀死。卢生趁机进兵,打败了武将热龙莽,驱兵千里到天山脚下,射下了为热龙莽传信的孤雁。得悉热龙莽求他留条生路,卢生放走了热龙莽,那宇文融安插的心腹正在场。

卢生在天山勒石纪功后班师回朝,皇上闻捷报,升卢生为定西侯,食邑三千户,兼兵部尚书。

黄粱梦醒(钱南扬校点本《邯郸记·生寤》出插图)

宇文融得了心腹的密报,立即诬告卢生"交通番将,图谋不轨"。玄宗不辨真伪,即命人把卢生押赴云阳市开刀问斩。崔氏带了几个儿子去到午门喊冤,皇上下旨免卢生一死,发配广南鬼门关安置。

卢生经历千难万险到了鬼门关,差点被崖州司户害死。京中的崔氏被没为官婢,打入机坊做织造工,儿子们全被赶出京城。

时过三年,满朝文武竟无一人为卢生辩冤。屈辱中的崔氏,织了回文锦献奉给皇上,以图申冤。后吐蕃降唐,热龙莽得知卢生为雁足之书衔冤,让儿子对唐天子将此事说明,以恩报德。皇上在此时又看了崔氏的回文锦,方明卢生之冤,立将宇文融问斩,并差官钦取卢生还朝。差官到崖州,卢生正被司户打得鲜血淋漓。司户听了圣旨,吓出一身冷汗,即自缚跪到阶前向卢生请死。卢生说:"起来,此亦世情之常耳。"

卢生回京后，加封赵国公，食邑五千户，官上柱国太师，崔氏封为赵国夫人，四个儿子也都封了高官。同时皇上又赐御马三十匹，田三万顷，园二十一所，女乐二十四名，湖山楼台二十八所。卢生又做丞相二十多年，时已八十岁有余。这时的卢生，荣显已极，竟春心荡漾与二十四个女乐玩"采战"。然而乐极生悲，因纵欲贪欢而病入膏肓。弥留之际，还念念不忘他的大小功劳，担心国史编载不全，还托高力士为小儿子讨个荫袭。

卢生进了遗表后才断气。崔氏的哭声和拍打惊醒了卢生，这时店家黄粱米饭尚未煮熟。卢生方知刚才所历全是梦，并将梦中所遇告诉吕洞宾。吕洞宾告诉他说：

"你说大丈夫当建功树名，出将入相，列鼎而食，选声而听，使宗族茂盛而家用肥饶，然后可言得意。你梦中所经历不就是这样吗？"还说他那些儿子都是店里鸡犬所变，崔氏是那驴子所变。卢生至此幡然醒悟，说："黄粱美梦使我尽知宠辱之数，得失之理，生死之情，老翁点化，使我大彻大悟。"并拜吕洞宾为师，随他去到蓬莱仙境做桃花苑的扫花使者。

《邯郸记》通过卢生跌宕起伏的官场生涯的展现，揭示了封建官场的黑暗以及权贵的利欲熏心。卢生就是汤显祖精心塑造的一个利欲熏心的"恶情"典型，一个得志便猖狂的"中山狼"。他相貌"精奇古怪"，自吹"于书无所不窥"，可根本不是什么才子，经历过"春秋几场"都没有考中，还埋怨"翰林院不看文章"。本是个"粮不粮，莠不莠"的小混混，年近三十，还没有妻室，只得自己种几亩薄田度日。可他满怀矫情，一心想"建功树名，出将入相"。后来得到个老婆，那是以"私了"做交换的意外收获。他又靠老婆用钱行贿，从"落卷中翻作第一"成了状元。有了"掌制诰"的权力，他所做的第一件事就是为夫人偷写诰命。东窗事发后他被贬去陕州开河，想到的不是为民造福，而是政治作秀，为还朝捞取进身资本。这"锹锄流血汗，工食费民财"的工程，成了他邀功邀宠的政绩，奏请唐玄宗前去赏玩，选了一千名殿脚才女表演舞蹈，一路上珍宝应有尽有，以博得皇帝的欢心。果然他被皇帝认定，功劳之大可与周公并论。边境事发，不懂兵法的卢生被钦点挂帅西征。明明只是收买了一个叫打番儿汉的士卒，给予小惠，许以千户告身，令他潜入番国，略施反间，便大功告成，卢生却自称"出塞千里，斩虏百万"，并在天山顶上勒石记功。并嘱咐："休得要忘了俺数载功劳，把一座有表记的天山须看好"，其追求功名利禄之心可谓疯狂。班师回朝后，皇帝封了卢生定西侯兼兵部尚书，不想政敌宇文融派心腹缉得他与番将私书，奏他"私通番将，图谋不轨"，"即刻拿到云阳市明正典刑"。成了落水狗的卢生，留恋起昔日的贫民生活："思复衣短裘，乘青驹，行邯郸道中，不可得矣"，后悔涉足了官场："吾家本山东，有良田数顷，足以御寒馁，何苦求禄，而今及此？"然而当冤情昭雪，钦取还朝，他被尊为上相，兼掌兵部尚书，"中山狼"面目立即又显露出来。他穷奢极欲，"盖造牌坊"和"高阁楼台"，占"田三万顷，园林二十一所"，"分拨仙音院女乐二十四名"，"进封赵国公，食邑五千户，官加上柱国太师"。五个儿子中四个儿子都封了官，已达到了"建功树名，出将入相，列鼎而食，选声而听，宗族茂盛"的目的。已是极富极贵的卢生欲壑难填，他还想长生不老。年已古稀，他还选声娱色，与二十四个乐女玩"采战"，终因纵欲而死亡。已是"满床簪笏"，还念念不忘最小的第五子的荫袭，担心死后国史编载，漏了他的"功绩"而久久不得断气。当他感到"人生到此足矣"时，气也就咽了。

梦醒后的卢生，除了一匹蹇驴，身上的破羊裘和尚未煮熟的黄粱米饭什么也没有。就连老婆也是胯下青驴所变，卢（生）配马为驴，那官生的儿子也是店中鸡犬变的。至尊的宰相卢生，原是与禽兽为伍。讥刺之笔可谓冷峻无情。

汤显祖借剧中人吕洞宾的话解释了他为何要这样写卢生："以此落落其人，闷闷而已，此非口舌所能也。"（《入梦》）意思是，像卢生这样权欲熏心的人，怎能轻易使他们把功名当作身外事？唯有让卢生在梦境中走一遭，方可让人醒悟。汤显祖还在《邯郸记·题词》中说："独叹《枕中》生于世法影中，沉酣哼呓，以至于死，一哭而醒。梦死可醒，真死可及"，即认为梦中的死可用醒来避免，那现实中的死该怎么办？也就是说，卢生的噩梦只要惊醒就没事了，而现实中的"恶情"怎么办呢？汤显祖没有说。剧本向人们揭示：一个人若被利欲熏心的"恶情"所吞噬，就没有了人性，只有卑鄙的兽性。卢生梦醒后，在吕洞宾的点化下认识到："一生耽搁了个情字"，这"情"就是"恶情"。剧本的创意就是要"把人情世故都高谈尽，则要你世上人，梦回时心自忖"（《合仙》）。

《邯郸记》是继《牡丹亭》后汤显祖又一部具有很高的思想深度和一定艺术高度的杰作，达到情节的生动性和丰富性的完美融合，再现了走向没落的明王朝官场的丑态，被人们称为"明代官场现形记"。

对《邯郸记》的评价，明末文学家王思任说："《邯郸》，仙也。"诚然，汤显祖剧中写了仙，也写了卢生入仙。然而，绝不是汤显祖要教人逃避现实，去寻仙问道。剧中的"仙"和《南柯记》的"佛"一样，只不过是汤显祖为规避迫害而假借的外衣。朱明王朝的《大明律》有规定："凡乐人搬做杂剧戏文，不许妆扮历代帝王后妃、忠臣烈士、先圣先贤神像，违者杖一百；官民之家，容令妆扮者与之同罪；其神仙道扮及义夫节妇、孝子顺孙、劝人为善者，不在禁限。"[3]汤显祖以言"仙"的外衣掩护下，直刺明王朝官场的腐败和社会现实的黑暗。

[注释]

[1] 吴伟业：《北词广正谱序》，《北词广正谱》卷首。
[2] 吴梅：《读曲记》，《邯郸梦（二）》。
[3] 《刑律杂犯》，《大明律讲解》卷二十六。

第十九章　躬耕排场教小伶

汤显祖"临川四梦"最后一梦《邯郸记》完成后，他就没有再写新戏。不是他江郎才尽，而是觉得不必再写。他抛弃功名利禄，寄身剧场，不是要像关汉卿那样，做"梨园领袖""杂剧班头"，也不是像莎士比亚那样，靠写剧演剧来经营"环球剧场"。汤氏是"以笔代剑"，抒胸中郁垒与感慨。那"临川四梦"，讴歌了真情力量可超越生死，又借梦境将晚明官场魑魅魍魉鞭笞现形，"胸中魁垒"得到宣泄，嬉笑怒骂，皆成了曲章。有了度曲实践经历的汤显祖深知，剧本能否发挥出它的社会效果取决于场上。为此，他从写《紫钗记》开始就注意克服《紫箫记》所存在的"沉丽之思""秾长之累"的缺陷，语言上不再骈四俪六，追求辞藻华丽，卖弄典故。汤显祖还体会到，剧本要成场上之曲，作者先要做场上之人。关汉卿为写戏，不仅长期"混迹市井"熟悉生活，还"躬耕排场，面傅粉墨"。汤显祖现在也要躬耕排场，与宜伶相伴，做他们的知友。此时，在大洋彼岸的另一国度，莎士比亚正在环球剧场做替补演员，并且还写了许多好剧本，与汤显祖交相辉映！

交付宜伶排练的第一部戏是《牡丹亭》。戏曲是"角儿"的艺术。传统的戏曲舞台，没有灯光与布景，要表现剧作的"曲意"，主要靠"角儿"的演唱及音乐伴奏来达到效果。因宜伶文化水平不高，对曲词不能很好理解，"曲意"体会不到位，惆怅之余的汤显祖，手掐檀板对小伶"拍曲"教唱：

玉茗堂开春翠屏，新词传唱《牡丹亭》。
伤心拍遍无人会，自掐檀痕教小伶。
——《汤显祖全集》卷十八《七夕醉答君东二首》之一

"每谱一曲，令小史当歌，而自为之和，声振寥廓。"宜伶每排一个新戏，汤显祖都要亲自下到剧场，既"拍曲"教唱，还"自踏新词教歌舞"，即担当一个导演的职能，讲解剧本的内容，为剧本做身段和歌舞的排练。

在汤显祖的调教下，宜伶的艺术素质得到了很大的提高，出了一批"角儿"。如扮演杜丽娘的青年演员于采，其表演水平超越其他伶人，能较准确地理解剧本的"曲意"，对杜丽娘为情而死又为情而生的表演很到位，盈盈动人，打动了观众：

不肯蛮歌逐队行，独身移向恨离情。
来时动唱盈盈曲，年少那堪数死生。
——《汤显祖全集》卷十九《听于采唱牡丹》

男旦王有信，在表演《惊梦》时，掌握了"韵若笙箫气若丝"的唱工，将"牡丹魂梦起来时"的意境表现得淋漓尽致。一次在南昌滕王阁的演出，王有信的精湛演技征服了观众，戏演到深夜才散场，但观众还是依依不舍不愿离去：

韵若笙箫气若丝，牡丹魂梦去来时。
河移客散江波起，不解销魂不遣知。

桦烛烟销泣绛纱，清微苦调脆残霞。
愁来一座更衣起，江树沉沉天汉斜。
——《汤显祖全集》卷十九《滕王阁看王有信演牡丹亭二首》

还有一位已早夭的青年演员叫许细，聪明且有艺术才华，表演技艺炉火纯青，将"花神留玩《牡丹》魂"这一情节出神入化地展现于舞台，深深地打动了观众。汤显祖说，像这样的演员人虽死，但艺术青春不死，他塑造的艺术形象长留观众心中：

聪明许细自朝昏，慢舞凝歌向莫论。
死去一春传不死，花神留玩《牡丹》魂。
——《汤显祖全集》卷十九《伤歌者》

有位叫吴迎的演员，是《紫钗记》中霍小玉的扮演者，罗章二扮李益和他配戏。原来吴迎对剧本的"曲意"有较好的理解，演《怨撒金钱》一曲，深入了角色，演得声泪俱下，观众感动得掩面而泣。后来，吴迎不思进取，演出态度不认真，演不出霍小玉的那种"痴情"，产生不了原来那样的艺术感染力。汤显祖感到十分遗憾，在给罗章二的诗中对吴迎进行劝勉，说要向戏神清源师祈祷，再让吴迎回到那"杜鹃啼血"的表演境界。

汤显祖还说，演员的表演，关键就在于能否演出角色的情感，表演没有情，即使歌舞再好，外表形态再美，也感染不了观众，剧场就要出现门可罗雀：

吴侬不见见吴迎，不见吴迎掩泪情。
暗向清源祠下咒，教迎啼彻杜鹃声。

不堪歌舞奈情何，户见罗张可雀罗。
大是情场情复少，教人何处复情多。
——《汤显祖全集》卷十八《寄生脚张罗二恨吴迎旦口号二首》

为体现他剧本的"曲意"，收到完整的舞台艺术效果，汤显祖还亲自为某一特定角色设计了"紫襕戏衣"的行头：

试剪轻绡作舞衣，也教烦艳到寒微。

当歌正值春残醉，醉后魂随烟月飞。

无分更衣金紫罗，伎人穿趁踏朝歌。
俳场得似官场好，灯下红香不较多。
——《汤显全集》卷十九《作紫襕戏衣二首》

汤显祖不仅躬耕排场，调教宜伶排好戏，而且还教宜伶怎样做人。他对演员们说："王维可在酒肆茶楼参禅悟道，你们演我的'二梦'也可悟出人生之梦。"他要求宜伶一夜戏要四百钱就够了，不要去奢取更多的"缠头"（财物）：

半学侬歌小梵天，宜伶相伴酒中禅。
缠头不用通明锦，一夜红氍四百钱。
——《汤显祖全集》卷十九《唱二梦》

在给班主罗章二的信中更是直接强调，作为演员要有高尚的人格和戏德，"往人家搬演，俱宜守分，莫因人家爱我的戏，便过求他酒食钱物"（《与宜伶罗章二》）。

为了扩大"四梦"的社会影响，促进他们戏艺水平的提高，汤显祖还把演唱"四梦"作为与亲友联络感情，增进友谊的交游活动。宜伶除在南昌滕王阁演出外，汤显祖还派他们到永新为他的同年好友甘丽（字子开）做庆贺生日的演出；又派一位叫汝宁的演员到南京为他原任北平顺天府宛平县令的好友李袭美做贺寿演唱；进贤县令黄汝亨和无锡钱简栖等挚友来到临川后，汤显祖请宜伶到玉茗堂演唱"四梦"做招待；汤显祖的亲友周青来、帅从升（帅机之子）也邀请宜伶到他们家的青来阁或小园举行家庭戏曲晚会。

"侠骨从来重歌舞。"汤显祖十分重视通过观摩，借鉴其他剧种的艺术经验，以提高宜伶的演出水平。他多次到南昌观摩浙江昆班、广东戏班、湖北荆沙艺人等戏班的演出。除了指导排练和演出"临川四梦"外，他还为宜伶选择适合他们演出的剧本，并给这些剧本加上有似今天"导演说明"的"总评"和"导演提示"的"批语",以帮助那些文化水平不高的宜伶正确理解"曲意"。

汤显祖于万历二十六年(1598)弃官归家,用在剧本创作上的时间不到四年,而从事戏剧演出活动,耗去了他大约十六年的余生。直到万历四十二年(1614),65岁高龄的汤显祖"犹在此为情作使,劬于伎剧"(《续栖贤莲社求友文》),即为宣传他构建情的世界之理想,从事着戏曲演出活动。

汤显祖既是蜚声中外的戏曲大师、戏曲理论家、戏曲活动家,还是我国戏曲导演学的拓荒人。

第二十章　隔空论战沈璟

《牡丹亭》问世上演后，在社会上引起了强烈的反响，"家传户诵，几令《西厢》减价"。万历三十三年（1605）五月，进贤县令黄汝亨调往北京礼部任主事时，就将《牡丹亭》剧本带到江浙，在杭州排练演出，风靡剧坛，盛况空前。沈德符赞扬："真是一种奇文，未知于王实甫、施君美如何？恐断非近时诸贤所办也。"（《万历野获编·杂剧》）昆山腔盛行的太仓，退休回乡的老首辅王锡爵，松江县雅爱戏曲的大户顾明臧和曾任过湖广提学副使，后来为汤显祖作传的无锡邹迪光都用家班演唱《牡丹亭》。苏州地区一班曲学行家对《牡丹亭》剧本评头品足，赞扬者说："汤奉常绝代奇才，冠世博学"，"才思万端，似挟灵气"（吕天成《曲品》），批评者从曲律上挑毛病，说："惜其使才自造，句脚、韵脚所限，便尔随心胡凑，尚乖大雅。"（凌濛初《谭曲杂札》）然而汤显祖的《牡丹亭》是为宜黄腔（宜黄化的海盐腔）而作。"汤词端合唱宜黄"（清代熊文举诗），"以意趣神色为主"，以致有的曲词便突破格律限制。当时有"曲坛盟主"之称的沈璟，一心追求"场上之曲"而忽视剧本内容，为便利昆腔演唱，将《牡丹亭》中不合昆曲音律处进行改订，题名《同梦记》，又名《串本牡丹亭》（稿本已佚，只在沈自晋修订的《南词新谱》中保存两曲），以致汤显祖大为恼火。

沈璟（1553—1610），字伯英，号宁庵，又号词隐，江苏吴江人。万历二年（1574）进士。他历任吏部员外郎、光禄寺丞、行人司司正等职。万历十七年（1589）因科场舞弊案受人攻击，辞官回乡。回乡家居三十年，潜心研究词曲，考订音律，与当时著名曲家王骥德、吕天成、顾大典等人相互切磋，在音律研究方面很有建树，是与汤显祖同时代的戏曲家。

沈璟与汤显祖同为曲坛翘楚，彼此不应陌生，但他们并没有直接交往。万历八年（1580）春试，沈璟为授卷官，汤显祖为三千考生中的一员，无法肯定他们一定见过面；汤显祖中进士后在南京供职，沈璟虽来过南京，但他们的诗文都没有留下交游的蛛丝马迹。只有汤显祖因上疏贬谪徐闻时，沈璟的弟弟沈瓉在南京任刑部主事，为汤显祖写过一首送行长诗。沈璟的《牡丹亭》改本出来后，不是沈璟自己而是吕玉绳（胤昌）把它寄到汤显祖手中。吕玉绳和他的表兄孙如法与汤显祖都是同年进士，他们交情很深，常有书信联系。吕玉绳、孙如法是沈璟声律学的追随者，过从更加密切。吕玉绳还让儿子吕天成认沈璟为未能从学的前辈。

吕玉绳将《同梦记》寄给汤显祖，没有说明改编者是沈璟，汤显祖误以为是吕玉绳所改。汤显祖看了改本后大为不满，想起唐代王维画的名画《袁安卧雪图》，历来备受非议，就是因为在白茫茫的雪景中，缀以绿油油的芭蕉。不懂画的人"讥以为不知寒暑"，主张"割蕉加梅"，然而这样改虽符合时令，但改掉了王维以雪中芭蕉苍翠坚忍比喻袁安的品质孤高的"得天意""入神"之笔。汤显祖以此掌故为背景，在"删本牡丹亭"上题了一首诗，巧妙地申明了他的创作立意：

醉汉琼筵风味殊，通仙铁笛海云孤。
总饶割就时人景，却愧王维旧雪图。
——《汤显祖集全集》卷十六《见改窜牡丹词者失笑》

汤显祖还给浙江吴兴的朋友凌濛初也写了信，谈了他不同意那"吕家改的"，又举了王维的"冬景芭蕉"为例：

不佞《牡丹亭记》，大受吕玉绳改窜，云便吴歌。不佞哑然笑曰，昔有人嫌摩诘之冬景芭蕉，割蕉加梅，冬则冬矣，然非摩诘之冬景也。

其中骀荡淫夷，转在笔墨之外耳。

——《汤显祖全集》卷四十七《答凌初成》

得知宜伶戏班也收到《牡丹亭》改本，汤显祖特去信罗章二叮嘱，强调剧本"意趣"的重要：

《牡丹亭记》，要依我原本，其吕家改的，切不可从。虽是增减一二字以便俗唱，却与我原做的意趣大不同了。

——《汤显祖全集》卷四十九《与宜伶罗章二》

王维的"雪中芭蕉"与汤显祖的"理之所必无，安知情之所必有"的理论是相通的。"雪中芭蕉"从世俗之"理"来看，是"不知寒暑"，但从作者"神情寄寓于物"便可不问四时来讲，是说得通的。汤显祖作《牡丹亭》，为了"意趣"也就是"情"，不甘削足适履，被形式所束缚，让"其中骀荡淫夷，转在笔墨之外耳"。

沈璟从凌初成那里得知汤显祖对他的改本有意见，便进行了反击。他刻意模拟《牡丹亭》而作《坠钗记》。脱稿后，特加了一篇《论曲》，放在《博笑记》卷首，一起刻印。《论曲》由九支曲牌组成，全面论述了他的曲学主张。首曲【二郎神】便是针对汤显祖而发：

欲度新声休走样！名为乐府，须教合律依腔。宁使时人不鉴赏，无使人挠喉捩嗓。说不得才长，越有才越当着意斟量。……纵使词出绣肠，歌称绕梁，倘不谐音律也难褒奖。

——《博笑记·词隐先生论曲》，《古本戏曲丛刊》

沈璟是说，作传奇必须合律依腔，每有新作都不可走样。无论是作者还是演员，都要讲究音律。宁让人们不欣赏曲词，也不能让曲词唱起来荒腔走板。即使有人不理解也不在乎。真正有才情，就应该在音律上特别斟量，即使文辞再好，才情再高，不谐音律就不能首肯赞扬。总之，在沈璟看来，评判一部剧本优劣的标尺就看是否合律依腔。

吕玉绳还曾给汤显祖寄去了沈璟的《唱曲当知》,汤显祖看后就此问题与沈璟大唱反调:

> 寄吴中曲论良是。"唱曲当知,作曲不尽当知也",此语大可轩渠。凡文以意趣神色为主。四者到时,或有丽词俊音可用。尔时能一一顾九宫四声否?如必按字摸声,即有窒滞迸拽之苦,恐不能成句矣。
> ——《汤显祖全集》卷四十四《答吕姜山》

汤显祖认为,沈璟的《唱曲当知》很值得商榷。掌握曲律的不应是演唱者,而应是作曲者。曲谱是作曲者写的,演唱者只要依谱演唱、发音正确便没问题。汤显祖作传奇是以意趣神色为主要,为达此目的,有华丽辞藻和美好乐音可用,就可能对九宫四声顾及不到,如果刻意按着字去揣摩声韵,就会阻塞才情奔泻,恐写不出好的曲词。汤显祖旗帜鲜明地主张戏曲乃至所有的文学创作,都应以表达情感为主,强调形式服从思想内容。

孙如法也曾将沈璟的《南九宫十三调曲谱》寄给汤显祖。汤显祖就声律问题表达了他的观点,但说了句过头话:

> 曲谱诸刻,其论良快。久玩之,要非大了者。庄子云:"彼乌知礼意。"此亦安知曲意哉。其辨各曲落韵处,粗亦易了。周伯琦作《中原(音)韵》,而伯琦于伯辉致远中无词名。沈伯时指乐府迷,而伯时于花庵玉林间非词手。词之为词,九调四声而已哉!且所引腔证,不云未知出何调犯何调,则云又一体又一体。彼所引曲未满十,然已如是,复何能纵观而定其字句音韵耶?弟在此自谓知曲意者,笔懒韵落,时时有之,正不妨拗折天下人嗓子。兄达者,能信此乎。
> ——《汤显祖全集》卷四十六《答孙俟居》

信中的周伯琦应为周德清,伯辉应为郑德辉,花庵为黄升,玉林应为玉田即张炎。汤显祖指出,"曲谱"和"曲意"是不同的。所谓"曲意"就是

"骀荡淫夷，转在笔墨之外"的"意趣"，也就是"意趣神色"的总精神。在汤显祖看来，曲律家不等于戏曲作家，不一定懂"曲意"。周德清写了一部《中原音韵》，并没有像郑光祖、马致远那样享有词名。沈义父的《乐府指迷》是一部与子侄辈论作词之法的书，但在黄升《花庵词选》和张炎的《词源》中名字都看不到，因此他不算是词作家。汤显祖对上述这些曲学著作并不看重。在汤显祖看来，这些论著能教人作曲方法，能辨各曲落韵处，却不知曲意所在。作曲和填词一样，当以"意"为主，而不应囿于平仄断句。他认为沈璟的《南九宫十三调曲谱》（简称《南曲全谱》）不是金科玉律，不一定要依从，要紧的是"曲意"。为了"曲意"，"笔懒韵落，时时有之，在所不惜"，甚至于"拗折天下人嗓子"而不顾。

因汤显祖与沈璟没见过面，也没有直接联系。他们的论战是通过吕玉绳和孙如法等中间人的隔空交火。但这种论战确实发生了，其时为沈璟的《南九宫十三调谱》作序的曲论家王骥德在《曲律·杂论下》中做了简明扼要的记载：

  吴江尝谓："宁协律而不工，读之不成句，而讴之始协，是为中之之巧。"曾为临川改易《还魂》字句之不协者，吕吏部玉绳（郁蓝生尊人）以致临川，临川不怿，复书吏部曰："彼恶知曲意哉！余意所至，不妨拗折天下人嗓子。"

《曲品》是品评明代传奇作家和作品的专著，作者是吕玉绳的儿子吕天成。他在该书卷上也做了内容相似的记载：

  光禄尝曰："宁协律而词不工，读之不成句，而讴之始叶，是曲中之工巧。"奉常闻之曰："彼恶知曲意哉！予意所至，不妨拗折天下人嗓。"此可以观两贤之志趣矣。

汤显祖与沈璟都生活在嘉靖、隆庆、万历三朝。汤显祖长沈璟3岁，晚沈璟6年而逝，都生在香书门第，聪明过人，有"神童"之称；汤显祖14

岁、沈璟16岁中秀才,而中举时都是21岁;都经金榜题名而进入仕途,且都是为官15年后转到剧坛;汤显祖的居室名"玉茗堂",沈璟的居室名"属玉堂";汤显祖的剧集为《玉茗堂传奇》,沈璟的剧集为《属玉堂传奇》。生平轨迹如此相似的两个人,为何会一个那么强调"意趣",一个那么看重曲律?原来他们近似的人生轨迹中还有着太多的不同,这决定了他们思想的差异,价值取向有别,审美趣味不一。

汤、沈虽同为21岁中举,但沈璟中举后的第二年就中了进士,而饱受会试挫折的汤显祖,到34岁第五次会试才中了进士;为官都是15年,但沈氏一直在京官位置上平稳度过,而汤氏则是由京官贬到地方,饱受宦海的惊涛骇浪;两人都曾上疏,但汤显祖上疏揭发沈璟的老师申时行欺君误国,而沈璟上疏则步申时行的后尘请立皇太子,为呵护封建专制秩序而尽忠心;汤显祖上疏遭贬从此一蹶不振,未能再做京官,沈璟上疏官降三级,但在申时行的庇护下,一年后即任命为顺天(北京)乡试同考官,后升为光禄寺正卿,位及三品,成为皇帝近臣;汤显祖弃官是看透官场黑暗,不愿同流合污,沈璟的辞官是因以权谋私,在任顺天乡试同考官时,为录取申时行的女婿在评阅试卷上作弊被告发;两人同为隐退官场,寄情词曲,但汤氏是"胸中魁垒,陶写未尽,则发而为词曲",而沈璟是"袖手风云,蒙头日月",身处"三吴歌舞之乡",以此自由散淡,安度余生;汤显祖的"临川四梦"都是"有讥有托",蕴藏政治潜意识的政治剧,而沈璟现存传奇七部,大都是宣扬封建伦理道德,劝谕世态人情;汤显祖视戏曲为与儒释道并列的"名教",强调"以意趣神色为主",以"经"的标准作剧,门人孟称舜的剧作被时人称为"可作经来读",而沈璟"审于律而短于才",剧作"欲作当家本色而不能",只好以"浅言俚语来拼凑",但对于"质古之极""大有元人遗意"之作推崇备至,连称"可爱!可爱!","曲必宋元"的拟古思想支配着他的创作实践。

考察中国戏曲的发展,到此时其本体经历了从"戏"到"曲"的观念变化。如果说,唐宋时期的滑稽戏、小说杂戏,其表现形态都重在技艺表演,是一种"戏"的观念,那么元杂剧得益于诸宫调的影响,其表现形态以"唱"为主,已嬗变为"曲"的观念。在元人,所谓剧本创作就是"曲"的创作方法。称为"一代文学"的元杂剧叫"元曲"。自元入明,"曲"成了中国戏剧的代称,作剧叫"作曲",演唱戏剧叫"度曲",评论戏剧叫"论曲",戏曲理论叫"曲论"。至明中叶,评判剧本的优劣的标准还是"曲"。何良俊(1506—1573)坚持:"宁声叶而辞不工,无宁辞工而声不叶。"(《曲论》)沈璟固守"曲"的观念,"斤斤力持,不少假借,可称度申、韩"(《顾曲杂言·填词名手》),并将何良俊的论曲主张推到极致,提出宁可使音律协调而句子不工整:"宁协律而不工,读之不成句,而讴之始协,是为中之之巧。""宁使时人不鉴赏,无使人挠喉捩嗓。"汤显祖提出"凡文以意趣神色为主",作为诗体的一种的戏曲,剧本的好坏不再是以"曲"为主,而是以"意趣神色"为主,这样就突破了自元以来戏曲为"曲"的旧观念,将剧本看成叙事性文学的一种"文"的观念。

汤显祖既主张"以意趣神色为主",那么为了剧本的思想内容的需要,"有丽词俊音可用",但又和"九宫四声"相矛盾时,就不愿受"窒滞迸拽"之苦,"恐不成句"之病,从而突破了音律的束缚。有些与沈璟同声气者,便攻击汤显祖不懂音律。如臧懋循便说汤显祖"生不踏吴门,学未窥音律"(《玉茗堂传奇引》)。但事实不是汤显祖"未窥音律",他从小学过"声歌之学",攻过周德清的北曲音韵。汤氏自己曾说:"独想休文声病浮切,发乎旷聪,伯琦四声无入,通乎朔响。安诗填词,率履无越。不佞少而习之,衰而未融。"(《曲品》)他作"四梦""每谱一曲,令小史当歌,而自为之和,声振寥廓"。汤显祖还在《紫箫记·审音》一出中,通过角色鲍四娘之口,说出演员"一要调儿记得远,二要板儿落得稳,三要声儿唱得满",列举"音同名不同"的曲牌四十五对,指出其中哪些"名同音不同"需"唱的不得斯混",又有哪些字句"都增减得",中间哪些"休拗折嗓子"。如果汤显祖不懂音律,绝写不出这样的音律知识。姚士粦称"汤海若先生妙于音律"不是空穴来风。

汤显祖不仅懂音律,并且有他的音律理论观点。"凡文以意趣神色为主"的提出,与他的音律理论密切相关。他在《答凌初成》信中还有这样一段话:

始知上自葛天，下至胡元，皆是歌曲。曲者，句字转声而已。葛天短而胡元长，时势使然。总之，偶方奇圆，节数随异。四六之言，二字而节，五言三，七言四，歌诗者自然而然。乃至唱曲，三言四言，一字一节，故为缓音，以舒上下长句，使然而自然也。

——《汤显祖全集》卷四十七

这里说，上古"葛天氏之乐"发展到元代，歌曲的长短变化如此之大，这是时势决定的；音律本是自然的，音节是可以变化的，在创作时也应以变通求自然。由于这一音律理论的支配，汤显祖在填曲中就出现有些地方改动音节，增加句数之处。如《牡丹亭·惊梦》出【山坡羊】第五、六句原为上四下三七字句，改成了四个四字句。《邯郸记·合仙》【混江龙】唱词多至四十多句，《牡丹亭·冥判》胡判官唱词达六十多句，都是以往剧作所罕见的。他还发展了"南北合套"，以及将原每出戏一至二个宫调改变为至多用上五个宫调等。

由于汤显祖和沈璟在音律问题上的不同观点是代表了两种不同的戏曲观念，他们之间的论争引起当时几乎所有的戏曲家的关注。像吕天成、王骥德、沈德符、凌濛初、冯梦龙、臧懋循等颇有影响的戏曲家都参加了讨论，发表了自己的意见。如吕天成说：

（沈、汤）二公譬如狂、狷，天壤间应有此两项人物。不有光禄，词硎弗新；不有奉常，词髓孰抉？倘能守词隐先生之矩矱，而运以清远道人之才情，岂非合之双美者乎？而吾犹未见其人。

——《中国古典戏曲论著集成》（六）《曲品》

吕天成在指出汤显祖的风格在"狂"、沈璟的风格在"狷"的同时，更重要的是指出了汤氏所主在"词髓"，而沈璟所主在"词硎"。"髓"者，精华也，词之内容；"硎"者，磨制使外表光泽，词之外在形式也。他把汤、沈之争看成"词髓"与"词硎"之争，这已触及问题的实质方面。吕天成提出："守词隐先生之矩矱，而运以清远道人之才情"而"合之双美"（《曲品》)的折中调和观点,实质已表明他对沈璟"宁协律而词不工"主张的动摇。但吕氏终未敢远离沈氏门户,他在《曲品》中把汤、沈二人作品虽然都并列"上之上",但在署名上却又使沈璟先于汤显祖。与吕天成比较,王骥德的步子则要迈得大得多。王骥德说:

> 临川之于吴江,故自冰炭。吴江守法,斤斤三尺,不欲令一字乖律;而毫锋殊拙。临川尚趣,直是横行,组织之工,几与天孙争巧;而屈曲聱牙,多令歌者齚舌。
> ——《中国古典戏曲论著集成》(四)《曲律·杂论第三十九下》

这段话常被后世论者谓之为汤、沈之争的总结。王骥德由于时代的局限,虽认识不到汤、沈之争是两种戏曲观念的不同,但是他看到了"吴江守法"而"临川尚趣",已比吕天成的认识更深刻一层。王骥德的可贵之处还在于他身在沈门,却能批评沈璟遵守律法达到"不欲一字乖律",但才情不足,"毫锋殊拙",联系下一段话来看,则王骥德简直站在汤显祖一边向沈璟反戈一击了。他说:

> 曲之尚法,固矣;若仅如下算子、画格眼、垛死尸,则赵括之读父书,故不如飞将军之横行匈奴也。
> ——《中国古典戏曲论著集成》(四)《曲律·杂论第三十九上》

这段话是说,曲固然要讲法,但不能像"下算子"那样讲死法,那样不如不讲法。比如战国时代赵括,死读父亲兵书,落得一败涂地,而治军简易,不照搬兵法的李广,反而可以横行匈奴。王骥德在这里用赵括和李广比喻沈璟和汤显祖,认为沈璟"守法"是需要的,但"斤斤三尺,不欲一字乖律","如下算子、画格眼、垛死尸"就犹如死读父亲兵书的赵括,而汤显祖"不依正格","直是横行",但"组织之工,几与天孙争巧",有似飞将军李广。

汤显祖对曲词填写的创新与突破,不仅为王骥德所赞成,还得到了沈璟的侄儿沈自晋的肯定。沈自晋编的《增订南九宫词谱》从汤显祖"临川四梦"中选入曲牌二十多支，后编的《九宫大成南北词宫谱》又从"四梦"中选入六十多支曲子做谱例。清代纽少雅《格正还魂记》和叶堂《纳书楹四梦全谱》，选用两支以上曲谱，各选取若干乐句，重新组合，不改一字，却照样上演。一种艺术主张的正确与否总是要通过艺术实践来检验确定的。实践已证明，汤显祖四部传奇，三百多年以来一直盛演不衰，并饮誉中外，而沈璟十七部传奇迄今鲜为人知，未见于舞台。

第二十一章　弘扬戏道写《庙记》

汤显祖有了"因情成梦，因梦成戏"的"临川四梦"的创作实践，并"游在伶党之中"，"自掐檀痕教小伶"，参加了传奇的演出活动，又经历了和沈璟在曲律问题上的论战，已形成了他自己的戏曲理论观念。万历三十三年（1605）前后，一千多宜黄县戏曲艺人，聚集在一起，缅怀祖师爷清源师功德，一致通过要为他建一座庙，并要求汤显祖为该庙的修建写篇纪念文字。班主罗章二从宜黄来到玉茗堂找汤显祖说："我们这些人吃的都是清源师赏的饭，还要世代传下去，可我们的祖师爷却没有自己的祠庙，这是说不过去的。"汤显祖说："如果为清源师建了庙，那就让谭纶大司马从祀吧！"罗章二说："岂敢让谭纶这样的兵部尚书大官作陪，让田、窦两位元帅（也是宜伶供奉的戏神）作陪就可以了。"

汤显祖积极支持宜伶为戏神建庙，欣然接受了要他写纪念文章的要求，借此将平素对戏曲艺术思考的一些问题进行理论的总结，将戏剧之道提到应有的社会地位。他写下长达千余言的《宜黄县戏神清源师庙记》戏曲专论，对戏曲做了全方位的观照，简明、扼要且精辟地阐述了中国戏曲的诸多重要理论问题。

一论戏神的社会地位。戏神是戏班供奉的保护神。通过对他的崇拜，维系戏班规矩，传承伦理精神，祈求事业发展。不同的剧种供奉的戏神有相同，也有不同。莆仙戏、梨园戏、高甲戏都是南戏的流派，都供田元帅，昆山腔供唐明皇，秦腔供秦二世胡亥，粤剧供张五。宜黄戏供奉的戏神是清源

江西省广昌县驿前镇西坑村尚存的清源师庙（章军华提供）

师，即"西川灌口二郎神"。清源原指修建都江堰的蜀郡守李冰，后衍化为李冰次子，俗称灌口二郎，初时皇帝敕赐封王，后徽宗好道，改封为妙道真君。然而清源本是"傩"神。早在后梁开平二年（908），南丰县的金砂村，因避战乱迁来一户余姓人家，祖传一种驱邪祈福，又娱人的"驱傩"活动，供奉的祖师爷就是清源师。"傩虽古礼而近乎于戏"（朱熹语），这种既驱邪又娱人的活动又叫"傩戏"。金砂村位于南丰与宜黄交界的边境，"傩戏"惠及四邻乡寨，傩神也被宜黄乡民当作他们的保护神而朝拜。明代宜黄戏曲发展得十分繁荣，宜伶将清源师当作自己的戏神而供奉，并将此习俗传播到与其有渊源关系的剧种。

戏曲素被士大夫视为"小道末技"，清源师被供为戏神后一直没有像儒、释、道三教那样有祠庙，对他的祭祀，只是每到正戏开场前，众演员用低沉混浊的声音合唱"啰哩嗹"来迎奉戏神降临，祈求戏神保佑演出顺利。汤显祖对此一直抱恨。他还从文史资料中了解到，清源师为人品德高尚，把戏道传播于人间，弟子满天下，但没有祠庙，他感到这很不公平。汤显祖呼吁，戏曲的地位应与儒、释、道并列，戏神清源师应建庙立祠。不要让那些视戏曲为"小道末技"之辈看轻了我们这行，受他们嘲骂：

> 予闻清源，西川灌口神也。为人美好，以游戏而得道，流此教于人间。讫无祠者。子弟开呵时一醪之，唱啰哩哇而已。予每为恨。诸生诵法孔子，所在有祠；佛、老氏弟子各有其祠。清源师号为得道，弟子盈天下，不减二氏，而无祠者。岂非非乐之徒，以其道为戏相诟病耶。
> ——《汤显祖全集》卷三十四《宜黄县戏神清源师庙记》

清源师庙原址在县城西郊"山地的西坡，面对着西城城墙"。庙规模宏大，除了神位还有戏台，外地戏班到宜黄，必先在庙里演戏。可祠庙早在1941年前就毁于大火，但在相邻的广昌县驿前镇，在崇山峻岭中的西坑村还保存了一座。《广昌县志》载："（西坑戏台）在高虎脑乡（今驿前镇）中寺西坑村北头。西临中寺港，戏台前右侧是清源庙。"该庙是晚明随宜黄戏的传入而建。现存庙为道光十六年（1836）重修，占地80多平方米。

庙内供奉着清源祖师菩萨，旁祀金花娘娘、银花小姐以及千里眼、顺风耳。

广昌县的甘竹乡赤溪曾家、大路背刘家还一直活跃着一支唱海盐腔的孟戏戏班。早成绝响的海盐腔在此崇山峻岭的山间得以传承，并且孟戏戏班常来此庙进行演出活动。从广昌西坑的清源师庙可知宜黄县戏神清源师庙的基本面貌。

二论戏曲的发生与发展。戏曲因何而发生？这是戏曲起源最为根本的问题。对这个问题，汤显祖的说法是：

> 人生而有情。思欢怒愁，感于幽微，流乎啸歌，形诸动摇。或一往而尽，或积日而不能自休。盖自凤凰鸟兽以至巴渝夷鬼，无不能舞能歌，以灵机自相转活，而况吾人。
> ——《汤显祖全集》卷三十四《宜黄县戏神清源师庙记》

所谓"人生而有情"，就是说"情"是人与生俱来的东西。包括人的思（念）、欢（乐）、怒（愤）、愁（苦）的情感，需要宣泄的出口。这样的"情"，有时一泄而尽，有时多日不能休。"情动于中而行于言，言之不足，

广昌县西坑村清源师庙内供奉的戏神（张军华提供）

故嗟叹之，嗟叹之不足，故咏歌之，咏歌之不足，不知手之舞之，足之蹈之也。"(《毛诗序》)这就是说，情感无法抑制，用言语不足表达就用歌唱和舞蹈。上古的先民都懂得用歌舞来表达活跃的情感，何况后人。

神奇的清源师创立的戏曲形态，就是用古代歌舞来宣泄思（念）、欢（乐）、怒（愤）、愁（苦）的情感。戏曲是要在舞台条件下，由演员装扮一定的角色，表演人物悲欢离合的艺术，开始只有参军和苍鹘，后来又增加了宋杂剧的末泥和宋杂扮的酸、孤、旦这六个行当，从而演变为北杂剧和传奇：

> 奇哉清源师，演古先神圣八能千唱之节，而为此道。初止爨弄参鹘，后稍为末泥三姑旦等杂剧传奇。
> ——《汤显祖全集》卷三十四《宜黄县戏神清源师庙记》

对戏曲的形成与发展的研究，近代王国维自认："世之为此学者自余始"，"古人未尝为此学故也。"(《宋元戏曲考》)可上述文字已说明，早于王先生三百多年前的汤显祖已简明勾画出戏曲形成发展的轨迹，是"为此学者"。

三论戏曲的艺术特征。每一艺术都有其特征，作为表演艺术的戏曲，戏不论长短，都有其神奇的表现力。在小小的舞台上，能够创造出天地鬼神，表现上下古今、各种人物的千变万化。也是在舞台小天地里，通过几个角色做虚拟性的表演，便可演绎出"三五步行遍天下，六七人百万雄兵"的景象，通过调动观众的想象，获得特定的戏剧情境和舞台形象。角色在自由的舞台时空中，运用唱、做、念、舞和手、眼、身、法、步的程式化表演手段，将古今人物活生生地立在舞台上，使人感到梦中的事情就像发生在眼前。汤显祖用不多的文字揭示了戏曲的虚拟性与程式性这一本质特征。他这样说：

（传奇）长者折至半百，短者折才四耳。生天生地生鬼生神，极人物之万途，攒古今之千变。一勾栏之上，几色目之中，无不纤徐焕眩，顿挫徘徊。

恍然如见千秋之人，发梦中之事。

——《汤显祖全集》卷三十四《宜黄县戏神清源师庙记》

四论戏曲的社会功能。汤显祖视戏曲与"三教"地位平等，对它的社会功能，他刻意用大篇幅做渲染。他说戏曲所能达到的效果是神奇的，可使观众情不自禁地有议论，有冷笑，有鼓舞，有怅然若失，产生悲喜之情。有时表情严肃，屏息倾听；有时歪着帽子，嗤之以鼻；有时全场骚动，像掀起汹涌的波涛。它能使贵族抛弃他的倨傲，使吝啬的人乐善好施，使残疾人恢复正常的生理机能，无情的人变得有情，不爱说话的人也想表达，也可使喜欢恬静的人变得外向，喜欢喧闹的人变得恬静，肚子饿也觉得饱，使醉人可以酒醒，行人停下脚步，躺倒的人站起，粗俗的人想文明礼貌，愚蠢的人想寻求聪明：

使天下之人无故而喜，无故而悲。或语或嘿，或鼓或疲，或端冕而听，或侧弁而咍，或窥观而笑，或市涌而排。乃至贵倨弛傲，贫啬争施。瞽者欲视，聋者欲听，哑者欲叹，跛者欲起。无情者可使有情，无声者可使有声。寂可使喧，喧可使寂，饥可使饱，醉可使醒，行可以留，卧可以兴。鄙者欲艳，顽者欲灵。

——《汤显祖全集》卷三十四《宜黄县戏神清源师庙记》

戏曲能打动人的情感。通过看戏可使君臣关系符合礼节，可以融洽父子的恩情，可以促进长幼的和睦，可以增添夫妇的感情，可以树立朋友间的友好关系，可以消除彼此间的仇恨与矛盾，可以治疗精神上的疾病，可以戒除不良的嗜好。晚辈用戏曲孝敬长辈，祭祀死者；仁人君子用戏曲奉敬尊贵者，还可用戏祭祀天帝和侍奉鬼魂。年长者看戏安度晚年，年轻人在看戏中成长。通过看戏可以扭转社会风气，使社会达到夜不闭户，路不拾遗的状态，人们不会一味贪图享受。只要人人看戏，家家看戏，便可使瘟疫病毒不会传播，天下太平无事。总之，人情的大道开通了，人们就能快乐地接受教化，产生积极的社会效果：

可以合君臣之节，可以浃父子之恩，可以增长幼之睦，可以动夫妇之欢，可以发宾友之仪，可以释怨毒之结，可以已愁愤之疾，可以浑庸鄙之好。……孝子以事其亲，敬长而娱死；仁人以此奉其尊，享帝而事鬼；老者以此终，少者以此长。外户可以不闭，嗜欲可以少营。人有此声，家有此道，疫疠不作，天下和平。岂非以人情之大窦，为名教之至乐也哉。

——《汤显祖全集》卷三十四《宜黄县戏神清源师庙记》

五论南戏声腔的流变。晚明的戏曲有北杂剧和南戏流变而来的两个系统。南戏流传到江苏昆山，演变为昆山腔，用"吴音"演唱。南戏流传到浙江海盐演变为海盐腔，用"浙音"演唱。昆山、海盐两腔皆以拍板打节奏，演唱风格是"体局静好"，婉转幽雅。南戏流传到江西弋阳演变为弋阳腔，用锣鼓伴奏，演唱时声音喧闹。弋阳腔在江西乐平演变为乐平腔。弋阳腔流传到安徽省徽州府及池州府青阳县，分别演变为徽州腔和青阳腔。嘉靖二十九年（1550），浙江倭寇猖獗，宜黄人谭纶任台州知府，受命募乡兵千人，严格训练，抗击倭寇。谭纶酷爱戏曲，喜爱台州一带盛行的海盐腔，厌恶家乡的弋阳腔。他在军中设海盐腔戏班，随军征战、演出。在此期间，他因父死回家守制，带回军中海盐腔戏班，传授给当时唱弋阳腔的宜黄艺人，由此海盐腔与当地土调乡音结合，地方化的海盐腔在赣东落户。隆庆六年（1572），谭纶升任兵部尚书，万历元年（1573）去世。谭纶死后二十多年，从事宜黄戏的艺人超过千人，成为活跃在江西舞台的一支重要的戏剧力量：

> 此道有南北。南则昆山之次为海盐，吴浙音也。其体局静好，以拍为之节。江以西弋阳，其节以鼓，其调喧。至嘉靖而弋阳之调绝，变为乐平，为徽青阳。我宜黄谭大司马纶闻而恶之。自喜得治兵于浙，以浙人归教其乡子弟，能为海盐声。大司马死二十余年矣，食其技者殆千余人。
>
> ——《汤显祖全集》卷三十四《宜黄县戏神清源师庙记》

汤显祖这段论述，成为研究明代声腔流变的重要文献，也是我们今天研究戏曲声腔发展史极为难得的文字依据。

六论演员的艺术修养。演员的天职是演戏。作为演员应该以什么样的思想、感情、态度、行为和作风去尽到自己的职责呢？汤显祖在这里对宜伶们说，清源师的高超表演艺术不是随便可以得到的。要做合格的清源师弟子，达到那样的艺术境界，必须要有端正而虚心的态度；要选择好的老师和合作伙伴；要有文化底蕴，深刻地理解剧本，全面领会其"曲意"；要观察天地之间，人间鬼蜮的一切变化，然后冷静地思考；要摒绝父母儿女的牵累；要废寝忘食地勤学苦练；青年演员要洁身自好，保护自己的美好形体；年老的演员不要好酒贪杯，保护好自己的嗓音；男子演旦角，要经常想象自己是一个女人，扮演男角色的演员常想到如何像剧中那个人。演唱时，高亢处要直入青云，低回处要如一缕游丝，转折处像珍珠环链一样圆润，余音不尽处像不竭的清泉一样源源流出。演员的表演艺术达到细微精妙的极点，就要声断而意不断，把看不见的内心活动变成看得见的外部形态，使表演者的情感自然而真挚地流露，使观赏者对角色的神情久久不能忘怀。要像周穆王看到的偃师制作的木偶人表演那样以假乱真，要像黄帝在洞庭湖之野演奏《咸池》乐曲那样动听。如果能这样，就配称为清源师的徒弟，达到最高的艺术境界：

> 汝知所以为清源祖师之道乎？一汝神，端而虚。择良师妙侣，博解其词，而通领其意。动则观天地人鬼世器之变，静而思之。绝父母骨肉之累，忘寝与食。少者守精魂以修容，长者食恬淡以修声。为旦者常自作女想，为男者常欲如其人。其奏之也，抗之入青云，抑之如绝丝，圆好如珠环，不竭如清泉。微妙之极，乃至有闻而无声，目击而道存，使舞蹈者不知情之所自来，赏叹者不知神之所自止。若观幻人者之欲杀偃师，而奏《咸池》者之无怠也。若然者，乃可为清源祖师之弟子。进于道矣。
> ——《汤显祖全集》卷三十四《宜黄县戏神清源师庙记》

最后，汤显祖勉励演员们，不要叫大司马谭纶在九泉之下长叹而道："怎么我死了以后，留下的戏曲艺术就断绝了！"《庙记》中汤显祖是这样写的：

> 诸生旦其勉之，无令大司马为长叹于夜台，曰，奈何我死而此道绝也。
> ——《汤显祖全集》卷三十四《宜黄县戏神清源师庙记》

《庙记》写好后，汤显祖立即派专人送给宜伶罗章二，并在信中郑重嘱咐："《庙记》可觅好手镌之。"戏神有了庙，汤显祖又为之写了庙记，从此每年六月二十日，宜黄戏艺人都聚集到庙里来祭拜戏神清源师。这一习俗一直延续到20世纪50年代初期。

《庙记》是一篇将戏曲正式列为"正教"的宣言书。它集中反映了汤显祖的进步和较为健全的戏剧观，论述了中国古典戏曲理论中诸多具有拓荒意义的问题。

汤显祖列戏道为"正教",得到后世戏剧家的传扬。清初李渔在《比目鱼》"入班"折里,借剧中人物之口,为汤显祖的这一宏论做宣扬:"凡有一教就有一教的宗主,二郎是我做戏的祖宗,就像儒家的孔夫子,佛教的如来佛,道教的李老君。"(《笠翁十种曲》)汤显祖"情"的戏曲美学观直接影响了明清的戏曲家潘之恒、袁于令和李渔;对演员道德修养和对角色情感体验的论述比斯坦尼斯拉夫斯基早三百多年。

《宜黄县戏神清源师庙记》是中国和世界戏剧理论史上弥足珍贵的文献。

卷五

蹭蹬穷老

第二十二章 双重的打击

一、"头白向蘧蘧又死"

汤显祖20岁与吴氏结婚，28岁纳妾赵氏，34岁中进士后在北京礼部期间继娶京师傅淳之女为妻。他的三位夫人所生子女一般人所知是长子士蘧，次子大耆，三子开远，四子开先；女儿詹秀。其实，汤显祖的子女不只这5个，而是多达13个。隆庆六年（1572）吴氏生下长女，没有起名，很可能是不久便夭折，接着她又于万历元年（1573）生了次女元祥、万历三年（1575）生了三女元英。可这俩女孩都没成人，一个4岁，一个2岁便先后夭折。中国传统伦理观念，家无男孩便断了香火，于是汤显祖"买妾望男祥"，纳妾赵氏。但赵氏到了汤家并没有带来"男祥"，还是吴氏于万历六年（1578）和万历八年（1580）接连为汤家生了士蘧和大耆二男。但士蘧只活了23岁便英年早逝。傅氏嫁到汤家后，于万历十六年（1588）为汤显祖生下三子开远。万历四十三年（1615）27岁的开远中举，然而他因父病放弃第二年的春试，在父床前陪护。十七年后，44岁的开远才奉旨授河南怀庆府推官，后升监察副使，官做得比汤显祖大。朝廷本欲再升他为河南巡抚，但因积劳成疾，他未就任而先卒，时年52岁。正是汤开远出生的这年，汤家龙凤临门，赵氏为汤家生了一女。因汤显祖已改任詹事府主簿，给该女起名詹秀。这是汤显祖的四女，许同年进士吉水刘应秋之子刘同升，可她只活了7岁，在遂昌时被天花夺去幼小的生命。万历十九年（1591）是汤显祖的多事之秋，恰逢西儿出生。这也是个极聪明的孩子，可不幸得很，七月廿日汤家迁住玉茗堂，八月十九日年仅8岁的西儿就夭亡了。汤显祖把他比作西汉文学家扬雄的儿子童乌，因为他也是早慧而殇。万历二十二年（1594）是汤显祖任遂昌知县的第二年，赵氏为汤家再添了第五个女儿。因出生日是七夕节，汤显祖称她七女，可七女生下半年便夭折。同年，傅氏再产一子，就是汤的第五子开先。万历二十五年（1597），汤显祖决定弃官归家，六子吕儿出生。他只活到次年初春，汤显祖还未离开遂昌，两岁的吕儿就也被天花夺去了性命。论汤显祖长大成人的儿女，最小的一个是开先。他于万历四十三年（1615）中秀才，天启元年（1621）中举人，时年27岁。崇祯二年（1629）他与兄大耆、开远一起加入了明末以江南士大夫为核心的政治、文学团体"复社"。明亡，开先便不知所终。从汤显祖诗《送徐塈德胤二首》和书信《复胡瑞芝司空二女纳采作》知他与傅氏和赵氏还生有二女，一女配徐德胤，另一女配胡瑞芝的公子胡兆安（太学生）。胡瑞芝，名桂芳，金溪人，曾任贵州巡抚，万历四十一年（1613）升南京工部右侍郎。

汤显祖与三位夫人共生六子七女，夭折与早逝的竟占大半。从《哭女元祥元英》《平昌哭殇女詹秀七女二绝》和《平昌哭两岁儿吕二绝》这些"惨然成韵"的诗作中，可以看到作为父亲的汤显祖，对这些不幸早殇的孩子不仅"泪洒苍茫河汉清"地伤心痛哭，还自责"叹我曾无儿女仁"。

这些早殇的孩子中，士蘧的英年早逝是汤显祖最为伤心的。他的精神到了崩溃的边缘。士蘧5岁时母亲吴氏去世，汤显祖"用父代母"一手将他带大。六七岁时，他在南京太常寺斋衙读书，得到一些高层人物的关爱，有神童之誉。汤显祖非常器重他，说士蘧是个"佐王才"。一生以"真"作为做人原则的汤显祖，坚守"亢壮之气"，送上门的状元他不要，选拔庶吉士他放弃，以致科举坎坷，宦海沉浮，"做官做家，都不起耳"（《与罗章二》），但又"常自恨不得馆阁典制著记"（《答张梦泽》），即为没有进入翰林院而抱憾。现在连官阶也没了，他把他人生未竟的理想、希望寄托在有"佐王才"的士蘧身上。孟子说："天将降大任于斯人也，必先苦其心志，劳其筋骨，饿其体肤，空乏其身，行拂乱其所为，所以动心忍性，曾益其所不能。"

(《孟子·告子下》)汤显祖深知此话的意义。他以士蘧必入"馆阁"的期待,躬亲教养,为其开蒙,不惜"苦其心志,劳其筋骨"。士蘧3岁就能识经书,5岁能诵左思的《三都赋》。8岁能著文。12岁,就读完历代正史。16岁为县学生员即秀才了。19岁那年(万历二十五年,1597)经授翰林院编修出身的董其昌推荐为南京国子监监生。游学南京国子监的士蘧,"文章惊动两鸿师",受到国子监祭酒郭正域和司业傅新德的赏识,名噪一时。黄汝亨赞其为"餐英披秀,凤冠人群"。17岁时,不仅八股时文写得非常好,诗文曲赋也有很高的造诣,被人们呼为"人中之龙"。

然而过高的期望往往变成失望。20岁那年,士蘧参加秋试便失利了,汤显祖很是失望,后对士蘧进行过体罚。望子成龙心切的汤显祖,加大了对士蘧的精神压力,以致士蘧本清瘦屡弱且眼睛有疾的身躯不堪重负,为三年后秋试未考身先亡埋下了祸根。

万历二十八年(1600)秋试,士蘧深知父亲对他寄予怎样的期望。在高度的精神压力中,他强撑屡弱的身躯悉心备考。七月报考手续办好了,可病也发作了,疟疾加腹泻,且病情一天天加重,加上进补不当,导致病情恶化,医生回天无力,终在七月十六日,距八月九日考期还差二十三天时去世。那时没有现代化的通信设备,士蘧的噩耗到八月五日才到达临川。也许真有先天感应,八月四日的五更寅时,汤显祖忽然感到烦闷,睡不着觉,对士蘧一人在南京秋试有不祥之感,后悔对孩子施加的压力太大,起来作诗写道:"门阑几尺通天水,不合生儿望作龙。""春风玉树长年在,为要先开眼里花。"(《庚子八月四日五鼓,忽然烦闷,起做三首》)没想到,第二天"江天卷地黑风来,报道吾家玉树摧"(《庚子八月九日得南京七月十六日亡蘧信十首》),传来了士蘧去世的噩耗。汤显祖一下子感到天昏地暗,无法接受这样的事实,一口气写下《庚子八月九日得南京七月十六日亡蘧信十首》《重得亡蘧讣二十二绝》对爱子的悼诗三十二首。在汤显祖心目中,士蘧有着像西汉贾谊一样的才华,仅23岁便去世,怎不令他肝肠寸断,泪水哭干:"空教弱冠敌才名,未到长沙听鹏鸣。猿叫三声肠断尽,到无肠断泣无声。"(《庚子八月九日得南京七月十六日亡蘧信十首》)士蘧死了,汤显祖失去的不仅是个才华横溢的爱子,还失去了一个可以和他讨论学问的文友:"如今满屋无知己,得解吾狂是别人。"(《重得亡蘧讣二十二绝》)汤显祖把士蘧比作宋代王安石的爱子王元泽:"宋朝已死王元泽,直至明殂汤士蘧。"(《庚子八月九日得南京七月十六日亡蘧信十首》)王元泽即王雱,和士蘧一样都是才高志远,英年32岁早逝。汤显祖似乎要发问:"为何才高志远之士都是这样命短?"凶讯传来后的第十天是汤显祖51周岁生日。回想去年他的五十大寿,士蘧从南京赶回家来向他贺寿,可怜今年的生日竟"麻衣"当"彩服","泪痕"代欢声。这时的汤显祖宁愿相信有鬼魂,因若有鬼魂,他可与爱子的亡灵在"灯前梦里"相会:"我愿定依人作鬼,灯前梦里见来时。"(《重得亡蘧讣二十二绝》)汤显祖反省自己的人生,都是因"亢壮不阿",缺少亲情,为官不顺,还把家拖累得贫穷。本寄望士蘧一展才华,实现他的未竟理想,不想落得白发人送黑发人,成了一个可怜的父亲:"从来亢壮少情亲,宦不成游家累贫。头白向蘧蘧又死,阿爹真是可怜人。"(《重得亡蘧讣二十二绝》)

士蘧死后,汤显祖派次子大耆前去南京料理后事。可去了一个月,却没有接到他是否平安抵达的消息。丧子后极度衰弱的神经令他放心不下,急忙向南京国子监的司业傅新德和永庆寺长老真空等朋友写信,叮嘱他们关照大耆。士蘧死后,汤显祖望子成龙的热望也得以冷却,感到亲情的重要,希望儿子常在身边,共享天伦之乐:"年来爱作团乐语,不得中男在眼前。"(《望耆儿二首》)在士蘧逝后十年时间里,汤显祖"说着亡蘧即断肠"(《偶触觉华编》)。在士蘧去世十年后的一日,他为士蘧检点遗物,得士蘧七八岁时所读文赋,俱用厚纸粘对,上面还有笔记背诵的年月。这些书为士蘧生前所心爱,汤显祖流着泪水将这些遗物点火焚烧,一边焚烧,一边哽噎地呼喊:"蘧儿啊!你在哪里呀?阿爹给你送书来啦!"这凄凉的喊声与焚烧的纸烟随风飘散在空中……

二、弃官也遭夺职

"壮子殇"去泪未干,到万历二十九年(1601)正月,又一沉重打击落到了这位52岁老人的身上。该年是辛丑年,又是吏部和都察院每三年对地方官员进行"朝觐考察"之年。汤显祖弃官已三年了,本可不列为考察对象，但他是主动弃官，还占有官的编制，也可列入考察之中。明代朝觐考察制度从万历中后期开始已是全面僵化与衰坏。考察制度虽仍按例举行，但朱明王朝的官僚队伍已严重腐化，考察已由"黜贪存良"的大典成了各部院上层官僚结党营私、打击政敌的工具。尽管汤显祖主政遂昌，政绩斐然，"一时醇吏声为两浙冠"，深受遂昌吏民拥护与怀念，然而直接向项应祥写信催缴他家拖欠的钱粮和民间传说汤显祖惩治项应祥的恶少，为"项东鳌应祥所切齿"[①]。当年汤显祖在《论辅臣科臣疏》中还为降职的礼部郎中高桂、饶伸鸣不平。高、饶是因论劾首相王锡爵之子王衡在万历十六年（1588）顺天（北京）乡试中会元有作弊嫌疑而受惩处。此事闹得朝野沸沸扬扬。谁冒犯权贵的特殊利益，谁就迟早要遭到清算，高、饶就遭到了降职处分。而汤显祖为高、饶鸣不平就冒犯了王锡爵，王锡爵岂能不报复汤显祖？万历二十一年（1593）汤显祖量移遂昌知县，吏部考功司主事顾宪成在权限之内提出让汤显祖复任南京礼部主事或太仆寺丞，先做南京刑部主事也行，但王锡爵和他的后任就是不同意。王锡爵在朝中树大根深，虽已退休，但关系网还在，执掌吏部和都察院的多是他安插的亲信。这时，对各级官员有监察和弹劾职权的项应祥与王锡爵在朝中的余党心照不宣地勾结在一起，硬把汤显祖拉入考察之列，借此机会对汤显祖进行政治报复。

　　朝觐考察对受处理的官吏分为贪、酷、浮躁、（才力）不及、老、病、罢（懦弱涣散）、不谨（做事不合为官体统）八等，分别给予革职、闲住、致仕和降调的处分。考察结果，给汤显祖以"浮躁"的罪名，罢职"闲住"。"浮躁"长期只用于对京官的考察，本年首次用于对地方官的考察[②]。明朝察例随意性很大，增设此项就是为黜退像汤显祖这样品行政事俱优但不受上司欢迎的官员。汤显祖深知，他久不能升迁并终遭削职，都是因自己与官场邪恶势力的不屈斗争所致："迹其去官，咎坐迂妄，固非以疾邪忤物，跅弛见遗。"（《答彭芹生侍御》）

　　在议论处理汤显祖的公堂上，浙江按察使（巡抚的属官）李维桢为从未见过面的下属汤显祖"大为不平"，为其申辩说："汤君久高尚而去，就不要再考法了。"但都察院左都御史温纯坚持要执行，并从袖中取出前首相王锡爵签署过的处理汤显祖的意见，说："汤显祖本人有意，我们应成全他的高尚。"李维桢的申辩不仅未被主考官员采纳，到了五月，自己还为此被吏部降一级，由按察使降为右参政。

李维桢，字本宁，湖北京山县人，隆庆二年（1568）进士，万历十七年（1589）任河南布政司右参政，前年四月升为浙江按察使。李为人豁达大度，爱惜有才华的文人。他与汤显祖虽未谋过面，但在公堂上为汤显祖做申辩时"几于坠泪"。还有吏部侍郎冯琦也为汤显祖据理力争，同样也受到"薄谪"。《万历野获编》称赞说："李、冯二公一片怜才至意，真令人可敬可悲。"

吏部考察消息传到临川，汤显祖"闻之哑然"。邹元标得知也为汤显祖打抱不平。他愤愤地说："这么大的天下，竟容不下一个汤显祖！"汤在翰林院任太史的朋友李麟初，进贤人，得知汤显祖落职闲住，特作诗进行褒扬："文章论定前贤退，簪笏名除大雅留。"（《与李麟初》）

事后，汤显祖既作诗又写信对李维桢为他出头深表感激。他知道，处分他是局内已定的事，局外如何力争也无法挽回。然而经过此事，汤显祖为有李维桢这样的知己感到满足，有急想相见的仰慕之情。汤显祖还说温纯也可算个"知己"，李维桢是理解其高尚之志故而为知己，温纯则是坚持要夺他的官，成全他的高尚之志，也是"知己"。汤显祖写下这样的诗句：

奉行故相偶然闻，点滓移时风卷云。
独坐不羁高尚去，平生知己是温君。
——《汤显祖全集》卷十四《辛丑京考后口号寄温都堂纯二首》之二

在这首反话正说的诗中，表现了汤显祖对温纯这样小人的宽容，同时表达了无奈中的讥刺与愤懑。

[注释]

①《万历野获编》卷十一《吏部堂属》。
②《明神宗实录》卷三五五，万历二十九年正月丙辰条。

第二十三章　"雄""杰"皆殉难

汤显祖一生只视两个人为他心目中的"雄""杰"：一个是禅师达观；另一个是思想"异端"李贽。

达观其人前面已做了介绍。李贽，字宏甫，号卓吾，别号百泉居士、温泉居士，嘉靖五年（1526）生于福建泉州一海商世家。原籍河南，姓林。其祖上为避祸改姓为李。7岁丧母后随父李白斋读书，那时他就对朱熹《四书》注疏有质疑。12岁他在文章中批判孔子把种田人看成"小人"。他26岁中举，三年后授河南共城教谕。嘉靖三十八年（1559），32岁的李贽任南京国子监博士，后迁南京刑部员外郎。在南京八年，结识了对他思想和生活有重大影响的莫逆之交——焦竑与耿定理，常和他们在一起钻研治学。李贽也阅读大量的历史典籍，对陆九渊、王阳明的心学和佛道两家的思想做了深入的研究，对封建伦理对人性的压抑桎梏有深刻的体悟，因此他的理论与那些假道学意见相左。李贽的"异端"思想遂在此时开始形成。

万历五年（1577），51岁的李贽任云南姚安知府，他早已厌倦官场，上任路经黄安（今湖北省红安县），与耿定理约定三年任满就辞官，然后一起隐居。李贽在姚安政绩斐然，三年任满辞官离去时，"士民攀卧道间，车不得发，囊中仅图书数卷而已"。

辞官后的李贽寄居在黄安耿定理家任家教，兼研究学问。由于李贽的言论和文章表现了对程朱理学的颠覆，引起了耿定理的哥哥耿定向的不满。万历十二年（1584）耿定理一死，官为左佥都御史的耿定向便以拯救儒学正统的姿态，写了《求儆书》一文，指责李贽，以致两人的论战公开化。李贽在黄安待不下去，住进麻城维摩庵，过着半僧半俗的生活。万历十六年（1588），62岁的李贽削发为僧，迁进龙潭湖芝佛上院，开始将平日往来书信、杂文、读史心得及诗歌整理成《焚书》，两年后在麻城刻印刊行。

《焚书》是李贽思想学说的基本资料，是一部"离经叛道之作"。他猛烈地批判当时占统治地位的道学，斥责他们是"阳为道学，阴为富贵，被服儒雅，行若狗彘"的衣冠禽兽，是"口谈道德而心存高官，志在巨富"的两面派、伪君子；针对朱熹"存天理，灭人欲"的说教，李贽提出"穿衣吃饭，即是人伦物理，除却穿衣吃饭，无伦物矣"；他反对把孔子奉为偶像，认为孔子并非圣人，孔孟学说非"道冠古今"的"万世至论"；同情封建礼教压迫下的妇女，为她们鸣不平；痛恨鱼肉百姓的贪官，指斥这些人是"冠裳而吃人"的虎狼。李贽深知书中见解否定了儒家的正统地位，当为统治者所不容，早晚必付之一炬，故取名《焚书》。

李贽的哲学思想与政治思想所表现出来的锋芒令汤显祖钦服。当汤显祖获知《焚书》在湖北麻城刻印，即写信给苏州知府石昆玉，请他代为购买，并称李贽为"畸人"：

有李百泉先生者，见其《焚书》，畸人也。肯为求其书寄我骀荡否？

——《汤显祖全集》卷四十四《寄石楚阳苏州》

正在这年，汤显祖与达观在南京相遇。达观的机锋将汤显祖笼罩。李贽与达观被时人称为"二大教主"。达观与李贽在汤显祖心目中是两个不同凡俗的异人，尊他俩为一"雄"一"杰"，得到他们的只言片语，如获"美剑"：

见以可上人之雄，听以李百泉之杰，寻其吐属，如获美剑。

——《汤显祖全集》卷四十四《答管东溟》

在文学主张上，李贽提倡"童心"。"童心者，真心也"，即反对在文学创作中复古模拟，要求革新文学的内容，表现新的思想和生活。他重视小说、戏曲的地位，将《西厢记》和《水浒传》称作"古今至文"，与"六经"、《论语》、《孟子》并提。

万历二十二年（1594），李贽与耿定向在好友的调解下化解了多年的积怨，两个垂暮老人相见抱头痛哭，重叙旧情。

万历二十七年（1599），72岁的李贽在南京刊行了他的史学著作《藏书》。该书反对用孔子的是非标准判断是非，说那是"未尝有是非"，列秦始皇为"千古一帝"，列李斯为"才力名臣"，列吕不韦、李园为"智谋名臣"，列冯道为"吏隐外臣"，主张婚姻自主，赞卓文君为"善择佳偶"，反对"天不变道亦不变"的封建教条。李贽自知此书不能融于现世，只能藏于后世，故名《藏书》。

《焚书》和《藏书》对儒家和程朱理学的大胆批判所表现出的反传统、反权威、反教条精神，启迪与鼓舞了汤显祖及后来的进步学者，对人们解放思想，摆脱封建传统思想的束缚，产生了极大的影响，然而，这却被统治阶级视为洪水猛兽。《藏书》刊行后，袁宗道大惊，说："祸在是矣！"

万历二十八年（1600），当李、耿和解后再回麻城讲学，正统道学家十分恐慌。他们找借口，指使当地无赖用大火烧毁了李贽居住的芝佛院，拆除了其预备去世后埋骨之塔，将74岁高龄的李贽赶出了麻城，并对追随李贽的一批出家人逮捕法办。

万历三十年（1602），李贽走投无路避入河南商城之际，通州好友马经纶被贬后来访。马经纶将重病缠身的李贽接到了北京通州家里。李贽寄寓马家，继续从事著述。通州乃京畿之地，"距都下四十里"。李贽"移至通州"立刻引起了京城道学家的恐慌，生怕"倘一入都门，招致蛊惑，又为麻城之续"。

这时内阁首辅是沈一贯。他辅政十三年，当首辅四年，矿税扰民，妖书冤案，致使朝中各政治利益集团相互攻讦的"党争"激烈。该年闰二月，沈一贯指使礼科给事中张问达给万历皇帝上了一道弹劾李贽的奏疏。奏疏的全文说：

李贽壮岁为官，晚年削发，近又刻《藏书》《焚书》《卓吾大德》等书，流行海内，惑乱人心。以吕不韦、李园为智谋，以李斯为才力，以冯道为吏隐，以卓文君为善择佳偶，以秦始皇为千古一帝，以孔子之是非为不足据。狂诞悖戾，不可不毁。尤可恨者，寄居麻城，肆行不简，与无良辈游庵院挟妓女，白昼同浴，勾引士人妻女、入庵讲法，至有携衾枕而宿者，一境如狂。又作《观音问》一书，所谓观音者，皆士人妻女也。后生小子，喜其猖狂放肆，相率煽惑。至于明劫人财，强搂人妇，同于禽兽而不之恤。迩来缙绅大夫，亦有诵咒念佛，奉僧膜拜，手持数珠，以为律戒，室悬妙像，以为归依，不知遵孔子家法，而溺意于禅教沙门者，往往出矣。近闻贽且移至通州，通州距都下四十里，倘一入都门，招致蛊惑，又为麻城之续。望敕礼部，檄行通州地方官，将李贽解发原籍治罪。仍檄行两畿及各布政司将贽刊行诸书，并搜简其家未刻者，尽行烧毁，毋令贻祸后生，世道幸甚。

——《明神宗实录》卷三百六十九

东林党本是晚明一支主张改革的政治力量。张问达是东林党的头面人物，被称之为"早期市民阶层的经济政治利益代言人"。这样一个人为何要将李贽置于死地而后快？原来这晚明的"党争"已从过去朝臣间的门户之争转为派别论事、打击异己，并非后世意义上的"政党"。要不要以学孔子为正脉、要不要维护儒家伦理的问题上，李贽是站在民间"非"的立场上，张问达站在官方"是"的一边。而李贽的学说在民间与官员中的影响又大得惊人。封建统治者怎能容忍有比官方意识形态更有影响力的思潮存在？怎能让新思潮渗入统治集团内部以动摇儒家的纲常名教与官方独尊的程朱理学？李贽为世俗所不容，为这一时期的"党争"而殉难便不可避免。

神宗看了张问达的奏疏，认为李贽的确是个非常危险的人物，不能让他在自己脚下掀起像麻城那样的风潮，立即下旨："李贽敢倡乱道，惑世诬民，便令厂卫五城严拿治罪。其书籍已刊未刊者，令所在官司尽搜烧毁，不许存留。如有徒党曲庇私藏，该科及各有司访参奏来并治罪。"[①]

捉拿李贽的卫兵赶到通州马经纶家时，李贽正卧病在床，他从容地要求卫兵将他带走。马经纶愿意一起赴死，就强行跟随着用门板抬着李贽的队伍。

李贽在监狱里拒不认罪，受审时他坚信自己的著作并无问题，反而"于圣教有益无损"。狱吏并没有过多地难为李贽。万历皇帝看他年老体衰，也只是想将他打发回原籍了事。万历三十年（1602）三月十五日，李贽留下一偈："壮士不忘在沟壑，烈士不忘丧其元。"然后以剃发为名，趁机夺下理发师的剃刀自割咽喉。当时血流遍地，尚未断气。侍者问他"痛否？"李贽以指蘸血写道："不痛。"侍者又问："你为什么要自杀呢？"李贽又写道："七十老翁何所求！"三月十六日夜子时，被折磨了两天的李贽血尽气绝，在狱中与世长辞。

汤显祖得知李贽在京舍身的消息，悲愤难忍，写下《叹卓老》诗篇，以示悼念：

自是精灵爱出家，钵头何必向京华？
知教笑舞临刀仗，烂醉诸天雨杂花。

——《汤显祖全集》卷十五

汤显祖与李贽只是神交，始终没有见面，连书信交往到现在都没有发现[②]。汤显祖之所以钦服李贽为"杰"，那是同为王学左派传人，李贽的思想代表了明代后期应社会发展的要求而率先萌发的具有革新精神的正统主张。汤显祖得到李贽的"吐属"，如醍醐灌顶，诚心钦服，并深刻地影响着他的思想与艺术人生。对李贽的殉难，汤显祖赞扬他为正义无所畏惧，笑对屠刀，从容舍身；称他的身躯已如灿烂的雨花落下，是用实际行动对门徒和世人做了最后一次说法。

就在神宗降旨逮捕李贽的同一天，沈一贯又主使言官御史康丕扬上疏论劾达观。疏的主要内容是：

（达观）狡黠善辩，工于笼术，动作大气魄，以动士大夫。……况数年以来，遍历吴越，究其主念，总在京师。始而丹阳、金坛，归于燕；继而由五台、留都，再都于燕；终由真定、五台卒入于燕。……昨逮问李贽，往在留都，曾与此奴并时倡议，而今一经被逮，一在漏网，恐亦无以服贽心者，望并置于法，追赃遣解，严谕厂卫，五城查明党众，尽行驱逐不报。

——《明神宗实录》卷三百七十

疏称达观与李贽是同谋，他俩串通在京蛊惑士大夫。现李贽被逮捕，达观漏网，无以使李贽辈诚服，应将紫柏一并置于法，并查明京师党众，尽行驱逐。这是怎么回事呢？

万历二十七年（1599）初，达观访临川遇汤显祖后回到了庐山。这时，朝廷征收矿税，宦官乘机胡作非为，南康太守吴宝秀出于民意，拒不执行征税命令。万历二十八年（1600）三月，驻湖口的宦官李道借口吴违抗圣旨，将其逮捕，解往京都，夫人愤而自缢而死。当地百姓为救吴宝秀几成大乱。身在庐山的达观闻讯，义愤填膺，发誓说："矿税不止，则我救世一大负。时事至此，倘阉人杀良二千石及其妻，其如世道何！"遂策杖再赴都门，欲以其"弘法利生"及"大乘沙门"的胸怀，"舍此一具贫骨"去营救这个素昧平生的太守吴宝秀。上京前，达观还特到临川向汤显祖作别。汤显祖预料到他此去凶多吉少，极力加以劝阻。但达观说："我当断发时，已如断头。"并说想在京城能有个"威智之人"和他谈论天下事。汤显祖见劝阻无用，便将去年二月升任吏部稽勋司郎中的原山东滕县知县赵邦清介绍给他。汤显祖认为，赵邦清是"霸才"，达观有"霸气"，他们两人定能声气相投。

达观到京后，利用当年在五台山曾积极支持慈圣太后为神宗才人王夫人祈嗣成功办了法会，慈圣素钦重达观这层关系，向慈圣太后和司礼太监田义等申说吴宝秀案及矿监税使之害。吴宝秀移狱刑部后，达观授以毗舍浮佛偈予吴宝秀："假借四大以为身，心本无生因境有；前境若无心亦无，罪福如幻起亦灭。"谆嘱其诵十万颂，当可出狱。到当年九月，达观通过多方调护，吴宝秀真的出狱了。然而达观在京师广结权门，干预朝廷内外之事，早已引起反对者的关注。御史康丕扬上疏论劾达观，但奏疏并未被神宗采纳。

达观在京师令众弟子与德清大师极为担心，他们纷纷写信，劝达观尽速离京。汤显祖也写信劝他"须披发入山始妙"。但达观执意要留在京城，要"与世浮沉"，并批评汤显祖是"仆辈披发入山易，与世浮沉难。公以易者爱仆，不以难者爱仆，此公以姑息爱我，不以大德爱我"（《与汤义仍》之二）。

不久京城发生了"妖书事件"。"妖书事件"实为立谁为太子的"国本之争"埋下的祸根。神宗无子，万历九年（1581），慈圣皇太后派人到五台山为神宗才人王夫人祈嗣的同时，神宗也派内使到湖北武当山为自己钟爱的郑贵妃祈嗣。万历十年（1582），王夫人生了朱常洛，四年后郑贵妃生了朱常洵。按照长子继位的祖训，应册立朱常洛为太子。但神宗疼爱郑贵妃，遂想立常洵。这种废长立幼有违祖训的继承原则，遭到群臣的反对。神宗用"拖"的办法与大臣们对抗了十五年，使得宫廷斗争错综复杂。

朝中不同党派，围绕立储问题借以打压对方。到万历二十九年（1601），神宗才迫不得已诏立朱常洛为太子，朱常洵为福王。但朱常洵仍滞留京师，不肯就藩。万历三十一年（1603）十一月十一日清早，有人在内阁大学士朱赓门前发现了一本《续忧危竑议》。万历二十六年（1598）五月，刑部侍郎吕坤上《天下安危疏》（《忧危疏》），请神宗节省费用，停止横征暴敛，以安定天下，结果遭人疏劾。《续忧危竑议》意为在吕坤所上的《忧危疏》的基础上竑大其说的揭帖，指责郑贵妃欲废常洛而立福王。书中称，神宗册立东宫（太子）实为不得已之举，他日必以"福王"易之。用朱赓为内阁大臣，是因"赓"与"更"同音，寓更易之意。时人称其"词极诡妄"，故谓"妖书"。此书虽短，但鼓动性大，在京师引起轰动。明神宗得知后，大为震怒，下令东厂、锦衣卫以及五城巡捕衙门立即搜捕，"务得造书主名"。

《续忧危竑议》指名道姓地攻击了内阁大学士朱赓和首辅沈一贯是郑贵妃的帮凶。沈鲤与沈一贯一直不和。现在内阁三人中，沈一贯和朱赓均被"妖书"点名，只有沈鲤一个人榜上无名，独自主持内阁工作，嫌疑集中在沈鲤一人身上。此案发生前，刑部侍郎郭正域曾揭露沈一贯接受了楚宗室华奎贿赂援立为王，已结下私愤。"妖书"事发，大名府同知（知府的副职）胡化也上书告发给事中钱梦皋的女婿阮明卿"造作妖书"。郭正域不但是沈鲤的门生，而且是胡化的同乡，加上当时已经被罢官，即将离开京师，很有"发泄私愤"的嫌疑。沈一贯为了化被动为主动，指使钱梦皋上疏，诬陷礼部右侍郎郭正域和另外一名内阁大学士沈鲤是"妖书案"主使人。锦衣卫受沈一贯之命有目的地搜查了正在郭正域家中的游医沈令誉，发现了一封达观写给沈令誉的信。信中说："牢山海印之复，为圣母保护圣躬香火。今毁寺戍清，是伤圣母之慈，妨皇上之孝也。"在达观身上也搜出一封写给郭正域的信，信中也言及"慈圣欲建招提见处，主上断不与，安得云孝"等内容，这为沈一贯打击郭正域提供了把柄。此案发生前，"（沈）令誉故尝往来正域家，达观亦时时游贵人门"③。十一月二十九日，沈一贯指使锦衣卫在西山潭柘寺将达观抓捕。十二月初五神宗诏令对达观和沈令誉一并进行审讯。在严刑拷问中，沈令誉和达观"皆坚不承"，"极口称冤"。被逮捕后，在狱中情况，达观用佛偈作录，有《腊月初五日从锦衣卫过刑部偈》《腊月十一日司审被杖偈》《十四日闻拟罪偈》《十五日法司定罪说偈》《十六日临化说偈》等。执政者想把达观处死，达观得知后从容地说："世法如此，久住何为！"还没等到法司定罪，十二月十六日晚，达观洗了浴，点起油灯，端坐口颂偈语：

  一笑由来别有因，那知大块不染尘；
  从兹收拾娘生足，铁橛花开不待春。

言毕，安然而逝。达观大师的近侍曹学程，听说达观已逝，急忙赶到，见达观端坐不动，就抚着达观的背说："师傅去得好！"达观又开目微笑而别。是年，达观61岁，出家41年。其遗骸浮葬于西郊慈慧寺外，后移龛至浙江余杭径山寂照庵。在汤显祖去世的万历四十四年（1616）于开山前文殊台荼毗立塔。

达观洒脱自在的死，博得朝野上下的叹服。汤显祖闻此噩耗，悲痛非常，作《西哭三首》哀悼：

  一自去长安，无心拍马鞍。
  只应师在处，时复向西看。

大笠覆无影，枯藤杖不萌。
定知非狱苦，何得向天生。

三年江上别，病余秋气凄。
万物随黄落，伤心紫柏西。

——《汤显祖全集》卷十五

诗作表达汤显祖自达观去北京后的担心与思念，称达观为"与世浮沉"而冤死，也算是一种解脱，回想从临川远送达观归庐山，江上相别三年，自己多病的身体如秋风残叶一样衰败，达观的冤死令他伤心不已，怀念之情又令他作《念可公》：

王法无心足自知，大臣断事可能迟。
无边佛血消详出，大好人天打缚时。

——《汤显祖全集》卷十五

达观死后五年，汤显祖与东莞的钟宗望和帅机的两个儿子从龙、从升在临川正觉寺读达观的《龛岩童子铭》，思念之情仍不能自控，以至于泣不成声。有诗为证：

天花拂水向城隅，八岁西儿爪发殊。
解道往生成佛子，偶然为父泣遗珠。

达公金骨也尘沙，万古彭殇此一家。
恰是钟情浑忘却，十年红泪映袈裟。

无情师印有情文，水点军持滴路坟。

> 止是金环何用觅，月明吹笛迳山云。
>
> ——《汤显祖全集》卷十六《东莞钟宗望帅家二从正觉寺晚眺，读达师尢岩童子铭三绝，各用韵掩泪和之，不能成声》

李贽、达观的接连殉难，"雄""杰"都被无名人所杀，汤显祖愤激之情难消，作诗强烈谴责：

> 兵风鹤尽华亭夜，彩笔鹦销汉水春。
> 天道到来那可说，无名人杀有名人。
>
> ——《汤显祖全集》卷十九《偶作》

鼠雀之辈杀害正气凛然的"雄""杰"，汤显祖对这个黑白颠倒的社会已是彻底失望。他坚信天道运行的规律，是非善恶终有报，人间正道是沧桑。汤显祖用诗对李贽和达观的被害发出了愤怒的声讨！

汤显祖与李贽、达观的契合之处在于同有"救世"之心。李贽试图用"童心"救世；达观尝试以宗教救世；汤显祖则以戏曲救世，以"情"悟人。

[注释]

①《明实录》卷三六九。

②徐朔方《汤显祖诗文集·前言》："汤显祖罢官的第二年（即万历二十七年，1599）他和李贽曾在临川相会"诚为子虚乌有。该年李贽没离开过南京，寓居在南京永庆寺历历可考。

③《郭正域传》,《明史》卷二二六。

第二十四章 "微官抛去路难行"

汤显祖抛去遂昌知县,两袖清风归来,俸禄没有了,全家一年能收到的租谷不满六百石,但他家来往的宾客、门人很多,汤显祖只能用卖文的钱做招待客人的费用:

自平昌赤手归,橐不名一钱。一二鬻文,日为四方门人客子取酒用,余金几何弗问。
——《临川县志》卷四十九丘兆麟《汤若士绝句选序》

归家一年,便发出了"速贫之叹"。在给青浦知县王思任(遂东)的回信中,他这样写道:

弃官一年,便有速贫之叹。斗水经营,室人交谪。意志不展,所记书亦尽忘。忽偶有承应文字,或不得已,竭蹶成之,气色亦复何如。欲恣读书,治生诚急。
——《汤显祖全集》卷四十六《答山阴王遂东》

速贫之境遇使得汤显祖的意志不得舒展,更无法归于读书的宁静生活,所读的书也都忘了。一日三餐都捉襟见肘,妻室也产生了埋怨。为了生计,不得不作些"承应文字",得些"润笔银"。应酬的繁复文字使得他的文章

"声价颇减"。在与门人书信中，每每谈到自己的"贫"与"病"："不佞弃一官而速贫"(《与门人许伯厚》)，"诸君贫而病，令尹病而贫"(《答平昌孝廉》)；对朋友邹道元叹"贫不具三月粮"；在给三儿开远信中也说："我歌鹿鸣五十年，求一避债台不得。"告诫开远要爱惜身体、省吃俭用："宝精神则本业固，谨财用而高志全"(《与男开远》)，而自己"白头还是债随身"(《闻瞿睿夫留章某眷然怀之六首》)，直到去世的前一年他还在感叹："末路始知难，速贫宁速休。"(《贫老叹》)

汤显祖被追论夺职，且生活穷困在社会上有所传闻。安徽合肥的黄荆卿是汤显祖当年在南京任太常博士时结识的故交。他在写给祝汤显祖六十大寿的诗中说："传闻去国谭犹剧，不道为郎罢即贫。"(《答黄荆卿》)说听到辛丑年吏部考核追论夺你官衔的事争论得很激烈，不想你去官后竟落得如此贫困。然而贫寒中的汤显祖心态是乐观的，常对人指着满床的书籍说："有此不贫矣。"汤显祖认为，贫对读书人是很正常的事，贫寒失意的处境读书人更没有办法改变："贫者士之常，措大亦别无逐贫法也。"(《与门人刘大甫》)汤显祖借用岳飞的一句吏治名言"文官不爱财，武官不惜死，则天下太平矣！"教导门人时君可说："天下太平，必须不要钱、不惜死。"(《与门人时君可》)他认为做官就要甘于贫穷，"马心易作县，食尝饱；赵仲一为铨部归来，几为索债人所毙。贫而仕，仕遂不贫耶！"(《与李九我伯宗》)说官至刑部主事的马心易，浙江平湖人，当年做县官时，就常吃不饱；治滕县政绩卓著的赵邦清，官升吏部稽勋司郎中后，因得罪奸佞被罢黜归里，家徒四壁，债务累累，居住茅屋，身着布衣，头戴草帽，躬耕于田，奉养老母，还差点被逼债人害命。江苏金坛的王宇泰，名肯堂，也和汤显祖交情不浅。他是万历十七年(1589)的进士，选庶吉士，授翰林院检讨，万历四十年(1612)由南京礼部精膳清吏司郎中转任福建布政司右参政，乞休回家，得知汤显祖被追论夺职，且生计艰难，于万历四十一年(1613)给汤显祖去了一封信，劝他不要太孤傲了，虚情假意地拜访一下当地官员们，或许能够得到一些资助的银钱，官长们也不会对你有忌恨。但汤显祖给王宇泰写的是这样回信：

宇泰意良厚。第仆年来衰愦，岁时上谒，每不能如人。且近莅吾土者，多新贵人，气方盛，意未必有所挹。而欲以三十余年进士，六十余岁老人，时与末流后进，鱼贯雁序于郡县之前，却步而行，伺色而声，诚自觉其不类。因以自远。至若应付文字，原非仆所长。必糜肉调饴，作胡同中扁食，令市人尽鼓腹去，又窃自丑。因益以自远。其以远得嗔，仆固甘之矣。

——《汤显祖全集》卷四十四《答王宇泰》

汤显祖说："你来信劝我的心意是好的。这些年来我又老又病，见到那些官吏总不能像别人那样说乖巧的话，而且那些当官的都是年轻气盛的新贵，对我根本不会有好声气的。我是三十多年前的进士，如今60多岁的一个老人，却和一班小辈一起排队去等着他们接见，畏畏缩缩而行，看着人家的脸色小心陪话，我觉得这实在不是我这个人做的事。就算因此县官们怪罪我，我也甘愿承受。"可见，汤显祖的高洁正气，不论处于何种境遇，始终不改，正如时人评价："介气可风"，"犹是英雄骨相"。

万历四十二年（1614），经历了爱子去世和官阶被夺，李贽、达观两师友的相继殉难，穷困潦倒下的汤显祖深感周围的世界太污浊了，但为了摆脱俗务，他觉得自己的余生只有一条路可走："应须绝想人间，澄清绝路，非西方莲社莫吾与归矣。"莲社是结社念佛的组织。创始人是东晋慧远大师和刘遗民、雷次宗等十八个僧人，他们住在庐山虎溪东林寺同修佛法，寺中有白莲池，因号莲社，又称白莲社。汤显祖对佛教虽曾坦言声称："秀才念佛，如秦皇海上求仙，是英雄末后偶兴耳。"（《答王相如》）但这时的他，唯有依靠佛教才可解脱世俗烦恼，于是他邀请南京国子监祭酒汤宾尹和岳元声同他一起往庐山修行，发愿往生西方净土。恰在此时，庐山栖贤寺的乐愚长老提出创建续白莲社的建议，汤显祖极力赞成，并积极地为此事奔走。可结社修行并不像人们想象的那么简单，无水不能行船，结社同样需要一定的资金，只靠和尚们化缘是杯水车薪。"速贫"中的汤显祖更是无能为力。生性孤傲的他本不肯向人求告，此时也不得不向亲友寻求资助。原答应给予赞助的江西右参政葛寅亮，等到汤显祖去南昌找他时却已经离职回浙江了。他又写信给现任云南副使的朋友徐钟汝。徐是贵州铜仁人，万历二十九年（1601）进士，然而徐连信都没回。汤显祖又一次感到了世情的浇薄，最后只得给乐愚和尚写信说："做官人失势，出游亦难如意。况衰飒老僧，数百里外，向朱门求亲，能悲施者几何人？"结社的事也只得作罢。

汤显祖虽然甘于清贫，但因贫穷，不仅赴庐山结社修行的事办不成，想应朋友相邀游江南也不能如愿："弟数动江东之兴，顾堂上有二佛，日以斑斓供养。且资旅乏，不宜上岸求人。"（《答王宇泰》）除了父母年老需要照料外，主要还是囊中羞涩，又不愿求人帮助故无法成行。万历三十六年（1608）无锡的邹迪光给汤显祖写信，请汤显祖为他的诗文集《调象庵集》作序，并告诉显祖，他蓄有几个昆班，不按沈璟的"格套"进行改窜，保持"原作意趣"演出了《紫钗记》和《牡丹亭》，邀请汤显祖从"鄱阳一苇直抵梁溪（无锡）"，看他家昆班演出这两部戏。汤显祖接到信，非常想去，决定深秋动身，但因筹不到路费，最后未能成行。从万历二十九年（1601）到三十九年（1611）这十年中，除邹迪光外，还有梅鼎祚、冯维桢、汤宾尹和钱希言都先后邀请过汤显祖到南京、无锡或宣城一游，最终汤显祖都因"乏资"无法实现江南之游。临川的吴序（不知是吴拾芝的别名还是另一个亲友）怜悯他穷困潦倒的处境，劝他去徽州做客"打抽丰"（即"打秋风"）。到徽州找谁呢？汤显祖的诗中没说，倒是评点该诗的沈际飞道出："闻说金休宁，谒选者百计营之，而抽丰者往往取此道。"说是徽州六县之一的休宁县富甲一方，那些走后门选官的人，为了打点官府上司，往往求助休宁富商。还有那些利用各种关系和借口向人索取财物的所谓"打抽丰"者，也往往走这条道。吴序劝汤显祖也到休宁去，他知道休宁有个汪廷讷，是位戏曲作家，和汤显祖有过交往。此人出身寒微，因被同宗的富商收为义子，得以继承财产，由一介穷书生变为富翁。他用钱捐了个南京国子监生员和七品盐课副提举，由富商又变成了朝廷命官。他有了官还要追求名，花钱雇当时已有名气的剧作家陈所闻等做"枪手"，为他创作了大量戏曲剧本和文章，从此进入了南京文人圈子。汪还不惜以重金馈赠南京的名流，请他们为自己题诗作序写传记。汤显祖的诗文中也有一篇对汪称赞备至的《坐隐乩笔记》，该文虽被研究者视作"汪廷讷借名人而自重之劣迹",但他与汤显祖有一面之交的可能性不能排除。"打抽丰"者要得到汪经济上的资助,就不能不为汪廷讷写歌功颂德的文字,这是耿介的汤显祖所不愿干的事。于是吴序的劝说没有成功,引发汤显祖写下五绝一首,云:

> 欲识金银气,多从黄白游。
> 一生痴绝处,无梦到徽州。
> ——《汤显祖全集》卷十八《吴序怜予乏绝,劝为黄山白岳之游不果》

这里说,要见识财富,很多人都选择到徽州黄山、白岳(齐云山)之游,而自己是个不通人情世故的人,从来没有想过去徽州。诗作表达了汤显祖的人生志向和独立人格。当时有个黄白山(1622—1697),歙县潭渡人,"偶阅汤若士先生"的《游黄山白岳未果》绝句,作《黄山白岳歌》,"以叹其高,且为山灵解嘲"。诗歌的最后一段这样写道:

> 临川先生汤若士,罢官林下贫似洗,
> 一生无梦到徽州,其人其品可知矣。
> 先生本具丘壑姿,独发此语真似痴,
> 山中若得斯人至,必有石破天惊绝妙辞。
> 噫吁嘻!黄山白岳,游者接踵。
> 先生若至,能令公喜。

黄白山的这首诗歌,显示出他读懂了汤显祖的这首绝句,赞扬了汤显祖人品格韵高绝,在"乏绝"的困境中,也不去做"打抽丰"的人,不去坏了黄山、白岳的名气。

第二十五章 难忘天下

一、修史以明志

汤显祖弃官初归,"从容观世,晦以待明"(《与李道甫》),但他所"观"之"世","男人多化为妇人,侧行俯立,好语巧笑,乃立于时"(《答马心易》)。极端专制的皇权政治,令现实社会日趋黑暗,无以"待明"。现在官阶被夺,年已52岁,仕进道路断绝,汤显祖用"茧翁"作别号,表示他现在有如一条茧中的蚕,想破茧而出,但已没有力气和能量,只有"大向此中干到死"。然而"恩仇未尽心难死"(《送刘大甫谒赵玄冲胶西》),在致同年进士李九我信中表示:"古人云:'匈奴未灭,何以家为?'此时亦非吾辈作家时也。"(《与李九我宗伯》)汤显祖传奇创作完成后,离他去世尚有十五年时间,这段时间汤显祖除了和朋友往来,吟诗谈禅,余热还用来修史明志。归家当年,他曾打算撰写明嘉靖、隆庆年间史事。但"奇僧"(达观)的建议令他取消了这一写作计划,达观认为严嵩、徐阶、高拱、张居正都是"陈死人",扫聚历史尘灰事,后来"自有作者",不必为他们做什么评论。汤显祖改而从事《宋史》的重修,以传承信史的历史责任感,寻找天下治乱兴衰的枢机,使统治者可以鉴戒。

《宋史》修于元末,由丞相脱脱和阿鲁图先后主修,仅用了两年半时间便仓促成书,卷帙浩繁而疏漏很多,特别是建炎南渡以后的史事,"荒谬满纸"。于二十四史中向以芜杂著名。自元末始,即有不少学者有志于重修《宋史》。汤显祖就是其中一家。最早提及汤氏改修《宋史》的是钱谦益,他在《跋东都事略》一文中说:"《宋史》既成,卷帙繁重。百年以来,有志删修者三家:昆山归熙甫(有光)、临川汤若士、祥符王损仲(开封王惟俭)也。"(按:从元末至清初,曾修过《宋史》者有八家)其中最为人所称道的是汤显祖。清初学者全祖望亲睹过汤显祖重修《宋史》的未完稿,他在《答临川先生问汤氏宋史帖子》中详述了汤氏稿的情况:

> 明季重修《宋史》者三家,临川汤礼部若士(显祖)、祥符王侍郎损仲(惟俭)、昆山顾枢部宁人(炎武)也。临川《宋史》,手自丹黄涂乙,尚未脱稿。长兴潘侍郎昭度抚赣得之,延诸子名人足成其书。东乡艾千子、晋江曾弗人、新建徐巨源皆预焉。网罗宋代野史至十余簏,功既不就,其后携归吴兴。是时祥符所修,亦归昭度。然两家皆多排纂之功,而临川为佳。其书自《本纪》《志》《表》,皆有更定。而列传体例之最善者,如合《道学》于《儒林》,归嘉定误国诸臣于《奸佞》,列濮、荣、秀三嗣王独为一卷,以别群宗,皆属百世不易之论。至五闰禅代遗臣之碌碌者多芟,建炎以后名臣多补,庶几《宋史》之善本焉。……其少读《宋史》,叹其自建炎南迁,荒谬满纸,欲得临川书,以为蓝本,或更为拾遗补阙于其间,荏苒风尘此志未遂。……
> ——《鲒埼亭集外编》卷四十三

全祖望在文中谈到,汤显祖未完稿本被巡抚南赣的潘曾纮所得,潘又曾延请艾南英、曾异撰、徐世溥等欲"足成其书"。汤显祖修稿本经历了辗转流传。他撰此文时,稿本已归太仓金氏(金檀),"阅其大概"。然而金氏所看到的亦仅止《本纪》《列传》,但此正是汤显祖给吕玉绳信中曾言及稿本:"赵宋事芜不可理。近芟之,《纪》《传》而止。《志》无可如何也"(《答吕玉绳》),即已大致完成了《宋史》改修中的《本纪》《列传》部分,而诸《志》的改订则尚未动笔,有可能后来也就没再写。

全祖望之文告诉了我们,汤显祖重修的《宋史》,其底稿体例、纪、志、表、时事、人物传等都已改定。突出的有如将《道学传》并入《儒林传》，巩固儒学的正统地位；将南宋"嘉定误国诸臣"归入《奸佞传》；将英宗生父濮王允让、孝宗生父秀王子偁、理宗生父荣王希三人传记列为一卷，以与其余宗室诸王相区别，做到既不违宗法制度，又情理兼顾；删去五代入宋无所作为的诸臣，补南宋建炎以后的名臣。其中，尤以取消《道学传》影响最大。汤显祖生平最恨那"假道学"，反对在正史中立《道学传》的主张对清初的《明史》编纂产生过重大影响。《明史》体例初稿中"有《儒林传》又有《道学传》"，朱彝尊、黄宗羲等人受汤显祖观点影响均上书反对。结果，《明史》也未立《道学传》。汤显祖重修的《宋史》未完稿，虽早已下落不明，然而从现存有关文献的记载中已体现了他的史学观和"为天地立心、为生民立命、为往圣继绝学、为万世开太平"之强烈的使命感和道德感。

《册府元龟》是北宋王钦若、杨亿等奉宋真宗之命编纂的一部史学类书，与《太平广记》《太平御览》《文苑英华》合称"宋四大书"。《册府元龟》的规模居四大书之首，全书共1000卷，载录有关政治和体制方面的重要资料。"册府"是帝王藏书的地方，"元龟"是大龟，古代用以占卜国家大事，意即作为后世帝王治国理政的借鉴。这正符合汤显祖重视史鉴的志趣。汤显祖花费十年时间在玉茗堂对《册府元龟》进行校订。有诗《玉茗堂校定册府元龟藏本，偶触浩叹》一首云：

已拼《册府》随尘箧，自分元龟食蠹鱼。
独忆童乌分校日，玄亭荒草十余年。

——《汤显祖全集》卷十九

"童乌"是西汉文学家扬雄早慧而殇的儿子，这里借指士蘧。可知，汤显祖为校定《册府元龟》，还让士蘧也参加了"分校"工作。

另外，对处于变革中体现新文学观念的新文学形式，汤显祖积极加以评点与传播。《花间集》是五代后蜀赵崇祚编选的我国第一部词总集，为供歌伎伶人演唱的曲子词选本。收录了唐文宗开成元年（836）到后晋高祖天福五年（940）间18位作家的500首词作。所选之词主题基调是描写男女之

《汤显祖批评花间集》（抚州汤显祖纪念馆提供）

间的恋情，呈现出婉约绵缠、妩丽香艳的特征。内容上虽不无缺点，然而体现了早期词由民间状态向文人创作的转换、发展过程的全貌。标志着词体已正式登上文坛，要分香于诗国了。但《花间集》的传播接受被正统文人所轻视，在金、元二朝处于潜隐和消歇状态。到明代中期仍流传不广，无法与宋人所刻的《草堂诗余》相比。汤显祖却对《花间集》赏爱有加，"于牡丹亭梦之暇，结习不忘，试取而点次之，评骘之"。并认为《花间集》足以和《离骚》、乐府、汉赋和唐诗相媲美，并于万历四十三年（1615）即他去世的前一年，才完成了对《花间集》的评点，体现了他的创新、进步词学思想。逝后的第四年（1620）由闵映璧朱墨套印，成为《花间集》的第一个评点本。汤显祖评点本一经梓印，便广为流传，深受广大文士的喜爱，以至于"旦暮玩赏吟咏"，甚至于如"登山涉水，临风对月，靡不以此二书（杨慎评《草堂诗余》和汤显祖评《花间集》）相校雠"。

《虞初志》是明代志怪、传奇小说选集。选编者陆采，生平不详。明中叶长州（今江苏苏州）人。虞初，汉武帝时人，到处采访奇闻异事，《虞初周说》是他最早的个人小说专集。《虞初志》是对《虞初周说》的变革，体现了选编者小说观念的发展变化。汤显祖为该书写了序。序称：《虞初志》一书，"以奇僻荒诞，若灭若没，可喜可愕之事，读之使人心开神释，骨飞眉舞"。文字婉缛流丽，堪称"小说家之珍珠船"。这些传奇无论是"飞仙盗贼""佳冶窈窕""花妖木魅""牛鬼蛇神"都给人以启发和教育。这些作品"意有所荡激，语有所托归，律之'风流之罪人'，彼固歉然不辞矣。使呫呫读古，而不知此味，即日垂衣执笏，陈宝列俎，终是三馆画手，一堂木偶耳，何所讨真趣哉！"（《点校虞初志序》）意思说，这故事文意有激荡，语言有寄托，用来训诫风流罪人，他也必定惭愧地不能反驳。读到古人之书就大惊小怪，却不能领会其中的意味，就算整天穿戴朝服，陈列着宝物和肉食，过着富贵荣华的生活，也不过是朝堂上的画匠，一屋子的木偶罢了，哪里能得到真正的意趣啊！可见汤显祖为此书作序是看重该书的教育作用。

另外汤显祖还有《虞初志》《续虞初志》的评点本。他的评点和序言，既抬高了该书的价值，又为读者进行了有益的导读。这些评点文字均具有很高的文献价值和重要的理论意义，在中国文学批评史上占有一定的地位。

二、犹在"为情作使"

汤显祖归家完成了"临川四梦"的创作，"陶写"了"胸中魁垒"，也曾想"隐而自清"，做个"偏州浪士，盛世遗民"，对天下事"耳之而已，顺之而已"（《与丁此吕》）。然而他"可怜头白为多情"（《寄刘天虞》），又在为乡情、亲情、友情"作使"，将社会责任担当。

他仍然是那么关心时政。归家的当年，京畿大旱，明神宗按礼制夜起焚香祈雨，雨露沾湿御袍，那些奉承拍马者说皇帝英明盛德，天降祥瑞，风调雨顺，而实况却是一直大旱。汤显祖针对此事作诗讽刺道：

五风十雨亦为褒，薄夜焚香沾御袍。

当知雨亦愁抽税，笑语江南申渐高。
——《汤显祖全集》卷十四《闻都城渴雨，时苦摊税》

原来明神宗为了横征暴敛，巧立名目滥摊赋税，民众苦不堪言。诗的后两句用的是申渐高的掌故：五代吴国关税沉重，商人叫苦连天。一次城都广陵大旱，中书令徐知浩问左右，为何郊外皆雨独京城不雨？申渐高戏答："雨畏摊税，不敢入京耳！"汤显祖借此掌故讥讽明神宗，说京畿大旱是因为雨也怕滥摊税而不敢入京。

汤显祖官职被罢，身为一介平民，但"从来不能于无情之人作有情语"（《与沈华东宪伯》）。"一岁不再见郡县。有问之者，曰'时官难对也'。"（汤开远《尺牍原序》）常有达官贵人来访，汤显祖"多不延接"，而家乡父老，"人有困斗，昏夜叩门户而请，即有弗逮，必旁宛助之，不以贫无力解"（邹迪光《临川汤先生传》）。他对家人，和睦友善；对父母双亲，恭敬孝顺；对兄弟，尽手足之情，帮助解决困难。汤显祖本性放任旷达，"急人之难甚于己"。有利家乡的公益事业，他积极倡议，倾情而作。

文昌桥是连通临川内外城，"邮驿之使无虚日"，居民客旅昼夜摩肩接踵的生命桥。该桥始建于南宋乾道元年（1165）。初为浮桥，至明嘉泰年间改建为石梁桥，但屡遭水毁。万历二十二年（1594）被洪水冲垮后，长期靠渡船引接，造成"岁流杀人常百十，民议当修复此桥"。然而官府以河神发怒、屡修屡圮；银库空虚，财力不济拖着不修。但他们却捐出银钱远助南昌旌阳祠（万寿宫）管香火的人，求菩萨保佑官运亨通，全家成仙。汤显祖万历二十六年（1598）归家后，得知情况很是气愤，作诗讥讽：

龙沙一火自应传，鱼腹千人更可怜。

可是不从桥上过，都求拔宅竟升天。

——《汤显祖全集》卷十八《代文昌桥阁大士问郡人，何以不助大士完桥，而远助南昌旌阳庙祝》

为了乡亲们的生命安全，汤显祖"故因父老子弟之情而为之言"，向同知（副知府）朱于赞提出"复桥三不难之议"。针对河神发怒的谬传，举战国时西门豹治邺水为例，破除河神发怒的谬传；用孟子"为政不因先王之道，可谓智乎？"强调执政若不效法前代圣王施仁政，就是不明智；用"岁流杀人常百十"的事实，反映民心的期盼。汤显祖"复桥三不难"的建议得到朱于赞的采纳。朱带头"首捐十金"，众民"各有所捐"。有了资金，具体谁来监督工程实施是关键。孔家渡驿站的驿丞孙耀祖自告奋勇主持施工。孙耀祖守职尽责，"费出入有经，工早晚有程"。仅用了一年左右时间，文昌桥修成。万历三十年（1602）腊月，两岸上万百姓欢欣鼓舞地在桥上迎春。三年后，孙耀祖升调岭南巡检（维护治安的官），汤显祖作《临川县作孙驿承去思碑》表彰他："为大吏三五年，偷以去，固不如孙君力成一桥，功德于民不朽"，说驿丞只是主邮传送之事的不入品的官，他却恪尽职守把桥修好，做了三五年一任的那些无所作为的大官们没有做到的事，可谓功德无量，值得百姓怀念。然而此桥只得三年，便遭火烧毁。后晋江人苏宇庶来抚州任知府，目睹"春夏间水暴下，桥败，石犬牙立，破船而漂流，卒不可救者，岁常百十人。号哭声被岸，而莫敢以告"。苏宇庶亲民，下车伊始即倡议修文昌桥。富商遗孀马寡妇捐出巨额遗产作资金，约万历三十六年（1608）工程告竣。汤显祖作《苏公眉源新成文昌桥碑》，为苏宇庶歌功颂德："道至而德成，而公不言功"，"曰千万年，公在文昌"。

汤显祖遭罢职后，曾有李三才、姜士昌请他出山，但"谢不往"。他自号"茧翁"，决意"干而不出"，但"治国平天下"之心未泯，寄望"朝廷有威凤之臣，郡邑无饿虎之吏"（《与于中父》），即希望家乡的后学能出贤臣良吏，拯救世风。他还要为发展家乡教育事业尽余热，他体认到临川在宋代之所以名儒巨公彬彬辈出，就在于城西南黄勉斋氏建了南湖书院（即临汝书院）。于是他邀了高应芳、舒化、陈公燧、曾如春、黄廷宝等一班乡贤，创办"崇儒书院"，并得到知县吴用先的赞助。崇儒书院建成之日，将王安石、曾巩、晏殊、陆九渊、陆九韶、陆九龄、吴澄、吴与弼等先贤入主并进行祭祀，以弘扬临川宋代好学风。

人才的选拔，科举是正途。他积极鼓励后学投入科举活动。万历四十年（1612）年已63岁的汤显祖，亲自陪同三儿开远去省城南昌参加秋试。他不仅积极帮助开远乡试备考，还写信劝屡试失利的门人王观生再"发愤"，与开远同应本年乡试。万历四十三年（1615）汤开远乡试中举，四儿开先也考中了附学生员（即秀才）。开远中举后，他还要"遣儿北征"，即第二年赴京春试，但开远是孝子，因"父病方在床，子岂有去之理"，自己主动放弃了春试之期。

汤显祖有个门人叫刘大甫，很有才华，很穷困，但"穷弥甚，气弥高"（《寄胶州赵玄冲》），有气节，颇受汤显祖的器重。汤显祖写信给在山东胶州的挚友赵玄冲，向他推荐刘大甫做他的家庭教师，但赵迟迟没有回信。汤显祖劝刘大甫去求取功名，参加乡试。他自己虽然"一生拙官"，当他的门人李孺德于万历二十九年（1601）中了进士后，汤显祖却向他传授为官之道。他告诫李孺德："初入仕路，眼宜大，骨宜劲，心宜平。勿乘一时意兴，便轻落足，后费洗袚也。（《寄李孺德》）即不要走错路头。万历三十九年（1611）汤宾尹在与方植党争斗中失败罢归，心不甘，打算反击，汤显祖在信中劝他要"知柔知刚"，不应在此时进而应战。他教诲后辈要"真正做人，清廉用世"。告诫一位前来游方的无去和尚："不乱财，手香；不淫色，体香；不讼讼，口香；不嫉害，心香。常奉四香戒，于世得安乐。"（《与无去上人》）为他制订了这《四香戒》。

晚年的汤显祖也常与朋友论禅，自己也坐禅："余宦游倦，而禅寂意多，渐致枯槁。于四方人士所作，时一过留，弗好也。"（《如兰一集序》）但他是以出世之心行入世之情。他随处说静，但随处都静不下去："终日枯坐如蒲团上人，乃始得其静心，闲阅世人之闹；以其痴情，冥矻十八之黕。"（《丘兆麟〈汤若士先生绝句选序〉》）他曾嘲笑坐禅和尚是"空悲长寿天"（《示数息僧》）。原来汤显祖坐禅如他自己所说："如秦皇海上求仙，是英雄末路偶兴耳！"（《答王相如》）

汤显祖虽弃官了，但人在临川而心系遂昌，和遂昌吏民一直保持着密切往来，关心着遂昌的发展变化。万历三十五年（1607）他的后三任宰志会，字友吾，晋江人，因见遂昌无城，发动当地士民，用数十日时间，修建了一座土城墙。城修好，应遂昌吏民要求写了碑记。汤显祖在碑文中评价该工程为"百世之仁，我公是征"。并回信与宰"剖心而谈往事"。宰知汤氏生活拮据，送了他一笔润笔银。

万历三十六年（1608）丽水修筑了通济堰，时任处州知府的是郑怀魁，任丽水知县的是樊良枢，樊请他写碑文。该堰始建于梁天监四年（505），历代都有修筑，是浙江历史上最大的水利工程，世界最早的拱形拦洪大坝之一。汤显祖在碑文中论述了什么是才？"经立世业之谓才。……引天地之力，极五行之用，开塞利害，减益盈涸，早算旁括，时察颖断，非才莫可以为也。"（《丽水县修筑通济堰碑》）修筑这样大的工程，就是才的体现。

汤显祖归家后，四方士子来到临川拜他为师的很多。万历三十二年（1604），游走四方的山人钱希言从常熟来临川访汤显祖。汤显祖请他看《南柯记》与《邯郸记》。万历三十五年（1607），东莞的钟宗望携家眷到临川从汤授业，住在帅机的两个儿子从龙、从升家里三年。三年来，汤显祖除对他讲学外，还与他畅游临川山水，看戏，还为钟宗望的诗集《如兰一集》作序。临别时，请他在八水庵看戏送别。

邓渼，字远游，新城（今江西省黎川县）人。他与汤显祖结交于万历二十九年（1601）。这年汤被吏部以"浮躁"罪名革去了职务。邓渼对汤氏这一不幸遭遇寄予深切的同情。邓为秀水县令，在京上计后回新城老家，经临川特登门拜见显祖进行慰藉。他们见面，"尊酒疏灯，上下今昔"，无话不谈，二人都有相见恨晚之感。从此成了亦师亦友的关系。十一年后，邓渼离任云南巡按御史，又回到新城，他邀广昌县新中举的黄太次同去临川再访汤。这次邓渼在汤家玉茗堂芙蓉西馆从冬至住到第二年立夏节后。两人论文作诗，"超超一夜谈名理"。邓渼与汤显祖结交后，汤的文学思想与为官操守都对他产生深刻影响。

万历四十二年（1614），湖北省石首县王启茂，字天根，来到临川拜汤显祖为师，请显祖批阅他的文章。汤显祖为他选出九十多篇，编为《义墨斋近稿》并为之作序。王启茂在玉茗堂住了二十多天。临别时，汤显祖托他带一封信和《玉茗堂文集》给袁中道。

万历四十三年（1615）夏、秋间，苏州常熟的诸生许重熙，字子洽，到江西游学，过临川，访玉茗堂拜汤显祖为师。因许和钱谦益同乡，且关系密切，汤显祖让许子恰抄回《玉茗堂文集》十卷带去交钱谦益作序。汤显祖对钱谦益很推重，"文章之道，有尽所托。旷世可以研心，异壤犹乎交臂。存来感往，咸效于斯"（《答钱受之太史》），汤显祖将钱谦益视作学术事业的传承者而深以期许。

汤显祖还关爱着社会上的流浪青年和残疾人。万历三十四年（1606），有个名叫李至清的青年人，别号超无，江苏江阴人，穿僧装来到玉茗堂求见汤显祖。他20岁时曾从钱谦益隐于常熟破山寺，后削发为僧，又还俗从军。他落拓江湖、浪迹四方，行为古怪放荡。他不吃斋要喝酒，还嫖娼，有时还做偷鸡摸狗的事。他恨富豪，破口大骂富人积攒金银财宝是替大盗做看守。汤显祖和他谈到他的老师罗汝芳，他马上就到南城从姑山拜祭罗先生的遗像。第二年（1607）九月他又来了，是武士着装，腰挎长剑，取出诗稿《问剑集》请汤显祖写序。汤显祖为他写了《李超无问剑集序》。万历三十六年（1608）他又来了，这是第三次，也是最后一次。他打算赴北方游历。汤显祖看出这青年有为社会所难容的叛逆性，便劝告李超无，侠气当今行不通，提醒超无要以达观和李贽被害为戒，不要干预朝政。后来终于有富人被盗，告他有通匪之嫌，他因而被捕，在狱中写信向汤显祖求救。汤显祖一面回信要他痛自迁悔，改邪归正，一面他写信给南直隶常州镇江分巡道蔡献臣和常州通判陈朝漳为他说情。然而李氏终究还是被江阴的恶绅勾结县官诬陷入狱，惨遭杀害。

张大复，字元长，昆山人，比汤显祖小四岁，是位老秀才。失明已有十五六年之久。常州推官王命新将张元长的文集寄请汤显祖审阅作序。汤显祖面对这样一位残疾人，虽素昧平生，但从文字中可看出他身残志不残，汤氏心中有几分敬意，慨然为他写了《张元长嘘云轩文字序》。汤显祖想到张大复的处境，还在回信中劝他不必再在八股文上耗费精力，不如多在《老子》《易经》《太玄》等经典上多下些功夫，阐发出来，写成自己的论著。又过了三年，张大复又寄来他写的家史《张氏纪略》，请汤显祖作序，汤显祖也满足他的要求。

汤显祖的晚年不能像莎士比亚那样在"富足、清静和与朋友聊天"中度过，而是"蹭蹬穷老"，"白头还是债随身"。然而他始终不忘天下："天下忘吾属易，吾属忘天下难也。"（《答牛春宇中丞》）身居玉茗堂，"不能不为世思"。大限来临之年,他还常走出玉茗堂,拄着拐杖,支撑着瘦弱的病躯,站在四通八达的交叉路口,北风吹开了他的衣襟,他感觉到气候反常。他迎风遥望北方,仿佛看到刀光剑影,似听到炮火的轰鸣。那东北女真族部落羽翼已丰,爱新觉罗·努尔哈赤已选在龙年之始,在赫图阿拉(今辽宁新宾西老城)即大汗位,国号大金(史称后金)。汤显祖望着南来北往的行人,他感叹着:"终日为生计而奔波的人们啊,这个世态要变了,你们是何心情?"他在诗中说:

  偶向交衢立,长风吹我襟。
  不知来往客,终日是何心。
——《汤显祖全集》卷十八《偶叹》

第二十六章　临终前的安排

万历四十一年（1613），汤显祖迁到沙井新居玉茗堂后便发生了一场火灾，烧毁程度虽没有隆庆六年（1572）文昌里故居那场大火严重，但也是"书画尽毁"。最让他痛心的是烧掉了他珍藏多年的褚遂良《兰亭集序》的摹本。

"树大分丫，儿大分家。"本年四月十九日（6月3日），汤显祖主持为三个儿子分了家，再尽做父亲的责任。士蘧死了，大耆是老大，已是33岁的中年人；开远25岁，已成年；最小的开先19岁，也到了成家的年龄。汤显祖为孩子们分家定了分与不分的原则："分器不分书，聊以惠群愚。分田不分屋，聊以示同居。"（《癸丑四月十九日分三子口占》）器分书不分，以传承这个耕读诗礼之家的家风；田分屋不分，固守传统的聚族而居，维系家的整体性，出入相见，互相照顾。汤显祖的后裔至今仍继承这一传统，聚族而居在临川云山高桥圳上的汤家村。

万历四十一年（1613）汤显祖的父母都已是耄耋之年，汤显祖自己身体也不好。作为人子，他考虑到了父母百年后的归葬大事，请风水师到灵芝山占卜祖坟风水："无缘便作终焉计，为向灵丘第一峰。"（《卜兆作二首》）两年后的十二月二十一日（1615年1月20日），85岁老母吴氏鸾驭仙游。仅隔十七天即过年后的正月十一日（1615年2月8日），88岁的老父又驾鹤西归。"先慈之哀，继以先严"，汤显祖失去了他在世间的最深的牵挂，便也失去了生的兴趣。汤显祖"创巨痛深"，衰且病的身体，"颓怠眩瘠，无复人形"，病情十分严重，甚至有传言他已过世，但事实上他仍强忍病痛度日。

"疑似陈死人"的汤显祖，令他稍有安慰的是三儿开远，四儿开先，在父亲去世前一个中了举人，一个补县学弟子员。第二年开远本应赴京会试，但因汤显祖生病，为照顾父亲，毅然放弃本科会试，尽孝于父亲病榻之前。郡县府学闻知甚为其惋惜，纷纷登门劝其入京会试，汤开远拒道："不谅人只，父病方在床，子岂有去理。"

汤显祖感到自己时日有限，为教育后代立志、处世与传家，作诗《智志咏示子》《粒粒歌》《方圆吟》三首赠开远。《智志咏示子》是教育后人应立志高远，尽心于国家的千秋大业。一个人如果有聪明才智而无理想志向，或有理想志向而无聪明才智都难成大事，甚至会一事无成：

> 有志方有智，有智方有志。
> 惰士鲜明体，昏人无出意。
> 兼兹庶其立，缺之所安诣。
> 珍重少年人，努力天下事。

——《汤显祖全集》卷十七

《粒粒歌》是教育后人要以耕读传家，爱惜粮食和书籍。有粮食就有立命之本，有书能明做人道理。如果后人不愿读书，没有文才，就无法开玉茗堂，但要做一个对社会有用的人，不要做酒囊饭袋：

> 米粒粒，我所入，不爱惜之真可泣。
> 书篇篇，我所笺，不爱惜之真可怜。
> 何足可怜何足泣，窖粟藏书争缓急。
> 清远楼头笑一场，后辈谁开玉茗堂。
> 无人解种丰年玉，不作书囊作饭囊。

——《汤显祖全集》卷十七

《方圆吟》这首诗讲为人处世，要有方有圆。无方，世界没有了规矩；

无圆,世界负荷太重,将不能自理。要遵循自然规律,适应社会发展变化,方圆相济,和谐地生活在社会中:

> 生物鲜非圆,制物多从方。
> 即使先后天,方圆各有当。
> 悟者妙万物,滞者差寻常。

——《汤显祖全集》卷二十

在"今病弥留"中,汤显祖曾去信与他有四十年交情的南昌老友朱以功,嘱托:"三儿或不陨家声,惟仁兄时而督教之。"(《寄朱以功》)

"盖棺已近",汤显祖反思自己的一生,感到愧对知遇未报的诸多"先觉":如教他古文词的徐良傅,赞他"文章必名世"的何镗,认他有"季札"①之才的抚州知府张振之,视他有"异识"的抚州推官余懋学、乐奖掖人才的南昌推官沈楠。还有万历十一年(1583)春试考官余有丁和许国,隆庆四年(1570)江西乡试考官刘思问和张岳,房考官马千乘,万历十一年(1583)春试房举沈自邠。还有万历八年(1580)游学南京国子监时的祭酒戴洵,任遂昌知县时的"忘形交"浙江巡抚王汝训。而临川的李东明、南昌朱试(即朱以功),吉水罗大纮和邹元标都期望他在政治上有大的作为,不只是个能写文章的文人。汤显祖抱病写下《负负吟》:

> 少小逢先觉,平生与德邻。
> 行年逾六六,疑是死陈人。

——《汤显祖全集》卷十六

重病中,门人李孺德(李维桢之侄)从吉安赶来看他。但到了临川后即接到丧亲的家报,只好又回家奔丧。还有南昌奉新县的门人诸生余纫兰也来信问候,建议汤显祖从佛教中得到慰藉。新女婿徐德胤,也"拜门来问病",还有吉水刘同升也"凄然来问病,满纸不胜情"。汤显祖曾将女儿詹秀相许,但因詹秀八岁早殇。翁婿关系虽不存在了,但交情未断,汤显祖称他为"年侄"。刘同升不仅文才出众，且兼通武略，崇祯十年（1637）高中状元。汤显祖与刘家"不厌陈"的交情，留示后人。

贫病中的汤显祖对现实世界并不留恋。他在《贫老叹》诗中说：

> 一寿二曰富，常疑斯言否。
> 末路始知难，速贫宁速朽。
>
> ——《汤显祖全集》卷十六

汤显祖对于人生追求一是长命，二是富贵的价值观表示质疑，感到自己贫困挣扎在这污秽社会还不如早死的好。

万历四十四年（1616）汤显祖在弥留之际作《诀世语七首》，向儿孙们交代后事：一祈免号哭，子女孝敬，自有至性，但不必以哭作为丧礼的礼俗；一祈免僧人念佛超度，因为喜欢为人超度的僧人，都为图人钱财，不是清净的僧人；一祈免用牲畜祭祀，杀生不仁，且腥污涂藉，大非清虚所宜；一祈免烧化纸钱，他宁愿死后做穷鬼，也不愿以金钱污其清白；一祈免写奠章，人死之后返璞归真，不需要那种虚伪的奉承话；一祈免用上等棺木，薄殓即可；一祈免久厝延搁，马上安葬，不要为看风水、敷衍繁缛的丧礼而让尸骨久露。他已没有多少牵挂，可以放心走了，双亲已谢世，他送了终，办了丧葬之事，尽了孝道。他还嘱咐儿女们，他死后"厝二尊人之侧，庶便晨昏恒见"，即仍要给他穿麻衣，着草鞋，葬在他的父母坟旁，以便像生前一样能经常相见。在九泉之下，他也时时不忘报生身父母的恩。

万历四十四年（1616）六月十五日，回复了门人甘伯声问候信："病何足问，旦夕从先人于地下，亦大快也。口占作答"：

> 望七孤哀子，茕茕不如死。
> 含笑侍堂房，班衰拂蝼蚁。
>
> ——《汤显祖全集》卷十六《忽忽吟》

这信与诗便是汤显祖的绝笔，次日亥时（7月29日）[②]，67岁的汤显祖在沙井新居玉茗堂溘然与世长辞，结束了这位晚明政治家、"情"的哲人、世界文化巨人坎坷而又光辉的一生。

此时的明朝，处于黑暗的时代。然而汤公寄情其中的"临川四梦"，却给了那冷酷黑暗的时代以光和热。

汤显祖走了，他撇下傅氏、赵氏两位夫人，撇下大耆、开远、开先三个儿子和两个女儿，去到九泉与结发的吴氏及爱子士蘧、西儿，女儿詹秀相会。

汤显祖永远地走了，但留给人间的宝贵财富是四部半传奇和两千二百多篇诗文，还有那为世人崇敬的高尚品节。

汤显祖送走了生身的父母后自己再走。他走得没有世俗的牵挂。

汤显祖逝世后归葬文昌桥东灵芝祖山。二十八年后，"甲申（1644）鼎革"，明亡清兴。临川的曾亨应与东乡的艾南英等组织抗清队伍，被清兵围困三个月，临川城和近郊惨遭清军掳掠，灵芝山汤家祖墓被清军"蹂践且平"。至光绪二十九年（1903），江召堂来临川任代理知县，仰慕汤显祖的文章品节，来到灵芝山察看汤显祖的墓地，仅见一堆墓土，连碑都没有，颇为伤感。为了彰显汤显祖的文章品节，他捐资购石请工匠，选在清明日为汤显祖重立墓碑，并亲自写

清知县江召堂为汤显祖立的墓碑

保存到"文革"前的汤显祖墓

了这样的碑文，此碑一直保存到"文革"前：

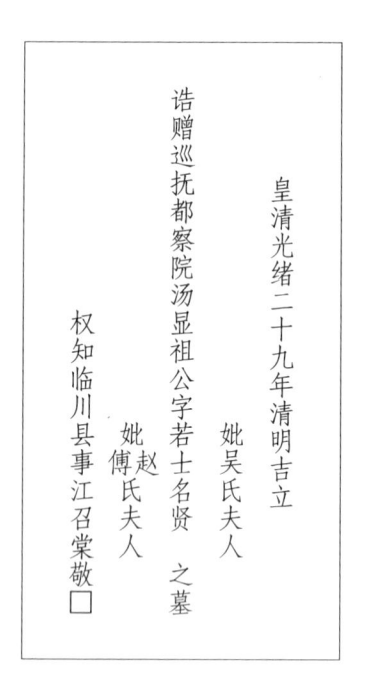

> 皇清光绪二十九年清明吉立
> 诰赠巡抚都察院汤显祖公字若士名贤　之墓
> 　　妣吴氏夫人
> 　　妣赵
> 　　妣傅氏夫人
> 权知临川县事江召棠敬□

墓碑两旁还竖了两块石柱，上刻有他的题联："文章超海内，品节冠临川。"已是世界文化名人的汤显祖，其"文章"早在20世纪初已漂洋过海流传海外，"超海内"所言不虚。然而汤显祖刚正不阿的品节为世人所仰慕，具有普遍价值，岂止"冠临川？"江召堂若活在今世，他定会改为"品节冠神州"。

1982年10月，文化部、中国戏剧家协会、江西省文化厅、江西省戏剧家协会，在汤显祖故里抚州市隆重举行了规模空前的"纪念汤显祖逝世366周年大会"。为迎接这一盛会，同时抚州市政府考虑今后海内外宾客瞻仰、凭吊汤显祖墓的方便，于该年10月24日将原葬于城东文昌里灵芝山的汤显祖墓迁到湖光岛色的城西抚州市人民公园内。新墓是一座明代风格的石墓，设计者是抚州傅林辉。

1982年新建在抚州市人民公园内的汤显祖墓

[注释]

① 春秋时吴王寿梦第四子，仁德宽厚，知书达理，吴王非常喜欢他，想把王位传给他。季札并不想当王，三次让位，两次出走，躲到山野耕作。他的谦和感动了吴国人，人们都非常敬重他。

② 此谢世时间为浙江大学徐朔方教授考证，《文昌汤氏宗谱》载的是："卒于万历丙辰年九月二十一日（1616年10月31日）亥时。"中国艺术研究院戏曲史家黄芝冈先生认为《文昌汤氏宗谱》所载的是"九月二十一日，实为六月二十一日（8月3日）"，即汤显祖写了《忽忽吟》后的第七天。

卷六

玉茗流芳

第二十七章　戏写汤显祖

汤显祖去世的消息一传开，远在南京的一些门人和好友"不信"这是真的。他们说去年"哗传先生异耗"，后来不是安然无恙吗？在他们的心目中，"先生当不死，且未可以死也"。然而汤显祖的确是死了，消息是黄汝亨得到的。他原是进贤县令，万历三十三年（1605）调南京礼部郎中，万历四十五年（1617）升江西副使提督学政。六月黄汝亨到了南昌，立即带着祭文赶到临川对汤显祖进行哭祭。

汤显祖死后，有一娄江女子曾因读《牡丹亭》惋愤而终，苏州地区一些正统理学的卫道士便跳出来对汤显祖进行恶毒的人身攻击。他们谣言惑众，说汤显祖的死是梅毒外发，死时"手足尽堕"；是因为他作《牡丹亭》"以绮语受恶报"（《活埋庵识小录》）。更有甚者，还说汤显祖因写《牡丹亭》口孽深重，死后打入"阿鼻地狱"，"永不超生"（《消夏闲记》）。然而对汤显祖满怀景仰之情的后学们一心要让汤显祖"活"过来，当然不是要他像杜丽娘那样死而复生，而是要将汤显祖生平事迹和"四梦"对社会的影响编写成戏，让人们心目中的汤显祖永远活在舞台上。汤显祖一辈子"为情作使，劬于伎剧"，他死后，人们"因情怀汤，因汤写戏"，这可以说是对这位戏曲大师的最好形式的纪念。

晚明朱京藩，生平不详，是戏写汤显祖的第一人。他作了34出传奇《风流梦》（又名《小青娘风流院》），以冯小青与《牡丹亭》的故事为本事，情节为：才貌双全的冯小青被商人冯致虚纳为妾，既嫌丈夫伧俗，又受正妻张氏悍妒，郁郁而死，鬼魂入风流院中，院主是汤显祖，院仙是《牡丹亭》剧中人物柳梦梅和杜丽娘，还有读《牡丹亭》感伤而死的娄江女子。书生舒新谭（字洁郎）爱好小青诗稿，企求与其鬼魂相会，南山老人乃助其见面，因此得罪玉帝，派大司命来捉拿，并将柳梦梅等也关入监狱。最后南山老人与汤显祖合谋，斗败大司命，救护了柳梦梅等人。玉帝被迫允许舒新谭和小青成婚。

清康熙中叶，有郎玉甫（真名与生平不详，约公元1692年在世），江东人，也更衍冯小青事作《万花亭》传奇。剧情云：小青被大妇逼死后，上天怜其多情，录入风流院。院主汤若士又荐其为"上苑花主"，居万花亭。因为牡丹等五位花神爱游杭州，谪令下界，以了尘缘，仍返万花亭。该剧失传，剧情《曲海总目提要》有载，庄一拂《古典戏曲存目汇考》有编目。

明清曲坛，以小青本事作剧的有16部之多，唯有《风流院》与《万花亭》将汤显祖写入戏中，让他当了"风流院"的主管。所谓"风流院"可看成汤显祖的"情天下"。作者这样写，是寄托着情感期待：汤显祖生前"为情作使"，死后矢志不移，当为"情天下"之圣主，成全天下有情人皆成眷属。

《临川梦》是清乾隆年间江西籍剧作家蒋士铨作的一部描写汤显祖生平事迹的传记剧。剧情为：汤显祖在京试中坚拒首辅张居正结纳而下第，回家作《牡丹亭》传奇。张居正死，汤显祖得中进士，请除南京太常寺闲职。在冷衙改《紫箫记》为《紫钗记》。因上疏斥奸，被贬谪徐闻典史，后升遂昌知县。他治遂灭虎，以"情"待囚，重教亲民，善政冠两浙。有娄江俞二姑读《牡丹亭》幽思成疾，弥留之际，托养娘将手批《牡丹亭》稿送显祖。汤显祖因家破人亡，感叹人生，又作《南柯》《邯郸》二梦。觉华宫天王召"四梦"主要人物上天说梦，睡神引汤显祖入梦与俞二姑、卢生、淳郎与小玉相见。

蒋士铨是乾隆二十二年（1757）进士，铅山人，对汤显祖的文章品节十分倾慕，作者通过对汤氏在科场、官场、剧场的周遭描写，塑造了一个文采风流，耻附权门，守正不阿，忧愤国事，关心民瘼的循吏汤显祖形象。在表现手法上打破时空局限，让剧中的人物与俞二娘在梦中与汤显祖相会。剧中还有对汤显祖及其"四梦"的评论。曲辞有汤显祖的遗风,优美华丽有文采,对清以降的剧坛产生过一定影响。蒋士铨概言:"临川一生大节,不迩权贵,递为执政所抑。一官潦倒,里居二十年,白首事亲,哀毁而卒,是忠孝完人也。"(《临川梦·自序》)蒋士铨与汤显祖是江西大同乡,一生与显祖多有相似处。蒋士铨也是厌恶官场黑暗,曾因"面斥大官"而在翰林院待了八年,不得升迁。在40岁时,亦辞官南归。特别是辞官后也像汤一样,以诗文词曲自遣,抒情写怀,也是因戏曲创作成就而名传后世。因此,蒋士铨"摹绘先生人品,现身场上",是"借他人之酒杯,浇胸中之块垒",把汤显祖描绘成一个"忠孝完人"。

继蒋士铨之后,当代戏写汤显祖的第一人是有"当代汤显祖"之称的原江西省文化局局长石凌鹤。他是资深革命活动家和文采斐然的剧作家。1941年他成功导演了郭沫若的《棠棣之花》,震动了山城重庆。石先生改编的《西厢记》(亦称《石西厢》)得到"胜似当年关董王"的评价。可在极"左"路线横行的日子里,石凌鹤先生为写戏屡受批判,身心受到严重的摧残。他的诗剧《玉茗花笑》(又名《汤显祖》)于1962年8月脱稿于庐山。剧本选取显祖从官场到剧场这一人生转折阶段。剧写汤显祖在张居正死后中了进士,又不受宰相申时行的招致而自请南京太常寺闲职。在留都,汤氏将《紫箫记》改为《紫钗记》,搭救了秦淮歌妓小红,结识了达观,上疏揭发贪赃枉法的辅臣和科臣,被谪贬广东徐闻典史。量移遂昌知县后,灭虎纵囚,爱民如子,并开始了《牡丹亭》的创作。汤显祖善政治遂深受遂昌百姓的拥护,但遭到朝中派来遂昌开矿的宦官曹金的挑剔。他上京述职后毅然弃官归里。归临川后,完成了《牡丹亭》写作,在玉茗堂让宜伶用海盐腔上演该剧庆贺自己的五十大寿。饰演杜丽娘的小红,因过度情真而气绝倒地。矿使曹金又来临川,罢了汤显祖的职务。小红与汤氏知遇后,情感升温。《牡丹亭》流传后,扬州才女金凤钿读后倾慕作者有情而相思,托奶妈送信荐终身。《牡丹亭》一剧的上演,达观与汤显祖在"情"与"理"上发生思想交锋。汤显祖在扬州与金凤钿相会,同观《牡丹亭》演出。当剧本遭官府禁演,金凤钿请汤高歌一曲《牡丹亭》。金凤钿在曲声中死于汤的怀抱。汤显祖不负红颜,带小红为凤钿守墓。在梦中,汤与"四梦"剧中人及达观、曹金和胡汝宁等的一番纠葛，展现了显祖"情"的思想世界。小红是作者虚构的人物，且贯穿剧本始终。她为汤显祖相救而与其相识、相知到相爱，并冲破了地位尊卑、年龄老少的界限，结为秦晋。她成了杜丽娘形象的投影与化身。

剧作的最后汤显祖高唱："李卓吾救我以率真，达观师救我敢呐喊，我要挥舞秃笔，救起苍生，写到明天！"道出了汤显祖是以怎样的动机和从哪里得到的力量来写他的"四梦"剧作，同时表达了他要用戏剧救世的坚强决心。此剧用诗剧演绎，这是作者与汤氏"心有灵犀一点通"，深刻领悟汤显祖诗样的人生，明白写他的戏应追求诗性和戏剧性的双重审美。石先生的女儿石慰春谈到父亲石凌鹤这个剧本时说："父亲一生写过不少剧本，其实他最钟爱的是不被人欣赏、一直没得到机会上演的诗剧《汤显祖》。他之所以倾注那么多精力改编了汤显祖的所有名剧，又呕心沥血写了这部诗剧，是因为在汤显祖的身上，寄托了他自己的人生追求：汤显祖对于他，不仅是先贤、宗师，在某些层面上来说，也是他的人生坐标。"[①]

粉碎"四人帮"后，国家拨乱反正，时代要回顾历史，人心呼唤历史上的英魂，剧作者爆发了对历史剧的创作热情。出于对历史文化名人、先贤、名宦汤显祖的景仰，剧作者们要将人们心目中的汤显祖形象进行艺术化、戏剧化展现，涌现出戏写汤显祖的作品多部，几部"文革"前写的戏到此时才得到公演，见了天日。

《汤公除霸》原作为遂昌县婺剧团编剧张石泉在1963年创作的汤显祖历史故事剧《汤公·汤显祖在遂昌》，1979年经吴文宏、刘宗鹤和周宏亮等集体改编为《汤公除霸》。后张石泉又修改为《清官汤显祖》。剧本取材于当地民间传说，讲汤显祖在治遂期间，有一豪强家的恶少，凡百姓家婚配他要索初夜权，民愤极大。汤得知，选定其在京为官之父回乡之际，以设宴接风洗尘为名，暗使受害人家喊冤。在罪证面前，项为博得"大义灭亲"美名，只得将儿子用石灰水淹死于后花园延秋亭。剧作以除霸为主线，糅进汤显祖在遂为民灭虎、遭囚度岁、纵囚观灯和弃官等事迹，塑造了一个亲民重教、廉政不畏强暴、为民除害的循吏汤显祖形象。

历史故事剧《汤显祖传奇》，是广东湛江老编剧梁一帆与钟达山于2001年创作的八场粤剧。剧本以汤显祖在遂昌智惩恶少的传说故事为背景，写汤氏在遂"借奉著书"作《牡丹亭》，豪强项史的千金项颜读后相思入梦，慕汤显祖才华，见汤已是老翁，仍非汤不嫁。汤显祖挂冠归里她也愿相随，献身戏行，表现了一个戏有情，人更有情的汤显祖。

汤显祖故里的文艺界，戏写汤显祖的热情更高。1964年抚州市文联胡乙辉就创作了抚州采茶剧《风雨〈牡丹亭〉》。1982年10月文化部在抚州举行汤显祖逝世366周年纪念大会，金溪县采茶剧团的老编导徐正付和陈昉又创作了大型抚州采茶剧《泪洒玉茗花》。该剧向纪念大会做献礼演出。上演后，受到与会学者的好评。两部历史传奇剧都讴歌了《牡丹亭》问世后，唤醒青年男女冲破封建礼教的网罗，获得个性解放的力量。

肇庆市李玮创作的《宝砚奇情》（1983）是个仅有其人而无其事的历史故事剧。剧本以汤显祖万历二十年（1592）春，从贬所徐闻量移遂昌任知县，途经肇庆回临川，在肇庆遇见两个"碧眼愁胡"的天主教传教士这一史实为线索，联系肇庆的七星岩，和少妇为盼望远行的丈夫归来而化石的传说，并与肇庆特产端砚相联系，虚构了梁广、荷花的悲剧爱情。剧作者深入研究汤显祖的诗文和"四梦"剧作，以汤显祖的哲学、政治和艺术思想作为塑造人物的依据，通过合理的虚构，让历史上观游肇庆的汤显祖与肇庆的土特产、七星岩风情、砚工、采莲女的悲欢离合融会在一起，梦幻中重游七星岩，在奇景中寻觅奇情，成功地塑造了一个"心如宝砚美，情如金石坚"的汤显祖。

2016年，徐闻县为纪念汤显祖逝世400周年，根据汤被贬徐闻期间的生活经历为素材，创作并上演了大型历史雷剧《贵生情》。剧作重现了400年前徐闻的生活和人文环境，展现汤显祖在徐闻讲学、办教育的风采，弘扬了汤显祖的贵生精神，讴歌了身处贬谪逆境的汤显祖也要关心民瘼造福一方的高尚官德。

为纪念汤显祖逝世400周年，由上海音乐学院院长林在勇总策划并作词，徐坚强作曲，陆驾云编剧的大型音乐剧《汤显祖》问世。该剧曾多次巡回欧洲多地演出，通过汤显祖的艺术形象，展现了中国传统文化的独特魅力，使世界了解中国的人文情怀和精神风骨。2018年12月，上海音乐学院学子将原创音乐剧《汤显祖》更名为《梦临汤显祖》，与台湾艺术大学音乐系学生同台合作演出，开创了两岸用音乐剧的形式演绎中国文化巨匠汤显祖的人生际遇和"情"的真谛的先河，把汤显祖坎坷的一生，怀才不遇，用至情大爱唤醒世人，为天地立心，为生民立命，始终保有传统士大夫的精神栩栩如生地展现于舞台。在艺术手法上，有双重结构的"戏中戏"；在语言上，以现代人的语汇去诠释古典精神。该剧对台湾观众产生强烈的艺术感染力，谢幕后观众还久久站立鼓掌，不忍告别。

另外，汤显祖的形象还上了荧屏。江西的郑伯权等人于1982年创作电影剧本《汤显祖》。剧本主要讲述汤显祖为何要写《牡丹亭》及《牡丹亭》问世后对社会产生的影响，表现了一个为"情"抗"理"破浪行的汤显祖。该剧未能摄制并搬上银幕，但1986年改为四集电视连续剧——《汤显祖与牡丹亭》，由江西电视台与中国电视剧制作中心联合录制。导演王扶林，主演龚国光。

2017年，浙江遂昌刘宗鹤先生创作了34集电视连续剧剧本《旷世奇才汤显祖》，由浙江人民出版社出版。该剧以汤显祖的一生事迹为依据，经合理的想象与艺术虚构相结合，塑造了一个以民为本，清正廉洁，敢于反贪肃腐，不畏豪强，爱民如子，为百姓办实事的父母官形象。

然而戏写汤显祖没有穷尽，自2016年纪念汤显祖逝世400周年以来，各地电视台录制的有关汤显祖的专题记录片汗牛充栋，表现汤显祖的戏剧影视作品也是层出不穷，更多戏写汤显祖的好戏将登上舞台和荧屏……

"情"的哲人、世界文化巨人汤显祖，将永远活在艺术世界中。

[注释]

① 陈抚生：《凌空飞鹤，激情人生——记著名戏剧家石凌鹤》，《人物》2008年第7期。

第二十八章 "汤学"薪火传

汤显祖驾返道山已有四个世纪。他留下的文化遗产,博大精深,不仅是我国民族文化的精华,也是世界文化艺术宝库中的璀璨明珠。他是中华文化的骄子,也是世界的戏剧大师,他进入了世界文化巨人的行列。

"汤学"即研究汤显祖生平历史及其著作的学问。这"宁馨儿"是随着《牡丹亭》的降生而兴起,但得以正名却是在20世纪80年代。

青年时代的汤显祖已是"词赋既成,名满天下"(帅机《玉茗堂文集序》)。自《牡丹亭》一出,"家传户诵,几令《西厢》减价",汤显祖从诗文才俊一跃为曲坛的耀眼明星。此后,文坛有识之士便开始了对汤显祖的研究。无锡的邹迪光第一个根据传闻为汤显祖作了小传,并在汤显祖生前就寄给了他。汤显祖逝世后的明清交替之际,过庭训、钱谦益、查继佐、万斯同,蒋士铨等诸多文史家、戏曲家都对汤显祖的生平与著作做了研究,且都为汤作了小传。

晚明的"汤学"研究者们除了为汤氏作小传外,还在他们文集的序、跋、尺牍中对汤显祖的诗文进行述评。毛效同先生为编写《汤显祖研究资料汇编》,搜集到这样的学者近一百位。他们对汤显祖的戏曲研究主要是点评。臧懋循、茅暎、王思任、吴吴山三妇、冯梦龙等人都有评点专集,但尚未见专论。吴吴山三妇评本是以女性亲身体悟式来展现她们眼中的《牡丹亭》世界,可谓独树一帜。

昆山人沈际飞是晚明"汤学"研究成就突出的首位"汤学"家。他对汤显祖的研究是全方位的，既对汤氏所有的诗文进行了全面点评，又为"四梦"各写题词一篇，对每剧的故事情节、人物塑造、语言风格都加以评述，结成《独深居点定玉茗堂集》专集刊行。沈际飞是真正读懂汤显祖的第一人。

《牡丹亭》行世后，围绕戏曲创作中声律与文辞的关系问题，出现"汤沈之争"，以至万历年间几乎所有的戏曲家都加入了讨论。这场论争，弘扬了"汤学"，壮大了"汤学"队伍，并对后世戏剧创作影响深远。晚明至清初，戏曲界出现了王思任、茅元仪、孟称舜、吴炳、阮大铖等人为代表的从思想内容和创作风格都追随汤显祖的"临川派"。清代洪升和曹雪芹接过汤显祖"言情"的旗帜，创作出了传奇《长生殿》和小说《红楼梦》这样的"言情"杰作。

"汤学"进入到20世纪初，在王国维、吴梅、王季烈、卢前等国学大师的学术专著中，散见对汤显祖的"四梦"（主要是《牡丹亭》）从故事蓝本、思想意义、曲调音律方面的论述。到三四十年代，以俞平伯、郑振铎、赵景深、张友鸾、江寄萍、吴重翰等人为代表，将"汤学"研究向前推进了一大步。在他们新出版的文学史、词曲史中，都有一定篇幅评价《牡丹亭》。赵景深先生在《文艺春秋》（1946年）上首次用比较戏剧学方法研究汤显祖和莎士比亚，得出"汤显祖和莎士比亚生平年相同，同为东西大戏剧家，题材都是取之他人，很少有自己的想象创造，并且都是不受羁勒的天才，写悲哀最为动人"。张友鸾和吴重翰各自撰写了《汤显祖及其牡丹亭》和《汤显祖与还魂记》这样的研究专著。文学史家郑振铎（新中国成立后第一任文物局局长，后任文化部副部长），在他的《中国文学研究》一书的开篇《研究中国文学的新途径》中倡议："关于汤显祖，至少要有一部《汤显祖传》，一部《汤显祖及其四梦》，一部《汤显祖的思想》，一部《汤显祖之著作及其影响》，等等。"这里，郑先生虽然没有正式用"汤学"二字，但实际上是倡议将汤显祖研究作为一门学科，并勾勒出了"汤学"的体系框架。

20世纪五六十年代，"汤学"取得突破性进展。1957年，随着党和政府对民族文化遗产的重视，全国主要报刊发表了纪念汤显祖的文章。汤显祖故里抚州举办了纪念汤显祖逝世340周年的活动。抚州市政府重修了汤显祖墓。江西省、南昌市和抚州市文艺界分别在南昌和抚州两地举行了隆重的纪念大会。抚州还举办了汤显祖文物资料展览。中央新闻纪录电影制片厂驻江西摄影记者站摄制了纪念活动纪录片。抚州市戏曲表演团体排演了汤显祖的《牡丹亭》和《紫钗记》全剧。纪念活动后全国掀起"汤学"研究热，一批具有开拓意义的"汤学"研究成果纷纷问世。就在该年，著名戏剧史家黄芝冈先生的《汤显祖年谱》在《戏曲研究》上连载。第二年徐朔方先生的《汤显祖年谱》出版。1962年《汤显祖集》四册大工程告竣。前二册为诗文集，由徐朔方先生笺校；后二册为戏曲集，由钱南扬先生校点。钱先生在整理、笺疏、校勘中订正讹误，使"临川四梦"有了精良、可信的读本；徐先生为考订汤显祖诗文写作时间，广征博引，缜密考证，让从事"汤学"研究者受益。

"汤学"是中华传统文化的精华。当海峡彼岸的台湾与大陆处在隔绝状态时，中华传统文化的根脉相连，为弘扬"汤学"，两岸兄弟都在登山，各自努力。1969年，台湾潘群英研究《牡丹亭》的专著《汤显祖牡丹亭考述》问世。1974年，台湾政治大学学子吕凯先生写出了《汤显祖南柯记考述》硕士论文。也就在该年，胡适的门人费海玑先生的《汤显祖传记之研究》由台湾商务印书馆发行。该书《我的新发现（代序）》中费先生正式提出构建"汤学"。他说："最近偶然谈到我国的莎士比亚是汤显祖。友人说外国人写的莎学著作有无数册，真的汗牛充栋，中国一本长的汤显祖传记也没有，我们该倡汤学！"由于当时两岸没有文化交流，费先生虽早在1974年就正式提出构建"汤学"，但知之者甚少，只有到了1983年3月，中国艺术研究院原副院长、著名的戏曲理论家郭汉城为江西文学艺术研究所编的《汤显祖研究论文集》作的序文中提出："外国有莎士比亚学，中国已经有《红楼梦》学，也不妨有研究汤显祖的'汤学'"，才引起了汤显祖研究者们的积极响应，得到大家的附和。也就是说，"汤学"虽早存在，但是得到正名还在这时。

1982年国家文化部、中国剧协、江西省文化局、江西省剧协于10月在汤显祖故里抚州举行的纪念汤显祖逝世366周年纪念活动。在此活动的推动下，"汤学"研究掀起了新的高潮。"汤学"研究成果获得空前大丰收。1986

年，汤显祖故乡的文化工作者，一下完成了两部《汤显祖传》。南昌的朱学辉、季晓燕也有《东方戏剧艺术巨匠汤显祖》问世。此后，黄芝冈先生的《汤显祖编年评传》（1992年）、徐朔方先生的《汤显祖评传》（1993年）、李贞瑜的《汤显祖》（1999年）、邹自振的《汤显祖与玉茗四梦》（2007年）接连刊行。全方位综合研究汤显祖的成果惊人，见诸报刊的论文汗牛充栋，仅以专著出现的成果就有徐朔方的《汤显祖研究及其他》（1983年）、江西文学艺术研究所编《汤显祖研究论文集》（1984年）、周育德的《汤显祖论稿》（1991年）、香港郑培凯的《汤显祖与晚明文化》（1995年）、邹元江的《汤显祖的情与梦》（1998年）、邹自振的《汤显祖综论》（2001年）、周育德和邹元江主编的《汤显祖新论》（2004年）、《汤显祖研究在遂昌》（2002年）、杨安邦的《汤显祖交游与戏曲创作》（2006年）、《2006年中国·遂昌汤显祖国际学术研讨会论文集》（2008年）、赵天为的《〈牡丹亭〉改本研究》（2007年）、龚重谟的《汤显祖研究与辑佚》（2009年）、台湾陈贞吟的《汤显祖爱情戏曲取材再创作之研究》（2012年），等等。

　　毛效同的《汤显祖研究资料汇编》（1986年）和徐扶明的《牡丹亭研究资料考释》（1987年）先后大功告成，"汤学"研究又添了两大基础工程。毛先生用尽教学之余的六年时间，"阅读和引用的诗文集、诗话、曲话、地方志、笔记和报刊杂志不下五百种"，为的是"想提供比较全面、翔实的材料给研究者参考"；徐扶明先生"把随时查到的资料，一条一条地抄在小纸片上面，分门别类，贴在一册一册旧杂志里，厚厚的十几册"。这两部汇编，资料翔实，内容丰富全面，将分散各地，研究者搜求不易的资料，分门别类汇集起来奉献给有志"汤学"的研究者。他们为之所付出的辛劳不亚于徐朔方先生对汤显祖诗文的笺校。

　　版本研究学问很大。汤显祖著作版本尤其"四梦"中的《牡丹亭》版本之多仅次于《西厢记》。长期以来涉足此道者寥寥。海外有日本的学者根山ケ彻（根山彻）在其研究《牡丹亭》专著——《明清戏曲史论叙说——汤显祖〈牡丹亭还魂记〉研究》一书中，将明代13种《牡丹亭》刊本，分属于四个版本系统做了专章论述。北师大的郭英德教授对《牡丹亭》的版本研究默默耕耘，获得重要成果。他在《〈牡丹亭〉传奇现存明清版本叙录》（2006

年)一文中,将《牡丹亭》分为"明单刻本""明合刻本""清单刻本、石印本""清合刻本"四部分,详细论述了各代版本的简单情况和在世界各地的保存情况。还有日本学者八木泽元、中国台湾学者华玮博士对《牡丹亭》的版本也做了探索。戏曲文献学家吴书荫先生发现了久被遗忘而又罕为人知的《玉茗堂乐府总序》(约写于万历三十四年至三十六年之间),考证了《玉茗堂乐府》是汤显祖戏曲最早的一部合集,也属难得的成果。以上学者可谓"汤学"版本研究之翘楚。

对汤显祖佚文的辑佚与研究,有不少人都在进行,但徐朔方、郑志良、江巨荣和龚重谟等学者,辑佚成果较为丰硕。

另外,近几年来,已有青年学者们在导师的指导下,对汤显祖的散文尤其是其尺牍作为学位论文进行研究。他们所论,见解新颖,洋溢着虎虎生气,折射出汤显祖的情趣、人格、气质,推进了学术发展。

自20世纪80年代,"汤学"研究出现令人可喜的新趋势,那就是主流队伍从少数学者、专家向莘莘学子转移。有志从事"汤学"研究的青年学子越来越多。1986年香港的新亚研究所何佩明选题《汤显祖四梦之成就研究》作硕士学位论文,1991年台湾的华玮在海外留学选题《寻求"和":汤显祖戏曲艺术研究》为两岸首位"汤学"博士学位论文。还有选"汤学"为研究课题获得博士学位的有台湾高雄师范大学陈贞吟的《汤显祖爱情戏曲取材再创作之研究》(1995年)、台湾文化大学卢相均的《汤显祖之思想及其在紫钗记与还魂记中之验证》(1997年)、中国社会科学院文学所程芸的《〈玉茗堂四梦〉与晚明戏曲文学观念》(1999年)、北京大学孙揆姬的《汤显祖文艺思想研究》(2000年)、华东师范大学陈茂庆的《戏剧中的梦幻——汤显祖与莎士比亚比较研究》(2006年)、台湾大学黄莘瑜的《网茧与飞跃之间——论汤显祖之心态发展历程及其创作思维》(2007年)等。而硕士学位论文据不完全的统计,从1969年到进入21世纪的2007年,海峡两岸暨香港澳门学子加起来的"汤学"硕士学位论文在36篇以上。我要特别提到有一篇题为《试论汤显祖的情感美学观》的论文,作者是武汉电子信息职业技术学校青年教师鲁薇,该文入选高中语文选修教材,填补了"汤学"论文入编高中教材的空白。"汤学"研究者队伍也将与"红学"一样,既有专家学者,也有民间爱好者参与进来。这支队伍藏龙卧虎，高手往往在民间。

"绝代其才，冠世博学"的汤显祖不仅属于中国，而且属于全世界。他的文化遗产与其站在时代前端的进步思想、高洁的人格是全人类的共同财富。早在清初，他的剧作就流传海外。从1916年以后，有日本、德国、法国、英国和苏联等国的汉学家就把汤显祖的《牡丹亭》翻译成本国的文字进行传播。从1930年至20世纪50年代，京剧艺术大师梅兰芳应邀到日本、美国、苏联演出汤显祖的名剧《牡丹亭》。

国外的"汤学"研究在20世纪初就开始了。日本研究中国戏曲史的学者青本正儿在1916年出版的《中国近世戏曲史》中，首次将汤显祖与莎士比亚相提并论。说"东西曲坛伟人，同出其时，亦奇也"。青木正儿的学生岩城秀夫，写了洋洋二十万字的《汤显祖研究》，对汤显祖的生平、剧作、戏曲理论以及在文学史上的地位做了全面的评价，获得博士学位。该文与他研究中国戏曲的论文《关于宋元明之戏剧诸问题》合成《中国戏曲演剧研究》专著，1972年由日本创文社出版。

在海外，以"汤学"研究获得博士学位的论文，还有德国汉堡大学学生的《汤显祖的"四梦"》（1974），美国明尼苏达大学学生的《〈邯郸记〉的讽刺艺术》（1975），荣赛星的《〈邯郸记〉评析》（1992年），陈佳梅的《犯相思病的少女的梦幻世界：妇女对〈牡丹亭〉的反映（1598—1795）研究》（1996）等。

海外对汤显祖"四梦"的翻译传播，从过去选译《牡丹亭》部分场次，到1976年开始转为全本翻译。在俄罗斯有孟烈夫译的俄文版《牡丹亭》（1976），在法国，有安德里·莱维译的法文版《牡丹亭》（1999），在美国有柏克莱大学的白之教授译的英文版《牡丹亭》（1980）。

在国内，大连外国语学院汪榕培教授后来居上，2000年，他英汉对照全译了《牡丹亭》。2003年，他又作为第一人英文全译了《邯郸记》，列入汉英对照"大中华文库"丛书。有"当代典籍翻译大家"之称的汪榕培教授，在身患重病后与死神抢时间，终于在他逝前的2014年译完"玉茗堂四梦"（《牡丹亭》《紫钗记》《南柯记》《邯郸记》），还译了《紫箫记》，结集成英文版《汤显祖戏剧全集》，由上海外语教育出版社出版。中国人译的英文版

《汤显祖戏剧全集》的问世,是中华优秀传统文化的杰出代表的展示,让世界上更多的人了解一个文化的中国、多彩的中国、博大的中国,推动世界对"汤学"研究向纵深发展。

"汤学"行广宇,千秋薪火传。

汤显祖年谱新编

(1550—1616)

汤显祖，字义仍，号海若，又号若士、海若士，晚年号茧翁，自署清远道人。后学或以故里名称之为"汤临川""临川先生"；或以玉茗堂居所名，称之为"汤玉茗""玉茗先生"。

一岁　1550　世宗嘉靖二十九年庚戌

▲朱明王朝建立第182年，朱厚熜在位，庙号世宗，年号嘉靖，为第十一代帝，继位已29年。

▲四月初三，赵南星生于河北高邑。

▲八月十四日（9月24日）卯时汤显祖生于江西抚州府临川县城东文昌里（今属抚州市桥东太平街）。

▲父尚贤，23岁；母吴氏，21岁；祖父懋昭，约70岁；祖母魏夫人，63岁。

▲达观7岁，李贽23岁，罗汝芳35岁，徐渭30岁，梅鼎祚2岁，屠隆8岁。

▲西班牙小说家、戏剧家、诗人塞万提斯3岁。

▲八月，蒙古俺答汗率众攻破古北口，围京师，饱掠而退。兵部尚书丁汝夔、巡抚侍郎杨守谦含冤处死。

▲八月初七，顾宪成生于江苏无锡。

▲邹迪光生于江苏无锡。

二岁　1551　嘉靖三十年辛亥
▲三月，俺答汗以武力迫明朝开放宣府、大同等地马市。不久，明朝拒绝蒙古方面牛羊交易的要求，单方关闭马市，双方再次开战。
▲倭寇犯浙江，谭纶受命台州知府，募乡兵千人，训练成军抗倭。
▲谢廷谅生于江西金溪。
▲邹元标生于江西吉水。

三岁　1552　嘉靖三十一年壬子
▲秋，同里帅机 15 岁中举，汤显祖聪颖崭露，乡里称"帅博汤聪两神童"。

四岁　1553　嘉靖三十二年癸丑
▲正月，兵部员外郎杨继盛因弹劾严嵩下狱。
▲二月，沈璟生于江苏吴江松陵。
▲三月，罗汝芳进士及第。
▲七月，葡萄牙殖民者攫取了澳门居住权。

五岁　1554　嘉靖三十三年甲寅
▲家塾启蒙，能对对子，且连对几次不惧。
▲三月，金溪高应芳中进士。
▲十二月初二日（12 月 25 日），发妻吴玉瑛（东乡塔桥人）生于祖父吴槐任湖南永州别驾署中。

六岁　1555　嘉靖三十四年乙卯
▲九月，俺答犯大同。
▲十二月十二日（1556 年 1 月 23 日），陕西华县发生 8.0 级大地震，死 83 万余人。

七岁　1556　嘉靖三十五年丙辰

▲六月十四日,俺答进犯宣府。

▲倭寇焚掠浙江各地。

▲世宗下诏广开银矿,矿使四出搜刮民财。

八岁　1557　嘉靖三十六年丁巳

▲四月十一日,倭寇进犯如皋。

▲谢廷赞生于江西金溪。

九岁　1558　嘉靖三十七年戊午

▲春,俺答围攻大同,麻禄与副将固守四月,俺答退走。

▲三月,刑科给事中吴时来弹劾严嵩纳贿。

十岁　1559　嘉靖三十八年己未

▲二月初六日,同母弟儒祖生。

▲达观在苏州出家,年17。

十一岁　1560　嘉靖三十九年庚申

▲二月十六日,袁宗道生于湖北公安。

▲谭纶升浙江布政司右参政,在浙练兵防倭。本年父死回籍奔丧,将海盐腔随军科班带回乡,向宜黄伶人传艺。

▲招来抗倭的两广民兵冯天爵、袁三在闽清县起义,从杉关进江西,攻克临川。临川十万户多逃散在外。

十二岁　1561　嘉靖四十年辛酉

▲经历离乱之苦,作《乱后》诗。此为汤氏现存最早诗作。

十三岁　1562　嘉靖四十一年壬戌

▲理学名臣徐纪之子徐良傅因忤逆权臣夏言,罢去吏科给事中,在临川

城东拟岘台开馆授徒。汤显祖投其门下学古文词。

▲王学左派三传弟子罗汝芳，在刑部山东司主事任上回籍南城省亲。汤父尚贤邀罗在家塾文会书堂讲理学。汤接受王学左派思想从此始。

▲五月，严嵩遭御史邹应龙弹劾罢官。

十四岁　1563　嘉靖四十二年癸亥

▲院试补县学诸生，文才受到督学何镗推崇。

▲入县学作《入舍示同舍生》诗抒志。

十五岁　1564　嘉靖四十三年甲子

▲从徐良傅学古今文字与诗词歌赋与《书经》。

▲公历4月23日莎士比亚在英国斯特拉福镇出生。

十六岁　1565　嘉靖四十四年乙丑

▲徐良傅患毒疮去世，作《挽徐子拂先生诗》悼念。

▲四月，世宗籍没严嵩家产，斩首严世蕃。

十七岁　1566　嘉靖四十五年丙寅

▲二月，户部主事海瑞上《直言天下第一事疏》，极论朝政之非，被捕入狱。

▲高拱由徐阶推荐任文渊阁大学士。

▲罗汝芳父丧回乡守制，在从姑山建前峰书屋，汤负笈从罗深造理学。

▲八月，乡试在南昌进行，汤因病未赴试，作诗《明河咏》。

▲十二月十四日，嘉靖朱厚熜服丹中毒而死，汤作悼诗《丙寅哭大行皇帝》。

▲塞万提斯移居马德里。

十八岁　1567　穆宗隆庆元年丁卯

▲1月23日，朱厚熜之子裕王朱载垕继位，庙号穆宗，年号隆庆。

▲二月，张居正入阁。

▲朝廷解除海禁，商人可驾船出海贸易。

十九岁　1568　隆庆二年戊辰

▲三月，立皇子朱翊钧为皇太子。

▲六月，用行草书元·马臻诗《红尘堆里懒低颜》言志。

▲罗汝芳往南京援救老师颜钧出狱。

▲秋，帅机中进士。

▲十二月，袁宏道生于公安长安里。

二十岁　1569　隆庆三年己巳

▲帅机讲古今文字和诗词歌赋。汤始读汉魏六朝文选。

▲与周无怀、饶伯宗结交。

▲十二月初四，汤显祖受婚冠礼，与东乡塔桥吴玉瑛完婚。

二十一岁　1570　穆宗隆庆四年庚午

▲八月，中江西乡试第八名举人。赴南昌西山（今梅岭）拜谢主考张岳。黄昏经云峰寺，在寺前莲池照影搔首，不慎悼下发簪，题诗《莲池坠簪题壁》于寺壁。

▲冬，为春试抵京，与姜奇方同住裱褙胡同。

▲五月初七，袁中道生于公安。

二十二岁　1571　隆庆五年辛未

▲春试落第。

▲姜奇方、刘台、龙宗武、赵用贤中进士，姜任宣城知县，龙任苏州推官。

▲首辅李春芳辞职，高拱、张居正主政。

▲去年朝廷与俺答和谈，今年达成协议，封俺答为顺义王，开放十一处边境贸易口岸。

二十三岁　1572　隆庆六年壬申

▲五月二十六日，隆庆帝朱载垕死，大学士高拱、张居正、高仪与司礼太监冯保同受顾命。

▲六月十日，朱翊钧即位，庙号神宗，年号万历。

▲六月，张居正联合太监冯保赶走高拱把持朝政。

▲七月，谭纶升任兵部尚书，兼理京中军务，不久告归。

▲长女约本年生。

▲除夕，文昌里庐舍因邻里失火被毁。

二十四岁　1573　神宗万历元年癸酉

▲张居正主持朝政，推行"一条鞭法"，开启改革历程。

▲臧懋循中举。

▲次女元祥约本年生。

二十五岁　1574　万历二年甲戌

▲春试二次落第，游学南京国子监，祭酒（校长）余有丁。

▲邹迪光中进士，后为汤作小传。

▲沈璟中进士，观政兵部，后任兵部职方司主事。

▲李三才中进士，授户部主事。

二十六岁　1575　万历三年乙亥

▲第一部诗文集《红泉逸草》问世，为临川李大晋刊行。

▲冬，帅机改官南京礼部祠祭司主事。

▲三女元英生。

二十七岁　1576　万历四年丙子

▲一月，辽东巡按御史刘台弹劾张居正专擅威福，遭下狱削籍。

▲春，做客宣城，结识沈懋学、梅禹金、龙钟武。与姜奇方等同游南京国子监，祭酒（校长）余有丁。

▲约本年，将南京所作诗文结集《雍藻》(已佚)。
▲顾宪成中乡试第一名。
▲李贽开始研究佛经。

二十八岁　1577　万历五年丁丑

▲本年赴京会试，首辅张居正欲其子嗣修高中前三名，为避嫌，私命堂弟张居谦笼络汤显祖和沈懋学，暗许功名。沈懋学顺从，中了状元，汤显祖谢绝，遭落第。

▲作《广意赋》，以海若为号从此始。

▲屠隆中进士，授颖上县令。

▲邹元标中进士，观政刑部。

▲二游学南京国子监，司业(副校长)张位。

▲纳妾赵夫人。

▲四月，谭纶卒于任上。

▲九月，吴中行、赵用贤、艾穆、沈思孝等疏劾张居正"夺情"被廷杖。邹元标继而上疏被廷杖并发配贵州。

▲抚州知府古之贤重修汝水千金堤。

▲罗汝芳官拜右参政，进京在广慧寺讲学，听者众，张居正以"潜往京师，摇撼朝廷，夹乱名实"罪名罢其官归里。

二十九岁　1578　万历六年戊寅

▲冬，夫人吴氏生长子士蘧于临川。

▲抚河汝水千金堤筑成，与帅机各赋诗祝贺。

三十岁　1579　万历七年己卯

▲诗文集《问棘邮草》问世，由谢廷谅作序。

▲祖母魏夫人去世，享年92岁。

▲寄《问棘邮草》于徐渭。

▲张居正令毁天下书院，禁讲学。

▲九月初一，登南京清凉寺讲佛。

三十一岁　1580　万历八年庚辰
▲二月，夫人吴氏生次子太耆于临川。

▲抵京会试，因再拒张居正门人王篆和张懋修来谈鼎甲交易。汤以"吾不敢从处女子失身也"为辞，弃试再游学南京国子监，为庶吉士出身祭酒（校长）戴洵所赏识。戴以"千秋之客"许汤。

▲谢廷谅、曾粤祥、吴拾芝来南京访汤，同作《紫箫记》，因"是非蜂起"而半本搁笔。

▲秋，离南京返临川。

▲顾宪成中进士。

三十二岁　1581　万历九年辛巳
▲戴洵因忤逆张居正，京察遭言官弹劾而辞职。

▲秋，帅机升贵州思南太守。

▲十二月，全国丈量土地结束，张居正全面推行"一条鞭法"。

三十三岁　1582　万历十年壬午
▲二月，顺义王俺答汗去世。

▲六月，张居正死，张四维继任首辅。

▲秋，饶仑、谢廷谅同中江西乡试。

▲冬，经杭州赴京春试，为杭州同知姜奇方留住月余。姜强迫他写作时文。

三十四岁　1583　万历十一年癸未
▲正月，屠隆擢升礼部主事。

▲春试，以第三甲第二百十一名赐同进士出身，余有丁为主考官。饶仑、吕胤昌（天成之父）同中进士。谢廷谅落第。

▲拒辅臣申时行、张四维的招致，放弃选庶吉士。

▲三月，观政礼部，与屠隆一见把臂，结为知交。

▲张居正官阶被夺。

▲在北京续娶傅氏夫人。

▲四月，张四维丁忧，申时行任首辅。

▲观政期满，自请任南京太常寺博士。八月初十赴任。

三十五岁　　1584　　万历十二年甲申

▲四月，张居正遭抄家。张家门户被封锁，饿死十余人。张居正长子张敬修自杀。

▲十月，刑部主事俞显卿挟私仇劾屠隆与西宁侯淫纵，屠与俞同被罢官。

▲张位从南京尚宝丞又进为国子监祭酒（校长）或在本年后。

▲李贽困于生计，出家麻城芝佛院为僧，但未受戒，不参加僧众法事。

三十六岁　　1585　　万历十三年乙酉

▲罗汝芳在南昌大会江西同乡。

▲十二月初十，夫人吴玉瑛病殁于临川。

▲曾任临川知县的吏部郎中司汝霖来信，劝与执政通，可内调为吏部主事。汤作书《与司吏部》谢绝。

三十七岁　　1586　　万历十四年丙戌

▲二月，申时行请立皇长子朱常洛为皇太子遭拒，"国本"之争由此开始。

▲夏，罗汝芳来南京讲学，在城西小寺对汤生活不检点提出劝告。罗："子与天下士泮涣悲歌，竟何为者，究竟于性命何如，何时可了？"汤："夜思此言，不能安枕。久之有省。"

▲八月梅禹金来访，作《玉合记》题词。王世贞、王世懋任官南京，汤为世懋部下，但因文学主张不同，不相往来。

▲八月生日，作诗《三十七》，感叹壮心被抑，不甘下僚。

▲异母弟寅祖生于临川。

▲沈璟上疏神宗立朱常洛为太子,被贬官三级。

▲约本年,莎士比亚到伦敦一家剧院打杂,后当上了演员。

三十八岁　1587　万历十五年丁亥

▲约本年,在南京改《紫箫记》为《紫钗记》。

▲京察后归家晤帅机,作诗《赴帅生梦作》《二京归觉临川小》《京察后小述》。

三十九岁　1588　万历十六年戊子

▲二月,凤阳巡抚李三才罢官。

▲改官南京詹事府主簿,从七品。

▲春,傅氏夫人生三子开远于南京。

▲作《访问三吴长吏》等诗揭示社会现实。

▲赵氏夫人生詹秀于南京。

▲九月初二日,罗汝芳去世,享年 73 岁。

▲莎士比亚在伦敦为剧团改编旧剧本,开始创作生涯。

四十岁　1589　万历十七年己丑

▲本年灾荒遍全国,汤迁南京礼部祠祭司主事,正六品。

▲元旦,神宗免朝贺,此后视朝更少,不理政事。

▲三月,袁宗道会试第一名,殿试二甲第一名进士,选庶吉士。高攀龙同榜进士。

▲八月,顺天乡试,沈璟录申时行女婿李鸿遭非议称病辞官。

▲徐渭在京收到《问棘邮草》,惊叹:"真奇才,生平不多见。"并作诗《读问棘堂集——拟寄汤海若》,有云"执鞭今始慰生平"。

▲李贽的诗文集《焚书》问世,次年在湖北麻城刊行。

四十一岁　1590　万历十八年庚寅

▲十二月初，面晤达观禅师于南京刑部邹元标家中。

▲莎士比亚创作历史剧《亨利六世》。

▲约本年收到徐渭信《与汤义仍》。

▲文坛盟主王世贞死。

四十二岁　1591　万历十九年辛卯

▲闰三月二十五日，上《论辅臣科臣疏》。

▲五月十六日神宗下诏降为广东徐闻典史，当月离南京归临川。

▲六至八月养病临川。

▲九月初，起程赴徐闻，经南安（今大余）过庾岭进入岭南。

▲十月初，船经英德浈阳峡，夜梦周宗镐，作《哀伟朋赋》。

▲小雪后到达广州。

▲十一月初一日，游罗浮山，写《游罗浮山赋》，夜宿冲虚观。初七回到广州，又游澳门。在阳江遇汤瑞寀提联宗事，在此乘海船过琼州海峡去涠洲岛。离涠洲上合浦走陆路到徐闻，途中遇张居正次子张嗣修。

▲十二月，在徐闻考察社情民意，讲学倡贵生。

▲申时行、许国致仕。

▲张位任文渊阁大学士。

▲西儿生于临川。

四十三岁　1592　万历二十年壬辰

▲春，与知县熊敏议建"贵生书院"。作《贵生书院说》《明复说》。

▲三月，袁宏道、赵邦清同中进士。袁不仕，告假回乡。

▲日本丰臣秀吉入侵朝鲜，明王朝出兵数万援战。

▲高攀龙任行人司行人。

▲十月，项应祥迁户科给事中。

▲约秋冬之际，跨海游琼州。

▲李贽作《童心说》。

四十四岁　1593　万历二十一年癸巳

▲一月，大学士王锡爵归省还朝继任首辅。

▲二月，归临川前作诗《徐闻留别贵生书院》，经肇庆遇两位"碧眼愁胡"天主教传教士。在临川作短期休整赴任浙江遂昌。

▲三月十八日，抵遂昌知县任。

▲三月二十一日，谒孔庙。

▲四月初一，正式办公。

▲七夕节，第四女出生，起名七女。

▲八月，建成相圃书院。

▲姜耀先来访。

▲冬，率民叶坞灭虎。

▲徐渭去世。

▲岁末，建灭虎祠。

▲本年，吏部尚书孙鑨、考功郎中主持京察，秉公澄汰，受到首辅王锡爵及其党羽的攻击。

▲赵邦清任山东滕县县令。十二月，汤经滕县考察与赵同进京上计而订交。

四十五岁　1594　万历二十二年甲午

▲元宵纵囚观灯。作诗《平昌河桥纵囚观灯》寄姜耀先。

▲一月，尊经阁落成。七女半岁而殇。

▲遂昌城东报愿寺前重建启明楼。

▲吴拾芝或本年来访。

▲七岁詹秀得痘夭亡。

▲傅氏夫人生五子开先。

▲八月十二日，同母弟儒祖死。

▲冬，启程赴北京上计，途经山东滕县考察赵邦清治县政绩。

▲顾宪成任吏部文选司郎中，因持正为官，反遭革职。

▲高攀龙被贬广东揭阳典史。

四十六岁　1595　万历二十三年乙未

▲正月上计在京，会见了公安三袁兄弟。

▲二月初六日，离京返遂昌。

▲三月，谢廷谅中进士。

▲屠隆春、秋两访遂昌。汤或对《牡丹亭》写作开始构思。

▲秋末冬初，达观来访。

▲七月，帅机卒。《紫钗记》改定，作《紫钗记·题词》。

▲莎士比亚《罗密欧与朱丽叶》问世。

▲高攀龙与顾宪成建东林书院并讲学。

▲约本年除夕遣囚度岁。作诗《除夕遣囚》寄吴拾芝。

四十七岁　1596　万历二十四年丙申

▲九月三日，万历帝册封丰臣秀吉为日本国王。

▲十二月，神宗遣曹金往两浙开矿。

▲袁宏道为中道诗作序，提出"独抒性灵、不拘格套"的文学主张。

四十八岁　1597　万历二十五年丁酉

▲春，六子吕儿出生。

▲三月，赴杭州四年政绩考满。

▲游温州雁荡山。

▲长男士蘧来探望，旋即匆匆离去。

▲作《感事》诗，抨击矿税。

▲冬，送何晓归江山。

▲十二月，赴京上计，舟中读《宦林全集》有感作《感宦籍赋》。

▲经山东滕县赴京上计，目睹滕县面貌大变，认赵有"霸才"，拟进京向张位荐担大任。

四十九岁　1598　万历二十六年戊戌

▲初春，吕儿得痘夭亡。

▲三月，谢廷赞中进士。汤显祖上计后弃官归临川，遂昌吏民闻讯赶到扬州钞关挽留。作诗《戊戌上巳扬州钞关别平昌吏民》。

▲夏，作诗《闻都城渴雨，时苦摊税》。

▲七月二十日，移居城内沙井新居，主体建筑玉茗堂。

▲八月，传奇《牡丹亭还魂记》定稿，作《牡丹亭记·题词》，高扬"情不知所起，一往而深，生者可以死，死可以生。生而不可与死，死而不可复生者，皆非情之至也"。自署"清远道人题"。以清远道人为号自此始。

▲八月十四日，在玉茗堂演出《牡丹亭》庆五十生辰。

▲八月十九日，八岁西儿殇。

▲异母弟寅祖13岁，补诸生第三名。

▲十二月，达观应知县吴用先邀请来访临川，同游白云、石门与疏山等古刹，并到南城从姑凭吊罗汝芳。

▲本年，日本丰臣秀吉死，明军与朝鲜军击败侵朝日军。

五十岁　1599　万历二十七年己亥

▲正月十五日，远送达观去南昌。

▲二月十五日，梦达观来书，此后以海若士为号。

▲英国环球剧场落成，莎士比亚为股东。

▲李贽《藏书》在南京出版。

五十一岁　1600　万历二十八年庚子

▲三月，达观为止矿税赴京，启程前再访临川同汤话别。

▲夏，《南柯记》完稿，作《南柯记·题词》。

▲七月十六日，大儿士蘧客死南京，时年23岁。汤悲痛欲绝，连写悼子诗32首。

▲次子大耆料理士蘧后事后，游学南京国子监。

▲十一月，袁宗道卒。

五十二岁　1601　万历二十九年辛丑

▲正月，吏部考察，以"浮躁"罪名追论，汤被夺职。

▲五月，苏州彭兴祖来访，住一月有余。

▲作《邯郸记》。八月十四日生日，作《邯郸记·题词》。

▲秀水县令邓渼赴京上计后经临川访汤再回新城。

▲十月，朱常洛正式立为皇太子。

▲莎士比亚的代表作《哈姆莱特》问世。

五十三岁　1602　万历三十年壬寅

▲约本年作《宜黄县戏神清源师庙记》。

▲三月，李贽于北京通州狱中自杀，作诗《叹卓老》悼念。

▲毁于万历二十二年（1594）的文昌桥，汤倡《复桥三不难之议》，为同知朱于赞采纳。驿丞孙耀祖独任修桥事，汤作《临川县孙驿丞去思碑》表彰其功德。

五十四岁　1603　万历三十一年癸卯

▲春，为南城孝廉郑子文（字豹先）的《旗亭记》传奇题词。

▲十一月，《续忧危竑议》案（即妖书案）发生。

▲十一月二十九日，达观在西山潭柘寺为锦衣卫抓捕。

▲十二月十七日，达观因"妖书案"被害于北京狱中。汤作《西哭》三首悼念。

五十五岁　1604　万历三十二年甲辰

▲顾宪成与吴地学者重修东林书院于无锡。

▲李化龙邀汤出游，汤婉谢。

▲八月，常熟钱希言来访，邀其观"二梦"。钱作《今夕篇》记其事。

▲十二月，神宗下旨停止开矿，但未撤税使。

▲塞万提斯《堂吉诃德》第一部结稿。

五十六岁　1605　万历三十三年乙巳

▲遂昌门人叶时阳来访，带来蓝翰卿求拜汤为师的信与诗稿。

▲淮抚李三才从扬州遣使来迎，请其出山，汤婉谢不赴。

▲八月，屠隆卒。

▲塞万提斯《堂吉诃德》第一部出版。

▲广东兴宁知县史偕博士王学渊、连瓒等人来访，请作《惠州府兴宁县重建尊经阁碑记》。

五十七岁　1606　万历三十四年丙午

▲四月，江阴李至清（超无）穿僧装慕名求访。

▲沈一贯罢职回乡。

▲亲选《玉茗堂文集》十五卷，由南京文枈堂梓行。

▲《南柯记》刊行。

▲十二月二十一日，将祖母魏夫人与吴氏夫人墓迁葬文昌里灵芝山家族墓园。吴氏葬魏夫人侧。

五十八岁　1607　万历三十五年丁未

▲三月，往游南昌，与丁此吕等相聚张位的杏花楼诗会，并游新建桃花岭。

▲夜梦丁右武，哽咽作诗。

▲九月，李至清二次来访，以诗集《问剑》请作序。汤作《李超无问剑集序》。

▲沈璟《义侠记》刻行。其《南曲全谱》《唱曲当知》本年前后由孙俟居和吕玉绳寄到。

▲八月，为遂昌重修土城作《遂昌新作土城碑》。

五十九岁　1608　万历三十六年戊申

▲九月往南昌，作《豫章揽秀楼赋》。

▲遂昌士民祝汤六十寿辰，特派画师徐侣云来画像，并带回挂入生祠。

▲为丽水县作《丽水县修筑通济堰碑》。

▲为邹迪光《调象庵集》作序。欲无锡行，因乏旅资未成行。

▲知府苏宇庶力主文昌桥修成。汤作《苏公眉源新成文昌桥碑》表彰其功德。

▲复信《答凌初成》，言论曲主张。

▲李至清第三次来访，打算北游，汤劝以达观、李贽为戒，勿干预朝政。

六十岁　1609　万历三十七年己酉

▲三月八日，丁此吕卒。六月将死讯告黄汝亨。

▲复信甘义麓："性无善无恶，情有之。因情成梦，因梦成戏。"

▲十月初二日，龙宗武死。

六十一岁　1610　万历三十八年庚戌

▲三月，韩敬中会元、状元，授翰林院修撰；钱谦益中探花，授翰林院编修；丘兆麟中进士。

▲九月袁宏道死。王宇泰寄来新著《医论》。

▲《金瓶梅》问世。

六十二岁　1611　万历三十九年辛亥

▲汤宾尹被弹劾，致信《寄汤霍林》安慰。

▲秋，为汤宾尹《睡庵文集》作序。

▲十二月，李化龙卒。

六十三岁　1612　万历四十年壬子

▲五月，顾宪成卒。

▲秋前，邹迪光作《临川汤先生传》寄到。

▲八月，孙丕阳卒。

▲秋，陪次子大耆、三子开远赴南昌乡试，二人均落第。

▲冬，广昌黄太次与新城邓渼先后来访。邓住汤家芙蓉西馆半年，后赴云南巡按任。

▲莎士比亚回故乡斯特拉福镇度晚年。

六十四岁　1613　万历四十一年癸丑

▲四月，为三子分家。

▲公历6月，莎士比亚的《亨利八世》在伦敦的环球剧院上演。

▲沙井新居失火，书画尽毁，痛失《褚遂良摹兰亭序》。

六十五岁　1614　万历四十二年甲寅

▲四月初八日，袁中道收到汤的《玉茗堂集》。

▲作《续栖贤莲社求友文》，有云："吾犹在此为情作使，劬于伎剧。"欲在庐山结栖贤莲社未成。

▲七月十九日，申时行卒，年80。

▲金坛王宇泰书劝汤拜访地方官员，获经济资助，汤《答王宇泰》婉拒。

▲汤宾尹邀汤显祖游安徽，因"寒途腊节，想应未便西行"。

▲十二月二十一日子时，母吴氏卒，终年85岁。

六十六岁　1615　万历四十三年乙卯

▲正月十一日，父尚贤卒，终年88岁。

▲春，为《玉茗堂评花间集》作序。逝后的第四年（1620）由闵映璧朱墨套印。

▲夏，门人许重熙来访，将《玉茗堂选集》文集十卷交托钱谦益作序。

▲秋，三子开远中举，四子开先补附弟子员。

▲作诗《哭娄江女子二首》，悼酷爱《牡丹亭》愤惋而终的俞二娘。

▲塞万提斯《堂吉诃德》下卷和《八部喜剧及八部幕间短剧集》出版。

六十七岁　1616　万历四十四年丙辰

▲正月初一日，努尔哈赤在赫图阿拉（今辽宁新宾西老城）建立清朝（国号金，史称后金），与大明为敌，逐鹿东北，称雄天下。

▲三子开远，放弃本年会试，伺候父于病榻前。

▲病重间，想念平生师友作《负负吟》。

▲女婿徐德胤"拜门来问病"。

▲作诗《志智咏示子》《粒粒歌》《方圆吟》示开远，教育后人立志、处世与传家。

▲作《诀世语七首》交代丧事："祈免哭""祈免僧度""祈免牲""祈免冥钱""祈免奠章""祈免崖木""祈免久露"。

▲公历4月22日，西班牙小说家、剧作家、诗人塞万提斯在马德里逝世，终年70岁。

▲公历4月23日，莎士比亚在斯特拉福镇逝世，终年52岁。

▲六月十五日，作绝笔诗《忽忽吟》。

▲九月二十一日（11月6日）亥时逝于玉茗堂，葬于临川县城（今抚州市）东厢灵芝山。徐朔方先生考证为六月十六日（7月29日）；黄芝冈先生认为《宗谱》所载"九"为"六"之误，为逝于六月二十一日（8月4日）。

附　录

一、邹迪光《临川汤先生传》

先生名显祖，字义仍，别号若士。豫章之临川人。生而颖异不群。体玉立，眉目朗秀。见者啧啧曰："汤氏宁馨儿。"五岁能属对，试之即应。又试之又应，立课数对无难色。十三岁，就督学公试，举书案为破。曰："形而上者谓之道，形而下者谓之器。"督学奇之。补邑弟子员。每试必雄其曹偶。彼其时，于帖括而外，已能为古文词；五经而外，读诸史百家《汲冢》《连山》诸书矣。庚午举于乡，年犹弱冠耳。见者益复啧啧曰："此儿汗血，可致千里，非仅仅蹀躞康庄也者。"彼其时，于古文词而外，能精乐府、歌行、五七言诗，诸史百家而外，通天官、地理、医药、卜筮、河渠、墨兵、神经、怪牒诸书矣。公虽一孝廉乎，而名蔽天壤，海内人以得见汤义仍为幸。丁丑会试，江陵公属其私人啖以巍甲而不应。庚辰，江陵子懋修与其乡之人王篆来结纳，复啖以巍甲而亦不应。曰："吾不敢从处女子失身也。"公虽一老孝廉乎，而名益鹊起，海内之人益以得望见汤先生为幸。至癸未举进士，而江陵物故矣。诸所为席宠灵、附薰炙者，骎且澌没矣。公乃自叹曰："假令予以依附起，不以依附败乎？"而时相蒲州、苏州两公，其子皆中进士，皆公同门友也。意欲要之入幕，酬以馆选，而公率不应，亦如其所以拒江陵时者。

以乐留都山川，乞得南太常博士。至则闭门距跃，绝不怀半刺津上。掷书万卷，作蠹鱼其中。每至丙夜，声琅琅不辍。家人笑之："老博士何以书为？"曰："吾读吾书，不问博士与不博士也。"闲策蹇驴，探雨花木末，乌榜燕矶，莫愁秦淮，平陂长干之胜，而舒之毫楮。都人士展相传诵，至令纸贵。时典选某者，起家临川令。公其所取士也。以书相贻曰："第一通政府，而吾为之怂恿，则北铨省可望。"而公亦不应，亦如其所以拒馆选时者。寻以博士转南祠部郎。部虽无所事事，而公奉职愸慎，不以闲局故，稍自隤陁。谓两政府进私人而塞言者路，抗疏论之，谪粤之徐闻尉。徐闻吞吐大海，白日不朗，红雾四障，猩猩狒狒，短狐暴鳄，啼烟啸雨，跳波弄涨。人尽危公，而公夷然不屑。曰："吾生平梦浮丘罗浮，擎雷大蓬，葛洪丹井，马伏波铜柱而不可得，得假一尉，了此夙愿，何必减陆贾使南粤哉！"居久之，转遂昌令。遂昌在万山中，土风淳美。其民亡羯夷之习，亡雕劫流穴之患。不烦衡决，劳擿伏。相与去钳剧，罢桁杨，减科条，省期会，一意拊摩噢咻，乳哺而翼覆之。用得民和。日进青衿子秀扬推论议，质义斧藻切劘之，为竞竞。一时醇吏声为两浙冠。而公以倜傥夷易，不能卷韝鞠脰，睨长吏色而得其便。又以矿税事多所蹙蹩，计偕之日，便向吏部堂告归。虽主爵留之，典选留之，御史大夫留之，而公浩然长往，神武之冠竟不可挽矣。已抵家，浙开府以复任招，不赴。浙直指以京学荐，不出。已无意仕路，而忌者不察，惧捉鼻之不免而为后忧，遂于辛丑大计，褫夺其官。比有从旁解之者曰："遂昌久无小草意，何必乃尔。"当事者曰："此君高尚，吾正欲成其远志耳。"

居家，于所居之侧，小结菟裘，延青引翠，英巨灵谷之胜，发牗而得。中丞惠文，郡国守令以下，干旄往往充斥巷左，而多不延接，亡论居闲谢绝。即有时事，非公愤不及齿颊。人劝之请托，曰："吾不能以面皮口舌博钱刀，为所不知后人计。"指床上书示之："有此不贫矣。"朝夕与古人居。评某氏某氏，谁可谁否。雌黄上下，不遗余力，千载如对。与乡人居，则于于逌逌，屏城府，去厓略，黜形骸，而一饮之以醇。与家人居，嗃嗃熙熙，相剂而出，笑颦不假，而光霁自若。与其两尊人居，则柔气愉色，逆所欲恶而先意为之。小不谐怿，栗栗忧虞，若负重辜。然其与五兄弟俱，解衣分餐，弭其逮（违）而补其缺失，务令得两尊人欢。以一人而兼兄弟五人以事其亲，故两尊人老而致足乐。公又喜任达，急人之难甚于己。人有困斗，昏夜叩门户而请，即有弗逮，必旁宛助之。不以贫无力解。人谓公迂。公曰："施济不系富有力，必富有力，安所得信义之士乎？"公于书无所不读。而尤攻汉魏《文选》一书，至掩卷而诵，不讹只字。于诗若文无所不比拟，而尤精西京六朝青莲、少陵氏。然为西京而非西京，为六朝而非六朝，为青莲、少陵而非青莲、少陵。其洗刷排荡之极，直举秦汉晋唐人语为刍狗，为馂余，为土苴，而汰之绝糠秕，熔之绝泥滓，太始玉屑，空蒙沆瀣，帝青宝云，玄涯水碧，不可以物类求，不可以人间语论矣。公又以其绪余为传奇，若《紫箫》《二梦》《还魂》诸剧，实驾元人而上。每谱一曲，令小史当歌，而自为之和，声振寥廓。识者谓神仙中人云。

邹愚公曰：世言才士无学，故戴逵、王弼之不为徐广、殷亮。而公有其学矣。又言学士无才，故士安、康成之不为机、云。而公有其才矣。又言文人学士，无用亦无行。而公为邑吏有声，志操完洁，洗濯束缚，有用与行矣。公盖其全哉。世以耳食枕衾之不惬，而饰貌修态，自涂涂人，人执外而信其里。公与予约游具区、灵岩、虎丘诸山川，而不能办三月粮，逡巡中辍（辍）。然不自言贫，人亦不尽知公贫。公非自信其心者耶。予虽为之执鞭，所忻慕焉。（录自沈际飞辑《玉茗堂选集》卷首）

二、《明史·汤显祖传》

汤显祖字若士，临川人。少善属文，有时名。张居正欲其子及第，罗海内名士以张之。闻显祖及沈懋学名，命诸子延致。显祖谢弗往。懋学遂与居正子嗣修偕及第。显祖至万历十一年始成进士。授南京太常博士，就迁礼部主事。十八年，帝以星变严责言官欺蔽，并停俸一年。显祖上言曰："言官岂尽不肖，盖陛下威福之柄潜为辅臣所窃，故言官向背之情亦为默移。御史丁此吕首发科场欺蔽，申时行属杨巍劾去之。御史万国钦极论封疆欺蔽，时行讽同官许国远谪之。一言相侵，无不出之于外。于是无耻之徒，但知自结于执政，所得爵禄直以为执政与之。纵他日不保身名，而今日固已富贵矣。

给事中杨文举奉诏理荒政，征贿钜万。抵杭，日宴西湖。鬻狱市荐以渔厚利。辅臣乃及其报命，擢首谏垣。给事中胡汝宁攻击饶伸，不过权门鹰犬，以其私人猥见任用。夫陛下方责言官欺蔽，而辅臣欺蔽自如。失今不治，臣谓陛下可惜者四。朝廷以爵禄植善类，今直为私门蔓桃李，是爵禄可惜也。群臣风靡，罔识廉耻，是人才可惜也。辅臣不越例予人富贵，不见为恩，是成宪可惜也。陛下御天下二十年，前十年之政，张居正刚而多欲，以群私人，嚣然坏之；后十年之政，时行柔而多欲，以群私人，靡然坏之。此圣政可惜也。乞立斥文举、汝宁，诚谕辅臣省愆悔过。"帝怒，谪徐闻典史。稍迁遂昌知县。二十六年上计京师，投劾归。又明年大计，主者议黜之。李维桢为监司，力争不得，竟夺官。家居二十年卒。

显祖意气慷慨，善李化龙、李三才、梅国桢，后皆通显，有建竖，而显祖蹭蹬穷老。三才督漕淮上，遣书迎之。谢不往。显祖建言之明年，福建佥事李琯奉表入都，列时行十罪，语侵王锡爵。言惟锡爵敢恣睢，故时行益贪戾，请并斥以谢天下。帝怒，削其籍。甫两月，时行亦罢。琯，丰城人。万历五年进士，尝官御史。既斥归，家居三十年而卒。显祖子开远，自有传。

（录自《明史》卷二百三十）

三、过庭训《汤显祖传》

汤显祖，字义仍，临川人。十三岁补邑弟子员，已能为古文词，读诸史百家诸书。庚午举于乡，癸未成进士。时相蒲州、苏州两公子皆中进士，为显祖同门友，意欲要之入幕，酬以馆选，而率不应。乐留都山川，乞得南太常博士，转南祠部郎，谓两执政进私人而塞言者路，抗疏论之，谪粤之徐闻尉。徐闻吞吐大海，白日不朗，红雾四障，人尽危之，夷然就道。久之，转遂昌令。在万山中，土风淳美，相与去钳剧，罢桁杨，减科条，省期会，一意拊摩噢咻，乳哺而翼覆之，用得民和。日进青衿子秀，扬榷论议，斧藻切靡之为兢兢。一时醇吏声为两浙冠。而以倜傥夷易，不能希鞲鞠脻，睨长吏色而得其便。计偕之日，向吏部堂告归，留之不得。已抵家，浙开府以复任招，不赴；浙直指以京学荐，不出。已无意仕路。而忌者不察，遂于辛丑大计褫夺其官。比有从旁解之者曰："遂昌元无小草意。"当事者曰："此君高尚，吾正欲成其远志耳。"家居于所居之侧，小结菟裘。与其两尊人居，柔气愉色，逆所欲恶而先意为之。性喜奖与后进，又喜任达。急人之难甚于己，不以贫无力辞。其食贫二十余年，而阮啸自如，莱舞无阙。易箦之夕，尚为孺子哭，命以麻衣冠就殓。长子士蘧，有异才，肝胆酷似其父，年十九，早亡。季子开远，乙卯举于乡。（《本朝分省人物考》卷六十一）

四、钱谦益《汤遂昌显祖传》

显祖字义仍，临川人。生而有文在手。成童有庶几之目。年二十一，举于乡。尝下第，与宣城沈君典薄游芜阴。客于郡丞龙宗武。江陵有叔，亦以举子客宗武。交相得也。万历丁丑，江陵方专国，从容问其叔："公车中颇知有雄骏君子晁贾其人者乎？"曰："无逾于汤、沈两生者矣。"江陵将以鼎甲畀其子，罗海内名士以张之。命诸郎因其叔延致两生。义仍独谢弗往。而君典遂与江陵子懋修偕及第。又六年癸未，与吴门、蒲州二相子同举进士。二相使其子召致门下，亦谢勿往也。除南太常博士。朝右慕其才，将征为吏部郎，上书辞免。稍迁南祠郎。抗疏论劾政府信私人，塞言路。谪广东徐闻典史。量移知遂昌县。用古循吏治邑。纵囚放牒，不废啸歌。戊戌上计，投劾归，不复出。辛丑外计，议黜。李本宁力争：遂昌不应考法，且已高尚久矣。主者曰：正欲成此君之高耳。里居二十年。年六十余，始丧其父母。既葬，病卒。自为祭文，遗命用麻衣冠草履以敛。年六十有八。

义仍志意激昂，风骨遒紧，扼腕希风，视天下事数着可了。其所投分李于田、道甫、梅克生之流，皆都通显，有建竖。而义仍一发不中，穷老蹭蹬。所居玉茗堂，文史狼藉，宾朋杂坐。鸡埘豕圈，接迹庭户。萧闲咏歌，俯仰自得。道甫开府淮上，念其穷，遗书相迓。义仍谢曰："身与公等比肩事主，老而为客，所不能也。"为郎时，击排执政，祸且不测。贻书友人曰："乘兴偶发一疏，不知当事何以处我？"晚年师盱江而友紫柏，翛然有度世之志。胸中魁垒，陶写未尽，则发而为词曲。《四梦》之书，虽复留连风怀，感激物态，要于洗荡情尘，销归空有，则义仍之所存略可见矣。尝谓："我朝文字，以宋学士为宗，李梦阳至琅琊，气力强弱巨细不同，等赝文耳。"万历间，琅琊二美同仕南都。为敬美太常官属。敬美唱为公宴诗，不应。又简括献吉、于麟、元美文赋，标其中用事出处及增减汉史唐诗字面，流传白下，使元美知之。元美曰："汤生标涂吾文，异时亦当有标涂汤生者。"自王、李之兴，百有余岁。义仍当雾雺充塞之时，穿穴其间，力为解驳。归太仆之后，一人而已。义仍少熟《文选》，中攻声律。四十以后，诗变而之香山、眉山，文变而之南丰、临川。尝自叙其诗三变而力穷。又尝以其文寓余，以谓"不蕲其知吾之所已就，而蕲其知吾之所未就也"。于诗曰变而力穷，于文曰知所未就。义仍之通怀嗜学，不自以为能事如此。而世但赏其词曲而已。不能知其所已就，而又安能知其所未就？可不为三叹哉！

义仍有才子，曰士蘧。五岁能背诵《二京》《三都》。年二十三，客死白下。次大耆，才而佻，然有父风。次开远，以乡举官监军兵使，讨流贼死行间。开远好讲学，取义仍续成《紫箫》残本及词曲未行者，悉焚弃之。大耆实云。幼子季云，亦有隽才。（录自《列朝诗集小传》丁集中）

五、查继佐《汤显祖传》

汤显祖字义仍，号海若。江西临川人。万历丁丑会试，江陵以其才，一再唉魏甲，不应。癸未成进士。时同门中式蒲州、苏州两相公子，唉以馆选，复不应。自请南博士。览胜寄毫末。转南礼部郎，以建言谪徐闻尉。久之，令遂昌。哺乳其民；日进儒生，论贯古义。性简易，不能睨长吏颜色。入计，辄告部堂归。留不得。抚按复荐起，不赴。忌者犹于辛丑大计夺其官。筑小室，藏书其中，尝指客："有此不贫矣。"喜任侠，好急人。博洽，尤耽汉魏《文选》。以其绪余为传奇。每制一令，使小史歌之。和不工，讽讽乐也。以不慕东林，终身宦不达。

论曰：海若为文，大率工于纤丽，无关实务；然其遣思入神，往往破古。相传谱四剧时，坐舆中谒客，得一奇句，辄下舆索市廛秃笔，书片楮，粘舆顶。盖数步一书，不自知其劳也。余评其所为《牡丹亭》一词，谓慧精而稍不择。海若初见徐山阴《四声猿》，谩骂此牛有千夫之力，遂为之作传。

（录自《罪惟录》卷十八）

六、蒋士铨《玉茗先生传》

汤显祖，字义仍，一字若士。江西临川人。生嘉靖二十九年庚戌，有文在手。年二十一，举于乡。忤陈继儒，遂以媒孽下第。万历五年，再赴会试。张居正欲其子及第，罗致海内名士以张之，延显祖及沈懋学。显祖谢弗往，懋学乃与居正子嗣修偕及第。显祖归六年，迨居正殁之明年癸未，始成进士，与时宰张四维、申时行之子为同年。二相招致之，又不往。除南京太常博士。久之，稍迁祠部。朝右慕其才，将征为吏部郎，上书辞免。十九年闰三月，以彗星变，诏责谏官欺蔽，大开言路。显祖抗疏，论劾政府信私人，阴扼台谏。语伉直数千言。谪徐闻典史。至任日，立贵生书院讲学，士习顿移。升遂昌知县，灭虎放囚，诚信及物，翕然称循吏。二十六年戊戌，投劾归，不复出。辛丑外计，追论议黜之。李维桢为监司，力争曰："此君高尚久矣，不应考法。"主计者曰："正欲成其高耳。"竟削籍。里居二十余年。父母丧时，显祖已六十七龄。明年以哀毁卒。遗命以麻衣草屦殓。显祖志意激昂，风节遒劲，平生以天下为己任；因执政所抑，遂穷老而殁，天下惜之。所善同邑帅机及李三才、梅国桢、李化龙，后皆通显，各有建竖。三才督漕淮上，招之，答曰："身与公等比肩事主，老而为客，所不能也。"论文以本朝宋濂为宗，李梦阳、王世贞气焰虽盛，皆斥之为伪体。当雾雾充塞之时，能排击历下者，只显祖与归有光二人而已。所居玉茗堂，文史狼藉，鸡坿豕圈，杂沓庭户，萧闲咏歌，俯仰自得。胸中魁垒，发为词曲。所著"四梦"，虽留连风怀，感激物态，要于洗荡情尘，销归乌有，作达观空，亦可悲矣。子四人：士蘧五龄，能背诵《三都》《二京》，年二十三死。次大耆，才致有父风。次开远，崇祯五年，由乡举为河南推官。奏论时事，屡膺上怒，责令指实，开远抗论不少屈。上命削职逮治，左良玉率将士七十余人，士民数百人，合奏乞留，上为动容，命带罪办贼。十年讨平舞阳大盗，以功擢安庐三郡监军。史可法荐其治行卓异，晋秩副使。十三年与黄得功大破诸贼，将用为河南巡抚，竟以劳瘁卒。哭声震郊野。赠太仆少卿。弟季

云，亦有隽才云。（录自蒋士铨《临川梦》）

七、《抚州府志·汤显祖传》

汤显祖字义仍，号若士，一称海若。临川人。生而有文在手。成童有庶几之目。隆庆庚午举于乡。与宣城沈懋学游芜阴。客于郡丞龙宗武处。江陵有叔，亦以公车客芜。交相得也。尝语江陵，今日晁贾，无逾汤沈两生者。江陵令其子延致之，谢不往。而懋学遂与江陵子同及第。越癸未始成进士，与时宰张四维、申时行之子为同年。二相招致之，亦不往。除太常博士。将征为吏部郎，上书辞免。稍迁南祠部郎。抗疏论劾政府，信私人，塞言路。谪广东徐闻典史。量移知遂昌县。灭虎，纵囚，诚信及物。翕然称循吏。二十六年上计，投劾归。家居二十余年。父母丧时，显祖已六十七岁。明年以哀毁卒。

显祖意气慷慨，以天下为己任。因执政所抑，天下惜之。少以文章自命。其论古文，谓本朝以宋濂为宗，李梦阳、王世贞辈等赝文也。当时能排击历下者，惟显祖、归有光二人。见人寸长如己不及。事亲柔声怡色，门庭肃寂。长子士蘧有异才，早卒。次大耆，以文学显。次开远，别有传。（录自《抚州府志》卷五十九）

八、《徐闻县志·汤显祖传》

汤显祖，字义仍，临川人。由进士任礼部主事。以建言谪徐闻添注典史。雅负才名，淹贯文史。延引士类，海之南北从游者甚众。建会馆曰"贵生书院"，自为说以纪。刘兑阳祭酒有记。迁遂昌知县。（录自《徐闻县志》卷九）

九、《遂昌县志·知县汤显祖传》

汤显祖，临川人。万历癸未进士。授博士，升南仪郎。建言谪尉徐闻，升县令。才名节概,海内想望丰采。下车惟较文赋诗,讼狱庶务迎刃立解。创尊经阁于学中,建象德堂于射圃,置灭虎祠、启明楼,种种美政,士民就射堂而尸祝焉。督学吴公饬建祠于堂后。以建言追赠光禄寺丞。祀名宦,复祀遗爱祠。入通志。(录自光绪《遂昌县志》卷六)

主要参考文献

徐朔方笺校:《汤显祖诗文集》,上海古籍出版社1982年版。
徐朔方笺校:《汤显祖集全编》,上海古籍出版社2015年版。
钱南扬校点:《汤显祖戏曲集》,上海古籍出版社2010年版。
徐朔方:《汤显祖年谱》,上海古籍出版社1980年版。
毛效同编:《汤显祖研究资料汇编》,上海古籍出版社1986年版。
黄芝冈:《汤显祖编年评传》,文化艺术出版社2014年版。
徐朔方:《汤显祖评传》,南京大学出版社1993年版。
《汤海若问棘邮草》(全),上海古典文学出版社1958年版。
《文昌汤氏宗谱》,临川县云山圳上汤显祖后裔珍藏。
《临川县志》,清同治九年修,藏原临川县图书馆。
《抚州府志》,原临川县图书馆藏。
刘宗鹤总纂:《遂昌县志》,浙江人民出版社1996年版。
黄强主编:《徐闻县志》,广东人民出版社2000年版。
唐胄纂:《正德琼台志》,海南出版社2006年版。
《定安县志》,光绪四年版。
南炳文、汤纲:《明史》,上海人民出版社2003年版。
樊树志:《晚明史》,复旦大学出版社2003年版。
张显清、林金树:《明代政治史》,广西师范大学出版社2003年版。
龚笃清:《明代八股文史探》,湖南人民出版社2006年版。

龚笃清:《明代科举图鉴》,岳麓书社 2007 年版。

[日]青木正儿:《中国近世戏曲史》,中华书局 1954 年版。

[日]岩城秀夫:《中国戏曲演剧研究》,株式会社创文社昭和四十八年(1973)版。

张庚、郭汉城主编:《中国戏曲通史》,中国戏剧出版社 1980 年版。

叶长海:《中国戏剧学史稿》,中国戏剧出版社 2005 年版。

游国恩等编:《中国文学史》,人民文学出版社 1993 年版。

中国科学院文学研究所中国文学史编写组编写:《中国文学史》,人民文学出版社 1963 年版。

郭绍虞:《中国文学批评史》,上海古籍出版社 1982 年版。

周育德:《汤显祖论稿》,文化艺术出版社 1991 年版。

邹元江:《汤显祖的情与梦》,南京出版社 1998 年版。

郑培凯:《汤显祖与晚明政治》,《九州学刊》1987 年总第 3 期。

沈德符:《万历野获编》,文化艺术出版社 1998 年版。

钱谦益:《列朝诗集小传》,上海古籍出版社 1983 年版。

《明神宗实录》,知网空间。

释真可:《紫柏老人集》。

帅机:《阳秋馆集》。

李贽:《续焚书》,中华书局 1959 年版。

[意]利玛窦、[比]金尼阁:《利玛窦中国札记》,何高济、王遵仲、李申译,广西师范大学出版社 2001 年版。

[美]史景迁:《利玛窦的记忆之宫:当西方遇到东方》,陈恒、梅义征译,上海远东出版社 2005 年版。

林金水:《利玛窦与中国》,中国社会科学出版社 1996 年版。

罗光:《利玛窦传》,台湾学生书局 1983 年版。

《马可波罗行纪》,冯承钧译,上海书店出版社 2000 年版。

[苏]M.莫洛佐夫:《莎士比亚传》,许海燕、吴俊忠译,湖南人民出版社 1984 年版。

[美]阿兰·布鲁姆、哈瑞·雅法:《莎士比亚的政治》,潘望译,凤凰

出版传媒集团、江苏人民出版社 2009 年版。

朱景冬：《塞万提斯评传》，百花文艺出版社 2009 年版。

［西班牙］塞万提斯：《堂吉诃德》，杨绛译，人民文学出版社 1979 年版。

龚重谟、罗传奇、周悦文：《汤显祖传》，江西人民出版社 1982 年版。

费海玑：《汤显祖传记之研究》，台湾商务印书馆 1974 年版。

龚重谟：《汤显祖研究与辑佚》，海南出版社 2009 年版。

吴震：《罗汝芳评传》，南京大学出版社 2011 年版。

邓光华：《王弘诲传》，海南出版社 2017 年版。

王力平：《王弘诲研究》，海南出版社 2008 年版。

詹慈编：《黎族研究参考资料选辑》，广东民族研究所 1983 年版。

林海权：《李贽年谱考略》，福建人民出版社 2005 年版。

中国戏曲研究院编：《中国古典戏曲论著集成》，中国戏剧出版社 1959 年版。

臧晋叔：《元曲选》，中华书局 1979 年版。

《中国大百科全书》，中国大百科全书出版社 1983 年版。

侯外庐：《论汤显祖剧作四种》，中国戏剧出版社 1962 年版。

《汤显祖剧作改译》，石凌鹤改译，上海文艺出版社 1982 年版。

蒋士铨：《临川梦》，上海古籍出版社 1989 年版。

徐扶明：《牡丹亭研究资料考释》，上海古籍出版社 1987 年版。

徐朔方：《论汤显祖及其他》，上海古籍出版社 1983 年版。

江西省文学艺术研究所编：《汤显祖研究论文集》，中国戏剧出版社 1984 年版。

谢传梅：《〈牡丹亭〉之谜》，中国文联出版社 2007 年版。

赵景深：《曲论初探》，上海文艺出版社 1980 年版。

王朝闻主编：《美学概论》，人民出版社 1981 年版。

张庚：《张庚戏剧论文集》，文化艺术出版社 1984 年版。

王卫民编：《吴梅戏曲论文集》，中国戏剧出版社 1983 年版。

郭绍虞等主编：《中国历代文论选》，上海古籍出版社 2001 年版。

江西文学艺术研究所编：《汤显祖纪念集 1616—1982》，1983 年版。

曾权主编：《汤显祖与徐闻》，中国文联出版社 2005 年版。

吴凯：《贵生鼓情》，准印赠阅本。

李玮：《宝砚奇情》，中国文联出版社 2000 年版。

遂昌县文联、遂昌县汤显祖研究会编：《遗爱集》，1985 年版。

项兆丰编著：《汤显祖遂昌诗文全编》，2002 年版。

遂昌汤显祖纪念馆编印：《遂昌汤显祖研究文选》，2006 年版。

后　记

　　本书的写成，多蒙师友促使。我在已出版的《汤显祖研究与辑佚》一书的后记中谈道，1982年以前，我曾与别人合著了汤显祖传，从此走上了"汤学"研究道路。1987年我从中国艺术研究院毕业回江西后，适逢海南建省办大特区，为体现自己的价值，也做了"闯海人"，为海南省文化广电出版体育厅引进，改行从事文体政策法规研究。身在改革开放前沿阵地，不少和我一样的"闯海人"在"大社会"摸爬滚打几年发展得很好，带着鼓起的腰包去了海外。而我虽在"小政府"，位子令人青睐，可只能循规蹈矩守那点工资，"吃不饱也饿不死"，心里很不平衡，但又没有勇气下海闯风浪。处于如此环境氛围中的我，若还关起门来搞什么"汤学"实在不识时务。我干脆把有关资料都打包封存起来，这一封就是12年。

　　2000年3月，由中国艺术研究院研究生部主任荣升中国戏曲学院院长的周育德老师给我来了一封信。告诉我：为纪念汤显祖诞辰450周年，由中国戏曲学会、中国戏剧家协会、中国戏曲学院和大连外国语学院（现大连外国语大学）等10家组织共同发起，由大连外国语学院承办的汤显祖国际学术研讨会，8月23日至25日在大连外国语学院召开，动员我去参会，"姑作一次远足旅游"，并附来了邀请函。周院长是这次会议的主要策划者，有这样的机会，还能想起远在天涯的我，我很感激！

　　出席这次大连外国语学院承办的"汤学"研讨会，其实给了我一个契机，本已在学术上处于死火的我因此重燃，并使我晚年的生活找到好归宿。

我的"汤学"研究成果多系此后所出。

大连会上与老友邹自振教授相逢。他原是抚州师专（现东华理工大学）中文系老师，我调海南后不久他也调回老家福州一所大学任教。一别十多年，出于同道友情，他关切地对我说："重谟啊，你那汤显祖传记不能就这样丢下，要进行修订再版啊！"他的建议触动了我，但我考虑当年合作者已天各一方，他们不仅年事已高且早已不从此道，要再合作修改实属不可能。再说当年那东西不仅肤浅且舛谬不少，实无再版价值。虽大部分是我完成，现在也只能当作资料参考。这些年来"汤学"研究发展很快，新的资料、新的成果、新的观点不断涌出，可供借鉴。现要再写汤的传记不能简单地修补了事，而应从内容到形式都要出新——写一本新的汤显祖文学传记。

从大连汤显祖学术研讨会上，获悉汤显祖已被联合国教科文组织通过为世界 100 个文化名人之一。我震撼！我惊喜！但我感到要写这样的世界文化名人大传委实不堪重负。如果说当年写"汤传"是组织的指定，"赶着鸭子上了架"，现在要独自完成这样的大著，"喝酒量身价"，感到十分吃力。写完前五章后便难以进展下去，于是便中止了书稿的写作，转而将已有的汤显祖研究论文、辑佚到的汤显祖佚文及 1982 年为抚州汤显祖纪念馆撰写的陈列大纲进行整理，结成《汤显祖研究与辑佚》集子出版，拟作这些年来折腾在"汤学"领域的工作总结，那《汤显祖大传》就不想再费神了。我将书稿请中国艺术研究院李希凡院长作序。希凡老师以评论家的敏锐眼光，看出了我在书稿《后记》中披露想放弃《大传》不写的思想苗头，一片希望学子能有所作为的苦心，在序文最后展现出来：

读完全书，我倒认为，这不应只是重谟研究汤学的最后结集，而该是他续写一部《汤显祖大传》的准备，为了晚明这位戏曲大师，这是值得的，读者寄有厚望焉！

希凡老师的话成了我下决心续写《汤显祖大传》的新动力。

2009 年 6 月，《汤显祖研究与辑佚》出版后，我开始继续搜集、消化有关资料；新购来断代系列《明史》及《晚明史》《明代政治史》等有关史料进行阅读；继续重啃汤显祖的诗文原著、关注海内外"汤学"研究动态、做文摘卡片、重拟了书稿提纲。退休了，时间相对比较充裕，身体也还不错，可妻子极不支持。她是搞财务的，说："现在市场经济要讲效益，你那之乎者也的东西谁看？能带来多少效益？不如去公司谋一个办公室主任职务，一个月随便也有几千元。"她的话很实在，当下出学术著作，不少作者不仅要忍着穷愁，耐着寂寞埋头"爬格子"，还要为出书伺色而声去"化缘"。现实如此，我没有多少理由说服她。书稿从始至终我都是在妻子的反对声中敲着键盘。

熬过了热岛三个炎夏，在"龙年迎胜纪，蛇岁发生机"之际将书稿完成。值此书稿付梓之际，我要感谢李希凡院长，他冀学子成材的"厚望"激励着我续写一部《汤显祖大传》。我要感谢中国戏曲学院周育德院长，他的信捎来了"汤学"的春风，将尘封12年后的我吹回到这片盎然春色的"汤学"领域。书稿呈送后，又拨冗审稿赐序，并勖勉备至，倍蒙嘉许。我要感谢北京联合大学应用文理学院新闻传播系主任、中国昆剧研究会副会长周传家教授，在健康欠佳的情况下还为我通读书稿，并提出了宝贵的修正意见。还要感谢老友邹自振教授，是他建议我不能丢下"汤传"，给了我重写"汤传"的第一推动力！当然我也要感谢一直反对我写《大传》的妻子，她虽然口头很反对，但对我的生活还是很关心。当我进入写作状态，对她交代的家务事往往忘在脑后，常令她哭笑不得，陡然增加了她的辛劳。

2016年，是我国的汤显祖、英国的莎士比亚和西班牙的塞万提斯三位世界文化巨匠逝世400周年，我为能为纪念这位乡贤而作他的传记倍感荣幸。然而我又感惶恐不安：浅薄的文史功底难解博大精深的汤显祖诗文，殊秃的毫锋描不出文采风流的汤显祖形象。我一心要向世界推出历史真实的汤显祖，为求真，行文中引用传主的原文很多不敢化俗，担心有违传主原意。这样，现在的面目雅有余而俗不足，奈何！史传文学是文学化的历史著作，要做到雅俗共赏实属不易。书既已问世，那只有恳请海内外高明雅士不吝赐教！

2013年12月5日于椰城胜景楼

二次修订出版后记

本书于 2014 年 9 月由北京燕山出版社出了初版。2015 年 12 月纳入上海戏剧学院叶长海教授主编的"汤显祖研究丛刊"，列入"国家重点学科戏剧戏曲学建设项目，上海市一流学科戏剧影视学建设项目"，出了修订版。2016 年纪念汤显祖逝世 400 周年后，蒙同道师友们惠赐宝贵意见，同时抚州文昌里汤氏家族陵园又出土了墓志铭，有新史料吸收，因而促使我再做修订，让《大传》不断完善。

书稿付梓之际，应感谢文化艺术出版社为弘扬汤显祖文化，坚持社会效益第一，热情接纳本书出版。责编郑鸣先生认真细致审稿，为书稿的完善付出了大量心血。

本稿出版，得到抚州汤显祖国际研究中心的资助，谨此致谢！

龚重谟
2021 年 11 月 30 日
于椰城胜景楼

图书在版编目（CIP）数据

汤显祖大传 / 龚重谟著. —北京：文化艺术出版社，2022.7
ISBN 978-7-5039-7274-4

Ⅰ.①汤… Ⅱ.①龚… Ⅲ.①汤显祖（1550-1616）—传记 Ⅳ.①K825.6

中国版本图书馆CIP数据核字（2022）第117510号

汤显祖大传

著　　者	龚重谟
责任编辑	蔡宛若　郑　鸣
书籍设计	赵　蠡
责任校对	董　斌
出版发行	文化藝術出版社
地　　址	北京市东城区东四八条52号（100700）
网　　址	www.caaph.com
电子信箱	s@caaph.com
电　　话	（010）84057666（总编室）　84057667（办公室） 　　　　　84057696—84057699（发行部）
传　　真	（010）84057660（总编室）　84057670（办公室） 　　　　　84057690（发行部）
经　　销	新华书店
印　　刷	国英印务有限公司
版　　次	2022年7月第1版
印　　次	2022年7月第1次印刷
开　　本	710毫米×1000毫米　1/16
印　　张	23
字　　数	300千字
书　　号	ISBN 978-7-5039-7274-4
定　　价	88.00元

版权所有，侵权必究。如有印装错误，随时调换。